COMMENT J'AI APPRIS LA SIMPLICITÉ

DU MÊME AUTEUR

Tu es donc je suis – Une déclaration de dépendance, trad. Karine Reignier-Guerre, Paris, Belfond, 2015

Pour une écologie spirituelle – La Terre, l'Âme, la Société, une nouvelle trinité pour notre temps, trad. Karine Reignier-Guerre, Paris, Belfond, 2018

Fabrice Midal présente
SATISH KUMAR

COMMENT J'AI APPRIS LA SIMPLICITÉ

Mon engagement
pour une écologie spirituelle

Traduit de l'anglais (Grande-Bretagne)
par Karine Reignier

Robert
Laffont

Titre original : ELEGANT SIMPLICITY

ISBN : 978-2-221-25293-2
(édition originale : ISBN : 978-2-221-25293-2,
New Society Publishers Ltd, Gabriola,
Colombie Britannique, Canada)

Dépôt légal : mars 2021

Éditions Robert Laffont – 92, avenue de France 75013 Paris

Satish Kumar, né le 9 août 1936 en Inde, dans le Rajasthan, est un activiste, éditeur et promoteur de la simplicité volontaire. Il renonce à sa vocation de moine jaïn à l'âge de dix-huit ans pour soutenir le mouvement de non-violence et de réforme agraire initié par Gandhi. Installé en Grande-Bretagne, il met ses théories en pratique pour prouver que, où que l'on soit, le bonheur est à portée de main.

En ta demeure, vis près du sol.
En pensée, reste simple.
En conflit, sois juste et généreux.
En gouvernant, n'essaie pas de contrôler.
En travaillant, fais ce que tu aimes.
En famille, sois pleinement présent.

Lao Tseu
Extrait du *Livre de la voie*
et de la vertu

Sommaire

Prologue
Soyons simples !

La vie est simple, mais nous insistons pour la rendre compliquée.

— Confucius

« *'Tis the gift to be simple, 'tis the gift to be free...* » – « Le cadeau, c'est être simple, le cadeau, c'est être libre. » Ainsi s'ouvre « Simple Gifts », le chant composé en 1848 par Joseph Brackett, l'un des fondateurs des Shakers, une communauté religieuse américaine qui prône une simplicité proche de l'épure. Les Shakers ont longtemps été l'une de mes grandes sources d'inspiration.

J'ai connu l'ascèse dans mon enfance et mon adolescence de moine, je me suis par la suite attaché à la simplicité. À un idéal de vie simple et élégante dans laquelle je suis engagé depuis mes dix-huit ans. C'est un engagement à la fois matériel, spirituel et écologique. Il ne se limite pas au renoncement au superflu, ni à la réduction d'un train de vie, il n'est pas seulement un ensemble de mesures pratiques. Il est une modalité royale d'accès au bonheur.

Aujourd'hui, nos vies sont de plus en plus compliquées, à tous les niveaux. Mener une vie simple ne signifie pas seulement limiter nos biens matériels – de toute évidence trop abondants, inutilement abondants, désastreusement abondants. La simplicité dont je voudrais parler dans ces pages, en partant à la fois de ma propre expérience et des rencontres qui ont jalonné ma vie, va bien au-delà du matériel pour concerner tous les aspects de notre existence, des plus pragmatiques aux plus métaphysiques.

Je pense en particulier à notre vie émotionnelle. Certes, il est plus facile de trier le contenu de nos placards que de nous défaire de certains bagages psychiques. Néanmoins, avons-nous conscience que l'orgueil, la peur, la colère encombrent nos esprits aussi efficacement que les entassements de vêtements, de meubles ou de bibelots encombrent nos placards et nos maisons ?

La simplicité est une clé universelle. Elle dispense l'harmonie et renforce le tissu social. Elle préserve nos écosystèmes tout en protégeant nos cultures et nos communautés. Elle est aussi bénéfique aux paysages extérieurs de notre planète qu'aux paysages intérieurs de notre âme.

J'en donne un exemple : les relations que nous tissons avec notre entourage. Des relations simples, c'est-à-dire claires et authentiques, solidement plantées dans le terreau d'une affection sincère, permettent d'atténuer la confusion et les conflits au sein d'une famille, mais aussi entre amis et voisins. Même en situation de crise, il est plus simple de pardonner que de continuer à porter le poids du ressentiment ou de la vengeance. Ce pardon-là participe pleinement de la simplification de notre vie. Or, pris au piège d'une dualité irréductible entre le bien et le mal, la douleur et le plaisir, le gain et la perte, nous ne connaissons que chagrins et déprime. Simplifions les choses ! Réunissons les contraires au lieu de les opposer ! C'est ainsi que nous surmonterons les aléas.

La simplicité est aussi, voire surtout, le seul moyen que je connaisse de sauver notre monde.

D'abord sur le plan écologique : le chemin qui mène vers une économie durable est pavé de simplicité. Aussi fabuleuses soient-elles, nos innovations technologiques ne suffiront pas à réparer les torts que nous avons causés à la planète. Nous devons simplifier nos maisons, nos lieux de travail et nos modes de vie. C'est le seul moyen de créer, maintenant et pour les siècles à venir, les conditions d'une vie humaine durable sur la Terre.

Ensuite, sur le plan sociétal. Mon maître est Gandhi, le père de la démocratie indienne, qui bouleversait la face du monde tout en habitant une hutte construite de ses propres mains, en filant le coton de son pagne et de son étole, en cuisinant lui-même les légumes qu'il cultivait. Ce qui ne l'empêchait pas de s'engager pleinement dans des activités sociales, politiques et intellectuelles. C'était certainement son carburant ! Gandhi était un saint homme en marche vers la liberté. Il ne cherchait pas à obtenir la reconnaissance de ses pairs ou le prix Nobel ; il n'aspirait ni à la gloire ni à la fortune. Toute sa vie, il a suivi l'enseignement de la *Bhagavad-Gita* : « Agis sans désirer le fruit de tes actes. » En cela, il incarnait l'idéal du pèlerin, dont l'action simple doit être libre de toute considération égotiste.

La simplicité conduit aussi à la spiritualité. Aucun temple, aucune église, aucune mosquée ni aucun livre sacré ne nous aidera à mieux vivre si nous ne nous libérons pas du poids de nos peurs, de nos colères, de notre ego et de notre convoitise. En favorisant la simplicité dans nos vies intérieure et extérieure, nous favoriserons aussi les équilibres naturels, l'épanouissement spirituel et la justice sociale.

La simplicité élégante est une vision du monde en même temps qu'un mode de vie.

C'est ce que je m'attache à montrer dans ce livre.

Satish Kumar
Hartland, Devon

1

Pourquoi mon père est-il mort ?

Le bonheur des hommes réside dans le contentement.

— Mahatma Gandhi

Je suis né le 9 août 1936, en Inde, dans une maison bâtie près d'un prunier, dans une bourgade nichée au cœur des déserts du Rajasthan. À Sri Dungargarh, nous n'avions ni électricité, ni radio, ni télévision, ni téléphone. Ma famille n'était ni riche, ni pauvre, mon père était un commerçant, nous possédions des chameaux et des vaches, une ferme et un lopin de terre, des objets d'art et d'artisanat, des contes et des chansons, de la danse et de la musique en abondance.

J'avais quatre ans quand mon père est mort, emporté par une crise cardiaque. Il laissait ma mère seule, à la tête d'une famille de huit enfants. J'étais le dernier-né. Elle m'a souvent dit que j'avais été pour elle une source de réconfort aux heures les plus noires de son chagrin. Si je n'ai jamais manqué d'amour, je ne pouvais pas ignorer qu'il m'était dispensé par une femme au cœur brisé, certes courageuse mais trop accablée pour dissimuler sa douleur et ses larmes. J'en étais le témoin impuissant.

Mais un jour, ma mère a recommencé à chanter. Il s'agissait de mantras, des chants sacrés qui louaient la force d'âme et la sérénité, la nécessité, pour chacun, sur cette Terre, d'accepter les peines comme les joies, et qui évoquaient la mort, cette étape naturelle qui fait partie de la vie. Je tendais l'oreille pour écouter les paroles : elles me ravissaient. Parfois, ma mère s'interrompait pour méditer. Je la voyais revivre.

Semaine après semaine, le voile de tristesse qui l'assombrissait depuis la mort de mon père cédait la place à une force nouvelle dont son corps semblait désormais vibrer. Elle passait du chagrin à la sérénité, de la solitude à une forme de plénitude et de stabilité affective. Elle retrouvait sa place parmi nous. Elle riait à nouveau. Et elle parlait. Nous parcourions ensemble notre lopin de terre et je la voyais même s'émerveiller : elle me racontait les arbres, les abeilles, les papillons, la nature et ses prodiges, de fabuleuses histoires qui me mettaient en joie. Je me réjouissais d'être son fils et de découvrir le monde avec elle.

Ma mère a vaincu ses peurs en travaillant sa spiritualité. Elle savait désormais célébrer le moment présent et faire confiance à l'avenir, sans céder au doute ni à des envies inconsidérées. Elle ne se mettait quasiment jamais en colère. Cette femme merveilleuse, qui fut mon héros, mon mentor, mon professeur, mon maître à penser, était à nouveau heureuse.

Quand je me retourne sur mon passé, je suis étonné des souvenirs si précis que j'en conserve.

Si ma mère avait fini par admettre la mort de mon père, pour ma part, je ne surmontais pas le choc que sa douleur m'avait causé. J'étais incapable d'oublier ses larmes, son deuil. J'avais sept ou huit ans quand j'ai sombré dans une profonde tristesse. J'étais hanté par des questions existentielles : pourquoi mon père est-il mort ? C'est quoi, la mort ? Ma mère va-t-elle mourir elle aussi ? Et moi ? J'étais inquiet, j'interrogeais mon entourage, mais personne n'avait de réponse satisfaisante, pas même ma mère qui me disait : « Oui, un jour, je mourrai moi aussi. Et toi aussi, tu mourras. Nous mourrons tous, car nous sommes pris dans le cycle sans fin des naissances et des renaissances. » Ce qui ne faisait qu'accroître mon anxiété et mon insatisfaction. Car personne, absolument personne ne glissait à mes oreilles la réponse que j'attendais : « Oui, tu peux agir pour empêcher tes proches de mourir. Oui, tu peux vivre sans craindre la mort. »

J'avais à peine neuf ans quand, pour entendre ces mots que j'espérais, j'ai été au temple écouter le chef de notre communauté, guru Tulsi. En sanskrit, *tulsi* signifie basilic, une plante sacrée mais très commune. Guru Tulsi, lui, n'avait rien de commun. À trente ans à peine, il était profondément aimé et vénéré par ses fidèles qui le surnommaient Gurudev, le divin guru.

Ce jour-là, j'ai bu ses paroles avec ferveur. Il était le père que j'avais perdu, il était l'incarnation de la paix, de la sérénité. Il me semblait si heureux… À la fin de sa causerie, je me suis approché de lui pour lui poser ces questions qui m'angoissaient tant. Il m'a écouté longuement, et a enfin prononcé ces mots que j'attendais : « Oui, tu peux mettre fin au cycle des naissances et des renaissances. Tu peux atteindre le nirvana, la libération absolue qui te dégagera des liens et des obligations du monde terrestre. Oui, tu peux te libérer du chagrin, de la solitude et de toute forme de souffrance humaine. »

Ainsi parlait l'homme qui avait découvert la vérité et auquel les adultes de mon entourage accordaient foi et confiance. J'étais émerveillé.

« Que dois-je faire pour atteindre le nirvana ? lui ai-je demandé.

— Tu dois renoncer au monde et t'engager dans la voie monastique. Délivre-toi de tes possessions et de ton amour-propre. Libère-toi de tes entraves familiales et de ton goût pour l'aisance et le confort. Deviens moine ! »

Il me parlait avec fermeté, comme s'il s'agissait d'une évidence. Je ne vivais pas dans l'aisance, je n'avais jamais eu de jeux, mais je l'écoutais passionnément, sans le contredire. J'étais prêt à tout pour vaincre la mort.

« Je veux vivre avec vous, Gurudev ! Je veux être moine ! »

J'ai prononcé ces paroles sans réfléchir ni hésiter. Je tremblais. Le souffle court, j'entendais mon cœur battre à tout rompre dans ma poitrine. Je n'avais pas de doutes quant à mon désir de devenir moine. J'étais transporté de joie à l'idée de marcher aux côtés de Tulsi. Auprès de lui, je me sentais à l'abri.

De retour chez nous, j'ai aussitôt annoncé ma décision à ma mère et j'ai eu la chance de trouver en elle une alliée – quoique réticente. « Si telle est ta vocation, de quel droit ferais-je obstacle à ta quête spirituelle ? » m'a-t-elle répondu.

Mes frères aînés, ainsi que certains de nos proches, ont été moins compréhensifs : il leur semblait impossible que j'aie une vision claire de mon destin à un âge si précoce.

« Il est très jeune, en effet, leur avait répondu ma mère. Et j'ai peine à laisser ce petit garçon me quitter. Mais un enfant n'est pas un adulte inachevé : c'est un être à part entière. Si nous étouffons ou contrarions sa quête de spiritualité, comment réagira-t-il ? Quels seront les effets de notre refus sur une âme aussi tendre ? Ce n'est pas une décision facile, mais plus j'y pense, plus je suis convaincue que nous devons le laisser suivre la voie qu'il a choisie. »

Au fond d'elle, ma mère avait toujours pensé que j'avais « une vieille âme dans un jeune corps ». Elle était certaine que mon attirance pour la vie monastique était liée au karma des vies antérieures que mon âme avait menées avant de s'incarner dans mon corps. Mes frères étaient stupéfaits par les paroles de ma mère. Moi, je me sentais rasséréné. Elles avaient réchauffé mon cœur : ma mère m'aimait sans chercher à me posséder.

En faisant preuve d'audace et d'abnégation - assez pour me laisser quitter la maison à neuf ans pour devenir un moine mendiant –, elle a sans doute bâti les fondations du courage et du militantisme qui ont ensuite guidé ma vie entière. Fort de son soutien, j'ai fini par persuader toute la famille, y compris le plus réticent de mes frères, de m'autoriser à rejoindre la communauté monastique de Gurudev Tulsi.

J'ai ainsi quitté mon foyer, mon école, mes amis et dénoué les liens qui m'unissaient à ma mère bien-aimée. À neuf ans, je suis devenu un moine jaïn. Et pendant les neuf années qui ont suivi, j'ai vécu sans argent, sans maison et sans possessions. J'ai appris l'art du renoncement.

Car le jaïnisme postule que le fait de posséder un minimum de biens matériels est le préalable à une vie spirituelle portée à son maximum. Ainsi que nous l'enseignait notre guru, plus nous passons de temps à amasser des biens matériels, moins il nous reste de temps pour méditer, étudier les textes sacrés, chanter et psalmodier les mantras. « N'écoutez pas le bruit du monde. Ne lisez pas d'autres livres que les textes sacrés du jaïnisme. Apprenez-les par cœur et pensez-y jour et nuit », nous répétait-il. Et chaque jour, il nous appelait à encore plus de dépouillement : « Jetez vos rancœurs et vos pensées négatives au feu brûlant de l'ascétisme : l'austérité et la simplicité de notre mode de vie les réduiront en cendres. »

Un bol à aumône à la main, j'ai mendié pour me nourrir – une fois par jour seulement, me contentant de ce que l'on me donnait, sans rien garder pour la nuit ou le lendemain. J'ai renoncé à toute possession, ne conservant, pour seuls biens, que ce que je pouvais porter sur moi. J'ai pris conscience que vivre d'amour et de générosité engendre l'amour et la générosité. Que vivre simplement, c'est vivre librement, dans l'assurance que « tout ira bien, tout tend au bien », comme l'écrit sainte Julienne de Norwich, une mystique anglaise qui vécut recluse au XIVe siècle. La simplicité volontaire nous rapproche de la vérité la plus pure, de la bonté la plus durable et de la beauté la plus subtile.

J'ai marché pieds nus en chantant « Aum, Aum, Aum », le mantra des mantras. J'ai appris par cœur plus de dix mille versets et l'art de les calligraphier pour les sublimer. Je n'ai pas pris un seul bain durant toutes ces années. Mes épais cheveux noirs étaient arrachés, un à un, deux fois par an. J'ai aussi appris à jeûner vingt-quatre heures, puis quarante-huit heures, puis trois jours par mois. Assis à même le sol, j'ai médité deux heures chaque matin et deux heures chaque soir, en me concentrant sur l'*atman*, mon moi intime et éternel, et sur sa fusion avec le *paramatman*, l'esprit ultime et illimité de la lumière pure.

J'étais dépouillé de tout, mais je ne ressentais aucun manque : je m'étais affranchi de mes désirs. J'étais entraîné à penser différemment et les biens matériels ne représentaient absolument rien pour moi. Guru Tulsi m'a offert un cadeau dont je lui reste, des décennies plus tard, profondément redevable : avec lui, j'ai compris que toutes nos peurs, à commencer par celle du manque, s'enracinent dans l'ego, la colère, la convoitise et l'orgueil. J'ai aussi compris que, pour les surmonter, il me suffisait de réussir à me libérer de mes craintes et à me fier à l'inconnu. Ce qui, je le reconnais, est plus facile à dire qu'à faire...

J'ai beaucoup appris au cours de ces neuf années passées au sein de la communauté monastique. J'ai surtout appris à vivre en paix avec moi-même, avec les autres, avec le monde.

Les jaïns sont des pacifistes qui défendent la non-violence avec tant de ferveur qu'ils sont parfois taxés d'extrémisme : ils refusent d'attenter à toute forme de vie, même la plus infime. Évidemment végétarien, je veillais scrupuleusement, comme tous les moines, à ne pas écraser ou tuer le moindre insecte, même les mouches et les moustiques qui m'importunaient. L'une des conséquences pratiques de ce respect extrême de la vie était l'obligation de marcher pieds nus pour me déplacer. Pendant neuf ans, je ne suis pas monté à dos d'âne, de chameau ou de cheval ; je n'ai pas pris de voiture, de train, d'autobus, de bicyclette, de bateau ou d'avion. Pourtant, j'ai franchi des milliers de kilomètres, traversé des jungles et des déserts, des montagnes et des plaines, sous la chaleur du soleil ou la morsure du froid. Marcher n'était pas seulement un moyen d'aller d'un point A à un point B : c'était une véritable pratique spirituelle, un apprentissage de la simplicité, du minimalisme et de la méditation.

Ce mode de vie ascétique nous aidait, nous les moines, à accéder peu à peu à la paix intérieure. « Comment pouvez-vous propager la paix dans le monde si vous n'êtes pas en paix avec vous-même ? » nous demandait Gurudev Tulsi. « La paix ne réside pas seulement dans vos pensées et vos propos : elle transparaît dans vos actes et votre comportement. Pour faire la paix, il faut d'abord être en paix. De même que la consistance, la couleur et les qualités nutritives du lait forment un tout indissociable, penser, parler et être en paix doivent former un tout en chacun de vous. Alors, vous diffuserez la paix autour de vous aussi aisément que le soleil diffuse la lumière. »

Étais-je heureux ? C'est une question que je ne me posais pas en ces termes. Je vivais dans l'espoir de la *moksha*, la libération suprême.

À quatorze ans, devenu adolescent, je méditais de plus en plus longuement et je jeûnais de plus en plus fréquemment. Je voulais me libérer de l'orgueil, de l'envie et de la colère, de mes désirs, de mes doutes, afin d'être purifié de tous mes péchés. J'effectuais de grandes marches, seul, en quête de salut.

À seize ou dix-sept ans, j'ai résolu de redoubler d'efforts pour libérer mon âme. Je considérais alors mon corps comme une entrave, et le monde comme un piège. Je me demandais ce que je pouvais faire de plus. Je suppliais Kala, le dieu de la Mort, de me libérer de mon corps et du monde !

C'était une époque étrange. J'approchais de mes dix-huit ans quand, peu à peu, tout a commencé à me sembler à la fois accablant et source de tentation. Jusque-là, j'appréciais mon existence recluse et ascétique qui avait renforcé ma résilience. Mais au cours de nos longues marches, je voyais les pauvres, mon cœur se brisait sur le statut des intouchables, je me demandais pourquoi ils ne devaient pas être touchés. Pourtant ils travaillaient dur mais ils étaient brimés. Moi, je travaillais à mon salut, je veillais à ma pureté. Et j'avais l'impression de suffoquer.

Je ne désirais alors plus qu'une seule chose : mourir et ne jamais revenir en ce monde…

2

Ne renonce pas au monde pour trouver le salut

La simplicité est la sophistication suprême.

— Léonard de Vinci

Kishor, un disciple laïc, s'était aperçu de mon agitation intérieure. Il eut l'audace de m'offrir un livre du Mahatma Gandhi que j'avais dévoré en secret - puisqu'il était interdit de lire tout ouvrage, à l'exception de ceux appartenant à la tradition jaïne.

Cette lecture a amplifié mon désarroi. Cette même nuit, j'ai fait un rêve étrange. J'ai vu le Mahatma monter sur une colline, s'arrêter à mi-hauteur et s'asseoir. Il semblait m'attendre. Je suis monté à mon tour, je l'ai rejoint et je l'ai entendu me dire : « Inutile de renoncer au monde pour trouver le salut. Viens avec moi. » Il s'est levé, a effectué quelques pas, s'est retourné vers moi, insistant : « Tu peux pratiquer la spiritualité en servant le monde. Renonce à tes passions, à tes désirs et tes envies, mais engage-toi auprès des hommes. Ta vie en sera transformée et tu trouveras le salut. » Une vive lumière l'a alors enveloppé et l'a soulevé au-dessus du sol. Il a disparu dans les nuées comme s'il avait atteint le nirvana.

Je me suis réveillé en sueur. Il devait être minuit passé. L'esprit en ébullition, je me tournais et me retournais sur le sol de ma chambrée. Qu'avait voulu dire Gandhi dans mon rêve ?

Au matin, j'ai décidé d'aller marcher longuement pour remettre de l'ordre dans mon esprit. Je suis sorti de Ratangarh, une petite ville du Rajasthan où j'avais été accueilli avec deux autres jeunes moines pour y passer les trois mois de mousson, la seule période de l'année où nous cessions d'être itinérants. J'ai franchi les dunes de sable qui l'entourent. Je pensais à Gurudev Tulsi. Il m'était très cher et m'avait beaucoup appris sur la vanité des affaires humaines et sur l'art du renoncement. Mais il m'incitait à me détourner d'un pan entier de l'existence : le monde, que je ne connaissais pas. Est-ce cela qui me troublait depuis quelque temps ?

Plus j'examinais la situation, plus je sentais croître en moi un désir puissant, en totale contradiction avec les préceptes de Tulsi : je voulais connaître le monde. Le découvrir, le comprendre, l'aimer. Je voulais planter des fleurs. Je voulais cultiver et cuisiner mes fruits et mes légumes au lieu de les mendier pour me nourrir. Je voulais tenir une jolie femme dans mes bras et poser ma bouche sur la sienne. Je voulais m'installer dans une vraie maison plutôt que de vivre sur les routes, et dormir dans un vrai lit et non à même le plancher. Quelque chose en moi avait radicalement changé : ma peur de la mort s'était estompée. Mon souhait, ou plutôt mon besoin impérieux de mettre fin au cycle des renaissances, me semblait un lointain souvenir égoïste.

J'ai marché très longtemps, jusqu'à perdre la notion du temps. J'étais sans doute parti depuis plusieurs heures : le soleil entamait sa descente vers l'ouest. La fatigue ralentissait mes pas, j'avais faim, j'avais soif, mais je ne voyais personne alentour. Je ne m'étais jamais aventuré dans cette partie du désert et je ne savais plus comment revenir en ville. J'étais perdu, ici comme en moi-même.

Au bout d'un moment qui m'a semblé durer une éternité, j'ai aperçu au loin un homme avec un chameau. J'ai crié, j'ai fait de grands gestes. Sans doute avait-il distingué mon habit blanc de moine, il s'est dirigé vers moi.

« Je me suis perdu, j'ai très soif », lui ai-je d'emblée dit quand il s'est arrêté à ma hauteur.

Il a souri, m'a tendu sa gourde en terre cuite, enveloppée dans un linge humide pour la garder au frais. J'ai bu à grandes goulées.

« Il ne faut jamais partir sans eau dans le désert », me dit-il.

Je lui demandai son nom.

« On m'appelle Krishna.

— J'allais mourir de soif, et j'ai donc été sauvé par Krishna en personne – rien de moins ! ai-je répliqué en riant.

— Mes parents rêvaient d'avoir un petit garçon aussi joyeux que le dieu Krishna. C'est pourquoi ils m'ont donné son nom. Krishna élevait des vaches. C'était un fermier heureux. Je le suis, moi aussi. »

Krishna rentrait chez lui, dans un petit village près de Ratangarh. Il me proposa de monter sur son chameau : cela m'était interdit. Je l'ai donc suivi à pied.

Il était vêtu d'une longue *kurta* orange, tissée dans un coton grossier, il portait un turban rouge et des anneaux d'argent aux oreilles. Son chameau transportait les récoltes de sa petite exploitation : du millet, des melons, des graines de sésame... Comme ma mère quand j'étais enfant...

Il a suffi que je lui pose une question pour que Krishna me déroule sa vie avec enthousiasme. Il n'avait pas été à l'école, ne savait ni lire ni écrire, mais il s'occupait très bien de ses chameaux et de ses champs. Il nourrissait sa famille à satiété, avait bâti de ses propres mains sa maison avec de l'argile, du bois et de la paille. Son épouse confectionnait du beurre et du yaourt avec le lait de leurs vaches, elle chantait en travaillant et s'occupait de leurs deux enfants. C'était une vie simple mais remplie de joie.

Son savoir-faire, me dit-il encore, lui avait été transmis par ses parents, il l'avait ensuite perfectionné par la pratique : « C'est en travaillant qu'on apprend à travailler, vous ne croyez pas ? Chaque matin, je vais à l'école de la nature. La terre est un excellent professeur. Je la regarde et j'apprends sans cesse à son contact », me lança-t-il. Et il désigna les dunes de sa main : « Elles changent sans cesse de forme et d'aspect, pourtant, elles sont toujours là. Même ici, en plein désert, il pleut à la mousson. Et nous parvenons à faire pousser du millet et des melons sur ce sol aride. J'adore ce pays. Au clair de lune, le sable brille comme du vif-argent. La terre est belle et bienveillante. »

Quelle sagesse ! Quel bon sens, aussi ! Je croyais entendre parler ma mère. Cet homme me tirait de mon engourdissement, il me ramenait à la vie. Notre marche a duré plus d'une heure, en plein désert, mais j'y puisais des forces nouvelles. La fatigue m'avait apaisé, mais j'aspirais désormais à être comme Krishna, un homme simple et ordinaire. De nouvelles questions m'assaillaient. Qui étais-je vraiment ? Autre chose que ma robe de moine ?

C'est alors qu'il m'est arrivé une chose étrange. J'ai vu une vive lumière et j'ai senti qu'un oiseau jaillissait de ma poitrine, s'échappant des parois de mon corps. Je me suis senti d'un coup plus léger. J'étais libre !

C'est dans cet état d'esprit que j'ai rejoint mes deux compagnons dans la bâtisse où nous séjournions. Ils m'étaient tous les deux très chers et je tenais à leur faire part de ce qui m'était arrivé. Je m'attendais à être réprimandé. J'ai découvert avec stupéfaction qu'ils aspiraient, comme moi, à une autre vie. Nous étions donc trois à vouloir partir.

Il m'a fallu quelques jours pour persuader un disciple laïc de nous fournir quelques vêtements et de quoi acheter des billets de train pour Delhi. Le soir même, un peu après minuit, tandis que la ville dormait, nous avons fui ensemble l'espace confiné de l'ordre monastique. Chacun des trois a, dès lors, suivi son chemin.

J'ai ainsi échappé à la prison que j'avais choisie. J'étais en proie à des émotions contradictoires, oscillant entre gratitude et esprit de rébellion. Gurudev Tulsi m'avait donné tant d'amour, tant de savoirs, tant de lui-même ! Mais l'heure était venue pour moi de découvrir mon guru intérieur : je ne voulais pas dépendre de lui jusqu'à la fin de mes jours. Je ne cherchais plus à vaincre la mort, mais à embrasser la vie avec toutes ses incertitudes, ses contradictions, ses difficultés.

En toute logique, j'ai rejoint la bourgade de mon enfance et j'ai frappé à la porte de la maison familiale, persuadé d'être accueilli à bras ouverts par ma mère bien-aimée. Or, si elle se montrait ouverte et tolérante sur bien des sujets, ma mère était stricte, presque rigide en matière de religion. En me voyant, elle s'est, pour la première fois, mise en colère : « Tu n'entreras pas ! » Elle ne m'a même pas offert un verre d'eau. Dans sa logique religieuse, j'avais cessé d'être son fils en prononçant les vœux de moine m'engageant pour la vie. « Retourne au monastère, implore le pardon de Gurudev et demande à reprendre ta place au sein de la communauté », m'intima-t-elle.

J'étais furieux, déçu et bouleversé. Je ne comprenais pas ce qu'était devenu son amour pour moi. J'ai tourné le dos, je suis parti. Pendant des années, tout lien a été rompu entre nous. J'avais échappé aux parois de verre de l'ordre monastique et, malgré mon chagrin, je m'engageais avec satisfaction dans le monde réel. Je venais d'effectuer le plus extraordinaire demi-tour de toute ma vie.

Ce rejet s'est révélé plus salvateur que je ne l'imaginais. Je ne possédais rien, pas même quelques roupies pour manger, mais il me restait la force de mes jambes. Et une conviction : je voulais rejoindre le monde sans renoncer à la spiritualité. Car je l'avais comprise en lisant le livre du Mahatma que m'avait offert Kishor : la spiritualité est partout présente, elle imprègne notre quotidien dans chacune de nos pensées, de nos paroles et de nos gestes. Je voulais désormais, sans renier les grands préceptes du jaïnisme, me réconcilier avec le monde et la société.

Un inconnu m'a sauvé. Je l'ai croisé dans la bourgade de mon enfance, je lui ai dit ma volonté de rejoindre un ashram gandhien. Il m'a donné une adresse, six cents kilomètres plus loin, et un nom. Je n'avais pas d'argent pour prendre le train, j'ai donc marché jusqu'à ce lieu qu'il m'indiquait, à Bodh Gaya, près de l'arbre sacré sous lequel le Bouddha avait atteint l'Éveil.

Là se trouvait l'un des ashrams qu'avait fondés Vinoba Bhave, un proche de Gandhi engagé dans « l'activisme spirituel ». Comme Gandhi, Vinoba professait que la spiritualité n'est pas un système de croyances, ni un ensemble de dogmes ou de doctrines, mais un mode de vie, une harmonie avec soi, avec les autres et avec la nature. Il affirmait aussi que l'esprit imprègne la matière et lui confère un caractère sacré – de ce fait, ils ne peuvent être séparés.

Ces propos résonnaient comme de la musique à mes oreilles. En m'installant dans cet ashram, je redevenais un jeune homme ordinaire : nul ne s'inclinait devant moi, et je n'avais plus à faire semblant d'être un saint. J'étais libéré de mon statut de moine et de la vanité qu'il m'inspirait. Je redescendais de mon petit nuage. Je m'émancipais de jour en jour, je reprenais goût à la liberté.

Comme tous les membres de ma nouvelle communauté, j'ai travaillé : au potager, à la cuisine, au filage du coton qui servait à tisser nos vêtements… Je connaissais l'art de la marche, du jeûne, de la méditation ; j'ai appris à méditer tout en travaillant de mes mains, et à marcher en restant centré sur mes pensées. Je connaissais l'ascétisme, j'ai redécouvert la simplicité, la sobriété et la modération qui avaient baigné mon enfance et sont restés ma seconde nature. « Vivre simplement, réfléchir intensément » : telle était la devise de Gandhi. Elle est devenue mienne.

Mes compagnons m'ont aussi enseigné la « vie idéale » prescrite par la tradition hindoue. Celle-ci décompose la vie humaine en quatre tranches de vingt-cinq ans chacune. La première est une période d'apprentissage : on y bâtit les fondations sur lesquelles reposera le reste de notre existence. La deuxième est celle de la mise en pratique des compétences et des convictions acquises. La troisième est celle de l'engagement : nous nous mettons au service de la société et de notre communauté. Enfin, la quatrième et dernière étape consiste à nourrir notre vérité intérieure par la méditation et la réflexion, tout en nous détachant peu à peu des biens matériels et affectifs. Cet enseignement a guidé la suite de mon parcours.

Il m'a fallu très peu de temps pour comprendre un fait bouleversant : j'étais désormais capable de vivre sans peur. Avec mes nouveaux compagnons, j'ai immédiatement compris qu'il nous suffit de peu pour mener une vie heureuse, créative et inspirante. Les bienfaits de la nature que sont l'eau, la terre et le soleil suffisent à pourvoir à nos besoins essentiels ; membres de la communauté des hommes, nous pouvons bâtir notre existence en son sein par l'entraide et la solidarité ; enfin, chacun de nous peut, jusqu'à un âge avancé, vivre de ses mains, de ses jambes et de sa force de travail. Or, tous ces trésors, matériels ou immatériels, qui contribuent à notre existence ne se trouvent dans aucun magasin…

3

À quoi sert d'entasser ?

Qu'il s'agisse de façon d'être, de vivre ou de penser, la simplicité est le modèle par excellence.

— Henry Wadsworth Longfellow

Vinoba Bhave, qui avait fondé l'ashram au sein duquel je reprenais pied, était un militant pour la paix. Il avait une conviction chevillée au corps : « Le monde ne connaîtra pas la paix tant que les puissants domineront les faibles et que les riches exploiteront les pauvres. » L'Inde, disait-il, est certes un pays désormais indépendant de l'occupant britannique, mais elle ne sera ni libre ni en paix tant que les grands propriétaires terriens vivront dans l'opulence et que les ouvriers agricoles travailleront pour des salaires de misère.

Il s'était donné pour mission de bâtir un royaume de compassion et, dans ce but, il avait créé *Bhoodan*, un « mouvement pour le don de la terre ». Le principe était simple : il sillonnait l'Inde à pied, frappait aux portes des grands domaines agricoles et s'adressait aux propriétaires : « N'attendez pas qu'un soulèvement armé ou un décret du gouvernement vous dépossède de vos terres. Agissez maintenant, par compassion, en réponse à mon appel pour la justice sociale. Faites la paix avec vos voisins et avec vos ouvriers agricoles en partageant vos terres avec eux. »

Ses propos me bouleversaient. Si j'avais été propriétaire, j'aurais répondu à son injonction et cédé toutes mes terres, mais je ne possédais rien. La dimension sociale de son message se conjuguait à une dimension spirituelle : à quoi sert d'entasser, d'amasser, sauf à perpétuer l'exploitation des plus faibles, et celle de la nature ? « Vivre simplement pour que d'autres puissent tout simplement vivre », disait Gandhi.

Et nous ? Lancés dans la quête d'objets dont nous n'avons pas réellement besoin, nous dilapidons nos ressources, notre temps et notre énergie, nous faisons passer la cupidité avant la nécessité, le glamour avant la grâce et l'exploitation avant la préservation. Nous entassons pour rien. Trop opulent, notre mode de vie participe à l'accroissement des déchets, de la pollution, de la pauvreté, de la violence.

Je voulais en faire plus. Devenir, moi aussi, un pèlerin de la paix. Vinoba Bhave a parcouru plus de cent soixante mille kilomètres à pied au cours de son existence. Entre neuf ans et dix-huit ans, avec les moines jaïns, j'en avais moi-même parcouru des milliers. Ma peau s'était endurcie, mes muscles avaient forci et ma détermination était sans faille. Il me manquait son savoir-faire, mais ce n'était pour lui qu'une formalité : « Fais comme moi. Va rencontrer les grands propriétaires et dis-leur : "Si vous avez cinq enfants, considérez Vinoba comme votre dernier-né, le sixième, celui qui représente les faibles, les pauvres et les miséreux.

Donnez-lui un sixième de vos terres." Si un sixième de toutes les terres arables de notre pays était redistribué aux paysans sans terre, alors plus personne ne serait dans la misère. »

J'avais exprimé à Vinoba mes réserves : qui céderait aussi facilement son bien le plus précieux, une terre héritée de ses ancêtres, à des inconnus ? Sa réponse avait fini de me convaincre : « Qui peut prétendre posséder la terre ? C'est un bien de la nature, comme l'air, l'eau et le soleil. Possèdes-tu l'air que tu respires ? L'eau que tu bois ? Nul ne peut revendiquer comme sien ce qui appartient à la nature. Les hommes ne détiennent pas les composantes essentielles de la vie. Ils doivent se contenter d'entretenir avec elles de bonnes relations. De toute façon, si nous ne redistribuons pas les terres, les paysans s'en empareront par la force. Demande aux propriétaires que tu rencontreras si c'est souhaitable... »

Et il m'assigna, avec d'autres membres de la communauté, une première cible : un grand prêtre qui dirigeait un temple hindou possédant huit cents hectares de rizières d'excellente qualité. Il nous restait à obtenir un entretien avec un homme aussi influent...

Nous avions d'abord opté pour la méthode classique, en nous adressant au gardien du temple : « Nous vous prions d'annoncer au grand prêtre que des disciples de Vinoba souhaitent lui parler. » Vinoba était non seulement un réformateur et un militant pacifiste déjà reconnu, il était aussi l'un des meilleurs spécialistes de la *Bhagavad-Gita* et l'ouvrage qu'il avait consacré à ce grand poème épique, l'un des textes fondateurs de l'hindouisme, s'était vendu à plusieurs millions d'exemplaires dans plus d'une douzaine de langues[1]. Il n'était pas un inconnu dans ces milieux.

Le gardien nous avait effectivement offert un verre d'eau avant d'aller transmettre notre requête en haut lieu et de revenir nous annoncer que notre demande d'audience était refusée. De toute évidence, rétif à la perspective de se séparer d'une partie de ses terres, le grand prêtre nous écartait avant même de nous écouter.

Le lendemain, nous avions opté pour une autre méthode. À l'aube, avant l'arrivée du grand prêtre, nous étions une douzaine à la porte du temple, prêts à l'accueillir en brandissant une banderole : « Nous souhaitons rencontrer le grand prêtre. » Ce dernier se déplaçait dans une Jeep dépourvue de vitres. Nous l'avons vu arriver de loin et il nous a été facile de l'arrêter : nous avons encerclé son véhicule.

« Que voulez-vous ? a-t-il demandé.

— Vous parler.

— Mais je suis très occupé !

— Les pauvres ont très faim ! avons-nous répliqué.

— J'ordonnerai qu'on leur donne à manger. Maintenant, laissez-moi partir.

— Ils auront de nouveau faim demain, et après-demain, et après-après-demain. Ce n'est pas une solution. Nous préférons faire en sorte qu'ils se nourrissent par eux-mêmes. »

Il y eut un long silence. Nous attendions la réponse du grand prêtre. Il finit par soupirer :

1. *Talks on the Gita*, de Vinoba Bhave. Publié en anglais chez Macmillan Press en 1960. Cet ouvrage n'est pas traduit en français.

« Je sais ce que vous voulez. Vous voulez que je leur donne des terres.

— C'est exact. Ils pourront alors se nourrir chaque jour et sans vous importuner. Vous aurez l'esprit tranquille, vous serez content d'avoir bien agi et les habitants des villages voisins chanteront vos louanges. »

Après un autre long silence, le grand prêtre reprit la parole :

« Je dois consulter mes collaborateurs. Mais pourquoi ne lancez-vous pas une collecte de fonds pour acheter les terres que vous souhaitez ? J'y contribuerais certainement, nous pourrions vous donner mille roupies, peut-être cinq mille roupies. Ce serait une bien meilleure solution parce que je ne pense pas que nous puissions vous donner des terres. »

Un attroupement s'était formé autour de notre petit groupe et le personnel du temple nous observait avec inquiétude. Ayant retenu la leçon de Vinoba, j'ai alors levé la voix pour bien me faire entendre de tous ceux qui étaient présents et assistaient à la scène :

« Des millions de personnes n'ont ni maison, ni terre, ni moyens de subsistance. Combien devrions-nous collecter pour leur acheter des terres à tous ? Vinoba vous propose de nous donner une petite partie de vos terres au lieu de nous les vendre. Comme il le dit souvent, l'argent est le problème, non la solution. Seul le don pourra résoudre le problème des paysans sans terre. Et puis, offrir un bien est aussi bénéfique pour celui qui donne que pour celui qui reçoit.

— Laissez-moi y réfléchir, dit le grand prêtre.

— Pouvons-nous revenir demain matin ? Cela vous laissera vingt-quatre heures. Nous ne demandons rien pour nous-mêmes. Vinoba n'a pas de maison, il vit dans un ashram et traverse le pays à pied pour collecter des terres et les redistribuer aux plus démunis. Lui donner une partie de vos terres bénéficiera à tous. D'autant que la terre ne nous appartient pas, c'est nous qui lui appartenons. Quand nous mourrons, nous n'emporterons pas nos terres dans la tombe ! »

Je me retrouvais dans une position inhabituelle : tout jeune encore, inconnu et sans ressources, j'osais rappeler au grand prêtre d'un temple hindou les principes les plus nobles de sa religion. Il me sourit :

« Entendu, je vous recevrai demain matin. Nous verrons ce que nous pouvons faire. »

Mes camarades et moi avons applaudi. Et les passants avec nous.

Le lendemain, le personnel du temple était plus coopératif. Le gardien nous servit de l'eau et du thé avant de nous conduire dans la salle d'audience où le grand prêtre nous attendait. Avant même que nous prenions la parole, il nous avait donné son accord : il nous offrait cinquante hectares de rizières à redistribuer aux paysans sans terre des communes environnantes.

Dès lors, et pendant plusieurs années, j'ai fait don, à cette cause, de mon temps et de mon énergie. Comme Vinoba, je ne me déplaçais qu'à pied : « Vos jambes, disait-il, peuvent aller là où les routes ne vont pas, dans les villages les plus isolés, mais aussi dans le cœur des gens que vous croisez. » Je frappais aux portes, j'essayais de convaincre.

Entre 1951 et 1971, près de deux millions d'hectares de terres agricoles ont été donnés, à travers l'Inde entière, du Cachemire au Kerala, et de Goa à Assam, au mouvement de Vinoba. En matière d'activisme social, on a rarement vu campagne plus efficace – et plus pacifique. C'est sans doute aussi l'une des campagnes les plus simples qui aient jamais été organisées avec autant de succès…

4

Le plus simple des arts : la marche

Toutes les grandes idées ont été conçues en marchant.

— Friedrich Nietzsche

Un matin de 1961, j'étais à Bangalore avec mon ami E. P. Menon. Vinoba nous avait envoyés dans cette merveilleuse ville, à la fois culturelle et commerçante, pour y installer un ashram. Bangalore jouit d'un climat tempéré qui invite à la détente. Les rues animées regorgent de cafés et de restaurants et nous étions attablés dans une petite échoppe pour prendre notre petit déjeuner.

Nous feuilletions un journal en attendant notre café quand nous sommes tombés sur une information qui allait bouleverser le cours de notre existence : Bertrand Russell, militant pacifiste alors âgé de quatre-vingt-dix ans, mais aussi Prix Nobel de littérature, venait d'être condamné par un tribunal britannique à une semaine de prison. Il avait participé à une marche de protestation contre la prolifération des armes nucléaires, entre Londres et Aldermaston, petite ville du Berkshire abritant le

Centre de recherche sur les armes atomiques, située quatre-vingt-cinq kilomètres plus loin.

Nous ignorions tout du personnage, mais nous nous sommes aussitôt sentis concernés par l'injustice dont il était victime. Que pouvions-nous faire pour lui témoigner notre soutien ? Cette question nous a accompagnés tout au long de la journée, jusqu'à ce qu'une idée folle jaillisse dans nos esprits : et si nous marchions nous aussi pour promouvoir la paix et exprimer notre refus des armes nucléaires ? Une vraie marche qui nous conduirait de New Delhi à Moscou, puis à Paris, Londres et Washington, les quatre capitales des pays qui possédaient l'arme atomique à l'époque.

Le lendemain, nous prenions le premier avion pour l'État d'Assam où Vinoba menait campagne pour *Bhoodan*. Nous étions dans l'urgence de partager avec lui notre idée. Sur place, nous n'avions eu aucun mal à le trouver : ses moindres faits et gestes étaient relatés par tous les journaux et les radios locales. Cependant, notre arrivée impromptue dans le village reculé où il faisait halte à l'issue d'une journée de marche le surprit. Nous l'avions aussitôt rassuré mais, à mesure que son appréhension se dissipait, la nôtre allait croissant : comment allait-il réagir ?

Vinoba était un véritable saint : désintéressé, détaché et imperturbable. Il nous a écoutés sans nous interrompre, puis nous a demandé de lui montrer l'itinéraire envisagé sur une carte. Il s'est ensuite penché vers nous : « Vous avez ma bénédiction. Mais elle ne suffira pas à vous protéger, c'est pourquoi je souhaite ajouter deux boucliers à votre armure. D'abord, restez végétariens. Ensuite, marchez sans un sou en poche.

Pour entreprendre un tel voyage, il n'y a pas de demi-mesure. Il vous faut soit beaucoup d'argent, soit pas d'argent du tout. Vous vivrez comme des ascètes. »

La déception se lisait probablement sur nos visages. Vinoba nous tint alors un discours dont je me souviens de chaque mot : « La guerre commence toujours par la peur de l'autre, tandis que la paix naît de la confiance. Il ne suffit pas de prêcher la paix : il faut la mettre en pratique. Pratiquez la confiance, voyagez sans doute ni défiance. Faites confiance à la nature, aux grands cycles de l'univers, à ceux qui croiseront votre route. »

Nous n'étions pas encore convaincus : « Nous avons foi en l'humanité, mais tout de même... Ne pourrions-nous pas emporter un peu d'argent pour des raisons purement pratiques ? »

Vinoba secoua la tête : « Si vous faites escale pour la nuit après une longue journée de marche et que vous avez de l'argent, vous irez au restaurant, vous dormirez dans une maison d'hôtes et vous repartirez le lendemain. En revanche, sans argent, il vous faudra trouver une bonne âme pour vous accueillir. Elle vous offrira à manger et vous lui direz que vous êtes végétariens. Elle vous demandera pourquoi et vous commencerez à parler de paix et de non-violence. »

Vinoba était notre guru, nous étions ses novices. En toute occasion, nous nous en remettions à sa sagesse. Malgré notre inquiétude, nous n'avons donc pas discuté davantage. D'une certaine manière, je me sentais préparé : n'avais-je pas déjà vécu neuf ans sans un sou en poche ? « Que notre voyage soit un pèlerinage », acquiesça Menon à son tour.

J'avais vingt-six ans, je me préparais à parcourir huit mille kilomètres à pied, à devenir un pèlerin. Être pèlerin ne signifie pas seulement visiter des sanctuaires et des lieux saints. Être pèlerin, c'est vivre avec simplicité en toutes circonstances, c'est accueillir sereinement les joies comme les peines. Notre vie tout entière peut se muer en un pèlerinage…

Nous avions choisi comme point de départ le Raj Ghat, le mémorial du Mahatma Gandhi à New Delhi. Nous étions sans argent, mais aussi sans passeports. Or, afin d'obtenir ce sésame des voyages, le gouvernement indien de l'époque exigeait un dépôt important, vingt mille roupies, pour couvrir les frais d'un éventuel rapatriement. Cette mesure administrative fut une bonne occasion de mettre notre capacité à faire confiance à l'épreuve. M. Nehru était alors Premier ministre et ministre des Affaires étrangères. Nous l'avions informé de notre projet et il nous avait encouragés. Mais nous n'avions toujours pas nos passeports. La presse nationale avait relaté notre projet, et c'est un député qui a interpellé M. Nehru devant le Parlement : « Pourquoi des pèlerins se voient-ils refuser un passeport prouvant leur nationalité indienne, laquelle leur a pourtant été donnée gratuitement à la naissance, comme à l'ensemble de nos concitoyens ? »

Nous avons, effectivement, été l'exception. La veille du jour où nous devions franchir la frontière avec le Pakistan, deux fonctionnaires se sont présentés chez les amis qui nous hébergeaient et ils nous ont remis nos passeports. Nous avions eu raison de garder confiance.

Est venu le moment d'entamer notre marche. Une trentaine de proches nous avaient escortés jusqu'au poste-frontière. La plupart étaient enthousiastes, certains ne masquaient pas leur inquiétude. L'Inde était en guerre avec le Pakistan : comment y seraient accueillis des Indiens, à pied, sans un sou et sans rien à manger ? « Ce sont nos ennemis, Satish ! Vous n'auriez pas dû écouter Vinoba ! C'est peut-être la dernière fois que je te vois. Vous allez traverser des pays musulmans, des pays capitalistes, des déserts, des jungles, des montagnes, des tempêtes de neige, sans argent ni nourriture. J'ai du mal à croire que tu puisses revenir vivant », me dit une amie en me tendant le repas froid qu'elle avait préparé pour nous.

À ce moment, j'ai repensé aux paroles de Vinoba. Mon amie avait les larmes aux yeux, mais j'étais obligé de refuser son cadeau : « Ces petits paquets ne sont pas remplis de nourriture, mais de méfiance. Que dirons-nous aux Pakistanais qui nous offriront l'hospitalité ? "Nous n'étions pas certains que vous nous donneriez à manger, alors nous avons emporté des vivres avant de partir" ? Quelle sera leur réaction ? Donne-nous plutôt ta bénédiction. Tant pis si nous n'avons pas à manger un jour ou deux, nous jeûnerons. Et si nous ne trouvons pas de toit, nous dormirons sous la voûte étoilée qui vaut bien un cinq-étoiles. »

Et nous sommes partis.

Nous venions de franchir la frontière et d'entrer au Pakistan quand un jeune homme s'est avancé vers nous en souriant : « Êtes-vous les deux pèlerins prêts à parcourir le monde pour la paix ? J'ai lu votre histoire dans les journaux et je vous attends ici depuis plusieurs jours. Je viens vous accueillir. »

Aucun discours de bienvenue n'aurait pu nous faire plus plaisir. « Nous ne venons pas en tant qu'Indiens pour rencontrer des Pakistanais, ni en tant qu'hindous pour rencontrer des musulmans. Nous venons en tant qu'amis rencontrer d'autres amis, lui dis-je. Notre religion et notre nationalité font partie de notre identité, mais ce qui nous définit en premier lieu, c'est notre appartenance à la communauté des humains. »

En m'entendant, le jeune homme, Ghulam Yasin, nous a chaleureusement étreints. Puis il a proposé de nous héberger pour cette première nuit de notre long périple. Et dire qu'un quart d'heure plus tôt, mon amie pleurait sur notre sort ! Cette scène s'est reproduite jour après jour, dans les plaines ou sur les hauteurs, de la passe de Khyber, au Rotary Club de Rawalpindi ou chez les Pachtounes du Pakistan. Partout, au Pakistan, en Afghanistan, en Iran, en Azerbaïdjan, nous étions accueillis avec générosité.

Sincèrement, hormis de sévères ampoules aux pieds, nous n'avons pas souffert. Marcher sans argent se révélait une bénédiction. Lorsqu'ils apprenaient que nous avions renoncé aux valeurs matérielles pour promouvoir la paix entre les hommes, nos hôtes nous ouvraient leurs portes plus sûrement que si nous avions proposé de les payer.

Après les collines afghanes, les tempêtes de sable iraniennes et les vignobles azerbaïdjanais, nous avons admiré les eaux fraîches de la mer Caspienne, la masse imposante du mont Ararat, les somptueux vergers arméniens et les plantations de thé géorgiennes, des lieux aussi inspirants que les habitants qui les peuplent. J'ai longuement raconté ces rencontres dans mon autobiographie, *No Destination*[1]. Je me contenterai ici d'un épisode qui a conféré un nouvel objectif à notre pèlerinage.

Nous cheminions depuis plusieurs jours entre la mer Noire et les montagnes du Caucase quand j'ai été pris d'un doute : à quoi bon ? À quoi bon ces heures de marche, cette fatigue ? Ce voyage avait-il vraiment du sens ? Mon compagnon de route m'avait repris : « Le résultat ne compte pas. Seul compte le chemin pour y parvenir », me dit-il.

Ses paroles me faisaient songer au refrain d'une célèbre chanson de Rabindranath Tagore, « Ekla Chalo Re » :

« Marche seul,
Même s'ils ne répondent pas à ton appel,
Marche seul,
Même si personne ne t'écoute,
Ne renonce pas, continue de marcher ! »

Mais je continuais de douter.

Deux femmes discutaient sur le bord de la route que nous empruntions. Je leur avais tendu une brochure rédigée en russe, décrivant le but de notre voyage et notre itinéraire.

« Quelle coïncidence ! On vous a entendus à la radio l'autre jour ! Êtes-vous vraiment venus à pied depuis New Delhi ? me demanda l'une d'elles.

— Comptez-vous rentrer chez vous de la même façon ? interrogea la seconde.

1. Paru chez Green Books en 1992. Cet ouvrage n'est pas traduit en français.

— C'est possible », avons-nous répondu à l'aide des quelques mots de russe que nous avions appris.

Désignant le bâtiment qui bordait la route, les deux femmes nous ont expliqué qu'il s'agissait de l'usine de thé dans laquelle elles travaillaient. Et elles nous ont invités à la cantine, pour un verre de thé difficile à refuser : chez nous, quelle que soit l'heure, c'est toujours l'heure du thé !

Nous avions à peine franchi le pas de la porte que d'autres ouvrières se sont approchées, intriguées : elles n'avaient guère l'habitude de voir des étrangers sur leur lieu de travail. Bientôt, du pain et des biscuits sont venus compléter notre collation improvisée tandis que nous entamions la conversation avec elles. Leur curiosité était sans limites. Les questions succédaient aux questions. Même dans cette région très reculée de l'Union soviétique, leurs préoccupations rejoignaient les nôtres. Comme nous, elles s'étonnaient de voir les puissants de ce monde gaspiller des fortunes pour fabriquer des armes nucléaires aussi destructrices qu'inutiles.

Tandis que nous échangions, l'une des deux femmes que nous avions croisées sur le bord de la route est sortie avant de revenir avec quatre petits paquets de thé.

« J'ai une requête un peu singulière, nous dit-elle. J'aimerais offrir ces quatre paquets de thé aux quatre dirigeants des pays qui possèdent l'arme nucléaire, mais je ne peux pas y aller. Acceptez-vous d'être mes ambassadeurs ? C'est le “thé de la paix”. Dites-leur bien que nous, les ouvrières d'une petite usine de thé près de la mer Noire, les prions d'accepter ce présent en gage d'amitié. Dites-leur aussi que s'ils sont un jour tentés d'appuyer sur le bouton rouge, qu'ils préparent une tasse de thé avant de commettre l'irréparable. Ça leur donnera le temps de réfléchir aux conséquences de leur geste.

— Quelle idée fabuleuse ! Ce sera un honneur pour nous d'être vos ambassadeurs », me suis-je exclamé.

Le visage de notre hôtesse s'est éclairé d'un grand sourire. Elle nous a serrés dans ses bras sous les applaudissements des autres ouvrières. Mon abattement avait disparu. Avec Menon, nous nous sommes promis que, quoi qu'il arrive, nous remettrions ces paquets de thé à leurs destinataires. Nous ne pouvions rêver mission plus exaltante !

Après plusieurs jours de marche durant lesquels nous avons lutté contre bien des vents contraires, nous avons atteint Moscou. Une lettre de Nikita Khrouchtchev, le Premier secrétaire du Parti communiste, nous attendait. Il nous félicitait de notre entreprise tout en regrettant de ne pouvoir nous rencontrer. Nous avons toutefois été invités au Kremlin où nous avons remis notre premier paquet de thé au président du Soviet de l'URSS qui nous a promis de le remettre à Khrouchtchev.

Et nous avons poursuivi notre route à travers la Biélorussie, la Pologne, l'Allemagne et la Belgique. Il nous avait fallu dix mois pour atteindre Moscou, nous en avons mis six autres pour arriver à Paris où nos demandes d'audience avec le chef de l'État, le général de Gaulle, étaient restées sans réponse. Escortés par un groupe de militants pacifistes, nous nous sommes présentés devant les grilles de l'Élysée pour réitérer notre demande. Ce sit-in nous a valu quelques jours de prison et une menace d'expulsion, la loi française interdisant tout rassemblement devant le palais présidentiel. Après d'intenses négociations impliquant jusqu'à l'ambassadeur d'Inde en France, nous avons été libérés, et avons même été autorisés à remettre notre petit paquet de thé au préfet de police de Paris, qui nous a promis de le donner au général de Gaulle.

Nous avons traversé la Manche en bateau, seul moyen de gagner l'Angleterre où le Premier ministre Harold Wilson, trop occupé pour nous rencontrer, a cependant demandé à son prédécesseur, Lord Attlee, de nous recevoir, tandis qu'un haut fonctionnaire était dépêché... pour porter le troisième paquet de thé à M. Wilson. Lord Attlee était très amusé par notre démarche : « C'est du théâtre, nous dit-il. Personne n'appuiera sur le bouton rouge. Ni ici, ni à Paris, ni à Moscou, ni à Washington. » Il laissait notre question de fond sans réponse : dans ce cas, pourquoi consacrer tant de temps et d'argent à fabriquer ces armes alors que partout dans le monde, des gens meurent de faim, des hôpitaux et des écoles manquent de ressources, et des enfants grandissent dans la peur du lendemain ?

Nous avons rencontré Bertrand Russell quelques jours plus tard, dans sa maison du pays de Galles où il passait ses vieux jours. Ce fut un moment d'intense émotion pour Menon et moi, qui avions parcouru tant de kilomètres et affronté tant d'épreuves pour protester contre son arrestation. « Faites du thé, pas la guerre ! » nous a-t-il dit avec un sourire malicieux en remplissant nos tasses d'un thé fumant.

Nous sommes arrivés à New York à bord du *Queen Mary*, grâce au soutien financier d'organisations pacifistes britanniques. À Washington, que nous avons évidemment rejoint à pied, le président Lyndon B. Johnson a demandé à son chef de cabinet de nous recevoir. Si la Maison-Blanche m'a paru moins spectaculaire que le Kremlin, la politique mise en œuvre entre ses murs m'a semblé étrangement similaire à celle de ses rivaux soviétiques. « L'Amérique négocie pour la paix dans tous les sommets internationaux. Ce sont les Soviétiques qui nous mettent des bâtons dans les roues », nous a déclaré M. Hays. Lesquels Soviétiques nous avaient dit exactement le contraire. Et il nous a certifié que le quatrième paquet de « thé de la paix » serait très apprécié par le président des États-Unis.

Est-il prétentieux de ma part de penser que les effets bénéfiques de nos quatre paquets de « thé de la paix » se font encore sentir aujourd'hui ? L'arme atomique n'a pas été utilisée depuis la fin de la Seconde Guerre mondiale, et il est permis d'espérer qu'elle ne le sera jamais. Pourtant, l'arsenal nucléaire est toujours en place à travers le monde, et tant qu'il le sera, je continuerai de lutter pour le désarmement, fidèle à l'engagement que nous avions pris, Menon et moi, il y a tant d'années.

Après avoir parcouru près de treize mille kilomètres à travers quinze pays, j'ai découvert que la paix est autant un état d'esprit qu'un mode de vie. Enfant et adolescent, j'ai cherché la paix intérieure au sein d'un ordre monastique. Jeune homme, j'ai milité pour la paix dans le monde. Et durant toutes ces années de combat, j'ai mesuré à quel point j'étais lié à la nature, accueilli et nourri en son sein, enfant de la terre, des rivières, des forêts, des fleurs et des grands espaces. Tant que nous ne serons pas en paix avec la nature, nous ne parviendrons pas à instaurer la paix dans le monde, ni à trouver notre paix intérieure.

Or, l'humanité est en guerre contre la nature. Partout où je me suis rendu, c'était le même spectacle : le développement de l'agriculture industrielle, l'exploitation des ressources naturelles, la déforestation, la terre et l'eau gorgées de pesticides qui les vident de toute vie, la guerre économique livrée contre la nature. Une guerre qui constitue un obstacle à l'avènement d'une société humaine heureuse, libre et paisible. Pacifiste né, je suis devenu un fervent militant écologiste. Il en va de notre survie collective.

Habitants d'une planète aux ressources limitées, nous devons désormais apprendre à limiter nos besoins pour assurer sa survie. Même si ses ressources n'étaient pas limitées, nous n'aurions d'autre choix que de freiner notre consommation pour ne pas être encombrés d'objets inutiles. Nous devons apprendre la simplicité volontaire : elle est un impératif à la fois économique (notre survie) et spirituel (elle est le seul gage de paix dans un monde de plus en plus violent).

Au quotidien, la simplicité ne rime ni avec l'inaction ni avec la paresse. C'est même tout le contraire, à vrai dire ! Notre mode de vie consumériste nous rend paresseux, inactifs et incompétents – ou du moins, incapables de faire quoi que ce soit de nos dix doigts. Nous dépendons de plus en plus de la mécanisation, de l'industrialisation et de la production de masse. En plaçant l'élégance et la simplicité au cœur de notre vie, nous faisons la part belle à l'artisanat, au savoir-faire et à l'art de vivre mieux avec moins. La simplicité met l'accent sur notre qualité de vie, plutôt que sur la quantité de biens matériels que nous possédons. *Être* plutôt qu'*avoir*, comme le dit si bien le psychanalyste Erich Fromm…

5

L'or doit passer l'épreuve du feu

Il est parfois plus difficile d'être simple que d'être complexe. Il faut travailler dur pour rendre les choses simples, mais l'effort en vaut la peine, parce qu'une fois l'objectif atteint, vous pourrez déplacer des montagnes.

— Steve Jobs

J'ai toujours associé la notion de simplicité à celle de pèlerinage. Être pèlerin, c'est cultiver à la fois la simplicité extérieure et la simplicité intérieure, la seconde offrant une base solide à la première.

Un pèlerin apprécie le soleil, la pluie, les fleurs et les fruits comme il endure les tempêtes, le vent et le blizzard : il accepte la vie comme elle vient, dans toute sa diversité. Le poète indien Rabindranath Tagore a décrit cet état d'esprit avec des mots sublimes : « Les nuages traversent le ciel de mon existence, non pour apporter la pluie ou provoquer un orage mais pour ajouter des couleurs à mes couchers de soleil. »

Le vrai pèlerin est au contact de la nature qui soutient sa quête spirituelle. Il célèbre l'instant présent et s'en remet aux grands cycles de la vie, confiant dans leur force de renouvellement. Il ne cherche pas à susciter l'admiration de quiconque, il n'attend pas des éloges. Endurant et enthousiaste, il est à l'abri des déceptions.

À l'inverse, dans les voyages « ordinaires », quand tout est planifié, que les hôtels sont réservés et les taxis commandés, il ne reste plus de place pour notre imagination. Elle est enfermée comme de beaux vêtements dans une valise : si vous n'avez pas l'occasion de les porter, à quoi bon les emporter ? De la même manière, si nous n'avons pas l'occasion de tester notre capacité à faire confiance, nous passons à côté d'un des aspects essentiels d'un voyage réussi.

Pour la plupart d'entre nous, un pèlerinage consiste à se rendre dans un sanctuaire ou un lieu saint. J'ai moi-même effectué avec bonheur plusieurs pèlerinages. Je me souviens en particulier de mon pèlerinage au mont Kaïlash, au Tibet, sur des sentiers escarpés, à cinq mille six cents mètres d'altitude. Comme tous les autres pèlerins, j'ai affronté des situations imprévues – l'imprévu fait partie intégrante du pèlerinage. Je me suis heurté à des difficultés que je n'avais pas imaginées, mais je les ai accueillies avec sérénité et simplicité. J'ai accepté les obstacles pour ce qu'ils sont : une occasion de réveiller notre créativité, notre imagination et notre ingéniosité. Ils testent notre résilience et nous mettent au défi d'accorder notre confiance à l'univers.

L'obstacle, l'inattendu sont des questions que me pose l'univers. À moi d'y répondre ! Ici, les problèmes, comme les pierres sur le sentier, sont les bienvenus. Or, la vie moderne nous a donné le goût du confort : nous voulons que tout soit facile, pratique, agréable. Les difficultés nous effraient, nous faisons notre possible pour les éviter. Cette attitude nous rend timorés : nous avons perdu le goût du risque et de l'aventure, nous manquons de courage et d'assurance. En fait, nous doutons de nos capacités à emprunter un chemin caillouteux et escarpé. Et nous avons oublié qu'avant de devenir un joyau, l'or doit passer l'épreuve du feu.

En réalité, la vie tout entière est un voyage. Elle est un pèlerinage avec tout ce qu'implique ce mot : une forme d'ascèse, une manière d'aborder l'existence sans céder aux désirs, aux habitudes et aux préjugés qui nous encombrent. Elle est notre passage du feu. En ce qui me concerne, je me considère sans cesse en pèlerinage. Je veux être un pèlerin de la vie.

Il y a environ deux mille cinq cents ans de cela, à peu près à la même époque que le Bouddha, Mahavira, un prince indien, avait lui aussi compris qu'il n'accomplirait pas le pèlerinage de la vie sans s'alléger de tout ce qui l'encombrait. Pour renouer avec la simplicité, il avait renoncé à tous ses biens. Il était devenu un moine errant qui mendiait jusqu'à sa nourriture et n'acceptait que le strict minimum. Sa réputation le précédait et ses disciples étaient de plus en plus nombreux. Ils l'admiraient et cherchaient toujours à lui offrir plus que le nécessaire dont lui-même se contentait. Avec le temps, offrir à manger à Mahavira était devenu un privilège.

L'ancien prince n'avait plus aucun mal à se procurer son repas quotidien. Cette situation ne le réjouissait pas, au contraire : il y voyait un obstacle à l'accomplissement du but qu'il s'était donné : sa quête spirituelle. Ce n'est, disait-il, qu'en affrontant les difficultés que l'on surmonte la peur qu'elles nous inspirent. Comme tout être humain, il craignait la faim. Mais il désirait rencontrer sa peur de la faim.

Un jour, pour calmer l'ardeur de ses fidèles, Mahavira édicta une série de conditions qui devraient être réunies pour qu'il prenne son repas suivant – tant qu'elles ne seraient pas réunies, il jeûnerait. « Il faudra, annonça-t-il, que mon repas me soit offert par une princesse dont le père aura été vaincu sur le champ de bataille. À la suite de cette défaite, la princesse aura été vendue en esclavage. Lorsque je la rencontrerai, elle devra me proposer des lentilles et rien d'autre. Enfin, il faudra qu'elle ait des fers aux pieds et les yeux brillants de larmes. Si toutes ces conditions sont réunies, alors j'accepterai le repas qu'elle me proposera. »

Mahavira parsemait ainsi sa route de cailloux afin de rendre son pèlerinage dans la vie plus pénible encore. Il se rendit de maison en maison, de village en village et de ville en ville, en quête de la princesse qui répondrait à ses critères. Les semaines passèrent. Il marchait l'estomac vide dans une zone où deux rois se faisaient la guerre. L'un fut vaincu, les soldats victorieux envahirent son palais et s'emparèrent de ses bijoux, de ses armes, de ses vêtements et de sa fille, Chandanbala. La princesse fut vendue au marché aux esclaves à un riche marchand. Peu après, devant s'absenter pour la nuit, le marchand enchaîna la princesse à la porte d'entrée de sa demeure : « Je reviendrai demain. Si tu as faim, tu pourras manger ces lentilles », lui dit-il en déposant une écuelle à ses pieds.

Quelques heures plus tard, Mahavira traversa ce village. Devant la maison du marchand, il reconnut la princesse enchaînée. Chandanbala le reconnut à son tour. « Votre visite m'honore, lui dit-elle. Dans l'infortune où je me trouve, la venue d'un saint est une bénédiction. Prenez ces lentilles, c'est un bonheur pour moi de vous les offrir. »

Mahavira l'observa avec attention. C'était une princesse dont le père avait été vaincu sur le champ de bataille ; elle avait été réduite en esclavage et portait des fers aux pieds ; enfin, elle lui tendait un plat de lentilles. Toutes les conditions étaient réunies. Sauf une : la princesse souriait en le regardant.

Il tourna les talons et se remit en route. Le voyant s'éloigner, la princesse éclata en sanglots. « Vous m'abandonnez, vous aussi ? s'écria-t-elle. J'espérais que vous pourriez au moins me bénir et accepter l'aumône que je vous fais. »

Les yeux de la princesse étaient remplis de larmes. Mahavira revint sur ses pas, joignit ses mains en coupe et la princesse y versa des lentilles. À cet instant, raconte la légende, les cieux s'ouvrirent, des pétales de roses tombèrent des nuages et les fers qui entravaient la princesse tombèrent au sol. Mahavira et Chandanbala atteignirent l'Éveil et fondèrent ensemble la religion jaïne.

S'il était resté prince, s'il n'avait pas renoncé à l'opulence dans laquelle il était né, Mahavira n'aurait pas connu cette apothéose. La simplicité, tous les récits nous le démontrent, est la voie de la spiritualité. Et la spiritualité, la vraie cela s'entend, conduit inéluctablement à la simplicité. Sans doute que lorsque vous avez trop de biens à gérer, trop de possessions pour lesquelles vous inquiéter, le temps vient à manquer pour la contemplation : de soi, des autres, du monde.

Pour nous, comme pour Mahavira, la vie tout entière est un pèlerinage. Dépouillons-nous pour l'entreprendre au mieux. Les difficultés, les obstacles, la fatigue, l'inconfort en font partie. Vivons comme des pèlerins, non comme des touristes ! Acceptons les offrandes de la Terre, celles de la nature, comme elles nous sont données ! Transformons chaque heure en fête ! Révélons l'or qui est en nous. Comme le disent les marins : « Je ne peux pas changer la direction du vent, mais je peux hisser mes voiles pour arriver à bon port. »

6

Pourquoi ma vie est-elle compliquée ?

N'importe quel idiot peut compliquer les choses.
Il faut un génie pour les rendre simples.

— E. F. Schumacher

Aujourd'hui, tout est devenu très compliqué : notre vie, nos emplois du temps, la vie économique, politique, financière... Ces complications pèsent lourd sur nos épaules. Elles nous angoissent et nous causent des soucis. Pourtant, si l'on y réfléchit bien, n'en sommes-nous pas directement responsables ?

Nous tombons souvent dans un piège : nous confondons complexité et complications. Or, ce qui est complexe n'est pas forcément compliqué. La complexité est réjouissante, les complications navrantes. Lorsqu'elle est dans la nature des choses, la complexité est l'alliée de la simplicité : elles sont complémentaires. Le corps humain est extrêmement complexe, tout comme les micro-organismes et les bactéries qu'il héberge ; pourtant, notre corps est aussi d'un usage très simple. S'il est en bonne santé, le laver, le nourrir, l'entretenir et le mettre au repos ne requièrent pas de longues études : la plupart d'entre nous s'acquittent de ces tâches quotidiennes sans difficulté aucune.

Il en va de même pour l'existence humaine : elle est complexe et pourtant simple. Bien souvent, les économistes et les chercheurs la rendent inutilement compliquée. Prenons du recul et changeons de point de vue : elle nous paraîtra de nouveau simple. Je la compare souvent à la fabrication d'un tapis : les tisserands nouent et tressent les fils de différentes couleurs avec un art qui force l'admiration. Pourtant, la plupart d'entre eux ne sont même pas allés à l'école. Ils savent rendre simple ce qui est en apparence compliqué, mais qui est en fait simplement complexe.

La simplicité est un mode de vie conscient et réfléchi. Ma vie est compliquée ? C'est en toute conscience que je vais me poser la question : comment vais-je la rendre plus simple ? Comment vais-je simplifier mes relations et mes émotions, ma façon de penser et de m'exprimer, de consommer, de me nourrir, de me vêtir ?

Cette question, je vais à tout moment la renouveler et prendre quelques minutes, parfois quelques secondes, pour y répondre. C'est un moyen simple mais très efficace de nous débarrasser des complications inutiles ! Et, vous verrez, les réponses sont très faciles à trouver.

Prenons un exemple, très présent dans nos vies contemporaines : les idées qui envahissent nos pensées et tournent à l'envi dans notre esprit, y semant la confusion. Nous ruminons, nous ressassons, nous nourrissons ces idées qui deviennent de plus en plus élaborées. À partir de « ma voiture est en panne » ou « ma collègue de bureau me cherche querelle », je vais imaginer toutes sortes de problèmes qui vont se greffer sur cette donnée, pourtant simple au départ. Revenons à la simplicité ! Est-il vraiment nécessaire de monter tous ces scénarios, de traiter toutes les informations superflues que nous greffons sur le problème d'origine en le rendant incroyablement compliqué ? N'y a-t-il pas un moyen d'entrer directement dans le vif du sujet ? Le même principe s'applique lors d'une réunion de travail ou d'une discussion avec un proche : pouvez-vous aller droit au but ? Faites l'expérience. Tâchez d'être clair et concis. La simplicité de vos pensées, de vos discours et de vos actes formera alors un ensemble cohérent et continu.

Ma vie est souvent compliquée parce que je la complique. La culture indienne valorise la notion de « *satvik* », qui signifie authentique, simple, sincère. Les aliments *satvik* proviennent directement d'un jardin potager ou des étals d'un maraîcher, sans emballage superflu. Les emballages, souvent polluants, sont des complications inutiles. Faire ses courses au supermarché l'est tout autant : on y entre pour acheter un ou deux articles, et on en ressort avec dix ! Dont certains seront jetés sans avoir été utilisés. Nous adoptons « l'attitude supermarché » dans tous les moments de notre existence. Et je ne parle pas seulement du shopping, cette fièvre acheteuse qui nous saisit, nous contraint à travailler dur pour gagner de quoi l'apaiser, à accumuler des objets superflus qui, sitôt achetés, sont presque aussitôt oubliés et entassés à la cave ou au grenier pour nous en débarrasser. Que de complications !

Nous compliquons… en oubliant la beauté du minimalisme. Les grands orateurs le savent : ils seront d'autant mieux compris qu'ils parleront peu, mais bien. Les plus grands poètes recherchent la beauté dans l'épure, se contentant de peu de mots, mais des mots choisis – simples, élégants, éloquents et pleins de sens. Dans les haïkus japonais, trois vers et dix-sept syllabes suffisent à chanter la beauté du monde. En sanskrit, de courts sutras et des mantras plus courts encore permettent d'exprimer les réflexions les plus profondes. Parfois, un seul mot suffit à transmettre le sens et la beauté d'une pensée – c'est le cas du son « ôm ».

Pratiquée à tous les niveaux (physique, matériel, mental, spirituel...), la simplicité volontaire est le seul moyen de nous sortir du piège des complications. En renonçant à tout ce qui encombre nos pensées comme nos placards, nous nous affranchissons du carcan de l'ego et goûtons une liberté nouvelle.

Aux États-Unis, les disciples de Henry David Thoreau, ce philosophe et naturaliste du XIXe siècle qui fut le chantre de la vie simple, ont institué une « journée nationale de la simplicité » en hommage à ses écrits et à son mode de vie. Grâce à eux, chaque année, le 12 juillet est devenu une invitation à « ralentir, prendre du recul, se mettre à l'écoute de la nature, apprécier les plaisirs simples, faire du tri et du rangement et se mettre en quête d'équilibre ». Grâce à quoi, assurent-ils à raison, « vous pourrez goûter aux joies et aux bénéfices d'une vie simple et sereine, dénuée de tout stress inutile ».

La simplicité, qui est l'abandon du superflu, ne se confond pas avec la pauvreté ni avec l'ascèse telles que je les ai connues dans mon enfance et mon adolescence de moine jaïn. Ni sur le plan matériel, ni sur le plan spirituel. Elle n'exclut pas le confort : elle en est même très souvent un synonyme !

En ce domaine, nous avons beaucoup à apprendre de la nature. Quand nous plantons une graine, la terre, l'eau et le soleil unissent leurs forces pour faire naître la plante ou l'arbre qu'elle contient en germe. Au printemps, cet arbre, cette plante fleurissent ; en été, leurs fleurs se muent en fruits. Vient l'automne, les feuilles tombent et enrichissent le sol. Pendant l'hiver, l'arbre ou la plante reposent, puis ils s'éveillent de nouveau au printemps. Cet arbre, cette plante ne cherchent pas à être plus ou moins que ce qu'ils sont. Ils ne vont pas se mortifier ni jeûner pour « économiser » l'eau et les nutriments que leur offre la terre, ils vont puiser la juste quantité, c'est-à-dire la quantité dont ils ont besoin pour s'épanouir.

L'arbre, la plante veulent pleinement être ce qu'ils sont. Le pommier ne désire rien d'autre que d'être un pommier. Et il y réussit avec talent et simplicité. N'est-ce pas un exemple à suivre ? Débarrassons-nous du superflu. Chassons de notre esprit tout ce qui l'encombre et le fait tourner à vide : l'ambition inconsidérée, la quête de gloire, de prestige et de pouvoir, les angoisses, les désirs matérialistes, l'ego, les complications. Comment grimper tout en haut de l'échelle sociale ? Comment devenir riche et célèbre ? Pour beaucoup d'entre nous, ces questions peuvent tourner à l'obsession. Essayons déjà, comme le pommier, de devenir ce que nous sommes.

Passons de l'*ego* à l'*éco*. L'ego divise, l'éco relie. L'ego complique, l'éco simplifie. Le préfixe « éco » est issu du grec *oïkos* qui désigne la maison ou le foyer, autrement dit l'endroit où s'épanouissent les relations humaines. Si nous sommes prisonniers de notre ego, nous sommes déconnectés du reste du monde.

Les grands guides spirituels, Jésus, Bouddha, saint François d'Assise, mère Teresa, Martin Luther King, le Mahatma Gandhi, étaient des esprits libres. Et ils menaient des vies très simples. Gandhi filait ses propres vêtements. En été, il ne portait qu'un pagne autour des hanches ; en hiver, il s'enveloppait dans une étole. Lorsqu'il prenait le train, il voyageait en troisième classe. Interrogé sur ce point, il avait répondu : « Je voyage en troisième classe parce qu'il n'y a pas de quatrième classe ! » Il incarnait la simplicité par excellence en se montrant naturel et proche des gens en toutes circonstances.

Être ordinaire, c'est-à-dire renoncer aux exigences de l'ego et cesser de vouloir provoquer l'admiration, est l'attitude la plus extraordinaire que nous puissions adopter dans notre vie quotidienne. Admettons-le : nous ne dépendons pas du jugement d'autrui. Si quelqu'un vous juge ou vous critique, c'est son affaire. Et si cette personne estime que vous êtes insignifiant parce que vous vivez dans un logement modeste ou que vous conduisez une petite voiture, dites-vous bien que ce n'est pas votre problème. Seule compte l'opinion que vous avez de vous-même. Vivez dans la joie et la simplicité sans vous préoccuper de l'opinion des autres.

Bien sûr, cela va d'abord demander un effort. Car, depuis l'enfance, nous sommes conditionnés pour nous soumettre au regard critique de notre entourage : nos parents, nos professeurs, nos employeurs et nos collègues. Notre système éducatif repose sur l'évaluation et le jugement des enseignants. Nous sommes également évalués lorsque nous entrons dans la vie professionnelle : les recruteurs font le tri entre les candidats en tentant de discerner leurs qualités. Or, une bonne connaissance de soi permet de résister aux jugements d'autrui, souvent fondés sur des critères approximatifs. Privilégions nos propres critères et notre vision du monde afin de célébrer la dignité fondamentale de la vie humaine.

Bien nous connaître, nous accepter et nous auto-évaluer nous aide donc à insuffler plus de simplicité dans notre vie. En nous libérant de nos attentes, nous évitons d'être déçus.

Vivre la simplicité ne repose pas sur une formule magique ou sur une technique imparable : il est impossible d'édicter une méthode qui s'appliquerait à tous. C'est en fait un processus de longue haleine, un voyage sans destination. Ne cherchez pas à atteindre la perfection en un temps record : vous êtes en pèlerinage.

Jour après jour, posons-nous inlassablement cette même question : comment vais-je rendre ma vie plus simple ? Et jour après jour, persévérons, simplifions nos émotions, nos relations aux autres, notre façon de penser, de parler, d'agir, de nous nourrir, de nous vêtir.

Bien loin des complications, nos efforts finiront par payer. Vivre simplement redeviendra pour nous ce que cela a toujours été pour les humains : une affaire d'instinct.

7

L'élégance de la simplicité

Je n'ai que trois choses à enseigner : la simplicité, la patience et la compassion. Ce sont là vos plus grands trésors.

— Lao Tseu

Tout ce qui est simple, épuré, est naturellement élégant. Depuis des siècles, le Japon cultive ce qu'il appelle le *wabi-sabi*, un concept aussi bien esthétique que spirituel. *Wabi* signifie à la fois la simplicité, la nature, la modestie et la dissymétrie. *Sabi* est la patine du temps. *Wabi-sabi* est la sobriété paisible et heureuse qui se traduit dans la merveilleuse austérité d'un bol de thé, dans l'ordonnancement des pierres d'un jardin zen, dans la perfection des bonsaïs, dans ce stupéfiant minimalisme dans lequel puise toute l'élégance japonaise. Comme l'écrit Paulo Coelho dans *Le Manuscrit retrouvé*, « on atteint l'élégance quand tout superflu est écarté ».

Le *wabi-sabi* est l'inverse du matérialisme, un système compliqué reposant, lui, sur l'accumulation et la possession. Du fait de ce système, notre statut social se résume à la quantité de biens que nous avons entassés, à la manière des monarques d'antan qui tiraient leur prestige des palais et des châteaux, des terres, des employés, des serviteurs qu'ils possédaient. Sans être des rois, nous subissons cette pression sociale qui nous prive de la liberté d'être, de faire, de dire, d'exister, d'espérer. Nous nous laissons, bien malgré nous, contaminer par un « air du temps » qui a raison de l'élégance intrinsèque du *wabi-sabi*.

Prenons un exemple : les vêtements. Les vêtements simples sont ceux qui vous évitent d'avoir froid en hiver et chaud en été, quelle que soit la marque inscrite sur l'étiquette. Or, je connais des coaches en « stratégie vestimentaire » qui donnent des conseils à ceux qui souhaitent « s'habiller pour impressionner ». Ceux-là habillent l'ego et non le corps. Vous les payez pour le glamour, pas pour la chemise. Et vous payez la chemise pour sa marque, pas pour le confort qu'elle vous apporte. Êtes-vous pour autant plus élégant ? Rien n'est moins sûr, parce que ces coaches vous éloignent de ce qui est au cœur de la simplicité : l'authenticité.

Soyons ce que nous sommes ! Soyons nous-mêmes, entreprenons ce voyage vers soi qui est un retour à la source. C'est là que naissent l'eau et les affluents, c'est-à-dire notre famille, nos amis, nos proches, nos collègues, tous ceux qui nous accompagnent dans le grand fleuve de la vie. En cela, la simplicité mène à l'abondance. Ce fleuve peut devenir très grand.

La simplicité volontaire est une notion riche et complexe. Elle n'a rien à voir avec l'austérité, la rareté, les privations ou même l'abnégation. Au contraire, elle nous comble de ses bienfaits. Quand je fais mes courses au marché ou directement chez un producteur, j'ai la garantie d'aliments plus simples mais tellement plus sains – ils n'ont pas besoin de logos ni de publicité pour prouver qu'ils sont les meilleurs pour mon palais, pour ma santé. Quand je n'entre pas dans un « temple de la consommation », j'apprends d'autant plus facilement à ne pas aller au-delà de mes besoins : le suffisant est préférable à l'excessif, et le satisfaisant au superflu. Réconcilions-nous avec nous-mêmes et avec autrui au lieu de nourrir d'incessants ressentiments !

Le philosophe américain Richard Gregg, proche de Gandhi, fut l'un des premiers penseurs occidentaux à théoriser la notion de simplicité volontaire. Dans un ouvrage précurseur paru en 1936[1], il exhorte ses lecteurs à cultiver la sincérité et l'honnêteté en pensées comme en actes ; à se débarrasser des objets qui encombrent et à cesser d'acquérir des biens inutiles ; mais aussi à restreindre la consommation dans certains domaines afin de retrouver, en abondance, le temps et l'énergie nécessaires pour jouer de la musique, lire ou écrire de la poésie, jardiner, rencontrer des amis. En somme, pour s'adonner à l'élégance de la vie.

Ma mère vivait très simplement. Elle n'avait pas de montre mais elle devinait l'heure en regardant le jour le soleil et la nuit les étoiles. Mon existence, pourtant simple, reste bien compliquée en regard de la sienne ! Elle avait l'esprit un peu rebelle ; en grandissant, je suis devenu craintif et très organisé. J'ai des rendez-vous, des emplois du temps, mon jardin est tiré au cordeau avec la pelouse bien tondue, les arbres taillés, les fleurs

1. *La Valeur de la simplicité volontaire*, de Richard B. Gregg, traduit de l'anglais par Pierre Thiesset et Quentin Thomasset, éd. Le Pas de côté / L'Échappée, 2012.

alignées. Visuellement, tout ceci est ordonné et satisfaisant, mais l'ensemble manque de *wabi-sabi*. J'y vois un paradoxe : ce qui paraît chaotique obéit à un ordre implicite, et ce qui semble ordonné est inutilement compliqué. En forêt, on peut avoir une impression de chaos. Pourtant, il n'en est rien. Chaque arbre pousse en relation avec ses voisins, selon un système d'autorégulation qui permet à l'ensemble de croître et de se maintenir. Au fond, la vie de ma mère et celle de la forêt ont beaucoup de points communs. À commencer par l'élégance de la simplicité.

Rechercher la simplicité, c'est accepter volontairement certaines limites. C'est un acte pleinement conscient. Or, qu'est-ce que la conscience, sinon le fait de « savoir avec », comme nous l'enseigne l'étymologie ? Agir en conscience nous relie au passé, au présent et à l'avenir, à l'esprit et à la matière, à nos ancêtres comme aux générations futures, à travers l'espace et le temps.

La conscience se situe au cœur de notre relation avec l'univers. Principe fondamental de la philosophie hindoue, elle régit à la fois notre perception du monde et les actions qui sont entreprises en son sein. Le soleil, la lune, les étoiles, les planètes, les galaxies, les arbres, les océans, les montagnes et les êtres vivants qui les peuplent, y compris humains, sont tous des manifestations de la conscience. À la question éminemment complexe de l'origine du monde, les hindous offrent une réponse simple : la conscience est la réalité ultime. Invisible, elle se manifeste à nous sous des formes visibles. Nos consciences intimes et personnelles sont liées à l'esprit cosmique universel.

Du personnel à l'universel, et inversement, il n'y a pas de vide à combler, pas de fossé à franchir. Nous pourrions nommer « esprit de Dieu » cet esprit cosmique dans lequel tout se mêle et s'emmêle, avant d'émerger à nouveau. Cette réalité cosmique obéit à un ordre implicite : ce qui peut paraître chaotique est en fait régulé et réglementé. De cet ordre dépendent les innombrables formes de vie sur Terre. C'est un ordre complexe, et pourtant il est simple.

La conscience que requiert la simplicité n'exclut toutefois pas la spontanéité ni une bonne dose d'improvisation. Or notre époque se plaît à tout organiser. Prisonniers d'un emploi du temps trop rigide, nous sommes souvent tentés de congédier un visiteur impromptu. « Je suis désolé, je ne peux pas te recevoir maintenant, je suis occupé », dites-vous à l'ami qui frappe à votre porte sans avoir prévenu de son arrivée. Quel manque d'élégance ! Ma mère n'aurait jamais fait une chose pareille. En hindi, le mot pour « invité » n'est-il pas *atithi*, « celui qui vient sans rendez-vous » ? « La vie, c'est comme la musique, disait souvent ma mère : on se sert tous des mêmes notes, des gammes et des portées, mais on avance sans partition. À nous de jouer et d'improviser. » Dans chaque situation, tenons compte des imprévus et faisons preuve de souplesse. Restons capables d'accueillir l'inattendu et la nouveauté, d'improviser à la manière des musiciens indiens – la musique classique indienne repose sur l'improvisation et les musiciens jouent sans partition. On ne peut pas tout planifier !

C'est d'ailleurs un excellent moyen de nous guérir des angoisses qui dévorent nos journées et sapent notre énergie. Tâchons de ne pas nous inquiéter outre mesure, ni du passé ni de l'avenir. « Hier n'est qu'un souvenir, demain n'est qu'un rêve », écrivait Khalil Gibran. Seul le présent est réel. Et comme son nom l'indique, c'est un véritable « présent », un cadeau que la vie nous fait. Apprécions la situation dans laquelle nous nous trouvons ici et maintenant – le reste viendra plus tard. Pour cela, mettons en application la formule suivante : consacrons dix pour cent de nos réflexions au passé, quinze pour cent à l'avenir et les soixante-quinze pour cent restants au présent.

Vivre pleinement chaque instant de la journée nous permettra de réagir posément, sans nous précipiter, sans nous lamenter. Cette conscience de ce qui est, ici et maintenant, nous aidera aussi à ne pas fermer notre cœur et notre esprit à ce qui survient. Le moment présent est tout-puissant, vivons-le du mieux possible ! Simplifions-nous l'existence et ne nous inquiétons pas de demain. Ayons confiance : nous possédons en nous des ressources insoupçonnées et nous sommes bien plus courageux et inventifs que nous le croyons. Ne perdons pas notre temps à craindre ce qui pourrait advenir. Pourquoi s'en inquiéter ? Le pire n'est jamais sûr, et le plus minutieux des plans peut s'effondrer dans des circonstances imprévues. Faites-vous une petite idée de l'avenir, tenez-vous prêt, mais évitez toute planification excessive. Ainsi, vous ne serez pas déçu si vos plans n'aboutissent pas.

Ne pas se montrer rigide et dogmatique en matière de planification fait émerger une magie, une énergie insoupçonnée. En planifiant trop en avance, on risque d'empêcher le miracle de se produire. Quand tout est prévu, il n'y a pas de place pour l'inattendu. Donc, planifions moins et improvisons davantage pour introduire plus de simplicité dans notre vie !

En renonçant à tout prévoir, vous laissez le champ libre à votre imagination. Vous vous autorisez à devenir visionnaire, c'est-à-dire à rêver, à laisser advenir les événements, à accepter de modifier vos plans en fonction de l'évolution d'une situation, tout en gardant le cap. Comme le dit le professeur américain Joseph Campbell, grand spécialiste des mythes, contes et légendes du monde entier : « Renonçons à la vie que nous avons prévue, afin de mieux accueillir celle qui nous attend. »

Vous l'aurez compris : la simplicité se pratique aussi bien *en nous* (nos pensées, nos émotions, nos réflexions) qu'*en dehors de nous* (nos actes, nos gestes, nos comportements). Mais comment « faire simple » lorsqu'il s'agit de préparer le dîner, de changer les draps ou de prendre une douche ? En veillant à avoir le moins d'impact possible sur notre environnement immédiat. Si nous faisons un drame des tâches les plus usuelles, tout devient lourd et pénible. Veillons à traverser l'existence comme une rivière traverse la campagne : avec aisance et fluidité, sans complications inutiles.

La simplicité mène à l'humilité. Et l'humilité nous mène à de meilleures relations avec notre entourage, basées sur des modes de communication, de jugement et d'appréciation plus justes. Ces deux qualités viennent de l'âme, non de l'intellect. Elles puisent, vous l'avez deviné, dans la spiritualité.

8

L'art de vivre et de créer

Le monde est une toile offerte à notre imagination.

— Henry David Thoreau

La tradition indienne reconnaît soixante-quatre « arts principaux », répertoriés dans des textes religieux majeurs comme le *Mahabharata*, le *Ramayana* ou le *Kamasutra.* On considère qu'ils constituent le socle de compétences permettant à chacun de pourvoir à ses besoins dans la vie. Préparer un lit pour la nuit, se laver, se parer, faire l'amour, prendre soin de sa famille, allumer un feu, prier, respirer, méditer, chanter, danser, bâtir une maison, jardiner, cuisiner, fabriquer des meubles… font partie de ces arts.

Ils sont tous considérés aussi importants les uns que les autres : qu'ils s'adressent au corps ou à l'esprit, qu'ils soient des arts de « l'être » ou du « faire », qu'ils répondent à des besoins matériels ou spirituels, ils sont dotés d'une valeur similaire. Car ils se complètent et constituent les différentes facettes d'une même réalité. En façonnant une poterie ou une sculpture, nous nous sculptons nous-mêmes. En cultivant la terre, nous cultivons aussi notre âme. En faisant croître nos légumes dans le potager, nous faisons croître la patience dans notre cœur. Le *Kamasutra* les qualifie d'arts de vivre et d'aimer. En effet, comment faire plaisir à votre bien-aimée si vous êtes incapable de faire pousser des fleurs et de les arranger en bouquet près de son lit ?

En Occident, l'art a malheureusement été pris en otage par l'industrie du divertissement et le monde de la finance. Il est tombé entre les mains des plus rusés. Jetez du fumier d'éléphant sur un tableau de la Vierge Marie et votre cote de popularité atteindra des sommets. Installez votre lit défait à la Tate Gallery et vous vendrez cette « œuvre d'art » pour une somme colossale. L'art s'est déconnecté de la vie ordinaire pour se développer dans une sphère à part, réservée à une élite, tant pour sa pratique (seuls ceux qui sont désignés comme les plus « talentueux » peuvent se dire artistes) que pour son acquisition (seuls les plus fortunés peuvent s'offrir une œuvre d'art). Pourtant, comme le dit l'historien d'art sri-lankais Ananda Coomaraswamy, « les artistes ne sont pas des personnes à part, mais chaque personne est un artiste particulier ».

L'art est ainsi devenu un bien de consommation parmi d'autres, une marchandise, un investissement, et non plus un mode de vie pratiqué de manière usuelle par tout le monde. L'artiste est devenu plus important que l'art lui-même. N'est-ce pas la preuve que le mal qui dévore notre civilisation s'est infiltré dans toutes les sphères d'activité ?

Personnellement, j'ai du mal à qualifier d'œuvre d'art un objet dépourvu de beauté, qui n'a requis aucun savoir-faire et a demandé peu d'efforts. Pourquoi ne pas l'appeler « concept » au lieu de dévoyer la notion d'art, si chère à nos cœurs ? Pour moi, l'art ne se distingue pas de l'intégrité, de la vérité et de la beauté. Ce n'est pas seulement un idéal, c'est un mode de vie. Mais après tout, qui se soucie encore de la beauté ? Un monstre de laideur, nommé matérialisme, hante le monde moderne. La déesse de la Beauté a délaissé la maison des hommes. Pourtant, se priver de beauté, c'est aussi se priver de vérité. « Le beau et le vrai vont ensemble », écrivait le poète anglais John Keats. Je lui donne cent fois raison : l'absence de beauté et de vérité met notre civilisation en péril.

L'art et la vie ont cessé de cheminer ensemble quand les artistes ont commencé à revendiquer un statut supérieur à celui des artisans. Pourtant, être artiste, c'est être artisan – et réciproquement. « C'est l'art qui fait la vie », disait Henry James avec beaucoup de sagesse. Pourquoi l'avoir oublié ? Nous avons séparé l'art de la vie quotidienne pour l'enfermer dans des galeries et des musées. Il est temps de le libérer du sensationnalisme et du mercantilisme qui le rongent, et de lui redonner intégrité, sens et authenticité.

J'ai été reçu il y a quelques années par une communauté aborigène en Australie. J'ai posé une « question d'Occidental » : « Quel est votre métier ? Comment gagnez-vous votre vie ? » « Nous sommes tous des artistes », m'ont-ils répondu. Quel enchantement ! Combien de communautés pourraient en dire autant à travers le monde ?

En Afrique, Bertrand Russell s'était rendu dans un petit village d'agriculteurs. Pendant la journée, les habitants partaient cultiver leurs lopins de terre. Le soir, ils se réunissaient autour d'un repas très simple, composé de millet, d'un peu de viande et de quelques gorgées d'alcool fabriqué sur place. Puis, après le dîner, ils chantaient et dansaient avec un enthousiasme communicatif. Russell m'a dit n'avoir jamais vu une telle explosion de joie. Personne ne craignait le manque qui nous obsède. « Si seulement j'étais né ici, m'a-t-il confié, j'aurais échappé à mes angoisses et à mes soucis. »

Pour les peuples premiers, ce que nous appelons « art » fait partie de la vie quotidienne. Ce n'est ni un luxe ni un loisir, ce n'est pas un métier non plus, c'est une manière d'être, d'exister. Une composante essentielle de la vie. Car l'art n'est pas un métier. Il appartient à ce que la doctrine bouddhique nomme les « moyens d'existence parfaits », l'une des huit grandes étapes du noble sentier menant à l'Éveil.

Je rêve d'un monde où nous n'utiliserions que les objets que nous avons contribué à fabriquer. Les ouvriers et les consommateurs seraient tous des artisans et des artistes ; les entreprises seraient toutes des coopératives libérées des contraintes hiérarchiques ; les relations et les interactions sociales remplaceraient la notion de propriété.

Je rêve d'une société d'artistes qui placerait l'art de vivre au cœur de l'existence humaine pour rendre notre quotidien plus simple, plus harmonieux, plus joyeux. Comme les artistes, comme les artisans, chacun chercherait à simplement subvenir à ses besoins de la manière la plus juste possible. La science économique consisterait à satisfaire les véritables besoins de tous plutôt que la vaine convoitise de quelques-uns.

Comme le disait souvent Gandhi, « la nature est assez abondante pour répondre aux besoins de chacun, mais pas assez pour satisfaire l'avidité d'un seul homme ».

Dès lors, les hommes cesseraient de se considérer comme maîtres des ressources naturelles. Celles-ci seraient enfin perçues pour ce qu'elles sont : un don, une offrande de l'univers. Le monde ne connaîtrait ni déchets ni pollution. Chacun rendrait spontanément à la nature les bienfaits et les ressources qu'elle lui offre : les activités des artisans et des artistes régénèrent et reconstituent les ressources naturelles.

Je me doute que l'instauration d'un tel système est, pour le moment, utopique. Pour autant, nous pouvons dès à présent modifier notre relation à la nature : efforçons-nous de recevoir ses bienfaits avec gratitude, d'en user avec respect et de les partager, non seulement avec l'ensemble de la communauté humaine, mais avec tous les êtres vivants qui peuplent cette planète.

N'oublions pas que chaque fois que nous fabriquons un objet à la main, nous pouvons alimenter la beauté du monde. Mais bien souvent, nous parons au plus pressé : nous achetons des produits manufacturés, fabriqués par des machines. Ce faisant, nous ajoutons à la laideur environnante. La civilisation industrielle et la production de masse ont accouché d'un monde terriblement laid. Nous sommes régis par les chiffres, obsédés par l'économie, dévorés par la vitesse. Seul l'art, sous toutes ses formes, peut guérir les maux dont souffre l'espèce humaine. Pratiqué à grande échelle, il est en mesure d'effacer la laideur qui nous submerge, de vaincre les forces du matérialisme et de restaurer la suprématie de la beauté. L'art révèle les secrets de l'imagination et nous libère de l'esclavage de la convoitise, de la vitesse et de l'encombrement. « La crise écologique est une crise de l'esthétique », affirmait le psychologue américain James Hillman. En restaurant l'esthétique, nous rétablirons l'équilibre écologique.

L'art est un état d'esprit. Les arts ménagers, la cuisine, la danse, le chant, le jardinage, la poésie sont susceptibles de transformer le monde en réconciliant les humains avec la nature, et la pensée avec la matière et le temps. Quand nous effectuons une tâche avec soin, sans chercher la gloire, la fortune ou le pouvoir, ce travail devient une œuvre d'art. Même les scientifiques, les hommes politiques et les financiers peuvent tous être des artistes dès lors qu'ils exercent leur « art » avec amour et imagination ! Le scientifique britannique James Lovelock, auteur de *L'Hypothèse Gaïa*[1], m'a dit un jour : « Je pratique la science comme un artiste. Je ne suis pas aux ordres du gouvernement ou des entreprises. Je n'écoute que mon intuition, mon inspiration et surtout mon imagination. »

L'art est amour. Fabriquer un objet d'art avec amour implique de renoncer à tout contrôler pour s'abandonner à ce qui est. Le savoir-faire et l'habileté passent par une pratique régulière : répéter les mêmes gestes en les effectuant du mieux possible permet d'acquérir la technicité requise. C'est aussi une forme de méditation : on conçoit, on fabrique, on crée en pleine présence, comme on médite en pleine présence. Pratiqué ainsi, l'art, dans lequel j'inclus l'artisanat, célèbre la

1. Traduit de l'anglais par Paul Couturiau et Christel Rollinat, coll. « Champs », Flammarion, Paris, 2017 (1re éd. 1986).

puissance de la vie, de la communauté humaine, de la culture et de la nature.

Une économie basée sur l'art et l'artisanat est une économie résiliente, une économie de paix, le moyen le plus simple, le plus efficace et le plus plaisant d'en finir avec les grands maux environnementaux et spirituels de notre époque.

Je suis convaincu que nous sommes à l'aube d'une nouvelle révolution. Je vois partout des hommes, des femmes, artistes et artisans professionnels ou amateurs, qui œuvrent à rétablir les liens entre l'art et la vie. Des artistes influents sont là pour nous inspirer. Je pense en particulier à Richard Long, Andy Goldsworthy ou Chris Drury, trois figures majeures de l'art frugal, à la céramiste Sandy Brown, à la photographe expérimentale Susan Derges : tous ont choisi d'intégrer l'art à la vie quotidienne. C'est seulement ainsi que l'art peut renouer avec sa mission originelle : guérir nos blessures.

Car l'art, tout art, a le pouvoir de transformer la vie – et doit, de ce fait, être considéré comme une pratique spirituelle. Les artistes que nous sommes tous sont des alchimistes en puissance qui transmutent des matériaux courants en régal pour les yeux… et pour l'usage. Des baguettes de saule deviennent des paniers, de l'argile un contenant pour l'eau ou les fruits, le bois devient un meuble, des mots surgis un poème et des notes une chanson.

L'art a un autre immense pouvoir : il nous transforme. J'ai coutume de dire que quand le potier transforme l'argile en vase, l'argile transforme l'homme en potier. Nous devons à tous les matériaux, même les plus humbles, autant de respect et d'admiration qu'à l'artiste lui-même.

La vie simple et élégante à laquelle j'aspire puise sa source dans l'art et l'artisanat. Méfions-nous de l'automatisation, de l'industrialisation et des systèmes robotisés. Et attachons-nous, le plus possible, à fabriquer, créer et produire de nos mains. C'est par ailleurs un remède merveilleux : l'anxiété, la perte de sens, les dépressions dont souffrent nombre de nos contemporains ne sont-elles pas essentiellement dues à l'atrophie de la créativité au profit de la robotisation des humains ?

En vivant simplement, je célèbre la valeur intrinsèque de l'*être* et du *faire*, tout en cessant de me focaliser sur l'*avoir* – les résultats, les bénéfices, la réussite ou l'échec d'une entreprise. L'art et l'artisanat me permettent de répondre aux nécessités de l'existence sans être victime de ma cupidité. En fabriquant, en créant et en produisant, j'éprouve un profond sentiment d'accomplissement, de joie et de satisfaction.

La simplicité est éminemment gratifiante. Elle est également très formatrice : sous son impulsion, nous apprenons à utiliser notre tête et nos mains, mais aussi à cultiver les qualités de notre cœur : l'amour, la clémence et la compréhension de l'unité de la vie sur Terre. Comme le disait Lao Tseu, « la simplicité, la patience et la compassion sont nos plus grands trésors ».

9

Le karma yoga ou la voie de l'action désintéressée

La vie est un processus, pas un produit.

— Brian Goodwin

Le karma yoga est une règle fondamentale de l'hindouisme. Il nous invite à agir sans désirer le fruit de notre action. Nous sommes élevés dans le culte du résultat et cet enseignement nous déroute. Il est pourtant empreint d'une grande sagesse et ses multiples implications ont un effet radical sur notre vie quotidienne.

L'hindouisme est issu de six grandes écoles de pensée philosophiques (et de plusieurs écoles secondaires). L'une de ces grandes écoles, que je préfère nommer système de pensée, est le Vedanta. Centré sur la métaphysique, il repose sur un ensemble de traités philosophiques, les *Upanishad*, composés entre le VIIIe et le Ve siècle avant notre ère. Ce sont des textes souvent très courts qui ont d'abord été transmis par voie orale – le mot *Upanishad* signifie « venir s'asseoir au pied du maître ». L'un d'eux, l'*Isavasya Upanishad*, composé de dix-huit vers seulement, évoque le caractère sacré des éléments naturels qui constituent l'univers :

la terre, l'eau, l'air et le feu. Il en déduit que le divin est donc présent en chacun de nous. Dieu, quel que soit le nom qu'on lui donne, n'est pas une entité séparée du vivant qui régnerait sur la Terre depuis un lointain paradis : il est partout présent, dans tout ce qui vit et respire dans l'univers et sur notre planète. Tout ce que nous voyons, touchons, respirons, ressentons ou entendons est donc sacré.

Les *Upanishad* chantent la générosité de la Terre. Ils nous rappellent que la graine du banian, aussi petite soit-elle, porte en germe le plus grand de tous les arbres. Le jardin botanique de Calcutta abrite un immense banian, si large que les Indiens l'ont surnommé « l'arbre-forêt » : ses mille branches couvrent une surface gigantesque, près de vingt mille mètres carrés. Cet arbre extraordinaire ne nous offre-t-il pas le plus bel exemple de la générosité et du caractère sacré de la nature ?

L'*Isavasya Upanishad* nous invite également à « savourer les fruits de la Terre », mais à une condition : veiller à ne prélever que les ressources qui nous sont strictement nécessaires, afin que d'autres – hommes, animaux, insectes – bénéficient, eux aussi, de ces bienfaits. À la toute fin de l'été, les pommiers sont si chargés de fruits que les oiseaux, les abeilles, les guêpes et même les vers de terre peuvent s'en régaler. La terre nourrit le pommier, qui produit des fruits ; puis les pommes qui tombent au sol nourrissent la terre : c'est le cycle sacré de la nature qui répond à une vision cyclique et non linéaire de la vie sur Terre. Selon cette vision, l'existence est envisagée comme un voyage sans fin, un pèlerinage sans destination. D'où le principe fondamental du karma yoga : ne pas se concentrer sur le résultat d'une action, mais sur l'action elle-même.

Une autre source du karma yoga est la *Bhagavad-Gita*, un texte fondateur du Vedanta. Mon mentor et maître, Vinoba Bhave, la connaissait par cœur. Emprisonné par les Britanniques, en 1932, pour désobéissance civile, il l'avait même enseignée aux autres prisonniers politiques. L'un d'eux, journaliste, avait pris note de ces enseignements et les avait publiés. Ces *Conversations sur la Gita* m'ont marqué et influencent encore aujourd'hui ma pratique spirituelle et mes convictions écologiques. La *Gita* est un long poème, un dialogue entre le dieu Krishna et Arjuna, un guerrier valeureux qui souffre de devoir se battre contre les membres de sa propre famille. La guerre est ici une métaphore de l'action. Et Krishna d'insister : « Renonce à ton attachement au monde, mais ne renonce pas au monde lui-même. Ne cesse jamais d'agir dans le monde. »

La *Gita* expose en fait les principes du karma yoga de la manière la plus claire et la plus profonde qui soit. Elle nous invite à participer à la marche du monde, à nous engager pleinement dans l'action sans nous soucier de son résultat. Elle nous montre que l'action est intrinsèque à la nature humaine. Nous ne pouvons pas l'éviter : nous avons tous besoin d'agir. Notre corps comme notre esprit sont ainsi bâtis. Si vous ordonnez à un homme de rester assis dans une chambre sans rien faire pendant plusieurs semaines, il risque de devenir fou. Notre instinct nous pousse à bouger, à jardiner, à cuisiner, à fabriquer, à construire, à planter, à chanter, à danser. L'action est synonyme d'épanouissement.

Elle constitue sa propre récompense, une source de beauté, de plaisir et de joie.

Quand nous ne cherchons pas à atteindre un objectif, à tirer un bénéfice, à susciter l'admiration, à être récompensés pour nos actes, alors nous pouvons concentrer tous nos efforts sur l'action elle-même, afin de l'accomplir de la manière la plus parfaite possible. Car l'action intéressée, orientée vers un objectif, agit sur nous comme un adhésif à double face : non seulement le désir de reconnaissance et de résultat nous colle à la peau, mais il attire sur nous des conséquences karmiques. En cessant de désirer le fruit de notre action, nous serons libérés de notre ego et du sentiment de notre propre importance.

Le karma yoga n'est pas seulement une discipline : c'est un mode de vie. Cuisiner, jardiner, écrire, fabriquer un meuble, marcher le long d'une rivière sont autant de pratiques de karma yoga quand on les accomplit en étant pleinement présent, concentré sur l'instant et sur la beauté du geste. Nous sommes alors au plus près de ce que les hindous appellent l'action parfaite.

Chaque fois que vous favorisez l'entraide, la réciprocité, la solidarité, le partage, que vous agissez avec amour, avec justesse, avec compassion, avec gentillesse, vous pratiquez le karma yoga. Peu à peu, vous en viendrez à envisager chacun de vos actes comme une forme de service rendu à vos proches, à la communauté, à la nature. En cultivant le sol, non seulement vous travaillez pour nourrir ceux qui vous sont chers ou embellir votre cadre de vie, mais vous restituez à la terre ce que vous lui prenez. En outre, vous cultivez votre âme. Avec chaque mauvaise herbe, vous arrachez les germes de l'anxiété, de la colère, de l'orgueil, de la peur qui empoisonnent votre existence. En ne faisant qu'un avec le sol, vous vous reconnectez aux éléments. Le jardinage devient alors une forme de karma yoga et de méditation – une véritable pratique spirituelle.

Car la spiritualité se pratique en tout lieu et à tout instant, chaque fois que nous agissons dans le monde. La *Bhagavad-Gita* nous enseigne qu'il n'y a pas plus de séparation entre l'action et la prière ou la méditation qu'entre Dieu et le monde. Le karma yoga permet de combler le fossé qui sépare le monde extérieur de notre monde intérieur. Paysages intérieurs et paysages extérieurs se confondent. D'ailleurs, il n'y a pas d'extérieur sans intérieur – sans murs, pas de chambre. Et si le temple agit comme un rappel du sacré et nous aide à trouver notre chemin spirituel, il n'abrite pas notre foi : elle réside dans notre cœur et nulle part ailleurs.

La *Gita* remet en cause l'idée selon laquelle la vie recluse au sein d'une communauté monastique serait plus pieuse que celle que nous menons au sein de la société. Elle nous montre que, avec un cœur pur et de bonnes intentions, il est toujours possible de mener une vie simple et heureuse dans le monde. Cette certitude m'avait incité à quitter l'ordre monastique jaïn dans lequel j'avais grandi pour rejoindre la société, sans renoncer à ma quête spirituelle.

Si, pour les hindous, l'action parfaite est celle que nous accomplissons avec de bonnes intentions et sans quêter son résultat, pour les jaïns, ces deux conditions doivent être assorties d'une troisième : la non-violence. Seule l'action non violente peut se prétendre parfaite.

Une action violente accomplie avec de bonnes intentions ne relève pas du karma yoga.

Le jaïnisme a ainsi introduit une version réformée du karma yoga. La non-violence qu'il exige s'applique aussi bien aux actes qu'aux pensées et aux propos. Ne pas attenter à la vie ne suffit pas : à nous de veiller à éviter les idées et les réflexions négatives, violentes, méchantes ou malveillantes, de parler avec douceur ou, sinon, de garder le silence.

Chez les jaïns, le principe de non-violence est poussé très loin : il concerne aussi la nature. Les jaïns s'abstiennent de couper des arbres, de creuser le sol, de manger des tubercules tels les oignons, les pommes de terre, l'ail, les carottes et les betteraves, puisqu'il faut fouiller le sol, donc le blesser, pour les récolter. Ils s'autorisent les fruits et légumes qu'ils peuvent cueillir sans abîmer le sol ni arracher les racines de la plante. Ces dernières demeurent en terre après la récolte, elles meurent naturellement et enrichissent le sol. En faisant de la non-violence le principe directeur de leur existence, les jaïns ont appris à vivre de manière simple, saine et frugale.

Le Mahatma Gandhi a porté plus loin encore cette philosophie. Né d'un père hindou et d'une mère jaïne, il incarnait l'union de ces deux traditions millénaires qu'il a enrichies de son expérience et de ses convictions en développant les applications sociales, politiques et économiques du karma yoga. Pour le Mahatma, l'économie moderne, l'industrialisation, la production de masse, la mécanisation, la disparition de l'artisanat et des petits métiers sont autant de violences infligées à l'homme et à la nature. Partant de ce principe, il professait un retour à l'économie locale et à l'artisanat : quand on fabrique nous-mêmes, ou à proximité de chez nous, nos outils et nos biens de première nécessité, on réduit au minimum le transport, la dépense énergétique et l'exploitation des ressources naturelles. La vie devient plus simple, plus élégante et moins violente.

Tout gouvernement militariste et centralisé constitue, lui aussi, une forme de violence : il prive de pouvoir politique l'immense majorité des citoyens ordinaires. Gandhi faisait donc campagne pour décentraliser les pouvoirs et transférer la plupart des décisions à l'échelon local. À ses yeux, en matière économique et politique, le « petit » vaut toujours mieux que le « grand » – une petite unité de production fera moins de ravages qu'une grande usine, et un petit conseil municipal, doté de pouvoirs étendus, sera plus actif qu'un grand ministère.

Sa conception du karma yoga rejoint aussi celle des jaïns sur la question de la fin et des moyens : le Mahatma s'efforçait de concilier la noblesse de ses objectifs avec celle des moyens déployés pour les atteindre. Tâchons d'y veiller, nous aussi. Quand la pureté de nos intentions va de pair avec la pureté de nos actions, nous sommes en parfaite harmonie avec nous-mêmes. Nos idéaux et nos besoins essentiels se rejoignent, au lieu de s'opposer. Si nous agissons de manière non violente, motivés par de bonnes raisons, au service d'autrui et de la nature, alors nous pratiquons le karma yoga de manière pure et parfaite. Appliqués conjointement, ces trois aspects du yoga de l'action constituent les fondements de la simplicité volontaire, joyeuse et élégante que je défends dans cet ouvrage.

Il reste, évidemment, à déconditionner nos esprits. Pour cela, commençons par le commencement : apprenons les vertus de la simplicité à nos enfants dès leur plus jeune âge…

10

À l'école de la vie

L'éducation ne prépare pas à la vie : c'est la vie même.

— John Dewey

Un enfant est comme une graine. Lorsqu'une graine est plantée et arrosée dans de bonnes conditions, elle a le potentiel de faire grandir le germe qu'elle porte en elle. De la graine jaillira un hêtre, du pépin jaillira un pommier. Le jardinier, le garde forestier ou l'horticulteur ne cherchent pas à transformer le hêtre en chêne, ou le pommier en poirier. De même, quand un enfant entre à l'école, il est essentiel de chercher à déceler ses qualités et ses compétences. « Cet enfant est-il un hêtre ou un chêne ? » devrait se demander l'éducateur face à chacun de ses élèves.

C'est hélas rarement le cas, car nous vivons sous le joug d'un système économique dans lequel ces futurs adultes sont tenus de trouver leur place. Si ce système a besoin d'ingénieurs, de banquiers, d'économistes, de comptables ou de médecins, les enfants seront « orientés » vers ces métiers qui feront par ailleurs d'eux de bons consommateurs, enclins à dépenser leur salaire pour accumuler autant de biens que possible.

N'est-il pas temps d'inverser le processus ? De faire en sorte que ce ne soit pas nos enfants qui se conforment aux attentes de l'économie mais l'économie qui se conforme aux besoins de nos enfants pour les préparer à une vie heureuse et épanouie ?

En 1982, en désaccord avec le système éducatif britannique, j'ai créé une école dans mon village, à Hartland, dans le Devon. Mes deux enfants devaient faire leur entrée au collège, à une heure de transport de notre maison. Soit deux heures de trajet quotidien à tout juste onze ans ! Mon épouse et moi avions quitté la ville pour eux : nous souhaitions les élever au plus près de la nature, nous voulions qu'ils apprennent la vie au contact des forêts et des animaux. Qu'ils sachent comment vivent un paysan, un maçon, un peintre ou un poète. Ces deux heures de trajet mettaient fin à nos espoirs : quand auraient-ils eu le temps de vivre ? Et, après le lycée, ils seraient allés à l'université et auraient appris en quelques années à servir utilement le système économique, puis ils auraient cherché un emploi bien payé à Londres, Paris, New York ou New Delhi. Et comme la plupart des jeunes, ils auraient rompu les liens avec leur village et la communauté qui les avaient vus grandir.

Une trentaine de personnes ont répondu présentes à la première réunion publique que j'ai organisée autour de ce sujet. Plusieurs se sont déclarées intéressées par le projet. Selon la loi britannique, une école est reconnue et enregistrée comme telle si elle accueille au moins cinq élèves. Nous en avions neuf ! The Small School a ouvert ses portes à la rentrée suivante.

Nous nous sommes tous consultés : notre école serait différente des autres. Les idées ont fusé : aménager un potager pour que nos enfants apprennent à faire pousser des légumes, des fleurs et des herbes aromatiques, organiser une cuisine où ils aideraient à la préparation de leur déjeuner à partir d'ingrédients frais et locaux, cuire le pain chaque jour. Notre enseignement serait donc réellement pluridisciplinaire : en plus de la littérature, des mathématiques et des sciences physiques, les élèves apprendraient à cuisiner, à jardiner, à coudre, à bricoler, à travailler la terre et le bois, à dessiner, à faire de la photo et de la musique. Notre école ne serait pas une machine à évaluer, mais un havre de découvertes et de connaissance de soi.

Nous étions tous favorables à la transmission des savoirs académiques, mais nous souhaitions les mettre à l'épreuve de l'expérience. Les sciences physiques, les mathématiques, la théorie de l'évolution, la philosophie, la psychologie, la théologie – ce ne sont là que des mots. Pour en mesurer le sens et l'importance, les enfants doivent pouvoir passer de la théorie à la pratique. La vraie connaissance jaillit de l'expérience.

Partant de ce principe, nous avons toujours veillé à mêler enseignements pratiques et enseignements théoriques : l'emploi du temps de nos élèves comprenait des cours de dessin, de musique et de poterie, des lectures de contes et de légendes, à parts égales avec les cours de sciences et de mathématiques.

The Small School a fonctionné pendant trente-six ans. Il y a quelques années, un collège reprenant certains de nos principes éducatifs, et nos frais de scolarité raisonnables, a été inauguré non loin du village.

Nous avons réorienté nos activités en direction de programmes de formation continue pour les adultes.

Ce segment de population m'avait interpellé dès la fin des années 1980. Alors que notre petite école commençait à jouir d'une bonne réputation dans la région, j'avais été sollicité pour créer une structure similaire s'adressant aux adultes. Le Schumacher College est né en 1991 à Dartington, dans le Devon. Il a été baptisé ainsi en hommage à Ernst Friedrich Schumacher, l'économiste britannique et fervent défenseur de l'environnement, auteur de *Small is Beautiful*[1].

Le constat que j'avais établi reste vrai aujourd'hui. Il est en effet évident que la société de consommation qui nous mine est soutenue et promue par l'immense majorité des écoles, des collèges et des lycées, publics comme privés. Les universités, elles, forment l'ossature du « complexe militaro-industriel » qui nous régit : nos jeunes y sont conditionnés pour penser « économie et finances ». On leur apprend à regarder la nature comme un gisement de ressources à conquérir et à exploiter afin de maintenir leur niveau de vie et garantir leur confort. Ces préceptes ne les surprennent pas : ne sommes-nous pas tous amenés, dès l'enfance, à nous croire supérieurs aux autres espèces ? N'avons-nous pas grandi avec la conviction que nous pouvons disposer de la nature à notre guise ? Résultat : nos jeunes diplômés, à commencer par les plus brillants, sont conditionnés pour exploiter les humains

1. *Small is Beautiful : une société à la mesure de l'homme*, E. F. Schumacher, traduit de l'anglais par Danielle et William Day et Marie-Claude Florentin, Le Seuil, Paris, 1979.

et la nature. Dans notre société matérialiste, injustice sociale et injustice écologique vont de pair.

C'est cette organisation du monde qu'il fallait remettre en question. Des livres et des conférences n'y suffiraient pas : il était nécessaire de lancer un projet d'envergure sur le long terme pour apporter la preuve qu'une autre façon de vivre, fondée sur l'harmonie, l'équilibre et le partage, est possible.

Trois décennies plus tard, cette conviction reste la raison d'être du Schumacher College. Certes, le programme propose des ateliers de poterie ou de jardinage, des conférences sur l'écologie, la spiritualité ou la pensée holistique. Mais il n'est pas seulement un centre de formation dédié à l'écologie : il est d'abord une grande maison où les étudiants en résidence apprennent et expérimentent un mode de vie écologique.

Au départ, beaucoup en prédisaient l'échec faute d'intérêt du grand public. Or, l'établissement est toujours debout, et il se porte très bien ! Il accueille en permanence une quarantaine d'étudiants de cultures, de nationalités et de religions différentes qui y vivent ensemble pour quelques jours ou plusieurs mois – depuis son inauguration, le Schumacher College a accueilli dix-sept mille étudiants de quatre-vingt-dix nationalités ! On y célèbre la beauté des différences : de langues, de cultures… C'est un bel exercice : ensemble, les résidents découvrent l'art de parler et celui d'écouter, ils réalisent qu'un mot peut blesser et qu'un autre peut guérir.

Notre approche est à l'inverse de celle des cours d'écologie tels qu'ils sont donnés dans la plupart des grandes universités. Cette notion y est en effet définie de manière très restreinte : il s'agit d'étudier le fonctionnement des différentes catégories d'organismes vivants et la relation qu'ils entretiennent avec leur environnement. Notre acceptation de ce terme est bien plus large. Nous revenons à son étymologie même. « Eco », issu du grec *oïkos*, désigne, nous l'avons vu, la « maison ». Toutes les maisons, des plus petites à la plus grande de toutes : la planète Terre, notre maison commune. Le College est une maison où est appliqué le principe cher au Mahatma Gandhi : nous devons « être le changement que nous voulons voir dans le monde ».

Dans une université « conventionnelle », les étudiants écouteraient les professeurs dispenser leur enseignement, face à un tableau fixé au mur, dans une salle fermée équipée d'ordinateurs, puis ils rentreraient dîner et dormir chez eux, dans un appartement ou une chambre de leur résidence universitaire. Cette stricte répartition du temps crée une séparation très nette entre les heures d'apprentissage et les autres, dévolues à la vie familiale et sociale. Pourtant, vivre et apprendre sont intimement liés. Nous privilégions une approche holistique de l'enseignement : la théorie et la pratique se prolongent et se fondent l'une dans l'autre. Les étudiants apprennent en faisant : en dehors des cours, ils travaillent dans le jardin potager, préparent les repas, nettoient leurs chambres. Ils vivent à chaque instant en harmonie les uns avec les autres, avec la nature, avec leur environnement. Ils forment une communauté et apprennent aussi à s'entraider, à se respecter et à se soutenir mutuellement. Le groupe devient ainsi le reflet miniature du système Terre, cette maison que nous habitons tous ensemble.

Révisons notre point de vue sur l'éducation. Faisons école, pour les enfants et pour les plus grands. Pour nous, les adultes. Il est communément admis qu'un élève est un vase vide, la mission de l'enseignant consistant à le remplir de compétences et de connaissances utiles. Cette interprétation me paraît cruellement erronée. Le mot *éducation* vient du latin *ex-ducere* qui signifie « conduire hors de » ou « faire ressortir » ce qui est là, réveiller ce qui est dormant, rendre explicite ce qui est implicite.

Prenons exemple sur les arbres ! Issu d'une petite graine, l'arbre grandit et se développe, offrant bientôt ses fruits aux hommes, aux animaux, aux oiseaux et aux insectes. Il produit également de l'oxygène qui permet la vie sur Terre. En d'autres termes, il contribue à maintenir la vie sans aucune ambition pour lui-même. Il ne cherche pas à croître plus que de raison. Au contraire, lorsqu'il est gorgé de fruits, il ploie et touche le sol, faisant preuve d'humilité et de souplesse. Quand nous bénéficions d'une bonne éducation, faisons preuve de la même humilité. Veillons à servir la cause commune, à protéger le système Terre et à développer la communauté des hommes.

11

L'art holistique de la simplicité

Il n'est nulle grandeur là où manquent simplicité, bonté et vérité.

— Léon Tolstoï

L'apprentissage n'est pas une course contre la montre : c'est un lent processus de découverte qui n'aboutit qu'avec la participation pleine et entière de l'apprenant. Il ne peut porter ses fruits que dans une atmosphère de confiance. Une atmosphère détendue : l'élève doit pouvoir s'initier à son rythme, de manière simple et progressive. On n'apprend pas pour réussir aux examens et obtenir de bonnes notes, mais pour s'épanouir et se réaliser.

Par ailleurs, l'apprentissage ne se limite pas aux heures passées entre les quatre murs d'une salle de classe : nous apprenons de la vie à chaque instant. L'instruction « formelle », livresque, s'ajoute à l'instruction de la vie transmise par des modèles, par des proches, par des amis, mais aussi par nos propres expériences et notre contact avec la nature.

Notre société accorde peut-être trop d'importance au « niveau d'études ». Pourtant, Jésus n'était pas diplômé de la faculté de théologie et Bouddha n'avait pas obtenu un master en méditation ! Certes, les titres et les formations académiques ont un rôle à jouer dans la construction sociale, comme dans celle de l'individu. Pour autant, ne leur accordons pas une importance démesurée – et, surtout, ne méprisons pas ceux qui, comme Jésus et Bouddha, en sont dépourvus.

L'apprentissage de la simplicité, comme tout apprentissage, est d'abord une œuvre holistique, globale. Y a-t-il d'ailleurs une seule discipline qui échappe à cette règle ? La science, l'économie, la philosophie, l'anthropologie, la psychologie, le maraîchage ou encore l'horticulture ne peuvent s'appréhender sérieusement sans tenir compte de leurs relations et interconnections respectives et, plus largement, du monde auquel elles s'adressent et du contexte plus large dans lequel elles se placent. Aucun sujet ne peut être abordé de manière restrictive !

Une formation holistique combine l'étude, le travail manuel, la contemplation et les activités créatives. Elle incite à se remettre en question. Et, de ce fait, à vouloir aussi changer le monde – ou, du moins, à réfléchir aux moyens de le faire. À vouloir se mettre au service de la communauté, de la société et de la nature.

Je supplie les jeunes que je croise – y compris, bien sûr, les diplômés du Schumacher College – de ne pas intégrer une entreprise où ils seraient contraints d'abandonner leur vision holistique de l'existence, mais de créer leur propre structure pour vivre en accord avec leurs principes et les faire fructifier. Il existe tant d'opportunités !

Ceux qui ont suivi mes conseils ont ouvert des librairies, des restaurants ou des épiceries bio, ils sont devenus maraîchers, jardiniers, écrivains ou journalistes indépendants. Beaucoup, et j'en suis tout aussi heureux, travaillent à la conception et à la mise en œuvre des programmes de l'ONU pour lutter contre les changements climatiques, tandis que d'autres ont fondé des ONG engagées dans la protection de l'environnement, ou rejoint des ONG existantes, comme Les Amis de la Terre, Greenpeace ou Oxfam. Quel que soit leur parcours professionnel, ils s'emploient à être des acteurs du changement. Ensemble, ils contribuent à faire de notre planète un bien protégé et partagé, à minimiser l'exploitation de l'homme et de la nature, et à maximiser la spiritualité, la simplicité et la durabilité.

Comme eux, vivons ! Apprenons à vivre sobrement, comme un artiste, comme un karma yogi ! Il y a une grande différence entre celui qui travaille pour gagner sa vie et celui qui exerce un métier qu'il aime vraiment et dans lequel il s'épanouit. La rémunération passe alors au second plan : comme chacun d'entre nous, cette personne a besoin d'argent, mais elle ne travaille pas uniquement pour en gagner. Et, sans même s'en rendre compte, elle réduit son empreinte écologique, œuvre pour la Terre et pour demain.

Or, combien d'entre nous sont piégés dans le schéma inverse ? Au lieu de mettre leur talent et leur imagination au service des valeurs et des idéaux qui leur sont chers, ils oublient d'associer leur profession et leur vocation. Ils s'adonnent à leur vocation le week-end – que ce soit l'écriture, la peinture ou le jardinage – et exercent toute la semaine une profession qui ne leur convient pas vraiment. Autrement dit : ils se rendent à leur travail pour gagner de l'argent.

J'aimerais que cette rupture entre travail et passion, entre vocation et profession, soit moins profonde. Que nous cessions de « trimer » pour gagner notre vie et que nous options pour travailler avec bonheur. En privilégiant un juste moyen d'existence, nous montrons l'exemple à ceux qui nous entourent et contribuons ainsi à changer le monde.

Nos mains sont capables de véritables prouesses. Grâce à elles, nous cuisinons, nous jardinons, nous écrivons. Ce sont des outils de transformation du monde. Ne méritent-elles pas le plus grand respect ? Hélas, nous sommes conditionnés dès l'enfance à penser le contraire : notre société dévalorise le travail manuel, censément réservé à ceux qui n'ont pas fait d'études et sont incapables de rédiger un programme informatique ou de contribuer à la production intellectuelle. Et les salaires s'en ressentent : si vous êtes manœuvre, ouvrier agricole ou jardinier, vous gagnerez quelques euros de l'heure. En revanche, si vous êtes cadre dans une banque, un ministère ou une grande entreprise, vous gagnerez jusqu'à dix fois plus. Notre société a réduit à néant la valeur du travail manuel. Redonnons-lui fierté et dignité !

Cultivons aussi nos qualités de cœur : veiller les uns sur les autres, développer de l'empathie et de la compassion, font partie intégrante de l'apprentissage de la vie. Nous sommes un tout ! Nous sommes notre tête, notre cœur et nos mains. Nous « comprenons » et réfléchissons d'autant mieux que nous sommes émus ou touchés par ce que nous voyons ou entendons. C'est ainsi que nous acquérons la vraie conviction d'apprendre, d'agir, d'exprimer notre créativité, notre talent, et de servir la communauté de la Terre.

Dans ce contexte, n'oublions pas la curiosité qui est une qualité essentielle. Sachons garder une âme d'apprenti tout au long de notre vie ! Nous apprenons autant à l'université de la vie qu'à celle de la nature. Engageons-nous dans l'éco-alphabétisation, ce concept forgé par l'écologue David Orr et le physicien Fritjof Capra, devenu le socle de la pédagogie active et transformationnelle. Orr et Capra sont partis d'un douloureux constat : la plupart d'entre nous vivent en milieu urbain, entourés d'autoroutes et d'immeubles, coupés de la nature et du monde rural qui leur deviennent de plus en plus illisibles. Nous sommes, de ce fait, des éco-analphabètes, incapables de déchiffrer et de comprendre la nature. Soyons curieux d'elle ! Intéressons-nous à cette petite fleur qui a poussé dans un interstice du trottoir : grâce à elle, grâce à notre curiosité, nous parviendrons à acquérir une compréhension profonde du système Terre. C'est en nous plongeant dans la nature que nous pourrons combler notre déficit de connaissances, pas en lisant des ouvrages spécialisés ni en regardant la télévision. Aussi passionnants soient-ils, les programmes consacrés à l'environnement par les médias ne feront pas de nous des éco-alphabètes. Pour le devenir, nous devons faire l'expérience de la nature par nous-mêmes.

Mieux connaître la nature nous permettra de rétablir de bonnes relations avec elle. Mais nous devons aussi lui redonner la place qui est la sienne au centre de notre vie : la terre est notre maison commune. À l'instar de l'*éco-logie*, l'éco-alphabétisation nous invite à découvrir et à comprendre notre *oïkos* – autrement dit : la nature qui nous entoure.

La vision holistique est une exploration toujours renouvelée des chemins de la connaissance sur lesquels nous sommes appelés à avancer tous ensemble. Découvrir quelle est la place de chacun d'entre nous sur Terre est à la fois un travail d'équipe et un voyage collectif. Car toute acquisition de connaissances se fait de l'intérieur vers l'extérieur et non l'inverse. Les guides, les enseignants, les inspirateurs sont là pour allumer une flamme intérieure qui brûle en chacun de nous.

D'un bout à l'autre de la planète, nous devrions tous nous rendre au moins une fois par semaine au contact de la nature : nous asseoir au bord d'une rivière ou sous un arbre, marcher dans la montagne ou sur une plage, pour écouter, observer et apprendre. La nature est notre meilleur professeur. Le grand livre de la nature est le plus beau de tous. Il surpasse la Bible, le Coran et la *Bhagavad-Gita*, les plus belles pages de Shakespeare et les poèmes les plus merveilleux.

À la fin du XIXe siècle, le prêtre jésuite et poète Gerard Manley Hopkins, émerveillé par la vivacité d'un torrent de montagne près d'Inversnaid dans les Highlands, s'interrogeait :

« Qu'arriverait-il au monde, s'il se voyait ravir

L'humide et le sauvage ? Qu'ils nous soient donc laissés,

Oh ! qu'ils nous soient laissés, le sauvage et l'humide,

Que vivent encore longtemps herbes folles et lieux sauvages ! »

Combien de prophètes, d'écrivains, d'artistes, de poètes éco-alphabètes ont puisé leur inspiration dans la nature ? Shakespeare assurait que l'on peut, dans la forêt des Ardennes, « écouter des voix dans les arbres, lire dans les eaux vives ou se confier à l'éloquence des pierres ».

Vincent Van Gogh est devenu un « éco-artiste » en peignant un bouquet de tournesols. Dédaignées d'ordinaire, ces fleurs sont un objet de fascination dans les musées où elles sont exposées : les amateurs d'art et les collectionneurs, dont certains seraient prêts à dépenser plusieurs millions de dollars pour acquérir cette toile du maître, passent de longs moments à les admirer… Mais combien d'entre eux prennent le temps d'aller dans les champs contempler de vrais tournesols ?

Fasciné par les vers de terre, Charles Darwin leur doit son savoir et sa notoriété. Par eux, il a été amené à s'immerger dans la nature, au plus près de la faune et de la flore, et à développer sa théorie holistique de l'évolution. Il était convaincu que l'homme est issu de la nature et fait partie intégrante de l'écosystème qui le nourrit. Il s'agit là d'une notion fondamentale, située au cœur de l'œuvre de ce chercheur visionnaire, dont la plupart des travaux ont été oubliés ou réduits à la thèse mal comprise de « survie du plus fort ».

Aujourd'hui, dans la plupart des universités, la nature n'est qu'un objet d'étude parmi d'autres : notre civilisation, résolument anthropocentriste, nous a habitués à classifier et à nommer chaque phénomène, chaque aspect, en le dissociant des autres. Dans cette logique, il nous appartient d'exploiter et de conquérir la nature, et même de lui « voler ses secrets » afin de mieux la contrôler.

Les étudiants issus de ces universités sont d'excellents spécialistes : dotés de compétences fines et précises, ils excellent dans leur discipline, qu'il s'agisse de la finance, de la médecine ou du marketing, mais ils sont incapables d'agir en dehors de ce domaine de compétences. Ils n'ont pas de vision d'ensemble. Leurs diplômes ne les ont instruits qu'à moitié. Or, être à moitié éduqué n'est-il pas pire que ne pas l'être du tout ? Ces chercheurs sont comme du pain à moitié cuit : ils ont une connaissance livresque mais très peu d'expérience de la nature, qui est pourtant à l'origine de toute vie. Il me semble que nos universités devraient adopter des pédagogies plus actives et davantage tournées vers la nature. Il est temps que nos enfants et les plus jeunes apprennent à mieux connaître leur environnement. Penchons-nous vers la nature avec humilité et apprenons à l'écouter : elle nous apprendra beaucoup en retour. Favorisons l'émergence de programmes éducatifs centrés sur la nature et d'une vision du monde centrée sur la Terre.

Fort heureusement, l'Histoire n'est pas finie. Même dans le monde de la recherche, de nouveaux courants de pensée prônent une vision holistique de la vie. Comme le disent depuis des années des experts tels le climatologue anglais James Lovelock et la microbiologiste américaine Lynn Margulis, les co-auteurs de *L'Hypothèse Gaïa*, la planète Terre forme un tout comparable à un organisme autorégulé. À nous d'apprendre à vivre en harmonie avec ce « super-organisme vivant » au lieu de l'exploiter. C'est l'art holistique de la simplicité…

12

Éco-alphabétiser nos élites

Le chemin le plus simple est toujours le bon.

— Bruce Lee

Il y a quelques années, j'ai été invité à donner une conférence à la London School of Economics (LSE), l'une des écoles les plus prestigieuses du Royaume-Uni. À mon arrivée, j'ai demandé à visiter le département d'écologie et des études environnementales. « Nous n'en avons pas », m'a répondu le professeur chargé de m'accueillir. J'étais stupéfait. « Vous enseignez l'économie à vos étudiants sans leur enseigner l'écologie ? Comment voulez-vous qu'ils gèrent une “maison” qu'ils ne connaissent pas ? »

Le terme « économie », constitué lui aussi du suffixe *éco*, signifie littéralement la « gestion de la maison ». Vous serez sans doute d'accord avec moi : tout bon gestionnaire doit disposer d'une connaissance approfondie de la « maison » qu'il est amené à gérer. Pourtant, à l'heure actuelle, l'immense majorité des étudiants en économie n'étudient pas l'écologie. N'est-ce pas absurde ? Comment peut-on gérer une maison si l'on ne comprend pas son fonctionnement, les relations et les interactions entre tous ceux qui l'habitent ?

Je serais, à titre personnel, tenant d'une option radicale : que l'écologie passe avant l'économie dans le cursus des écoles de commerce et des facultés d'économie. Ces disciplines doivent, a minima, être toutes traitées sur un pied d'égalité : elles constituent les deux jambes du monde moderne. Si vous marchez sur une seule jambe, jusqu'où irez-vous ? Vous serez très vite fatigué, et vous finiriez par tomber. Il n'est pas étonnant que l'économie mondiale soit marquée par une succession de crises en tous genres : récession économique, crise écologique, réchauffement climatique, explosion démographique, raréfaction des ressources...

Au lieu de continuer à boiter et à trébucher, nous ferions mieux de nous asseoir, de nous reposer et de nous préparer à marcher sur deux jambes en commençant par inspecter notre maison : nous verrions ses limites et nous saurions mieux la gérer. Nous réaliserions qu'il est temps de vivre plus simplement et à la mesure de nos moyens. Lors de ma conférence, j'avais suggéré de rebaptiser la prestigieuse école en l'appelant London School of Economics and Ecology. Une proposition qui n'a évidemment pas été retenue par les responsables qui m'écoutaient.

Les économistes et les industriels souffrent d'un grave déficit de connaissances : ils ignorent tout, quasiment tout, de la nature et de ses limites. Ils supervisent l'extraction du pétrole, des minerais et des matières premières comme s'il s'agissait d'une manne inépuisable. S'ils connaissaient mieux notre planète, ils sauraient que ses ressources ne sont pas infinies. L'homme ne peut pas exploiter sans limites des ressources limitées. S'ils étaient éco-alphabétisés, nos économistes sauraient que notre maison commune, la Terre, obéit à une série de lois naturelles immuables, régies par un principe de circularité. Comment le faire comprendre à des économistes qui s'appuient sur des modèles linéaires ? Extraire, exploiter, jeter : tel est le fonctionnement de l'économie capitaliste.

Or, dans la nature, rien ne se perd, tout est recyclé : quand un arbre perd ses feuilles et ses fruits à l'automne, ils sont absorbés par la terre ; ils contribuent à enrichir le sol et à nourrir les insectes et les lombrics. Puis le sol retient le dioxyde de carbone qui nourrit les racines, le tronc et les branches de l'arbre ; au printemps, il se gorge de sève et fleurit de nouveau. Les feuilles qui tombent à l'automne se réincarnent dans celles qui naissent au printemps. Tout, dans la nature, est par ailleurs cyclique : la Terre tourne autour du Soleil, la Lune tourne autour de la Terre, le temps obéit au cycle des saisons.

Par conséquent, tout ce que nous consommons, tout ce que nous exploitons, devrait être recyclé. Réemployé. Ré-utilisé. Mais surtout pas jeté ni gaspillé. Le gaspillage est un crime contre la nature parce que la vie est éternelle, parce que l'esprit ne meurt jamais. L'arbre renaît dans la graine, puis la graine se poursuit dans l'arbre. L'admettre et le comprendre font partie de l'alphabétisation écologique.

Malheureusement, nos diplômés des grandes universités sont pour la plupart éco-illettrés. Ils gaspillent les ressources naturelles, produisent des déchets et accumulent des biens matériels superflus. Lorsqu'ils arrivent sur le marché du travail, ils contribuent à perpétuer un mode de développement économique extrêmement destructeur pour l'environnement. Bon nombre des économistes éco-analphabètes, employés au sein des administrations, des grandes entreprises et de l'industrie, sont en partie responsables de la pollution de l'eau et de l'air, de l'érosion des sols, de l'épuisement des ressources et du réchauffement climatique.

Ils sont unijambistes ! Ils ignorent que l'espèce humaine fait partie intégrante de la nature, qu'elle a des origines communes avec elle. Les arbres, les oiseaux, les abeilles, les fruits, l'herbe, les rivières et les montagnes naissent et meurent, comme nous. Pourquoi nous sentir détachés ou extérieurs à la nature, alors que nous lui appartenons entièrement ? Pourquoi considérer que nous lui sommes supérieurs et qu'elle est à notre service ? Ceux-là sont par exemple persuadés que si les pommiers, les chênes ou les sapins existent sur Terre, c'est parce qu'ils nous sont utiles : soit ils nous rapportent de l'argent, soit ils nous donnent des fruits, et ils nous fournissent en oxygène. Les arbres ne sont ainsi appréciés, jaugés par eux, qu'en fonction de leur utilité à l'espèce humaine. Quelle arrogance ! Nous avons mis fin à l'esclavage de l'homme par l'homme, mais nous traitons la nature et les animaux comme des esclaves. Nous élevons le bétail dans d'immenses fermes et lui infligeons les traitements les plus cruels.

Leur perception de la vie est très largement répandue. Elle nourrit l'idée que nous pouvons traiter la nature comme nous l'entendons : décimer la forêt amazonienne, polluer les rivières, vider les océans et gorger les sols de pesticides. Pourquoi nous en priver ? Ne sommes-nous pas les maîtres de cette planète ? C'est ainsi qu'ils réfléchissent. Leur ego atteint des proportions démesurées et leur vision du monde résolument anthropocentriste les pousse aux pires excès. Depuis plusieurs décennies, des militants courageux s'attaquent au nationalisme, au sexisme et au racisme qui gangrènent les sociétés humaines. Il faudrait maintenant en finir avec le spécisme qui empoisonne nos relations avec la nature et causera notre perte.

Employée seule, sans s'intégrer dans une vision holistique, la connaissance est dangereuse. La bombe à neutrons et les OGM n'ont-ils pas été mis au point par des scientifiques bardés de diplômes ? Les paysans sans instruction, eux, ne produisent pas de bombe atomique ni de semences génétiquement modifiées. La plupart des problèmes du monde sont causés par des décideurs, des chercheurs et des spécialistes très instruits, payés des centaines de milliers de dollars pour leur travail. Résultat : la Terre est en péril. Voilà pourquoi il me paraît urgent d'éco-alphabétiser ceux qui nous gouvernent.

L'éco-alphabétisation fait passer d'une vision égocentrique à une vision écocentrique du monde. L'égocentrique regarde la nature comme sa chose. Il dit : *ma* terre, *mes* arbres, *ma* forêt. « Je suis le patron et c'est moi qui commande. » L'écocentrique ne possède pas la nature : il est en relation avec elle. Il part du principe que nous sommes tous liés et que la Terre entière est notre maison. Les oiseaux, les cerfs, les papillons, toutes les créatures, petites et grandes, sont nos frères et sœurs. Elles ont, autant que nous les humains, le droit d'exister. Leurs droits sont aussi importants que les nôtres ! Les nôtres ne sont peut-être pas nécessaires en tant que catégorie distincte puisque les droits de la nature incluent les droits humains et que nous faisons partie intégrante de la nature. Nous avons autant de droits que les autres organismes vivants sur cette planète. Ni plus, ni moins.

Par contre, nous avons des responsabilités : ne pas détruire, ne pas polluer, ne pas mépriser la planète Terre. C'est l'une des grandes leçons de l'éco-alphabétisation. Et c'est ce qui manque cruellement à l'économie telle que nous la pratiquons aujourd'hui. D'où les désastres…

L'enseignement institutionnel a perdu tout contact avec le monde sauvage. Prenons exemple sur les peuples premiers. Plongés au cœur de la nature, ils utilisent leurs mains et leurs jambes, autant que leur tête et leur cœur. Ils savent établir des contacts, nouer des relations, apprécier, célébrer et endurer. Ils se suffisent à eux-mêmes. Dans nos pays industrialisés, les programmes d'éducation créent des êtres humains qui n'ont pas les compétences et la confiance nécessaires pour être résilients, autonomes et au service d'autrui. Le système crée des demandeurs d'emploi, des ouvriers rémunérés pour veiller sur des machines et des employés occupés à classer des papiers. Même nos agriculteurs ont perdu le contact avec la terre : il est rare qu'ils récoltent à la main le fruit de leur travail. Et peu d'éleveurs se passent de trayeuses électriques. La plupart des fermes sont exploitées non par des agriculteurs, mais par des robots.

Les hommes ne sont plus maîtres de leurs machines : elles ont pris le contrôle. Partout, elles remplacent nos mains. Nous serons bientôt confrontés à la perspective des robots et autres humanoïdes qui nous remplaceront dans la plupart des secteurs économiques. Notre système éducatif ne se contente pas de déqualifier des générations entières : il contribue à la déshumanisation de l'être humain.

Pour revitaliser nos connaissances et passer de l'information au savoir, nous devons favoriser l'apprentissage par la pratique et apprendre à utiliser nos mains et notre cœur autant que notre tête. Quand la connaissance et l'expérience se rencontrent, l'esprit humain produit des étincelles ! Nos enseignants ne devraient pas avoir pour mission de former des générations entières de futurs consommateurs, mais d'aider leurs élèves à développer leur intuition et leur imagination, et à s'appuyer sur leurs compétences et leurs connaissances pour devenir des artistes, des artisans et des créateurs, chacun dans son domaine.

Quant à nos gouvernements, ils devraient offrir à chacun la possibilité d'acquérir un savoir-faire et des compétences manuelles : la poterie, la menuiserie, le tissage, la couture, le bricolage ou le jardinage. À l'école, ces matières devraient être mises sur un pied d'égalité avec les sciences, les mathématiques et la littérature. Apprendre en faisant est le meilleur moyen d'apprendre. Les enseignants et moi-même avons appliqué cette pédagogie active à la Small School pendant des années avec d'excellents résultats. Elle forme aujourd'hui le socle de l'enseignement dispensé au Schumacher College et au Center for Ecoliteracy de Berkeley.

Les arbres grandissent et mûrissent en endurant le froid et la chaleur, la pluie et la sécheresse. Ils n'échappent pas aux difficultés, elles leur sont même salutaires : c'est dans la tempête qu'ils deviennent plus forts. Nous, par contre, le moindre coup de vent nous emporte, nous brise. Il devient une crise parce que nous avons abandonné nos défenses naturelles.

Il est temps de revenir à la mission première de l'éducation qui consiste à accompagner un élève, quel que soit son âge, sur le chemin de la découverte de soi. Au cours de cette aventure éducative, les enseignants comme leurs élèves sont souvent confrontés à des incertitudes, des doutes et des difficultés. Mieux vaut avoir appris à y faire face ! Ce n'est qu'en affrontant les problèmes que nous parviendrons à mobiliser notre imagination pour les résoudre.

Nous savons obtenir des informations dans le confort d'une salle de classe et acquérir des connaissances dans le silence d'une bibliothèque, mais rien ne vaut l'expérience vécue au cœur de la tempête et sur le terrain accidenté de la nature.

Pour vivre simplement, de manière à la fois réfléchie et créative, nous devons favoriser un système éducatif enclin à rapprocher les hommes de la nature et de l'ensemble du vivant. L'individualisme et le culte de l'ego ont forgé des générations entières de jeunes gens persuadés que le « moi » est une entité séparée d'autrui, et déconnectée du reste du monde. Nos élites sont issues de ce moule. Et nous courons droit à la catastrophe. À moins d'en prendre très vite conscience…

13

L'économie, une science simple

Les relations basées sur un sentiment d'obligation manquent de dignité.

— Wayne Dyer

Toutes nos crises, qu'elles soient personnelles, sociales, économiques, environnementales, politiques, culturelles ou religieuses, sont provoquées par des divisions, des ruptures, un sentiment de déconnexion. On le voit à travers certains conflits qui ébranlent notre monde depuis des décennies, pour certains depuis des siècles : entre Israéliens et Palestiniens, sunnites et chiites, Russes et Américains, Indiens et Pakistanais, chrétiens et musulmans, et j'en passe. De plus, nous nous offrons le luxe de continuer à exalter ce qui nous sépare au lieu de célébrer ce qui nous unit.

En toute logique, la sortie de crise, quelle qu'elle soit, ne peut s'effectuer qu'à partir du moment où l'on œuvre à rétablir les liens. Et, plus encore, à partir du moment où l'on admet que toutes les formes de vie terrestre sont liées entre elles : loin d'être isolés, nous sommes apparentés et dépendons tous les uns des autres. Si nous parvenions à insuffler davantage d'amitié et d'affection dans nos relations sociales, nous serions en mesure d'agir avec patience, tolérance, indulgence et générosité.

Quand, à vingt-sept ans, j'ai traversé la planète à pied pour promouvoir la paix et faire campagne contre l'arme atomique, j'ai été totalement dépendant de l'hospitalité des inconnus que je croisais. J'ai pu me lancer sans peur dans cette aventure parce que j'étais riche d'une conviction : la Terre entière est ma maison, tous les êtres vivants sont mes amis, il n'y a pas de séparation entre le monde et moi.

Quand, après avoir traversé la frontière avec le Pakistan, nous avions été accueillis, mon ami Menon et moi, par un militant pacifiste pakistanais, je m'étais tourné vers lui et je lui avais dit : « Si nous venons en Indiens, nous rencontrerons des Pakistanais, des Russes, des Américains. Si nous nous présentons comme des hindouistes, nous rencontrerons des musulmans, des chrétiens, des bouddhistes et des juifs. Si nous disons que nous sommes gandhiens, nous rencontrerons des capitalistes, des communistes et des socialistes. Toutes ces bannières nous divisent. Je ne veux pas être perçu comme un Indien, un gandhien et un jaïn. Je suis un homme qui voyage parmi les hommes. Ainsi, partout où j'irai, je rencontrerai d'autres représentants de l'espèce humaine. Et je pourrai être ami avec chacun d'eux. »

Notre appartenance à la communauté des vivants est notre seule véritable identité. Nous la partageons avec toutes les créatures terrestres : les arbres, les oiseaux, les abeilles et les guêpes, les papillons, les serpents, les tigres et les éléphants. Ils sont nos parents, nous avons la même histoire et le même habitat, nous avons évolué ensemble. Le soleil réchauffe la Terre, la terre et la pluie nourrissent les arbres, les arbres nourrissent les oiseaux. Nous dépendons les uns des autres. Cette interdépendance constitue l'une des règles fondamentales de l'écologie.

Ce mode de fonctionnement ne peut être ni mesuré ni quantifié. Pourtant, depuis les années 1970, certains économistes tentent de chiffrer ce qu'ils appellent les « services écosystémiques », c'est-à-dire l'apport de la biodiversité et les bénéfices que l'espèce humaine peut tirer des écosystèmes. Ce calcul, régulièrement remis sur le devant de la scène médiatique et scientifique, est, à mes yeux, aussi néfaste que fallacieux. Comment chiffrer la valeur de l'air que nous respirons ? Faudrait-il donner un prix à chaque bouffée d'oxygène inhalée ? C'est absurde ! On ne fixe pas davantage le prix d'un souffle d'air que celui du lait qu'une mère donne à son nourrisson. « À combien estimez-vous une tétée ? Cinq dollars ? Dix dollars ? » ai-je envie de demander à ces économistes. Il est indécent de mettre un prix sur le lait maternel. Il l'est tout autant de chercher à évaluer les bénéfices que nous offrent les écosystèmes. Partageons cette indignation ! Plus elle se diffusera dans la société, plus ses membres accorderont de valeur aux relations humaines et aux bienfaits de la nature.

Entretenir de bonnes relations avec l'ensemble des espèces qui peuplent notre maison commune : tel devrait être le but de nos politiques économiques. Ce n'est pas le cas, hélas. À l'heure actuelle, l'économie se limite à l'étude des flux monétaires et financiers.

Pourtant, l'argent ne suffit pas à définir l'économie – ou alors, il faudrait la rebaptiser « argénomie ». L'économie, au sens premier du terme, repose sur l'examen de trois facteurs de production fondamentaux qui sont les trois vrais piliers des sciences économiques : la terre, le travail et le capital.

Le premier pilier est la terre. La terre, c'est la nature et l'ensemble des ressources qu'elle nous offre. Tout vient de la terre et tout retourne à la terre. Comment peut-on envisager de statuer sur l'économie sans tenir compte de l'environnement ? Comment ose-t-on encore affirmer, comme c'est souvent le cas pour la plupart de nos dirigeants, que la protection de l'environnement constitue une entrave à la croissance économique ? Comment envisage-t-on de gérer nos ressources sans tenir compte des arbres, des fleuves, des montagnes, des forêts, du sol, des animaux, des poissons ? Il paraît tellement logique qu'une bonne relation avec l'environnement soit la condition fondamentale à une économie bien portante !

Le deuxième pilier est le travail. Autrement dit, les forces de travail. La motivation, les compétences, l'ingéniosité, la créativité de chaque travailleur contribuent à créer de la valeur, à alimenter et à renforcer le système économique. Voilà la vraie richesse ! Pour la préserver, il est essentiel de favoriser la mise en place de bonnes relations avec les travailleurs, mais aussi entre eux.

Le troisième pilier de l'économie est le capital financier. Partout, les flux monétaires permettent d'évaluer la production et la croissance. L'argent fonctionne un peu comme une carte routière : elle nous est utile pour trouver notre chemin, mais elle ne se substitue pas aux paysages. Autrement dit : la carte n'est pas le territoire. De même, l'argent ne sert qu'à cartographier la richesse, il ne se confond pas avec elle. Une maison peut coûter un million d'euros ; pour autant, ses propriétaires ne vivent pas « dans » l'argent, mais dans la maison.

Bien sûr, les capitaux financiers jouent un rôle essentiel dans l'économie pour mener les échanges et les transactions, mais nous devons veiller à ce qu'ils ne dominent pas l'ensemble du système. Or, pour les économies modernes, gagner de l'argent est devenu le seul but. Même la terre et la main-d'œuvre ont été transformées en marchandises. Il est grand temps de refonder le système afin de redonner à la terre et au travail leur juste place, et de permettre à ces trois piliers de fonctionner de nouveau comme un tout harmonieux et cohérent.

Le système économique repose sur l'interconnexion permanente d'un nombre infini de forces et d'agents économiques. À l'heure actuelle, l'harmonie entre eux n'existe pas. Elle est du moins très difficile à percevoir tant notre système oppose ces forces, pourtant interdépendantes, au lieu de chercher à les unifier. Dans la réalité, tout système économique ressemble à un corps humain constitué d'organes qui ne fonctionnent pas les uns sans les autres, et qui est en même temps un microcosme du macrocosme : le corps reflète l'univers entier. Nous sommes constitués de chair, d'os et de sang, mais aussi de lumière, d'air, de terre, d'eau, de feu, de conscience, d'espace, de temps, d'imagination, de créativité. Aucun de ces éléments ne peut être appréhendé indépendamment des autres, et s'il est malade, on ne le soignera ni ne le guérira indépendamment d'eux.

Cette évidence devrait s'imposer aux dirigeants économiques qui s'évertuent à séparer la finance de l'éthique, et les travailleurs de la nature. C'est une erreur majeure ! Elle ne peut être réparée qu'en rétablissant les communications, les transmissions coupées au sein de la communauté humaine, mais aussi entre l'homme et son environnement. Alors seulement nous serons en harmonie avec nous-mêmes et avec l'ensemble de l'écosystème dans toute sa diversité.

Nous devrions célébrer la diversité au lieu de nous en méfier. Elle est essentielle au développement de bonnes relations humaines – à condition de ne pas la réduire à une succession de divergences. Dire « tu es à gauche, je suis à droite », et considérer qu'un bord est supérieur à l'autre, c'est nier la richesse de la diversité au profit de la division.

Les oiseaux ont deux ailes, elles leur sont aussi nécessaires l'une que l'autre pour voler. Nous-mêmes avons tous besoin de nos deux mains, la gauche comme la droite. Pourquoi ne pas faire preuve de la même tolérance en économie, en politique, dans notre vie ? Quand la gauche et la droite entretiennent de bonnes relations, l'ensemble des idées est représenté, et les dissensions, lorsqu'elles surviennent, peuvent se muer en saine émulation.

14

Les briques de l'amitié

> *On atteint l'élégance quand tout superflu est écarté. Plus la posture est simple, plus elle est belle.*
>
> — Paulo Coelho

La maison des bonnes relations repose sur les briques de l'amitié.

À mes yeux, l'amitié est la forme la plus pure et la plus parfaite de relation humaine. Tout au long de ma vie, j'ai eu la chance de travailler avec des amis. Je peux même dire que l'ensemble de ma carrière a été placé sous le signe de l'amitié. Sans l'amitié, combien de numéros du magazine *Resurgence* (devenu *Resurgence & Ecologist* depuis quelques années), que j'ai dirigé pendant plus de quarante ans, n'auraient pas vu le jour ? Tant d'amis ont contribué à son succès en le soutenant financièrement ou en envoyant des articles et des illustrations à la rédaction ! La Small School et le Schumacher College sont issus de solides amitiés, eux aussi.

L'amitié est à la fois le sel et le principe fondateur de mon existence. Privez-moi de pain, mais pas d'amitié ! Je vis par et pour mes amis. C'est une nourriture spirituelle et un sentiment inconditionnel : il n'admet ni « si » ni « mais ». Sauriez-vous définir pourquoi telle personne est votre amie, et telle autre ne l'est pas ? Diriez-vous de votre meilleur ami que vous l'avez choisi parce qu'il est cultivé ou qu'il est riche ? Pour son intelligence, son charme ou sa conversation ? J'en doute. Car l'amitié échappe à tous les raisonnements, à toutes les catégories. Elle se passe de justifications. Elle convoque la gratitude à chaque instant. En amitié, on donne et on reçoit. On accepte tout sans jamais rien attendre. On dit toujours « oui ». Lorsqu'un ami me demande de l'aider, j'accepte sans hésiter. Et lorsqu'il m'est arrivé de demander de l'aide à mes amis, ils m'ont toujours répondu sans hésiter eux non plus.

Je ne réserve pas mon amitié à l'espèce humaine. Je suis aussi l'ami de la nature, de ma maison et de mon jardin, des arbres et des fleurs, des abeilles, des vers de terre, des escargots et des limaces. Même les mauvaises herbes sont mes amies ! Je le revendique haut et fort : j'attribue la qualité d'ami à tout être, organisme ou entité qui est l'objet de mon amitié.

Ainsi, mes enfants sont mes amis. C'est d'ailleurs une tradition indienne : quand ils atteignent l'âge de seize ans, nous avons coutume de dire que nos enfants ne sont plus nos enfants : ils deviennent nos amis. Je suis entièrement d'accord. Le mot « ami » me semble préférable à ceux de « fils » et de « fille » qui véhiculent bien trop d'attentes de part et d'autre. Vous attendez beaucoup de vos enfants, n'est-ce pas ? Et ils attendent beaucoup de vous. En revanche, si vous les considérez comme des amis, vous n'attendrez rien de particulier. Vous les traiterez avec respect et bienveillance. Avec amitié. Il en va de même pour votre conjoint : faites-en votre meilleur ami ! Ma femme est mon amie. Je ne suis ni jaloux ni possessif envers elle. L'amitié libère. Envisagé ainsi, le mariage n'est jamais un piège ou une prison. Là encore, acceptation et absence d'attentes sont les maîtres mots.

Mon village du Devon est mon ami. Je l'accepte tel qu'il est. Je ne le juge pas. J'aime ses habitants, ses arbres, ses vallons, ses collines. Ses paysages m'enchantent. Il est situé près de l'océan Atlantique. La mer est mon amie. La Terre entière est mon amie. Et le monde d'aujourd'hui, aussi imparfait soit-il, l'est également. S'il m'arrive de vouloir le changer, c'est toujours, croyez-moi, par amitié.

Ma maison, elle aussi, est mon amie. Lorsqu'elle a besoin d'un coup de neuf, je range, je repeins, je répare. Je fais de même avec mon jardin : quand il fait grise mine, je désherbe, je mêle du compost à la terre et je laisse certaines parcelles en friche pendant un an.

Quand mon corps a besoin de repos, je ralentis ou je fais une sieste. Il est mon ami, je le respecte.

J'essaie d'appliquer ces mêmes principes de l'amitié à la vie politique et économique de mon pays : quand j'éprouve un besoin de renouveau, je retrousse mes manches et je m'engage dans le processus de transformation. Je dis en toute amitié à la société : « Fais la sieste, ralentis, ne travaille pas si vite ! » Bouddha le répétait souvent à ses disciples : « Celui qui va trop vite perd son chemin. » C'est si vrai !

J'ai fondé la Small School et j'y ai travaillé plusieurs années par amitié envers les enfants. À la rédaction du magazine *Resurgence*, j'étais au service des lecteurs, mes amis même si je ne les connaissais pas personnellement. Au Schumacher College, je cherche à promouvoir l'écologie et la spiritualité. Partout, je m'efforce d'agir en ami et en conciliateur.

C'est aussi par amitié que j'aimerais transmettre ce message de paix à nos dirigeants européens : « Considérez M. Poutine comme un ami, et vous mettrez fin à vos désaccords. » Au Premier ministre russe, je conseillerais de traiter les Ukrainiens comme des amis. De se souvenir des paroles de Jésus : « Aime ton prochain comme toi-même. » Aux dirigeants israéliens, je proposerais aussi l'amitié : « Le conflit israélo-palestinien dure depuis soixante-dix ans et ne semble pas près de s'achever. Pourquoi ne pas essayer l'attitude inverse ? Optez pour l'amitié, et voyez ce qu'il se passe. Je suis certain que vos dissensions s'apaiseront. » Et aux Palestiniens, je tiendrais des propos similaires : « Les Juifs ont passé deux mille ans en exil. Maintenant, ils souhaitent rentrer chez eux. Accueillez-les. Ensemble, vous pouvez faire de la Palestine un paradis sur Terre. »

Je sais que mes propos sembleront simplistes à nos grands spécialistes des relations internationales. Ils sont pourtant fondés sur une évidence : le meilleur moyen d'avoir des amis consiste à se comporter en ami. C'est la manière la plus simple d'apaiser nos angoisses et de résoudre les conflits qui nous rongent.

L'amitié, lorsqu'elle est sincère, ne suscite pas d'attente particulière : nous acceptons nos amis tels qu'ils sont, et ils font de même avec nous. Ainsi, quelle que soit la tournure que prendra notre relation, nous ne serons pas déçus. L'acceptation et la tolérance sont les meilleurs compagnons de l'amitié. Pratiquer l'acceptation est une bonne chose, pour l'autre comme pour soi, puisque cela signifie cesser de ressasser ses rancœurs et ses désillusions. L'esprit libre, détaché de toute attente, de toute entrave, on peut aller de l'avant.

Le bon ami est celui qui plante les graines de l'affection d'une main pleine d'humilité. Il répand le compost de la gentillesse et arrose le terreau des âmes avec l'eau de la générosité. Il accueille avec gratitude les présents qu'il reçoit de la vie. Et quand vient l'heure de la récolte, il cueille avec délices les fruits de la liberté. Qu'il est doux d'être et d'avoir un tel ami !

Qui que vous soyez, russe ou américain, juif ou musulman, communiste ou capitaliste, vous êtes avant tout un être humain. Cette identité première éclipse toutes celles que vous recevrez en grandissant. Appuyons-nous sur cette réalité, sur cette conviction, pour bâtir les fondations de la vraie amitié et, à partir de là, construire nos relations personnelles, politiques, économiques et écologiques. Car l'amitié agit comme un puissant agent fédérateur. En observant nos amis, nous mesurons à quel point nous sommes liés, apparentés et dépendants les uns des autres.

Alors que le Bouddha arrivait au soir de sa vie, Ananda, l'un de ses fidèles disciples, lui demanda en quoi il aimerait se réincarner. « Je ne souhaite pas me réincarner en professeur ni en prophète, répondit le Bouddha. Je me réincarnerai en *maitreya*, "celui qui aime". Ainsi, je serai présent dans chaque manifestation d'affection ou d'amitié. Je serai en chacun des amis qui peuplent cette terre. » Cette parole m'a toujours profondément ému. Qu'un dieu nous apparaisse sous les traits d'un ami, n'est-ce pas merveilleux ?

Et puis, l'amitié a une autre valeur, plus méconnue : lorsque je cherche à changer le monde par amitié pour lui, je travaille à me changer moi-même. En toute amitié. J'élargis les limites de ma propre conscience et je me fonds dans la conscience universelle : je suis le microcosme du macrocosme. Cette acception très large de l'amitié, défendue par les bouddhistes depuis des millénaires, me paraît riche d'enseignements. Je tâche de m'y référer le plus souvent possible.

Vous me traiterez peut-être d'idéaliste – et vous aurez raison. Oui, je suis idéaliste et je m'en félicite. Qu'ont donc accompli les « réalistes » de si fabuleux que je doive me plier à leur vision du monde ? Les guerres ? La pauvreté ? L'urgence climatique ? Si telles sont leurs conquêtes, il est grand temps de les destituer et de donner une chance aux idéalistes afin qu'ils placent l'amitié au centre de tous nos modes de fonctionnement et de relations. Il se peut que nous n'y parvenions pas complètement, mais si nous pouvions au moins inverser la tendance, ce serait déjà formidable. Alors, dès maintenant, exploitons le pouvoir de l'amitié et réduisons la violence des conflits. Cessons de nous comporter en ennemis et de voir des ennemis à chaque coin de rue. Veillons à n'offenser personne et à ne pas nous sentir offensés. N'est-ce pas un bon point de départ ?

L'hostilité, les querelles, la colère, l'isolement et la solitude nous compliquent et nous empoisonnent l'existence. À l'inverse, de bonnes relations, basées sur une amitié profonde et sincère, simplifient et illuminent notre vie. Une telle amitié n'a rien à voir avec la bienséance, la courtoisie ou les mondanités. Elle ne répond à aucune obligation sociale et professionnelle.

Issue d'un amour authentique et radical, elle constitue le fondement même de notre existence…

15

À la source de l'amour radical

Rien n'est plus charmant que la tendresse du cœur.

— Jane Austen

L'amour est comme le vent : on ne le voit pas, mais on le sent. La simplicité élégante et radieuse y trouve son expression la plus achevée.

On ne commence pas à aimer avant d'avoir appris à aimer ce que nous sommes. Aimer, c'est accepter l'autre tel qu'il est, sans jamais le juger. De la même manière, c'est s'accepter soi-même tel que l'on est pour se préparer à accepter l'autre. Seuls ceux qui s'aiment de manière inconditionnelle sont prêts à aimer l'autre de la même façon. À tomber amoureux.

Lorsque vous êtes invité à une soirée, vous vous préparez, n'est-ce pas ? Vous prenez une douche, vous vous coiffez, vous vous habillez avec soin, vous mettez de belles chaussures. Puis vous vous rendez à la fête. Il en va de même pour préparer la rencontre amoureuse : si vous souhaitez tomber amoureux, vous devez d'abord vous sentir beau et attirant. La rencontre attendue se produira parce que vous serez heureux, libre et détendu.

N'est-ce pas ce que dit Jésus lorsqu'il me demande d'aimer mon prochain comme moi-même ? Certains estimeront que c'est terriblement narcissique. Au contraire, s'aimer est altruiste ! D'ailleurs, si vous ne vous aimez pas, pourquoi d'autres vous aimeraient-ils ? L'amour de soi n'a rien à voir avec la vanité, l'orgueil ou l'arrogance. C'est l'ego et non l'amour qui érige les murs nous séparant des autres. L'ego et non l'amour qui aspire à la gloire et à la reconnaissance, au pouvoir et au prestige. L'ego qui réclame la reconnaissance et la célébrité. L'amour égocentrique cherche à dominer et à contrôler ; l'amour inconditionnel libère et accepte sans juger.

En pratiquant l'acceptation, dans l'amour comme dans l'amitié, je participe au processus d'évolution, de transformation et de changement du monde. L'amour suit le mouvement de la vie et prospère dans la réciprocité. S'aimer, aimer ne nous conduit jamais à nous séparer ni à nous isoler.

Tout comme le sol nourrit les arbres, les fruits, les légumes et les fleurs, l'âme nourrit l'intellect, l'imagination, l'amour et la compassion. Mais le sol nourrit aussi les mauvaises herbes, les épines et les ronces, et l'âme est le substrat de l'anxiété, de l'angoisse et du désespoir. Nous devons les accepter tels qu'ils sont et les transformer avec tendresse. L'amour ne se scinde pas. D'ailleurs, même l'amour que nous éprouvons pour nous-mêmes, pour notre prochain, pour l'espèce humaine et pour la nature forme un continuum. Nous devons être bons envers nous-mêmes et envers autrui afin que nul ne soit sujet à la souffrance. C'est ce que je nomme l'amour radical.

L'amour radical ne nous invite pas à avoir un amant, mais à en être un. En disant « je t'aime », j'offre un amour inconditionnel à mon ou ma partenaire. Que cet amour m'apporte la moindre contrepartie n'est pas de mon ressort.

À quoi ressemblera cet amour ? Faut-il que j'aime à ma manière, ou à la manière de celui ou celle que j'aime ? Si mon amour est sincère, je ne devrais pas avoir à m'interroger. Dès l'instant où nous imposons des conditions à notre amour, où nous disons « je t'aimerais si tu faisais ceci ou cela », nos sentiments cessent d'être purs et authentiques. L'amour pur et sincère s'offre sans conditions. L'amoureux ne dit pas à sa bien-aimée : « Je t'aimerais si tu étais gentille. » Il l'aime telle qu'elle est, avec ses défauts et ses imperfections. L'amour la rend parfaite à ses yeux...

Tomber amoureux, c'est renoncer à notre ego. Nous n'avons rien à imposer à l'être aimé, et ne devons rien attendre de lui. Cet amour pur et inconditionnel se déploie sur tous les plans : émotionnel, physique et spirituel. C'est un amour libre de tout désir – ce qui ne l'empêche pas d'être romantique. L'amour romantique ne récuse pas la sexualité : il l'inclut et la surpasse. Il met en jeu notre être tout entier, le corps, l'âme, l'intellect. En cela, il n'est pas donné à tout le monde : il requiert courage et force d'âme, bonté et gratitude.

Certains poètes romantiques, comme Wordsworth, sont tombés amoureux de la nature. Des peintres, tel Turner, sont tombés amoureux des paysages. Mary Shelley et Keats sont tombés amoureux de la vie. Nous devrions tomber amoureux comme Wordsworth devant les fleurs ou Turner devant la mer : chaque matin, avec une fougue renouvelée. Nous devrions dire le plus souvent possible à l'être aimé notre bonheur d'être près de lui, si beau, si merveilleux ; le remercier d'être resté avec nous en dépit de nos erreurs et de nos défauts ; nous féliciter de la chance qui nous a réunis.

L'époque ne se prête pas, il est vrai, à ce genre de déclarations enflammées. Elle se moque des romantiques et les tourne en ridicule. Ne l'écoutez pas ! Oubliez le pragmatisme et les convenances : l'amour n'a que faire des normes et préjugés. Il est une union du corps et de l'âme, un trésor à protéger, un miracle permanent. Sinon, comment deux personnes de tempéraments et de cultures différents pourraient-elles s'entendre et s'aimer au quotidien pendant de nombreuses années ?

Chacun de nous a été élevé et conditionné pour agir, penser, se comporter d'une certaine manière. En acceptant, voire en appréciant la manière de faire de l'être aimé, en n'attendant pas qu'il change pour nous plaire, nous posons les bases d'une relation véritablement aimante et résiliente. Prenons garde aux « petites choses », les gestes ou les événements les plus infimes qui prennent une grande importance du fait de la proximité. Une succession de petits désaccords peut mener à de sérieux conflits. Une infinité de petits gestes de tendresse construisent un amour infini. Un gros livre n'est-il pas constitué d'une infinité de petites phrases ?

Aimez ! C'est-à-dire admettez de vivre côte à côte en résistant à la tentation de la fusion. Un plus un ne fait pas deux, mais onze : 1 + 1 = 11. L'amant sincère ne cherche pas à absorber ou à écraser l'être aimé. Il dit : « Je suis là pour toi. Tu peux t'appuyer sur moi. » Voilà l'amour radical.

Et puis il y a la sexualité, l'amour charnel sans lequel l'univers n'existerait pas. Les humains, les animaux, les plantes, les abeilles et les fleurs se rejoignent dans cette forme d'intimité dans l'union du mâle et de la femelle, de Shiva et de Shakti, du yin et du yang. Le monde entier témoigne de cette union amoureuse.

Quand un homme et une femme s'unissent, quand ils font l'amour, ils peuvent concevoir un enfant. Pourquoi en rougir ? Nous devrions célébrer sans honte cet amour-là, le chanter, lui dédier mille poèmes ! Offrir son corps à l'être aimé et recevoir le sien n'a rien d'anodin. Quand l'amour s'en mêle, c'est l'acte le plus beau qui soit.

Car l'amour charnel a deux fonctions : perpétuer la vie et nous combler de plaisir et de joie. Il en va de même pour nos cinq sens qui nous permettent à la fois de vivre et d'éprouver du plaisir ! Nous pourrions nous contenter de manger pour alimenter notre corps en énergie : des vitamines, des fluides et des pilules protéinées nous permettraient de survivre. Mais au prix de quels sacrifices ! Depuis toujours et sous toutes les latitudes, nous prenons soin de nos papilles en préparant des mets savoureux, parfumés et colorés qui nous procurent de la joie en même temps que les nutriments nécessaires. Avec nos yeux, nous prenons plaisir à contempler un massif de fleurs, avec nos oreilles à écouter de la musique ou de la poésie. Notre corps est conçu pour vivre, certes. Mais aussi pour vibrer de plaisir.

La sexualité sans amour est comme une fleur sans parfum ou un puits sans eau. Mais quand l'amour est pur et sincère, elle convoque le sens du sacré, magnifie la beauté, le respect, la révérence et le don de soi.

En Inde, la sexualité est sacrée. Les temples dédiés à Shiva n'accueillent pas d'autels, de statues ou de tableaux, mais l'union du principe féminin et du principe masculin, des représentations de phallus unis à des organes féminins : ce sont Shiva et Shakti, le dieu de l'Amour. L'Occident a nourri des poètes et des peintres romantiques ; l'Orient a développé une religion dédiée à l'amour physique et vénère l'amour sous toutes ses formes.

Les temples hindous de Khajuraho, dans le centre de l'Inde, sont ornés, eux, de statues représentant quatre-vingt-quatre positions sexuelles différentes, figurées de manière explicite. Il s'agit bien de temples, non de musées, de galeries d'art ou de boîtes de nuit ! Le sacré y est pourtant bien présent, et les fidèles le savent puisqu'ils y viennent adorer des dieux et des déesses… occupés à faire l'amour.

Ce n'est pas étonnant : en Inde, chaque dieu est uni à une déesse, Shiva à Shakti, Rama à Sita, Krishna à Radha… et à de nombreuses autres compagnes, appelées les Gopis. Dans ces « couples célèbres », la femme a la primauté puisque c'est elle qui fait naître le monde. On les nomme ainsi en donnant la prééminence à la déesse : on dit « Sita Rama », et non « Rama Sita », ou encore « Lakshmi Narayan » et « Radha Krishna », et pas l'inverse. Le principe maternel est le principe suprême ! Ce n'est donc pas un hasard si le Matrimandir (« temple de la mère » en sanskrit), le temple majeur d'Auroville, n'est pas dédié à Sri Aurobindo, fondateur de l'ashram qui a précédé la ville elle-même, mais à sa compagne, surnommée « Mère ».

Quant à la sexualité tantrique, sacrée, pratiquée par certains hindous, elle consiste à faire durer l'orgasme le plus longtemps possible. Les amants atteignent l'extase dans un point d'équilibre parfait. Affranchi de son ego, libéré de la dualité et des divisions, l'esprit humain touche la transcendance. La personne aimée se confond avec la figure du divin.

L'amour est à la fois la route et la destination. Nul chemin n'y mène : il est son propre chemin. Il est aussi une manière d'être. Quand on est amoureux, l'amour nous accompagne à chaque instant. Comme le dit William Blake dans l'un de ses plus beaux poèmes, nous voyons alors le dieu de l'Amour dans un grain de sable, et l'être aimé dans un brin d'herbe. Notre amour s'étend à tous : un rayon de soleil, un papillon, le chant d'un oiseau. Il illumine notre journée.

Apprenons à aimer ce que nous faisons et à ne faire que ce que nous aimons. Vivons pour l'amour et ne respirons que par lui. Ne vénérons pas d'autre dieu ! Il est l'essence de la vie.

16

Quand on se fâche, combien de temps ça dure ?

Quand je sens que trop c'est trop, j'en ai déjà assez.
Quand je ne sens rien de trop, je n'en ai jamais assez.

— Proverbe indien

Il existe certes un côté obscur de la nature humaine. Des forces négatives comme la colère, l'orgueil, l'hostilité, l'agressivité ou le ressentiment. Elles sont là, mais elles ne suffisent pas à définir notre nature : dans les faits, l'amour motive nos actes et nos comportements bien plus souvent que la haine.

Dans notre vie, à quelle fréquence nous mettons-nous en colère ? Une fois par jour ? Une fois tous les deux jours ? Une fois par semaine ? Et quand on se fâche, combien de temps cela dure-t-il ? Cinq minutes ? Cinq heures ? Cinq jours ? Même lorsqu'ils durent un certain temps, nos accès de colère demeurent occasionnels. Seul l'amour se prolonge d'un jour, d'un mois, d'une année à l'autre. Et la générosité, la gentillesse et la tolérance sont autant de visages de l'amour.

Ce même raisonnement vaut à une échelle beaucoup plus large. La population mondiale compte aujourd'hui près de sept milliards d'individus. Combien se livrent-ils au même instant à des actes de guerre ou de violence ? Cinq millions ? Dix millions ? Même considérable, ce nombre ne représente qu'une petite minorité des habitants de notre planète. Dans leur immense majorité, les humains vivent en paix, s'apprécient et se soutiennent mutuellement.

Nous reconnaissons spontanément que l'amour vaut bien mieux que la haine. La preuve ? S'ils accèdent à la postérité pour leurs méfaits, les dictateurs et les tyrans passent rarement pour des héros. En revanche, Bouddha ou Jésus, qui ont emprunté le chemin de l'amour, ont convaincu des millions, des milliards de fidèles. Gandhi, Mandela, mère Teresa ou Martin Luther King sont admirés parce qu'ils ont prêché et pratiqué la paix et l'amour, non la haine et le ressentiment. Qui voudrait marcher dans les pas d'Hitler ou de Staline ? Même certains groupes révolutionnaires qui suscitent l'admiration ne sont pas loués pour leur violence, mais pour leur combat pour la justice sociale et pour leur dévouement envers les plus démunis.

Les gouvernements s'appuient sur la force militaire pour gouverner. Néanmoins, la majorité des êtres humains pratiquent incontestablement la bienveillance et la tolérance au quotidien. Ils vivent en paix et puisent dans l'amour un puissant sentiment de sécurité – comme quoi, l'amour est la meilleure des politiques, en théorie comme en pratique ! Non, dans notre nature, une fâcherie n'est pas faite pour durer. L'amour reste plus fort.

Aimer, c'est accepter l'amer comme le doux, le gain comme la perte, la douleur comme le plaisir, avec la même sérénité. Dès que l'amour entre en jeu, nous cessons de nous sentir séparés et isolés : nous percevons les liens qui nous unissent à l'ensemble du vivant. Transcendée par l'amour, la dualité se mue en unité ; nous oublions nos goûts et nos dégoûts, nos petites manies et nos différences, nos colères et nos rancœurs, pour célébrer la vie telle qu'elle est. Le doux nectar de l'amour produit des miracles : tout se transforme à son contact.

C'est ce que chantait le grand poète soufi Jalal ad-Din Rumi :

« Par l'amour, tout ce qui est amer devient doux,
Par l'amour, le cuivre se change en or
Par l'amour, la lie se transforme en vin
Par l'amour, la douleur devient guérison… »

La vie est un paysage d'amour, et l'amour est une célébration de la vie. L'amour n'obéit à aucune logique : avec lui, tout est magie, plaisir et poésie.

Quand Jésus dit « aimez vos ennemis », il ne parle pas à la légère ! Il est réellement convaincu que l'amour triomphe de tous les obstacles. Par amour, l'ennemi devient l'ami. L'amour ne connaît pas la rancune ni le ressentiment. En revanche, il réclame du courage : pour pardonner, pour tendre l'autre joue. Aimer, c'est être magnanime et courageux. Chantez le chant de l'amour et tous vos soucis s'évanouiront ! Vivez dans l'extase de l'amour, et l'amour vous nourrira en retour.

Laissez-vous emporter par la force de l'amour. Aimer, c'est cesser de critiquer, de comparer et de se plaindre. Pratiquer l'amour universel, c'est admettre que ceux qui se comportent mal agissent ainsi parce qu'ils n'ont pas été aimés – « Ceux à qui le mal est fait font le mal en retour », écrit le poète W. H. Auden.

Ceux qui aiment ne se vexent pas et n'infligent aucune vexation. Ils n'ont pas d'ennemis et ne s'en font pas. L'inimitié naît de la haine, l'amitié de l'amour. Tout comme les abeilles aiment les fleurs et produisent du miel, les amants s'aiment et produisent du bonheur. Ils trouvent dans l'amour le sens de leur vie.

Plus encore : quand on aime, on entrevoit le divin. Pour les mystiques et les poètes soufis, Dieu apparaît sous les traits de l'aimé, et l'aimé prend les traits de Dieu. Et ils ont raison ! L'amour est la plus grande religion sur Terre. Il est père de toutes les vertus : paix et compassion, générosité et humilité. Il est majestueux et magnifique. Tant qu'il y a de l'amour, il y a de l'espoir. Alors aimez et réjouissez-vous ! Écoutons William Blake le dire avec ses mots sublimes :

« L'amour est toujours aveugle aux fautes,
Toujours à la joie il incline,
Ailé, sans lois et sans limites,
De chaque esprit il brise les chaînes. »

L'amour éveille l'âme, nourrit le cœur et illumine nos vies. L'amour est le plus beau mantra de l'esprit. Le baume d'amour guérit toutes les blessures infligées par la colère et l'anxiété, la peur ou le ressentiment. Il devrait nous être aussi naturel que la respiration ! « Votre tâche ne consiste pas à chercher l'amour, mais à chercher et à trouver en vous toutes les barrières que vous avez érigées contre lui », dit encore Rumi.

Une fois franchies les barrières, cet amour universel peut s'appliquer à tout ce qui nous entoure : certains optent pour la philologie (l'amour des belles-lettres), d'autres pour la philosophie (l'amour de la sagesse) ou la philanthropie (l'amour de l'humanité). Dans l'intimité, nous faisons l'expérience de l'amour charnel. Qu'il est bon de tomber amoureux et de s'offrir aux caresses de l'être aimé ! Veillons à perpétuer ce sentiment miraculeux : soyons amoureux chaque jour, à chaque instant, de tout ce qui nous entoure. Ne sommes-nous pas tous issus d'un acte charnel ? Il n'y a pas de péché originel : à l'origine, seul existe l'amour.

L'amour échappe à l'intellect et à toute tentative de description. Il nous entraîne au-delà de la raison, au-delà du bien et du mal, au cœur de la bonté et du don de soi. Il célèbre la puissance de la vie. « *All you need is love* », chantaient les Beatles en 1967, et je leur donne entièrement raison : l'amour a réponse à tout. La colère et la bouderie ne sont que des épiphénomènes : ne leur accordons pas plus d'importance qu'elles n'en méritent.

L'amour de soi, l'amour d'autrui et l'amour de la nature procèdent du même sentiment. Nous devons être bons envers nous-mêmes et envers autrui pour que nul ne soit soumis à la souffrance et que chacun puisse connaître les joies de l'amour. Aimons jusqu'à notre travail ! « Si tu choisis un métier que tu aimes, tu ne travailleras pas un seul jour de ta vie », nous enseigne Confucius. Nous ne nous fâcherons plus avec lui !

Vivre, c'est aimer, et aimer, c'est prendre des risques : le risque d'être blessé, de ne pas être aimé en retour. Pour ne pas aller au-devant d'un échec, ne cherchez pas à *avoir* un amoureux : tâchez plutôt d'en *être* un – et l'amour viendra vous récompenser.

Cependant, nous appartenons à l'espèce humaine, avec sa nature obscure dont j'ai parlé plus haut. Il nous arrivera forcément, de temps en temps, de céder à la haine, à la colère et au ressentiment. De voir l'hostilité, la peur encombrer nos émotions, notre âme et notre esprit. La solution existe : elle consiste à nous soigner, comme lorsque nous tombons malades. À chasser cette vilaine poussière pour restaurer la simplicité de l'amour.

C'est à ce remède que je consacre les pages qui suivent.

17

Le pouvoir du pardon

> *Le pardon est l'un des plus beaux cadeaux que vous puissiez vous faire. Offrez à tous votre pardon.*
>
> — Maya Angelou

Le pardon fait partie intégrante de la simplicité spirituelle que j'ai appris à pratiquer très tôt dans ma vie.

Lors de mon long pèlerinage pour la paix à travers le monde, je me suis trouvé par deux fois sous la menace d'une arme à feu.

La première fois, c'était à Paris. La guerre d'Algérie touchait à sa fin et un individu, prenant peur en pensant que j'étais un dangereux indépendantiste algérien, avait pointé son revolver sur moi, prêt à tirer. Quelle ironie ! Parti de New Delhi, je venais de parcourir des milliers de kilomètres à pied pour promouvoir la paix et la non-violence, et voilà que j'étais pris pour un criminel potentiel, voire un terroriste, au cœur de l'une des capitales les plus raffinées du monde occidental !

L'amie qui nous hébergeait était aussitôt intervenue pour expliquer à mon agresseur qu'il commettait une erreur, que je n'étais pas un terroriste, mais un militant pacifiste. Elle a ensuite voulu porter plainte auprès de la police, je m'y suis opposé : « Cet homme m'a menacé sous l'effet de la peur. Il craint de perdre quelque chose – sa supériorité d'homme blanc, sa vie peut-être ? Ce n'est pas en le jetant en prison qu'il acceptera et surmontera sa peur. » Je n'avais pas non plus envie de vivre des années dans le ressentiment. Je préférais pardonner et oublier.

La seconde fois, c'était à Atlanta, en 1964. Après avoir été reçu par Martin Luther King, un ami britannique m'a invité à déjeuner. Nous avons poussé la porte d'un restaurant, sans réaliser qu'il était réservé aux Blancs. Les serveurs refusant de nous servir, j'avais demandé à voir le directeur pour obtenir des explications. Il m'avait remballé : « Je n'ai pas d'explications à vous donner, sortez immédiatement et sans protester. » J'avais refusé de m'en aller. Je venais de comprendre que cet homme me refusait l'accès à son établissement à cause de ma couleur de peau. Il a crié « Dehors ! », attirant sur nous l'attention des serveurs et des clients. J'ai conservé mon calme : « Pourquoi vous mettez-vous en colère ? Je ne vous ai fait aucun mal. Je ne demande qu'une tasse de thé. Nous avons de quoi payer. »

L'homme a alors ouvert un tiroir et sorti un revolver qu'il a pointé sur moi : « Sortez. Sinon… » Une petite foule nous entourait à présent. Des clients, des serveurs m'ont pris par les épaules et m'ont poussé à l'extérieur. Si j'ai rapporté l'incident au Département des Affaires étrangères, c'est parce que j'estimais que les diplomates, les fonctionnaires devaient savoir ce qu'il se passait dans les restaurants de leur pays. Je ne cherchais pas à punir le restaurateur, mais à changer la loi. Quelques semaines plus tard, j'ai reçu des excuses officielles. Au fond de moi, je n'en voulais pas à cet homme : je savais qu'il avait agi sous l'effet de la peur – peur, lui aussi, de renoncer à la suprématie blanche, d'être submergé par la minorité noire... Or, la communauté non blanche ne voulait pas dominer les Blancs, mais elle ne voulait pas non plus continuer d'être dominée par eux. Nous sommes tous égaux aux yeux de Dieu. Quelle que soit notre couleur de peau, nous avons tous du sang rouge dans les veines. Et nous sommes tous en droit d'être respectés en tant que membres de la communauté humaine.

À partir de ces deux incidents, j'ai compris que l'art du pardon va de pair avec celui de l'action pour une cause juste. Pardonner ne signifie pas renoncer à la justice. Et militer pour une cause juste n'autorise ni la vengeance ni l'agression. De toute manière, dans les deux cas, que se serait-il passé si j'avais répondu avec la même violence ? A-t-on jamais vu quiconque éteindre un feu en l'arrosant d'essence ? Seule l'eau du pardon éteint le feu de la colère. Mon pardon n'était pas passivité, au contraire : il était un acte fort. La reconnaissance, malgré ce qu'il se passait, des qualités de celui qui me faisait face.

À partir du moment où je suis devenu moine, à l'âge de neuf ans, j'ai appris à pratiquer le pardon. Chaque soir, avant de me coucher, je récitais le mantra du pardon :

« Je pardonne à tous les êtres vivants sur cette terre.
Je demande pardon à tous les êtres vivants.
Je chéris l'amitié avec tout ce qui vit sur cette terre.

Je n'ai pas d'ennemis. »

Il ne s'agissait pas seulement de le réciter, mais d'en ressentir profondément le sens. Peu à peu, je me laissais gagner par un sentiment d'unité avec l'ensemble du vivant. « C'est ta peur qui change l'ami en ennemi. Conquiers la peur et tu n'auras plus jamais d'ennemis », me disait Gurudev Tulsi.

Chaque année, nous participions à la grande fête du pardon que les jaïns célèbrent pendant la mousson en jeûnant pendant vingt-quatre heures. Comme les autres moines, je passais cette journée à me remémorer les pensées que j'aurais pu avoir, les propos que j'aurais pu dire, les actes que j'aurais pu commettre et qui auraient pu blesser ou causer du tort à mon entourage durant l'année écoulée. Et à chaque accès de colère, d'irritation ou d'orgueil qui me revenait en mémoire, je répétais : « Je pardonne, je pardonne, je pardonne, je pardonne. » En demandant pardon à ceux que j'avais offensés, je me pardonnais à moi-même.

Ces vingt-quatre heures de véritable désintoxication physique et mentale m'allégeaient comme si j'avais déposé un lourd fardeau que je portais sur mon dos. Après avoir rompu le jeûne, j'allais auprès de ma famille, de mes amis pour leur demander pardon. J'écrivais ce pardon à ceux qui habitaient trop loin. De retour au monastère, je m'inclinais devant mes jeunes compagnons et je leur touchais les pieds, en leur assurant que je n'éprouvais aucune rancœur envers eux, quand bien même ils m'auraient offensé ou taquiné au cours de l'année écoulée. Je quêtais leur pardon autant que je leur donnais le mien.

Pardonner, se pardonner, chercher le pardon constituent le meilleur terreau qui soit pour qu'éclosent la compassion, la générosité, la réciprocité, le dialogue, l'amour. Sans pardon, la paix et l'harmonie demeurent inatteignables.

Et le pardon porte toujours ses fruits. En nous libérant de la peur, il nous offre les conditions du jaillissement de notre créativité, source de bonheur et de bien-être. En revanche, ceux qui ruminent sans cesse leur colère ou leur désir de vengeance ne réussiront jamais à s'épanouir physiquement et mentalement : seul un esprit apaisé trouve le bonheur. Les jaïns nomment ce bonheur fruit de la paix, *ananda* : on l'atteint après avoir découragé l'agressivité par les seules vertus de la patience et du pardon. On n'a plus aucun ennemi susceptible de nous offenser ou d'être offensé par nous.

J'accorde mon pardon chaque fois que je suis blessé. Cette blessure qui m'est infligée m'offre l'occasion de cultiver et de manifester ma compassion, le meilleur remède au ressentiment. Pensons-y ! Si personne ne me blessait, comment aurais-je l'occasion de pratiquer l'art du pardon ?

Face au pardon, nous disait Vinoba Bhave, l'humanité est divisée en quatre catégories. Les sceptiques, convaincus que les êtres humains ne sont qu'imperfections, qui ne voient jamais les qualités de l'autre mais seulement ses défauts et qui ne savent pas pardonner. Les rationalistes qui admettent qu'il y a en chacun du bien et du mal, mais pardonner leur est difficile. Et une troisième catégorie qui voit principalement les qualités de l'autre et peut s'engager sur la voie du pardon. Enfin, il y a ceux qui savent louer, apprécier et exalter les plus infimes qualités qu'ils devinent chez autrui. Ceux-là empruntent chaque jour la voie royale du pardon. « Quand tu perçois une petite qualité chez quelqu'un, ajoutait-il, sache qu'elle provient d'un réservoir de vertus cachées au fond de son cœur. Chacun abrite ce réservoir en lui. Quand tu pardonnes à l'autre, tu révèles ces qualités. On peut transformer un diable en saint par la seule grâce du pardon. »

Vinoba organisait des réunions publiques marquant la redistribution des terres arables qu'il obtenait – en vingt ans d'activisme non violent à travers l'Inde, il a collecté près de deux millions d'hectares redistribués à des dizaines de milliers d'ouvriers agricoles qui étaient les plus pauvres d'entre les pauvres. Souvent, les propriétaires qui venaient de donner demandaient pardon aux paysans que leurs familles exploitaient depuis plusieurs générations. En retour, les paysans offraient leur pardon à ces propriétaires sous le joug desquels eux-mêmes et leurs ancêtres avaient souffert. Ces cérémonies du pardon ont pansé bien des plaies ouvertes. Elles ont apporté la paix dans de nombreux villages.

Vinoba avait par ailleurs obtenu la reddition d'une bande de *dacoïts*, des bandits qui agressaient et pillaient la population rurale du centre de l'Inde. Il n'avait ni menacé les bandits ni tempêté contre eux, mais il avait été à leur rencontre avec amour, respect et bienveillance. « Vous et moi sommes des rebelles, leur avait-il dit. La seule différence est que j'utilise l'arme de la compassion. Votre esprit de rébellion et votre courage forcent mon admiration.

Unissons-nous pour changer la société. Ensemble, rendons-la plus juste et plus égalitaire. »

C'était bien la première fois que des *dacoïts* entendaient chanter leurs louanges. Les paroles de Vinoba les avaient amenés à réfléchir. Peu après, ce groupe a rendu les armes et cherché le pardon de ceux qu'il avait volés. Ses membres ont été condamnés à une peine de prison, mais ils ont gagné le respect du public, de la presse et du gouvernement. Ceux qui le souhaitaient ont obtenu des terres et les capitaux nécessaires au démarrage de petites entreprises familiales.

18

Ne baissez pas les bras

Si vous ne pouvez pas expliquer une chose simplement, c'est que vous ne l'avez pas bien comprise.

— Albert Einstein

L'art du pardon n'est pas aisé. Il se révèle parfois douloureux à mettre en œuvre et nécessite des années avant de mûrir. J'en ai moi-même fait l'expérience. J'ai dû longtemps batailler avec moi-même pour pardonner à deux êtres qui m'étaient pourtant chers : ma mère et mon guru.

J'ai rompu avec ma mère à dix-huit ans, quand elle a refusé de m'accueillir, et même de m'offrir un verre d'eau, alors que je venais de quitter l'ordre monastique jaïn auquel j'appartenais depuis mes neuf ans.

Des années après cet épisode, ma mère, fervente jaïne, s'était rendue chez Tulsi, mon guru. Il avait, de son propre chef, plaidé ma cause auprès d'elle : « Ton fils continue de penser et d'agir comme un moine. Il a effectué le tour du monde à pied comme le ferait un moine jaïn. Il a voyagé sans argent. Il a promu la paix et la non-violence. Je suis très impressionné par ce qu'il a accompli. »

À ces mots, ma mère avait senti fondre ses rancœurs. Elle avait contacté quelques amis et appris que je vivais à Varanasi. La distance ne l'avait pas découragée : elle avait entrepris un long voyage pour me voir. Mais je l'avais accueillie avec circonspection : j'étais encore en colère contre elle. Je ne parvenais pas à oublier.

Ses premiers mots m'avaient laissé sans voix : « Je suis venue te demander pardon », m'avait-elle dit. Face à mon silence, elle avait poursuivi : « Bien que tu aies rompu tes vœux, tu as continué d'agir comme un moine. Tu as effectué un long pèlerinage autour du monde pour défendre la paix. Je regrette de t'avoir chassé quand tu es venu me trouver. J'ai réfléchi, j'ai pu apprécier le chemin que tu as parcouru. Je voudrais faire la paix avec toi et te donner ma bénédiction. »

Les douces paroles de ma mère ont eu raison de mes résistances. Elle venait de parcourir seule, en train, plus de huit cents kilomètres pour me demander pardon. C'était aussi la première fois qu'elle venait à Varanasi depuis que nous avions dispersé ensemble les cendres de mon père dans le Gange, plus de vingt ans plus tôt. Son humilité, sa générosité avaient touché mon cœur. « Merci, mère, lui ai-je répondu. Ces dix années ont été très difficiles pour moi. J'ai trouvé en Vinoba un autre guru, et je me suis fait d'autres amis, mais je n'ai pas trouvé une autre mère. Ton rejet m'a blessé. Je suis heureux que tu sois venue et que tu m'aies pardonné. Moi aussi, je te pardonne. Non seulement tu m'as donné la vie, mais tu m'as offert ta sagesse. Je t'en suis infiniment reconnaissant. » Nous étions tous les deux en larmes.

Ma mère m'a ouvert ses bras, je l'ai serrée dans les miens. Ce fut l'étreinte la plus longue et la plus tendre de ma vie.

Mon départ du monastère avait bouleversé Gurudev Tulsi, le chef de notre communauté. Pire même, il était furieux, un sentiment inattendu chez un maître spirituel aussi accompli et respecté. Tulsi n'était pas seulement mon guru : il me traitait comme un fils et je retrouvais en lui le père que j'avais perdu très tôt. Il avait veillé sur moi avec beaucoup de sollicitude et, pendant ces neuf années, il m'avait transmis ses enseignements. À ses yeux, mon départ constituait une double trahison : j'avais rompu les vœux qui me liaient à la communauté monastique jusqu'à la fin de ma vie et je m'étais montré ingrat et déloyal envers lui en le rejetant au profit d'une existence laïque, au sein de la communauté des humains.

Après mon départ, il avait d'ailleurs demandé à des disciples laïcs de me retrouver et de me convaincre de revenir au monastère. Certains avaient pu remonter jusqu'à moi et avaient tenté de me contraindre par la force. Aucun n'avait réussi à me ramener. Tulsi s'était ensuite tourné vers Vinoba, espérant qu'il refuserait de m'accueillir à Bodh Gaya. Vinoba s'était montré sourd à ses arguments. Cette insistance avait eu un effet inverse sur moi : j'avais alors mené campagne contre toutes les formes de religions organisées, en particulier contre la mienne. Et, pendant ces années, j'avais nourri une vive colère contre mon guru. De son côté, Tulsi avait fini par décider qu'il ne voulait plus me revoir. Ce fut, pour nous deux, une longue période de chagrin et d'amertume.

Le temps atténue les blessures. J'ai su par la suite que Tulsi prenait régulièrement de mes nouvelles auprès d'amis communs. Il savait où je vivais et ce que je faisais. Mon long pèlerinage pour la paix l'avait mis dans de meilleures dispositions à mon égard et il en avait d'ailleurs parlé à ma mère, favorisant notre réconciliation. Pour autant, il se refusait à faire le moindre pas dans ma direction. Et moi, je demeurais figé dans mon amertume. J'étais convaincu que nous ne nous reverrions jamais.

De longues années se sont écoulées. J'ai quitté l'Inde pour l'Angleterre où je me suis marié. June et moi avons eu un fils, puis une fille. Au sortir de l'adolescence, notre fils, Mukti, s'est rendu en Inde. Il souhaitait découvrir le pays où j'étais né, celui de ses racines. Il s'est rendu au Rajasthan, dans mon village natal, puis dans la communauté monastique de Tulsi – une visite dont j'ignorais tout. En découvrant que le jeune visiteur était mon fils, Tulsi n'avait caché ni sa stupeur ni son émotion. Puis il avait demandé un papier et un crayon pour m'écrire un message, chargeant mon fils de me le transmettre. Le message était très court : « Satish, ce que tu as entrepris et accompli depuis ton départ est admirable. Le passé est le passé : tout est pardonné. Viens me rendre visite. »

À son retour en Angleterre, Mukti avait plaidé la cause de Tulsi : « Papa, tu dois y aller. Il se fait vieux. Il a hâte de te voir avant de mourir. Crois-moi, je l'ai lu sur son visage. »

J'étais trop ému pour m'y rendre seul. Je craignais la réaction de Tulsi autant que la mienne. Mon ami John Lane m'avait accompagné. De New Delhi, nous avions pris le train jusqu'à Ladnun où séjournait Tulsi. Le lendemain, nous étions au monastère.

En m'approchant du vaste hall réservé aux auditions publiques, j'avais immédiatement reconnu sa voix. Assis sur une estrade, il s'adressait à ses disciples et aux laïcs venus l'écouter. John avait poussé la porte. Sa physionomie d'Occidental et sa haute stature nous avaient valu des regards intrigués. Apprenant qui j'étais, l'un des organisateurs nous avait conduits vers l'estrade. Je m'étais avancé. Je revoyais Tulsi pour la première fois depuis presque quarante ans.

Lui-même semblait stupéfait mais heureux de me voir. Je n'avais pas annoncé ma visite. Je comptais rester un jour ou deux, il m'avait demandé de prolonger mon séjour : « Nous avons beaucoup de choses à nous dire. L'eau a coulé sous les ponts. » Nous étions tous les deux sur l'estrade. Il m'avait confié les grands espoirs qu'il fondait sur moi : « Tout le monde était convaincu que tu deviendrais un très bon guru. Certains pensaient même que tu avais les qualités requises pour être mon successeur. » Il m'avait aussi parlé de sa déception : « Nous nous sommes sentis trahis. Comment as-tu osé ? Que pouvions-nous te donner de plus ? »

À sa voix lourde de chagrin, j'avais deviné que les blessures n'étaient pas cicatrisées, malgré les quatre décennies écoulées. Dans l'assistance, ils étaient nombreux à partager son avis. Ils jugeaient que je m'étais montré ingrat envers une communauté qui m'avait nourri, élevé et formé avec tant d'amour, de soin et d'attention.

Je lui avais redit mes regrets. Dont celui de ne pas lui avoir exprimé plus tôt ma reconnaissance. Je l'avais remercié pour ses enseignements et sa sagesse qui ont éclairé ma vie. « Vous m'avez appris à vivre avec simplicité, sans peser sur la terre et ses ressources, avais-je insisté. Je n'oublie pas non plus nos discussions sur la différence entre l'amour et l'attachement. Toute ma vie, je me suis efforcé de pratiquer le détachement que vous m'avez enseigné. Grâce à vous, j'ai appris à avoir confiance en moi et dans le monde. Aucun mot ne saurait exprimer l'infini de ma reconnaissance. »

J'étais en larmes. « Tu mènes une vie juste et bonne, m'avait encore dit Tulsi. Si mon enseignement t'a aidé et t'aide encore dans ton engagement pour un monde meilleur, j'en suis heureux. Je te donne ma bénédiction et te souhaite beaucoup de joie. »

Bouleversé par sa générosité et par la force de son pardon, je m'étais incliné à plusieurs reprises devant lui avant d'aller prendre place dans la salle, parmi ses disciples.

Dans les jours qui avaient suivi, John et moi avions revu Tulsi à plusieurs reprises. Nous avions discuté avec lui de l'état du monde et de l'apport fondamental du principe fondateur de non-violence. Tulsi me parlait avec ferveur : « Il ne suffit pas d'être non violent envers soi et ses proches. La non-violence doit englober l'ensemble du vivant. Rendons hommage à la dignité fondamentale de tout être humain, mais aussi de tout ce qui vit sur notre planète. » Suivre de nouveau ses enseignements était pour moi si vivifiant...

Le pardon, geste si simple mais si fort, m'avait apaisé.

Quand je pense à la force du pardon, me vient aussi à l'esprit l'exemple merveilleux de Jo Berry. Fille d'un député britannique tué lors de l'attentat à la bombe perpétré par l'IRA au Grand Hôtel de Brighton en 1984, elle aurait pu, m'a-t-elle confié des années plus tard, emprunter la voie de la vengeance et de la haine. Mais elle a choisi celle de la paix. Et elle a été jusqu'au bout de sa démarche en rencontrant l'homme qui avait posé la bombe. « Le plus difficile fut de lui tendre la main, m'a-t-elle dit. J'étais terrorisée. Il a commencé par défendre la cause irlandaise et l'action violente, puis il a pris conscience de mon chagrin. Et là, tout a changé. Il a ôté sa casquette de militant et m'a écoutée avec son cœur. Je lui ai proposé de faire la paix : continuer à nous haïr ne servait à rien et ne ferait pas revenir mon père. Par contre, on pouvait travailler ensemble pour qu'à l'avenir aucun enfant de ce pays ne perde son père dans de telles circonstances. »

Depuis, Jo Berry et Patrick Magee sillonnent ensemble les routes pour inviter à la paix, au pardon et à la réconciliation. Ils ont donné des centaines de conférences et bouleversé, par leur histoire, des dizaines, des centaines de milliers de personnes. Le seul moyen d'aller de l'avant, insistent-ils à chaque fois, consiste à pardonner. Comme le souligne ce vieil adage en forme de comptine : « Le premier qui s'excuse est le plus courageux, le premier qui pardonne est le plus fort, le premier qui oublie est le plus heureux. »

Pourquoi nous obstiner à porter le fardeau du passé ? L'histoire humaine est remplie d'atrocités. Il ne s'agit pas d'oublier ce que des humains ont subi entre les mains d'autres humains – l'esclavage, le racisme, le colonialisme, l'apartheid, la Shoah, les génocides… – mais de prendre conscience que le bien et le mal sont présents en chacun de nous. La bonne nouvelle est que nous avons tous la capacité de changer, de donner la priorité au bien. Le pouvoir de la compassion et du pardon l'emporte sur celui de la sanction et de la vengeance.

Après l'abolition de l'apartheid en Afrique du Sud, une Commission Vérité et Réconciliation a été instaurée – une initiative pacifiste inégalée dans l'histoire politique du XXe siècle. Placée sous la direction de Mgr Desmond Tutu, elle a procédé à plusieurs centaines d'auditions. Coupables et victimes se sont exprimés. Les uns et les autres ont su faire preuve d'une grande générosité. Les injustices, les crimes, les violations des droits de l'homme ont été recensés. Plus de mille personnes ont été amnistiées et pardonnées en échange de leur confession publique. L'un des plus beaux commentaires que j'ai entendus est venu d'un journaliste américain, Bernard Meltzer : « Quand vous pardonnez, vous ne changez pas le passé, mais vous changez certainement l'avenir. » Ce concept de « justice réparatrice », pour reprendre les termes de Mgr Tutu, contraste avec l'approche pénale privilégiée lors des procès de Nuremberg, à la sortie de la Seconde Guerre mondiale. Il a permis de panser les plaies pour faire émerger une société libérée de son passé.

L'heure est venue, pour nous tous, de nous engager sur la voie de la négociation. Elle requiert, il est vrai, du courage et de l'audace. « Les faibles sont incapables de pardonner, disait le Mahatma Gandhi. Le pardon est l'attribut des plus forts. »

L'histoire des sociétés humaines est jalonnée de conflits apaisés par le pardon. Le conflit majeur qui domine notre époque n'oppose plus des humains entre eux, mais l'homme à la nature. Depuis le XIXe siècle, les sociétés industrielles saccagent les ressources naturelles, traitant les animaux, les forêts et les océans comme autant de mines à exploiter pour en extraire un maximum de richesses. Qu'elle l'empoisonne, la réduise en esclavage ou tente de la conquérir, l'humanité entière semble en guerre contre la nature.

Pourtant, je suis confiant. Même si la majorité s'estime toujours en droit d'exploiter les ressources naturelles à son profit, afin de répondre aux exigences démesurées de nos sociétés de consommation, je sais que le moment viendra où l'humanité reconnaîtra sa folie et demandera pardon à la Terre. Car une minorité croissante est là, consciente qu'il nous faut réapprendre à vivre plus simplement. Sans doute que de nombreuses années s'écouleront avant une prise de conscience collective. Mais, tôt ou tard, il nous faudra demander pardon à la Terre. Elle sera assez généreuse pour nous pardonner. Mais si cette prise de conscience n'est pas rapide, l'espèce humaine elle-même sera menacée d'extinction.

Fin 2015, près de deux cents chefs de gouvernement du monde entier s'étaient réunis et avaient ratifié « l'accord de Paris » pour le climat. Au-delà de la réduction des émissions de CO_2, ils s'engageaient sur la voie du pardon : tendant la main à la nature, ils espéreraient sa clémence. Depuis, quantité d'initiatives fleurissent dans chacun de ces pays (et dans d'autres). Partout, des citoyens s'organisent pour lutter contre les dégâts causés par l'activité humaine sur la surface de la Terre. Des centaines de villes et de villages ont rejoint le réseau des Villes en transition, rassemblant des collectivités soucieuses d'accélérer le passage à un mode de vie plus responsable. Chacun se montre désormais plus humble et plus respectueux envers la nature – ce qui est aussi une manière de lui demander pardon.

De bonnes relations avec notre environnement, incluant l'environnement humain, un amour radical et un pardon inconditionnel constituent autant de réponses à la complexité de l'existence – car la vie nous plonge sans cesse dans des paradoxes et des dilemmes apparemment insolubles. C'est un beau moyen de nous équiper pour mener enfin une vie simple et élégante. C'est-à-dire une vie sereine et heureuse…

19

L'union des contraires

La vie aime la simplicité ; la mort affectionne les chemins tortueux. Notre corps, nos pensées et nos propos doivent être aussi simples et droits que possible.

— Vinoba Bhave

S'il est crucial de simplifier notre vie matérielle, il est tout aussi important de simplifier notre vie psychique et émotionnelle. Trop de peurs, de colères, de joies excessives finissent par nous miner. Or, tout comme un tsunami peut ravager le monde extérieur, une violente tempête psychique peut saccager notre monde intérieur !

Prenons une situation simple que nous abordons pourtant de façon compliquée : le passage des saisons. Beaucoup redoutent l'entrée dans l'hiver, synonyme de froid et d'obscurité. Et pour cause : ils sont aveugles aux opportunités qu'offre cette saison. Essayons d'accueillir l'avancée de la nuit avec gratitude ! Avec elle vient le temps de l'hibernation, du repos et du renouvellement de la nature. Réjouissons-nous des longues soirées d'hiver au lieu de nous en plaindre ! Asseyons-nous près du feu, plongeons-nous dans un bon livre, jouons, chantons et dansons ensemble – autant d'activités faciles à organiser dans le confort de nos maisons. N'ayons pas peur de la nuit qui s'étend sur la campagne ou les rues environnantes. Certes, en été, quand le jour s'étire et prolonge les soirées, on peut se promener, dîner dans le jardin, flâner à l'extérieur. Mais profitons de l'hiver pour passer plus de temps chez soi, pour nous recentrer sur la part la plus imaginative et créative de soi. La clarté et la chaleur du soleil sont merveilleuses, mais éreintantes. On vante souvent les bienfaits des « lumières » sur notre corps et sur notre esprit. Apprenons aussi à goûter le repos que nous offre la nuit. Ce faisant, nous parviendrons à aligner les contraires au lieu de les opposer.

D'autres n'aiment pas la nuit : elle les angoisse. Pourtant, c'est grâce à elle que notre corps se régénère après la fatigue accumulée durant la journée. Elle nous offre un répit, une trêve. Apprivoisons les ténèbres pour pouvoir vivre avec elles. De cette contrainte, faisons une force. J'ai appris à faire de la nuit une amie. Après des heures de travail à la lumière, j'aspire aux ténèbres. Le soir, j'éteins les lampes pour plonger la pièce dans l'obscurité. Je tire même les rideaux ! Les derniers rideaux sont mes paupières. Lorsqu'elles sont closes, je m'endors. Et je peux, après ce repos salvateur, entamer une nouvelle journée pleine d'énergie.

En Inde, lorsque deux amis se rencontrent, ils joignent les paumes de leurs mains devant la poitrine, ferment les yeux et se saluent en disant *namasté*, un terme hindi qui signifie « je m'incline devant toi ». Lorsqu'il est effectué avec le cœur, ce geste hautement symbolique est source d'une union profonde :

les paumes des mains se joignent, les âmes se touchent et, l'espace d'un instant, les deux interlocuteurs ne font plus qu'un. Les opposés s'associent et se révèlent complémentaires.

Le panthéon hindou figure l'union des contraires dans une divinité mi-femme, mi-homme : Shakti-Shiva, le yin et le yang dans un seul corps. Effectivement, on le sait aujourd'hui, il y a une part masculine dans chaque femme, et une part féminine dans chaque homme. Les principes masculin et féminin œuvrent ensemble à la formation de chacun d'entre nous. Ils dansent en permanence, serrés l'un contre l'autre. Ils se complètent, comme le jour et la nuit, l'intérieur et l'extérieur, l'esprit et la matière. De leur union naît l'équilibre qui fonde l'ensemble du monde vivant.

Que seraient le dessus sans le dessous, le masculin sans le féminin, le blanc sans le noir, le yin sans le yang, le positif sans le négatif ? Ensemble, ils forment un tout heureusement diversifié. Prenons exemple sur la nature, magnifiquement conçue. Chacune des quatre saisons est bénéfique et bienvenue ; ensemble, elles forment un tout. S'il faisait beau et chaud toute l'année, ce serait un peu ennuyeux, non ? Grâce à la venue de l'hiver, le chaud et le froid, le clair et l'obscur s'équilibrent.

Nous-mêmes évoluons en permanence dans deux univers parallèles et distincts, en apparence opposés mais qui en réalité ne font qu'un : le monde extérieur où nous vivons parmi les arbres, les fleuves, les montagnes, où nous sommes susceptibles d'endurer des tempêtes, des inondations et des avalanches et de rencontrer la beauté. Et le monde intérieur, spirituel et métaphysique, où nous sommes au contact de nos émotions et de nos sentiments, où nous pouvons connaître des moments de colère, d'anxiété, de doute, de découragement, de déprime, mais aussi de joie et d'amour.

Dans ces deux univers, qui agissent l'un sur l'autre, nous devons apprendre à accueillir avec la même sérénité la joie et la douleur, le doute et la foi, la confusion et la certitude, l'obscurité et la lumière, le doux et l'amer, le succès et l'échec. C'est ainsi que nous naviguerons avec aisance sur le fleuve de la vie.

La vie elle-même est faite de hauts et de bas, de moments de joie et d'autres plus sombres. Ces contraires nous sont nécessaires pour poursuivre notre chemin. Car c'est aussi dans l'obscurité que nous renouvelons notre énergie psychique et spirituelle, et pas seulement dans la clarté. Certes, depuis Jean de la Croix, poète et religieux espagnol du XVIe siècle, les mystiques parlent de la « nuit obscure de l'âme » pour signifier une crise intérieure profonde dans laquelle l'individu est saisi par le vertige du doute et le découragement. Pourtant, ces ténèbres-là ont une vertu : elles nous rendent plus forts si nous savons les traverser.

Elles peuvent même devenir une opportunité si nous réussissons d'abord à les reconnaître comme telles, c'est-à-dire si nous osons nous dire à nous-mêmes, et dire à notre entourage : « Je traverse une crise. » Telle est la première étape du processus de guérison.

L'étape suivante consiste à se donner le temps et l'espace nécessaires pour méditer sur les causes et les circonstances qui ont conduit à la crise, à passer de la lumière à son contraire, la « nuit obscure ». La méditation, je ne le dirai jamais assez, constitue le meilleur remède aux tourments de l'esprit. Méditation et médecine ont la même étymologie : le latin *mederi* qui signifie « soigner ». Pour soigner notre corps, nous prenons des médicaments ; pour soigner notre âme, nous méditons. Nous nous reconnectons à notre soi le plus intime pour cerner les racines profondes du mal qui nous ronge – qu'il s'agisse de troubles de l'ego, d'un excès d'ambition, d'un attachement trop vif aux biens matériels ou intellectuels, d'un désir de tout contrôler, d'une quête effrénée d'argent, de pouvoir ou de statut social.

La troisième étape est celle de la reconnexion. Au fond, toute crise est liée à une rupture, à une interruption, à une perte de contact. Sa résolution passe par la remise en service ou la restauration des relations interrompues. Veillons donc, lors de nos séances de méditation, à nous concentrer sur les liens profonds et intangibles qui nous unissent à nous-mêmes, mais aussi à l'ensemble de la communauté humaine, au monde extérieur, à la nature. Veillons à réconcilier les contraires.

Ce même schéma s'applique, de manière collective, à la « nuit obscure » que traverse la planète depuis que nous avons commencé à la pressuriser, à l'exploiter, depuis que nous nous sommes persuadés de notre pouvoir absolu sur elle. Commençons par le reconnaître : non, nous ne sommes pas aux commandes de la planète et nous ne contrôlons pas la nature. Nous allons sur la Lune, mais nous ne pouvons rien contre une tornade, et même une forte pluie nous remet à notre place ! Alors faisons preuve d'humilité.

Développons notre compassion, à la fois envers nous-mêmes et envers la planète.

Il ne sert à rien de faire l'autruche : pour sortir vivifié d'une « nuit obscure », il faut lui accorder l'attention qu'elle mérite. Car toute crise est un appel au secours. Accueillons-la avec gratitude et bonne volonté.

La crise, comme la maladie, comme la nuit, est porteuse de sens. Seul un corps vivant peut avoir mal à la tête ; les morts n'ont pas la migraine ! Abordons-la en levant le pied : prenons du temps pour nous, prenons soin de nous. Invitons nos proches à prendre soin de nous également. Pourquoi hésitons-nous face à ce qui est pourtant si simple ?

Car dans toutes les manifestations de la vie, rien n'est complètement blanc, rien n'est complètement noir non plus. Il y a du blanc dans le noir, et du noir dans le blanc. Quand nous sommes dans la lumière, gardons l'obscurité en mémoire. Et quand nous sommes dans l'obscurité, souvenons-nous de la lumière.

20

Renaître

La vie et la mort sont un, de même que le fleuve et l'océan sont un.

— Khalil Gibran

La naissance et la mort composent le cycle de la vie. La mort apporte le renouveau. Pourquoi la craindre ? Cessez de penser qu'elle est mauvaise, douloureuse ou difficile : elle est libératrice et transformatrice. Elle n'est pas la fin de la vie, mais le début d'une autre vie. Elle nous ouvre une porte. Car l'esprit est éternel et la vie aussi. Tout comme nous fêtons le retour du printemps et la renaissance de la nature, nous devrions fêter l'arrivée de l'hiver et le passage d'une vie à une autre.

À l'âge de quatre ans, comme je l'ai raconté dans les premières pages de ce livre, j'ai été profondément choqué par la mort de mon père. Cinq ans plus tard, j'ai quitté ma famille pour devenir jaïn, dans l'espoir de me libérer de la mort. J'ai vite compris que, sans mort, il n'y a pas de naissance. En ce sens, la mort est aussi impérative que la naissance.

Dès notre premier souffle, nous commençons l'ascension de l'Everest de la vie. Nous atteignons le sommet en rendant notre dernier soupir. Pourquoi redouter ce moment ? La mort est une libération. Elle nous affranchit de la colère, de l'anxiété, de l'orgueil, des préjugés, des passions, des doutes, de la dépression et du désespoir. Comment ne pas nous réjouir à la perspective de nous délester de tant de fardeaux ?

Ma mère parlait souvent du moment où il lui faudrait renoncer à la vie : « Quand je verrai venir la fin, je n'attendrai pas que la mort vienne me chercher : j'irai à sa rencontre. » Et c'est ce qu'elle a fait. À quatre-vingts ans passés, sa vue et son audition se sont considérablement dégradés. Mais elle a refusé de porter des lunettes et un appareil auditif. Frêle et menue, elle a continué à vaquer à ses tâches quotidiennes.

Un matin, sentant ses dernières forces l'abandonner, elle a pris sa canne et s'est rendue chez chacun de mes frères et sœurs pour leur annoncer : « J'ai décidé de jeûner jusqu'à la mort. Si je vous ai peinés ou blessés au cours de ma vie, je le regrette et vous en demande pardon. » Puis elle est rentrée chez elle et s'est installée dans sa chambre qu'elle n'a plus quittée.

La nouvelle s'est répandue : « Anchi Devi va jeûner jusqu'à sa mort ! » Les visiteurs ont afflué, certains venus des maisons voisines, d'autres des villages alentour. Ils s'asseyaient près d'elle, chantaient des mantras ou des prières, la remerciaient de sa bonté et lui faisaient leurs adieux. Pendant près d'un mois, ma mère n'a rien mangé, se contentant de boire de l'eau bouillie deux fois par jour. Et durant toute cette période, sa famille, ses voisins et ses amis l'ont entourée d'affection, de chants et de musique. C'était très joyeux. Elle est morte paisiblement, sans crainte ni regrets.

Son corps a été porté en procession jusqu'au crématoire, sur un magnifique palanquin. Le bûcher était constitué de neuf bois différents, dont du bois de santal et du bois de cocotier, aux arômes puissants et agréables. Son fils aîné a allumé le feu et toute l'assistance est restée jusqu'à ce que son corps ait été réduit en cendres. Le lendemain, ma famille est venue récupérer les cendres qui ont été dispersées dans le Gange. Mêlées à l'eau du fleuve, elles ont rejoint l'océan, se sont évaporées dans les nuages et sont retombées au sol sous forme de pluie. Fondu dans l'univers, le corps de ma mère participe au cycle sans fin des naissances et des renaissances. Conformément à ses dernières volontés, ses économies ont été distribuées aux plus démunis.

Quant à mon maître et mentor Vinoba Bhave, il souffrait d'un ulcère de l'estomac. Il avait quatre-vingt-huit ans quand, son état de santé s'étant dégradé, il a été transporté à l'hôpital. L'intervention chirurgicale qu'il aurait pu subir n'avait que cinquante pour cent de chances de réussir. Il l'a refusée et a choisi, lui aussi, de jeûner jusqu'à la mort. Il était si faible qu'il n'a survécu que sept jours à la privation de nourriture, sept jours durant lesquels les hommages et les célébrations se sont succédé. Indira Gandhi, alors Première ministre, était venue à son chevet.

Cinquante mille personnes ont assisté à ses funérailles. En cette période de l'année, le Parandham, qui passe devant l'ashram de Vinoba, était à sec. Son corps a été incinéré dans le lit de la rivière que noircissait une foule immense. Plus tard, pendant la mousson, quand le Parandham a de nouveau inondé son lit, l'eau a emporté ses cendres jusqu'à la mer.

La pratique du *santhara*, le jeûne jusqu'à la mort, est un rituel suivi par les jaïns et par certains hindouistes. « Que fais-tu de tes vieux vêtements, ceux que tu as usés jusqu'à la corde ? » nous demande la *Bhagavad-Gita*. « Je les jette, répondrez-vous, et j'en prends d'autres. » Des vêtements plus neufs, plus solides. Il en va de même avec notre corps : il s'use, lui aussi. Et lorsqu'il devient trop vieux, il meurt. Et notre esprit poursuit sa vie dans un nouveau corps. Seule la mort permet à la vie de se perpétuer.

La mort n'étant pas un drame, nombreux sont ceux qui, en Inde, estiment qu'il n'est pas nécessaire de maintenir la vie à tout prix. Car la vie et la mort se valent. Complémentaires, elles forment les deux faces d'une même médaille. Sans naissance, pas de mort – et inversement : « Le contraire de la mort n'est pas la vie, mais la naissance », souligne si justement Eckhart Tolle[1]. La mort n'est pas la fin, mais le point de départ d'une autre vie.

La vie, la mort sont des étapes sur la ligne continue du temps. Quand nous brûlons du bois dans la cheminée, ce bois donne sa vie pour nous tenir chaud ; il meurt et devient cendres. Si nous répandons ces cendres autour d'un jeune arbre, elles se mêlent à la terre qui nourrit l'arbre et l'aident à grandir. Puis cet arbre vieillit et finit par mourir à son tour. Nous le coupons et brûlons les bûches dans la cheminée pour nous tenir chaud. La boucle est bouclée ! Le bois ne

1. *Le Pouvoir du moment présent*, J'ai Lu, Paris, 2017.

meurt jamais vraiment : il se transforme sans cesse. Si nous répandons ses cendres sur une rangée de pommes de terre, dans le potager, elles nourrissent les tubercules et donnent naissance à de nouvelles pommes de terre qui, à leur tour, nous nourrissent. Le bois trouve ainsi en nous une nouvelle forme de vie.

« Humain » vient du latin *humus*, qui désigne le sol, la terre. L'être humain est une créature éminemment « terrestre ». La vie, éternelle et immatérielle, s'incarne sous des formes mortelles et matérielles, qui participent aux cycles du temps, de l'espace et de la conscience. Rien n'est statique, immuable ou figé. Tout est dynamique et cyclique. L'existence est éternelle, mais toutes ses formes physiques sont variables et éphémères. Ce qui paraît contradictoire et compliqué est en fait complémentaire. Pour bien comprendre cette vérité essentielle, nous devons apprendre à regarder au-delà des apparences.

Pour moi, la vie est simple. Pourquoi la rendre compliquée ? Chaque fois que nous favorisons des pensées contradictoires, binaires ou antagonistes, nous quittons la voie de la simplicité. Pour la retrouver, nous devons voir plus loin, faire abstraction de ces divisions qui obscurcissent notre esprit. Entraîner son regard pour percevoir l'unité du monde sous l'apparente diversité de la matière : c'est tout le sens du voyage auquel je vous invite.

21

Le troisième œil

Voir clair tient à la fois de la poésie, de la prophétie et de la religion.

— John Ruskin

Vivre simplement, c'est percevoir l'essentiel.

En Inde, aussi bien les hindous que les jaïns et les bouddhistes pratiquent le rituel du *darshan*, un mot sanskrit signifiant « vision » ou « apparition ». Il permet de voir au-delà des apparences et consiste à se rendre dans un temple pour regarder, d'une manière particulière, une représentation du divin – qu'il s'agisse d'un guru, d'une statue ou d'une image sacrée.

De mes neuf ans à mes dix-huit ans, j'ai régulièrement assisté au *darshan* de Gurudev Tulsi, mon maître et guru. Le moine jaïn est un *muni*, littéralement « celui qui se tait » ; le disciple laïc, lui, est un *shravik*, « celui qui écoute ». Lors du *darshan*, le maître se tait, le disciple écoute. Aucun mot n'est échangé, mais un lien puissant se tisse entre l'écoute et la vision profondes.

Quand nous écoutons en silence, nous apprenons à voir avec notre troisième œil. Nous écoutons au-delà du son pour entendre l'inaudible ; nous regardons au-delà de la matière pour voir l'immatériel. La séparation s'efface entre la divinité et le fidèle, entre le guru et le disciple, entre le dieu extérieur et le dieu intérieur, entre le guru extérieur et le guru intérieur.

Dans la vie de tous les jours, nous voyons avec nos deux yeux et nous entendons avec nos deux oreilles. Les moines sont entraînés à voir au-delà des images et à entendre au-delà des mots.

Lors du *darshan*, je m'asseyais face au guru. Durant plus d'une heure, nous ne prononcions pas un seul mot. J'étais assis et je méditais sur la présence du divin. Quand mon guru ne pouvait être là, je me rendais au temple et m'asseyais devant la statue d'une divinité. Dans sa pratique quotidienne, le *shravik* écoute le son sacré « ôm » résonner à l'intérieur de lui-même, sans prononcer ni écouter d'autre son que celui-là. Quand je suis devenu *muni*, moine, mon maître m'a d'abord encouragé à psalmodier le son « ôm » à voix haute pour m'aider à pratiquer le *darshan*. Quelques mois plus tard, j'ai pu cesser de l'énoncer et me contenter d'écouter son écho résonner à travers tout mon être.

Le *darshan* permet de voir la beauté, l'unité et la pureté du monde au-delà de son apparence formelle. Il invite à expérimenter l'ineffable – la paix, la lumière, l'énergie pures. Ce processus s'apparente au travail de l'artiste. Quand il regarde un modèle pour le reproduire sur sa toile, le peintre le voit entièrement : à force de l'observer, il voit ce qui se cache sous l'apparence physique, matérielle de l'objet, du paysage, de la personne. La séparation entre l'artiste et son sujet se brouille puis disparaît. Bientôt, l'observateur et l'observé ne font plus qu'un et l'artiste devient un « voyant », un sage.

En Inde, le voyant est appelé *darshanik* – celui qui offre et qui reçoit le *darshan*. On considère qu'il est capable de voir avec son troisième œil, comme le dieu Shiva qui détient le pouvoir de voir l'immatériel au-delà du monde matériel. Il est celui qui passe du matériel à l'immatériel, de la forme à l'informe, puis revient à la forme, effectue ainsi un véritable voyage spirituel. Sous ses yeux, les frontières physiques et formelles s'évanouissent, laissant émerger un monde authentique : celui de la réalité profonde où rayonne l'unité de la matière et de l'esprit, affranchie de toute dualité, séparation et division. Le mantra récité par les bouddhistes en conclusion du sutra du Cœur illustre cette démarche : « *gaté, gaté, paragaté, parasamgaté, bodhi svaha* », soit « aller, aller, aller au-delà, aller complètement au-delà, vers l'éveil ».

Celui qui sait voir l'essence des choses sans se laisser piéger par la dualité du monde matériel est un visionnaire. Il voit avec l'œil du sage, l'œil du cœur, l'œil du poète. Comme l'écrivait Jonathan Swift : « La vision est l'art de voir ce qui est invisible pour autrui. » Les poètes, qui perçoivent le monde à travers le prisme de leur imaginaire, sont passés maîtres dans cette pratique.

La sagesse combine la vision la plus accomplie et l'expérience la plus achevée. Notre intellect nous permet d'acquérir des connaissances. Nos yeux et nos oreilles nous donnent accès à l'information, aux mots et aux images qui offrent une partie de la vérité. Mais seul notre troisième œil nous ouvre les portes de l'unité et de l'harmonie du monde. Fermons les yeux et la bouche, et tentons de saisir ce qui échappe à la raison et à l'intellect. Nous aurons alors la possibilité d'appréhender la vérité dans sa totalité.

Sans cette expérience, nos connaissances demeureront profanes et superficielles, parce que déconnectées de la sacralité du monde. Aujourd'hui, nous pouvons accéder à un nombre infini d'informations. Mais qu'y voyons-nous ?

Les universités délivrent à leurs étudiants des connaissances académiques, des informations et des données factuelles mais dépourvues de vision. Je rencontre souvent des universitaires ; ils sont rarement visionnaires. Ils sont très instruits, ont beaucoup lu, mais ne savent pas bien *voir* ce qui les entoure. J'ai toujours envie de leur conseiller de fermer leurs livres, leurs écrans et leurs yeux pour développer une vision holistique du monde : en l'observant avec l'œil du cœur, ils s'apercevraient que tout est relié, connecté et interdépendant. Ils prendraient conscience du caractère sacré de la vie sur Terre – qu'elle soit humaine, animale, végétale, aquatique ou minérale. Ils se montreraient enfin capables de sagesse et de compassion.

Le *darshan* nous offre à voir l'unité du monde. Quand nous regardons avec nos yeux, nous ne voyons que divisions et séparations : l'arbre est distinct du sol, l'oiseau assis sur une branche est distinct de l'arbre, les abeilles qui bourdonnent alentour sont distinctes des fleurs, les êtres humains sont distincts de la nature. Cette perception superficielle de notre environnement a nourri la longue histoire de la séparation de l'homme et de la nature. Une nouvelle histoire est en train de s'écrire : celle qui célèbre l'union et l'unité de toutes les formes de vie sur Terre.

Les « voyants » perçoivent le lien qui unit l'arbre à l'oiseau. Ils savent que l'oiseau mange les fruits de l'arbre et y construit son nid. Ils savent aussi que l'arbre puise ses forces dans la terre enrichie par les excréments de l'oiseau. Ainsi, l'arbre et l'oiseau ne pourraient survivre l'un sans l'autre. De même, les abeilles ne pourraient exister sans les fleurs, et les fleurs n'existeraient pas sans les abeilles.

Que ferait l'homme sans les arbres ? Ils travaillent jour et nuit pour nous permettre de respirer l'oxygène nécessaire à la vie. Si les arbres et les abeilles n'existaient pas, l'espèce humaine n'existerait pas non plus. Pas d'abeilles, pas de pollinisation, pas de nourriture, pas de vie. « Si les abeilles disparaissaient, écrivait Albert Einstein, la vie humaine ne survivrait pas plus de quatre ans. » Einstein était un « voyant », lui aussi : il savait voir l'unité fondamentale du vivant.

Tout coexiste parce que toute la vie sur Terre est constituée des quatre mêmes éléments : la terre, l'air, le feu et l'eau. Ils sont reliés d'un bout à l'autre de la planète et nous relient tous les uns aux autres. En nous entraînant à voir avec notre troisième œil, à voir au-delà des apparences, nous prenons conscience des liens qui nous unissent.

Un tissu de relations humaines nous relie à nos ascendants et à nos descendants, à nos proches et à nos amis, bien sûr. Mais nous sommes aussi reliés aux arbres, aux abeilles, aux oiseaux, aux rivières, aux montagnes et aux forêts. Et même aux vers de terre ! Les lombrics travaillent sans relâche sous nos pieds. Sans eux, nous ne pourrions faire pousser les fruits et les légumes qui assurent notre subsistance. Ils fertilisent nos sols vingt-quatre heures sur vingt-quatre, sans jamais s'offrir le moindre jour de repos. Et personne ne les paie pour ça. Un chercheur indien a calculé qu'un lombric laboure six tonnes de terre au cours de sa vie. S'ils étaient beaucoup plus nombreux, nous pourrions nous passer de tracteurs et de motoculteurs !

Nous avons besoin de nourrir notre corps. Nous avons, de la même manière, besoin de nourrir notre âme par le sens du sacré, de l'unité de la vie, par la compassion pour tous les êtres vivants. Ces deux types de nourriture nous sont aussi vitaux l'un que l'autre.

Nourrissons notre âme par le *darshan*, par la pleine présence. Pour bien observer, il faut être patient et savoir ralentir. Même les sciences et la philosophie ne se développent que de cette manière ! Newton a attendu qu'une pomme mûrisse sur l'arbre, s'en détache et tombe au sol. Il l'a observée avec une attention profonde et a découvert le principe de la gravitation universelle.

Le Bouddha s'est lui aussi assis sous un arbre et l'a longuement observé. Des nuages se sont amassés dans le ciel et il s'est mis à pleuvoir. La pluie a abreuvé l'arbre, des oiseaux sont venus s'abriter sous son feuillage et ils ont mangé ses fruits. Le Bouddha a vu que l'arbre offre ses fruits de manière inconditionnelle, avec une générosité sans limites. Il a continué de méditer en observant l'arbre avec une attention infinie. L'arbre lui est alors apparu comme l'incarnation de la compassion et de l'amour.

L'arbre chargé de fruits ne vous demandera jamais : « As-tu apporté ta carte de crédit ? » Il offre ses fruits à ceux qui désirent les manger. Qu'ils soient jeunes ou vieux, riches ou pauvres, noirs ou blancs, saints ou pécheurs, hommes ou femmes, humains ou animaux, oiseaux ou guêpes, tous sont les bienvenus. Et tous peuvent se régaler. En nous sacrifiant ses fruits, il est essentiel à notre survie. L'humanité le sait depuis longtemps : ne parle-t-on pas d'arbres de vie, d'arbres de la connaissance, d'arbres de la sagesse, d'arbres à palabres ?

L'immense pipal de Bodh Gaya s'exprimait en silence. Bouddha a entendu ses sages paroles, il l'a regardé avec son troisième œil, comme il l'aurait fait pour une représentation du divin lors du *darshan*. Il a ainsi réalisé que cet arbre était relié à l'ensemble du vivant par une multitude de relations d'interdépendance. De la plus petite à la plus grande, toutes les créatures terrestres dépendent les unes des autres. Et toutes sont sacrées. C'est ainsi que le Bouddha a atteint l'Éveil.

Le *darshan* transforme l'ordinaire en extraordinaire. Si nous observons un arbre avec nos deux yeux, nous ne voyons qu'un tronc, des branches, des feuilles et des fleurs. Notre intellect y verra du bois de chauffage et une excellente source d'oxygène. En revanche, si nous l'observons avec notre troisième œil, cet arbre ordinaire devient extraordinaire. Nous percevons son caractère sacré. Et nous écoutons son enseignement. Celui qui cherche l'Éveil peut s'asseoir sous un arbre et trouver la réalisation de soi. Le *darshan* transforme un fleuve et une montagne en dieu et déesse, la Terre se mue en paradis, un bloc de pierre devient une sculpture puis une incarnation de Shiva, et une simple gravure sur bois se change en Bouddha.

Le *darshan* transforme notre conscience et révolutionne notre vision du monde. Le théologien américain Thomas Berry en a fait l'expérience : « L'univers n'est pas une collection d'objets, mais une communion de sujets », écrit-il. Dieu n'est pas un être tout-puissant, distinct du monde et des hommes, qui a travaillé avec acharnement six jours durant, avant d'aller se reposer. Pour les hindouistes, l'univers entier est une incarnation de Dieu, une danse de Shiva, un jeu cosmique. Nul ne peut séparer le danseur de la danse. Tout ce qui nous entoure est divin. Chaque feuille, chaque brin d'herbe, chaque ver de terre, chaque guêpe, chaque fleur, chaque fruit, chaque enfant prend part à la danse divine. « Ne perdez jamais une occasion de voir de belles choses, car la beauté est l'écriture de Dieu », affirmait le poète américain Ralph Waldo Emerson.

« Voir le monde dans un grain de sable et le paradis dans une fleur sauvage, tenir l'infini dans la paume de sa main et l'éternité dans une heure. » Ainsi commence *Augures d'innocence*, l'un des poèmes les plus célèbres de William Blake. Lui aussi savait voir le monde avec son troisième œil ! En observant le monde entier dans ce grain de sable, il avait compris que la dimension physique n'est pas séparée, mais intrinsèquement liée à la dimension métaphysique du réel. Nos deux yeux nous permettent d'accéder à sa dimension physique ; notre troisième œil, celui du cœur et de l'imagination, nous ouvre à ses dimensions métaphysiques. « Cesse d'agir si petitement, écrit Rumi. Tu es l'univers pris dans son mouvement extatique. »

Il est dommage que le champ des apprentissages se réduise aujourd'hui aux données comptables : ce qui peut être mesuré est important, ce qui ne peut pas l'être n'existe pas. C'est du moins ainsi que raisonne l'immense majorité des humains, leurrée par une vision dualiste du réel.

Pratiquons le *darshan* : c'est seulement ainsi que nous dépasserons l'aspect formel, physique et quantifiable du réel pour accéder à sa dimension spirituelle. La matière ne peut exister sans être infusée par l'esprit, mon corps serait inutile s'il n'était animé par la vie : dépourvu d'âme, d'esprit, d'imagination, il serait un corps mort. L'esprit qui nous anime participe à l'*anima mundi*, l'âme universelle. Il a besoin de la matière pour se manifester, comme la matière a besoin de l'esprit pour s'animer. L'âme, l'esprit, l'imagination et la conscience sont l'expression d'une réalité métaphysique à travers une réalité physique.

Je n'aurais pu écrire ce livre si je n'avais pas deux mains pour tenir le stylo et le déplacer sur le papier. Pourtant, mes mains ne sauraient écrire seules : elles ont besoin de mon imagination. Là encore, il n'y a pas de division, mais une union profonde du corps et de l'esprit.

Les êtres purement matérialistes passent à côté de la dimension spirituelle de l'existence. Ceux qui ne jurent que par les forces de l'esprit ignorent des pans entiers du réel. Seuls ceux qui ont appris à voir le monde avec leur troisième œil perçoivent l'unité de l'esprit et de la matière. Le physicien et philosophe américain David

Bohm parle de « plénitude » et d'« ordre implicite de l'univers[1] » pour décrire cette relation.

Avec la plénitude vient l'apaisement. Lorsque nous sommes blessés, en conflit avec nous-mêmes ou avec autrui, nous souffrons. La réconciliation met un terme à cette souffrance. Elle nous autorise à être heureux. N'est-ce pas le but de la vie ?

Être heureux est très simple : c'est s'accomplir dans la paix avec soi et avec le monde. Faisons usage de notre troisième œil pour transformer chacun de nos actes en source de bonheur. Réjouissons-nous ! Du plaisir de cuisiner, de jardiner et même de travailler ! Le seul fait de se réjouir à l'avance de l'acte que nous allons accomplir est en soi une source de bonheur ! Dépassons le dualisme du bien et du mal pour aborder l'existence avec équanimité.

« Par-delà les idées du bien et du mal, il y a un champ. C'est là que je t'attendrai », écrit Rumi comme s'il parlait de la pratique du *darshan* ! Regardez le monde, la réalité avec votre troisième œil. Même dans les moments difficiles, vous le percevrez dans sa plénitude et éprouverez un sentiment de félicité. Vous prendrez la vie à bras-le-corps, avec ses joies et ses peines, indissociables les unes des autres.

« *There's a crack in everything, that's how the light gets in* », « Il y a une faille en toute chose, c'est ainsi que la lumière passe », chante Leonard Cohen…

1. *La Plénitude de l'univers*, de David Bohm, traduit de l'anglais par Tchalaï Unger, Le Rocher, Paris, 1987.

22

Réconcilier la science et la spiritualité

La science n'est pas seulement compatible avec la spiritualité : elle est elle-même source de spiritualité.

— Carl Sagan

Les relations entre science et spiritualité sont complexes. Beaucoup y voient deux champs radicalement opposés, la science se penchant sur des phénomènes et des objets mesurables, la spiritualité s'intéressant à ce qui ne peut être mesuré.

Pourtant, si l'on applique à ces relations les grands principes de la simplicité volontaire, élégante et créative, on s'aperçoit que les approches de la science et de la spiritualité sont en réalité… indissociables.

Prenons l'exemple du corps humain. On peut en grande partie le mesurer – sa taille, son poids, les dimensions et les proportions de ses différentes composantes. Mais ce corps est aussi habité par un esprit lui-même doué d'intelligence. Or, aucun test, pas même les tests de QI les plus élaborés, ne donne une mesure précise et objective de l'intelligence, pas plus que des sentiments et des émotions. Peut-on mesurer l'amour et l'amitié ? Ne cherchons pas à tout quantifier ! Mesurons ce qui peut l'être, et acceptons que d'autres dimensions, pourtant bien réelles, comme le sont l'intelligence ou les émotions, échappent à toute mesure.

Toute science n'est pas hermétique à la dimension spirituelle, « immatérielle ». Certaines théories scientifiques – je pense à la théorie de la complexité, à la théorie du chaos, à l'hypothèse Gaïa, à la théorie de l'évolution – l'intègrent dans une certaine mesure. La physique quantique, elle, comble de façon évidente le fossé entre désir de sens et désir de mesure : quand on donne du sens à une quantité, elle devient quantum et toutes les barrières tombent ! Il apparaît ainsi qu'une même énergie nous relie et nous connecte les uns aux autres. Certains scientifiques franchissent un pas supplémentaire : dans la mesure où, dans la mécanique quantique, toute manifestation est potentielle, on peut y voir une image de la conscience humaine qui dispose d'un potentiel non manifeste émergeant dans le réel. Les philosophes l'appellent conscience ; les physiciens le nomment mécanique quantique.

D'autre part, nous pouvons mesurer la matière, mais nous ne pouvons pas en mesurer la signification. Quand j'écris un article pour une revue, je peux compter le nombre de mots et calculer l'espace qu'il occupera, mais le sens de ces mots et la qualité de mon style échapperont à toute mesure. Je perçois le sens de mon propos, mais je ne peux pas le mesurer. Si les mots ont une réalité physique, leur signification relève de la métaphysique.

Dans le domaine juridique, on parle de la « lettre » et de « l'esprit » des lois. De manière plus large, toute réalité physique (la « lettre ») se double d'une réalité métaphysique, un « esprit ». Nous avons autant besoin de matière que d'esprit. Ensemble, ils forment un tout. L'un ne peut exister sans l'autre. Il n'y a pas plus de fracture entre la physique et la métaphysique qu'entre le matériel et le spirituel.

La science nous offre des outils et des technologies rationnels, logiques, empiriques, mesurables et reproductibles qui nous aident au quotidien. La spiritualité nous donne l'amour, la compassion, la générosité et l'entraide. Nous en avons tout autant besoin au quotidien.

Lorsqu'elle est privée de dimension spirituelle, de valeurs, de vision, d'éthique et d'esthétique, la science peut se révéler perverse : elle fabrique la bombe atomique. Si seulement les scientifiques ouvraient leur troisième œil avant d'inventer des armes de guerre et de destruction massive ! Pourquoi sommes-nous confrontés au réchauffement climatique ? Parce que les chercheurs se sont mis au service d'entreprises commerciales et industrielles dépourvues de valeurs spirituelles. Leurs innovations, qui n'ont pas été « mesurées » à l'aune de la spiritualité, de la conscience humaine, ont détruit au lieu de construire, tué au lieu de favoriser la vie.

Ainsi, l'agriculture industrielle, qui se veut « scientifique », est responsable de près de dix-huit pour cent des émissions de gaz à effet de serre. Elle n'a d'autre but que d'accroître la production agricole avec un minimum de main-d'œuvre. Et elle méprise les pratiques agricoles que l'on peut qualifier de « spirituelles », la biodynamie, l'agro-écologie et la permaculture qui promeuvent la biodiversité et les cultures sur sol vivant. Elle s'est détournée des valeurs ancestrales, le respect du sol, du vivant, et elle déploie un arsenal de guerre toujours plus sophistiqué contre la nature : moissonneuses-batteuses, tracteurs géants, engrais, herbicides, pesticides, semences génétiquement modifiées...

Ainsi produits, nos aliments perdent leur caractère sacré : seuls comptent leur valeur commerciale et le profit qu'ils génèrent. Des centaines de millions de vaches, de cochons, de poules, sont élevés dans des conditions cruelles au sein de fermes-usines où ils ne voient jamais la lumière du jour. Leurs conditions de vie ont été optimisées par la science et la technologie. Ces élevages sont, en effet, très rentables. Ils sont devenus le reflet de notre inhumanité, de notre convoitise, de notre violence, de l'exploitation, de l'injustice. Ils sont indignes.

Pourtant, la science a les capacités de servir les intérêts et les besoins de l'humanité et de notre planète. Elle nous est même nécessaire pour évoluer. Mais à une condition, ainsi énoncée par Albert Einstein : « La science sans la religion est boiteuse, mais la religion sans la science est aveugle. »

Il est temps d'innover en scellant le mariage de ces deux champs au lieu de perpétuer le rejet de l'un au profit de l'autre. Ici, je renvoie tout le monde dos à dos. Partout, pendant des siècles, des religieux se voulant détachés du monde matériel ont produit de splendides textes poétiques et philosophiques, développé des techniques de yoga et de méditation, mais ils se sont refusés à toute recherche scientifique ou technologique, condamnant des populations entières au dénuement, voire à la famine. Preuve s'il en fallait une que la spiritualité sans la science est cruellement aveugle.

Je constate également que lorsqu'elles se détournent radicalement de la science, les spiritualités et les religions peuvent évoluer vers le fondamentalisme et l'intégrisme. Car la spiritualité sans l'empirisme aboutit à des manifestations de foi aveugle. Les fidèles rejettent en vrac la logique, la preuve, la rationalité, ils considèrent chaque mot de leur texte sacré comme la parole de Dieu et se laissent convaincre qu'il n'existe qu'une seule vérité, la leur, à laquelle le monde entier doit se plier. Ce faisant, ils nient l'existence de vérités concomitantes, multiples et plurielles. Ils deviennent des missionnaires acharnés à convertir les autres à leurs propres dogmes – alors que la spiritualité et l'expérience religieuse échappent à tout système de dogmes et de croyances instituées qui clôturent au lieu d'ouvrir. Leur esprit et même leur troisième œil sont alors complètement fermés.

La science complète la spiritualité, et réciproquement. Entre elles, il n'y a ni contradiction ni conflits. Elles participent ensemble du mode de pensée holistique dans lequel tout a sa place, à condition de ne pas nuire à l'équilibre général. La science nous apporte des outils et des techniques. La spiritualité nous offre une vision et des valeurs.

C'est un équilibre qui ressemble à celui du jour et de la nuit. Le jour domine en été, la nuit domine en hiver, mais l'équilibre jour/nuit est atteint sur l'ensemble de l'année. Ainsi doivent s'équilibrer la science et la spiritualité, dans le respect. Pour cela, aussi bien les croyants que les scientifiques doivent apprendre à faire preuve d'humilité et de générosité. Puissent-ils entendre mon message !

La spiritualité nous parle d'amour, pas de dogmes ni de croyances. Ceux qui entament une quête spirituelle le savent : cette quête est un voyage permanent, un long pèlerinage à la recherche de la vérité et de l'illumination. Mais jamais aucun pèlerin ne pourra poser son sac en disant : « J'ai trouvé la réponse. » Car la spiritualité est un processus, une exploration, elle n'est pas une destination.

Il en va de même pour la science : elle est une quête perpétuelle. Les scientifiques ne s'arrêtent jamais de chercher la vérité. Comme les quêteurs de sens, ils ne peuvent jamais prétendre avoir atteint le bout du processus, la fin de leurs recherches. Je parle là des vrais scientifiques, pas des intégristes qui brandissent leur « vérité » et la déclarent indépassable. Ceux-là ferment leur esprit et deviennent des croyants. Comme celui qui croit, au sens figé du terme, ils cessent d'écouter leurs sens, leurs intuitions, leur intelligence, ils cessent de se nourrir de leurs expériences et de se confronter au monde qui les entoure. Ceux-là quittent à la fois le chemin de la science et celui de la spiritualité.

Quand on accepte d'être en recherche permanente, aussi bien la science que la spiritualité nous invitent à ouvrir sans cesse de nouvelles perspectives, à nous libérer. La science et la spiritualité, la physique et la métaphysique, la chimie et la compassion, l'esprit et la matière peuvent et doivent danser ensemble.

23

La terre, l'âme, la société

Nous vivons une époque interconnectée dans un monde interconnecté. Seules des solutions holistiques nous permettront de résoudre nos problèmes interconnectés.

— Naomi Klein

Il y a quelques années, j'avais consacré un ouvrage à ce que j'appelais la nouvelle trinité de notre temps : la terre, l'âme et la société dont nous sommes tenus de prendre soin[1]. Depuis, j'ai poursuivi ma réflexion. Cette trinité de valeurs me semble de plus en plus nécessaire aux hommes et aux femmes d'aujourd'hui. Je suis plus que jamais convaincu que prêter attention à ces trois entités, qui forment les bases de notre vie sur Terre, est la condition pour mener une vie simple et élégante.

En posant une trinité, je suis une voie qui a été ouverte depuis l'émergence des premières civilisations. On s'aperçoit en effet que l'être humain a très souvent projeté ses aspirations les plus profondes sur un trio :

1. *Pour une écologie spirituelle – La Terre, l'Âme, la Société, une nouvelle trinité pour notre temps*, Pocket, 2019.

de dieux, de valeurs, de concepts. Ils sont précieux et ils appellent à l'émergence de nouvelles trinités, en accord avec notre temps.

« Le Père, le Fils et le Saint-Esprit » des chrétiens est une trinité purement spirituelle : elle laisse de côté les dimensions sociales et écologiques de l'existence.

« Liberté, égalité, fraternité » fut le mot d'ordre de la Révolution française. Forgée pour lutter contre l'ordre établi, cette trinité a atteint son but, elle reste la devise de la France, mais elle pèche par deux oublis : elle ne dit rien des relations de l'homme avec la nature ni de ses aspirations spirituelles. Elle n'aborde que le volet social de l'existence.

« Vie, liberté et poursuite du bonheur » permit aux auteurs de la Constitution américaine de formuler les idéaux démocratiques de leur jeune nation. Conçue elle aussi pour le champ social, cette trinité se préoccupe uniquement du citoyen américain : sa vie, sa liberté, son bonheur. Quand je me rends aux États-Unis, je dis souvent à mes hôtes : « Vous poursuivez le bonheur depuis plusieurs centaines d'années et vous ne l'avez toujours pas atteint ? Pourquoi ne vous contentez-vous pas d'être heureux, tout simplement ? »

Plus près de nous, dans les années 1980, le courant *New Age* instaura une trinité plus individualiste, fondée sur « l'âme, le corps et l'esprit ». Si elle nous invite à prendre soin de nous-mêmes et à trouver un équilibre entre ces trois composantes essentielles, elle délaisse par contre les questions de justice sociale et d'écologie.

De fait, chacune de ces trinités témoigne des rêves et des idéaux propres à un moment précis de l'histoire.

La Trinité chrétienne appelait à la fondation d'une spiritualité « déritualisée ». Les trinités française et américaine révélaient un besoin de justice et de démocratie.

Puis il y eut le XXe siècle, entièrement voué à l'économie : à partir de la fin de la Seconde Guerre mondiale, le libre-échange, l'OMC, la mondialisation, la Banque mondiale, le FMI et les multinationales ont pris toujours plus de pouvoir jusqu'à dominer la planète. Ils continuent de le faire aujourd'hui. Nos gouvernements en gardent une obsession : la croissance économique. Nos écoles et nos universités préparent les jeunes générations à devenir de parfaits rouages du système productiviste.

Mais en ce XXIe siècle, le vent tourne. J'entends des voix s'élever partout pour dénoncer les conséquences de ce paradigme économique sur la nature et l'environnement. Des politiciens, des journalistes, des industriels, des enseignants commencent à se soucier de la pérennité des sols, des ressources en eau, de la vie sauvage et des forêts primitives. N'est-ce pas le signe que nous abordons le siècle de l'écologie ?

Pour accompagner ce mouvement, j'ai voulu créer une trinité universelle. Une formule qui tienne compte de la dimension écologique, sociale et spirituelle de l'existence. J'ai ainsi choisi ces trois éléments : la terre, l'âme et la société.

Je suis un être humain, je viens de la terre. Elle m'accueille et me constitue. Je ne la domine pas davantage qu'elle me domine : la terre est profondément humble. Elle demeure sous nos pieds et jamais ne cherche à prendre l'ascendant. À son image, montrons-nous humbles nous aussi. Car perdre notre humilité, c'est perdre notre humanité. Ne faire qu'un avec la nature, avec la terre et avec le sol est la première de nos responsabilités.

L'urbanisation croissante de nos modes de vie nous a déconnectés de l'*humus*, racine commune d'humain et d'humilité. Le terme « civilisation » a pris le dessus avec la civilisation européenne qui s'est développée à Florence, Vienne, Prague, Venise, Paris, Rome ou Londres. Ce mot est issu du latin *civis*, qui signifie « citoyen », « habitant de la cité ». Curieusement, il n'existe pas, en sanskrit, un mot désignant le concept de civilisation. Pour le traduire, on recourt au mot « culture » qui, en Inde, s'est développé dans les campagnes et les forêts. Et pour cause : la plupart des textes fondateurs de la philosophie, de la poésie et de la littérature indiennes ont été rédigés par des sages, des poètes et des philosophes qui vivaient au cœur des forêts. De ce fait, la culture indienne est indissociable de la forêt. Elle s'enracine profondément dans le sol.

La civilisation occidentale envisage l'être humain comme le summum de l'évolution. Elle estime que la terre, les animaux, les océans, les fleuves et les forêts n'existent que pour servir les intérêts de notre espèce, et que la nature dans son ensemble doit être utile et profitable à l'homme. Cette vision spéciste, qui postule la domination absolue de l'espèce humaine sur toutes les autres, a un point commun avec le racisme et le nationalisme : comme eux, elle réduit le champ de notre pensée.

Ailleurs, la vision du monde est radicalement différente. Peuples premiers, taoïstes, bouddhistes, hindous ne se pensent pas supérieurs aux autres créatures mais considèrent l'être humain comme partie intégrante de la nature. L'égal de tout ce qui existe par ailleurs. Cette vision holistique et écologique est à mille lieues de nos croyances arrogantes et anthropocentristes.

En propageant l'idée selon laquelle l'homme serait la seule espèce vivante douée de conscience, le spécisme nous a incités à croire que la terre n'a pas d'âme, que les sols sont des roches mortes et que la nature est privée de conscience. C'est une erreur grossière qui se perpétue en Occident depuis des siècles. Sous d'autres latitudes, la nature est perçue pour ce qu'elle est : vivante et douée d'intelligence. Le sol est bien plus spirituel que nous le pensons ! Il est source de vie et nous prodigue ses richesses sans compter : pour nous nourrir, nous vêtir, nous abriter. Il nous appartient de les lui rendre en le nourrissant à notre tour par des gestes très simples – lui offrir du compost, le laisser en jachère de temps en temps pour un an ou plus…

Prenons soin du sol, prenons soin de la terre et ils prendront soin de nous. Traitons-les avec douceur et bienveillance, ne les torturons pas en les creusant sauvagement, en les exploitant jusqu'à plus soif, en les massacrant. Savez-vous qu'en plus de tous ses bienfaits la terre est également capable d'emmagasiner le carbone et de lutter ainsi contre le changement climatique ? Dans ce domaine, elle est encore plus efficace que les arbres ! Ce qui ajoute à sa force et à sa beauté.

Dans son ouvrage devenu un classique, *Soil Not Oil*[1] [Le sol, pas le pétrole], Vandana Shiva se penche sur notre dépendance au pétrole – ses dérivés ont envahi

1. Paru en 2009. Cet ouvrage n'est pas traduit en français.

notre existence, depuis nos vêtements jusqu'à nos aliments, en passant par nos modes de transport, de chauffage et d'éclairage... Pétrole, pétrole, pétrole ! Nous répétons ce mot comme un mantra. Mais un jour, il n'y aura plus de pétrole : cette ressource est limitée et elle est en train de s'épuiser. Attendons-nous qu'il soit trop tard pour ouvrir les yeux ? Pour renoncer à cette énergie noire, fossile et destructrice, au profit de l'énergie céleste, solaire, éolienne et hydraulique ? Nos sols méritent d'être considérés avec plus de respect, plus de bienveillance. Nous n'avons pas le choix : si nous persistons à avancer dans cette impasse, l'espèce humaine et la planète Terre continueront de courir à leur perte.

J'ai eu la chance de rencontrer Lady Eve Balfour, pionnière de l'agriculture biologique et fondatrice de la *British Soil Association*, une association britannique créée en 1946 pour défendre les sols face au développement de l'agriculture intensive. Elle m'a fait visiter son jardin. Nous étions à la fin du mois d'avril. Les fleurs et les légumes de Lady Eve étaient resplendissants, alors que partout ailleurs dans le pays les plantes peinaient à sortir de l'hiver. Je lui avais demandé son secret, elle avait souri : « Je ne fais rien de particulier. Je me contente de prendre soin de la terre et la terre prend soin du reste. »

Le sol est le socle sur lequel repose l'ensemble de notre écosystème. Or, certains faits sont alarmants. John Vidal, un journaliste spécialiste de l'environnement, rappelle ainsi que, depuis 1990, sous la pression conjuguée de l'érosion des sols et de la pollution, notre planète a perdu un tiers de ses terres arables.

Au cours de la même période, ajoute-t-il, nous avons également vu disparaître un dixième des zones sauvages et quarante pour cent de la faune mondiale. Et nous ne réagissons pas.

Les sols ne figurent pas à l'ordre du jour des dirigeants de ce monde. Ces derniers délivrent chaque année des milliers de discours, ils prononcent des millions de mots, ils font grand cas du pétrole, de l'argent, de l'industrie et des infrastructures, mais le mot « sol » est étrangement absent de leur logorrhée. En fait, il n'est pas du tout au cœur de leurs préoccupations. Même les ministres de l'Agriculture semblent éviter le sujet ! Cet oubli est encore plus troublant de la part des ministres de l'Environnement, des médias, des écoles, des universités, des chefs d'entreprise. Le sujet est pourtant crucial ! Nous devons en débattre ! Échanger nos techniques, apprendre à produire du compost, à rendre nos sols vivants ! Enseigner aux plus jeunes à aimer la terre ! Elle est notre reine à tous.

Nous prendrons d'autant mieux soin de la terre que nous aurons, en même temps, pris soin de notre âme pour reconstituer ses forces vives. Nous entamons notre énergie psychique à chaque fois que nous parlons, que nous réfléchissons, que nous éprouvons une émotion. Il nous appartient de la nourrir en permanence et, sur ce point, l'apport de la spiritualité est essentiel. Tous les grands courants spirituels et religieux ont d'ailleurs développé des techniques propres au repos et au soin de l'âme – je pense notamment à la prière, à la retraite et à la méditation.

Méditer commence lorsque nous sommes à même d'accueillir nos pensées et nos sensations sans émotions excessives, avec compassion et générosité. Forts de cet équilibre intérieur, nous cheminons vers une forme de résilience et de détermination qui nous permet d'affronter plus sereinement les moments difficiles.

Lorsque nous méditons, le monde intérieur et le monde extérieur se rejoignent. L'esprit et la matière ne font plus qu'un ; le travail spirituel et le travail social se confondent. Cette symbiose est par ailleurs très bonne pour la santé, aussi bien physique que mentale !

On milite mieux parce qu'on médite mieux, et on médite mieux parce qu'on milite mieux. En s'accordant un peu de temps à soi, on gagne une force d'âme qui rejaillit sur l'ensemble de nos actions. Nous sommes alors à même de nous engager sur le long terme. Les infatigables militants pour la paix et la justice sociale qu'étaient Martin Luther King et Gandhi menaient de front combats politiques et quête spirituelle. Martin Luther King ne laissait pas passer une journée sans prier, et Gandhi méditait matin et soir, quoi qu'il arrive.

Si nous ne prenons pas soin de nous, qui le fera ? Et pourquoi exigerions-nous de nos proches qu'ils s'occupent de nous si nous-mêmes nous négligeons de le faire ?

Prendre soin de soi n'a rien d'égoïste. Quand je me nourris, je gagne en forces et je peux ensuite aller nourrir les autres. Vous n'allez pas, sous prétexte de devoir sauver le monde, ne plus prendre le temps de manger, ce ne serait pas judicieux ! Sauvez le monde bien sûr, mais sauvez-vous d'abord. Et si vous êtes à bord d'un avion et que la cabine se dépressurise, suivez bien les consignes : mettez d'abord votre masque à oxygène, et ensuite aidez les autres. Ce n'est pas de l'égocentrisme mais une question de bon sens.

Vous êtes un microcosme dans le macrocosme. L'univers entier se reflète en vous. L'*anima mundi*, l'âme du monde, n'est pas distincte de la vôtre : elle est partout présente, en nous, mais aussi dans la terre, les fleurs, les arbres. Elle nous relie au tout. L'ultime et l'intime se rejoignent ainsi naturellement en chacun de nous. Si nous ne prenons pas soin de l'intime, comment veiller sur l'ultime ? Ce sont les deux faces d'une même réalité. Pour être un militant efficace, prenez d'abord soin de votre âme.

Tout comme le sol est le socle du paysage extérieur, l'âme est le socle de notre paysage intérieur. Dans *Le Soin de l'âme*[1], le psychologue américain Thomas Moore présente l'âme comme le terreau duquel jaillissent toutes nos idées, toutes nos activités, nos rêves et nos projets. Elle est aussi, je pense, la source du bonheur : si notre âme est en souffrance, nous n'arriverons nulle part.

Prendre soin de son âme, c'est partir à la découverte de soi. Qui suis-je ? Quel est le sens de ma vie et de ma présence sur Terre ? Comment définir ma relation avec le monde, avec mes amis, avec ma famille et mes collègues ? Ces questions se rapportent à notre âme. Il est bon de se les poser chaque jour, en prenant le temps nécessaire pour y apporter de nouvelles réponses. Ce temps quotidien, dédié à la contemplation, à l'introspection, à la méditation, est avant tout un temps pour être pleinement présents à nous-mêmes. Notre âme a

1. *Le Soin de l'âme*, traduit de l'américain, J'ai Lu, Paris, 1996.

soif de réflexions et de relations riches et profondes. Offrons-lui cette pause : notre relation aux autres et au monde en sera transformée. Car n'oublions pas que c'est avec notre âme que nous entrons en relation, le corps n'étant qu'un véhicule. Avec une âme absente ou souffrante, ce véhicule ne peut pas grand-chose ! Nos relations resteront vides, superficielles. L'amour et l'amitié seront hors de notre portée.

L'âme et le corps se soutiennent mutuellement dans leur quête du bonheur. Nous avons pour notre corps mille attentions : nous en prenons un soin jaloux, nous le nourrissons, nous l'habillons, nous veillons à son confort et c'est très bien ainsi. Or, l'âme a besoin de soins similaires. Elle cherche le bonheur. Sa nourriture est bien connue, très diversifiée et fort simple : l'amour, l'amitié, la compassion mais aussi l'art et la beauté, le chant, la peinture, l'imagination et la méditation, le silence et la solitude. Ou encore la marche, la danse, le jardinage ou la cuisine, ces activités-là s'effectuant avec la participation active de notre corps et touchant l'âme à travers lui. Sans ces nutriments bénéfiques, notre âme peine et souffre. Les relations conflictuelles, les angoisses, les peurs, les dépressions seraient bien moins fréquentes si chacun de nous prenait soin de son âme ! Au milieu de l'énergie que nous dépensons à accumuler des biens matériels, prenons le temps d'aimer, de jouer, de méditer, d'être nous-mêmes.

Ne renonçons pas au bonheur : c'est un droit fondamental, vital. « Qu'on me vole mon argent, ma voiture, mon ordinateur – mais pas mon bonheur ! » ai-je envie de crier aux marchands de désespoir, prompts à me subtiliser ce bien précieux.

Pour compléter notre trinité, il nous incombe de prendre soin de la société avec l'attention que nous accordons à la terre et à l'âme. De quelle manière ? En œuvrant à l'émergence d'un nouvel ordre social fondé sur la dignité, l'égalité, la justice et la spiritualité. Le déséquilibre entre ceux qui possèdent tout et ceux qui n'ont rien n'est pas dans l'ordre de la nature. C'est un système inique créé par des humains au détriment d'autres humains. Tant que nous vivrons dans une société injuste, nous peinerons à voir refleurir la spiritualité dans notre vie quotidienne.

Le biologiste et académicien britannique Richard Dawkins m'a dit un jour : « Monsieur Kumar, je ne crois pas en la spiritualité. » Je lui ai répondu poliment : « Professeur Dawkins, ne croyez-vous pas en la respiration ? » Il a été interloqué. Le mot « esprit » vient du latin *spiritus*, lui-même issu du verbe *suspirare*, qui signifie « respirer profondément ». La spiritualité est une forme de respiration. Vous et moi respirons ensemble. Nous partageons le même souffle. D'un bout à l'autre de la planète, nous respirons à l'unisson. Nous sommes tous reliés par la respiration. La spiritualité commence par là.

Le souffle est la force vitale par excellence : vivre, c'est respirer. Dès l'instant où nous prenons conscience de notre respiration et du fait que nous la partageons avec l'ensemble des êtres vivants, nous insufflons de la spiritualité dans notre existence. Les grandes qualités spirituelles que sont la compassion, l'amour, la générosité et la solidarité jaillissent de ce terreau partagé.

La spiritualité trouve difficilement sa place dans une société vouée à la consommation et à la production de masse. Comment la pratiquer quand on n'est qu'un simple rouage d'un système qui nous dépasse ? Quand on ne connaît pas nos voisins par leurs prénoms ? Comment instaurer des relations riches et aimantes avec les centaines d'anonymes qui partagent notre immeuble, notre rue, notre quartier, dans des grandes métropoles comme Paris, New York, Tokyo ou Mumbai ? Nous n'y parviendrons qu'en instaurant de petites communautés de vie au sein des grands ensembles. Alors nous pourrons prendre soin les uns des autres, briser notre isolement et nous élever au-dessus de nos considérations et de nos intérêts personnels. Même les plus grandes villes peuvent être redessinées et transformées en un réseau de quartiers à taille humaine.

La relocalisation est un impératif spirituel. Le Mahatma Gandhi militait pour que les Indiens remplacent le centralisme économique hérité des Britanniques par un vaste réseau de micro-entreprises locales et un mode de gouvernement décentralisé. Pour ce faire, il a œuvré au développement de communautés villageoises autosuffisantes, unies par de solides liens de coopération. Au sein de telles communautés, nul n'est anonyme. Plus personne n'est un simple rouage et tous respirent ensemble.

Notre siècle nous invite à plus d'équité et de justice sociale. Le constat est de plus en plus partagé : notre société va à rebours de l'ordre naturel des choses. Les arbres et les animaux ne souffrent pas d'injustice sociale : du moustique à l'éléphant, du lombric au lion, ils sont tous nourris, abreuvés et protégés jour après jour par la nature. N'est-ce pas un système merveilleux ? Ils n'ont ni Premier ministre, ni président, ni ministre de l'Économie, ni parlement, ni prisons ni tribunaux. Ils obéissent à un ordre naturel auto-organisé et autogéré. Lorsqu'il est rassasié, le tigre cesse de chasser : il va dormir. Si une biche passe alors par là, il ne lui fera aucun mal : il ne chasse que pour se nourrir, pas pour stocker de la nourriture. Il n'a ni garde-manger ni réfrigérateur, et ne connaît pas la convoitise.

La société des hommes est bien différente. Elle ne cherche pas à nourrir l'ensemble de sa population, ni même à s'assurer que chacun possède un toit : des millions de personnes s'endorment chaque soir sans avoir mangé, sans abri et sans eau, tandis que des millions d'autres jettent la moitié de leur repas à la poubelle et possèdent plus de vêtements qu'ils ne pourront jamais en porter tout au long de leur vie. Les riches ont des maisons inutilisées, tandis que les pauvres dorment dehors.

Le gaspillage alimentaire atteint des proportions effrayantes : selon la FAO, un tiers des aliments produits chaque année sont « jetés ou perdus », soit 1,3 milliard de tonnes de nourriture. Pour prendre un seul exemple, celui des grandes surfaces, les articles dont la date limite de vente est dépassée sont mis au rebut dans des décharges où ils se décomposent en émettant des gaz à effet de serre. Les donner aux sans-abris serait plus juste et plus judicieux… mais c'est interdit par la loi. N'est-ce pas la preuve de l'absurdité du système ? Il est légal de jeter de la nourriture mais illégal de nourrir ceux qui ont faim !

Notre société est profondément injuste et inégalitaire. Basée sur un système économique déficient, elle perpétue l'inégalité et l'exploitation des plus faibles. Nous devons repenser nos systèmes économiques, sociaux et politiques afin que plus personne ne soit obèse ou ne souffre de la faim, que plus aucun aliment ne soit gaspillé, que tout produit non utilisé soit composté et rendu à la terre. Le gaspillage devrait être illégal, pas le don !

De manière plus générale, les déchets, quels qu'ils soient, sont le fléau des sociétés industrielles. Les précieuses ressources naturelles que nous prélevons et extrayons dans les mines, dans les champs, les forêts, sont transformées en produits de consommation qui finissent à la décharge. Ce mode d'économie linéaire va à l'encontre du fonctionnement naturel des écosystèmes. Écoutons la nature : elle a tant à nous apprendre ! Comme elle, créons une économie circulaire. Le cercle, c'est le rond. La forme ronde est celle du Soleil, de la Lune, de la Terre – et même de nos têtes. Respectons-la ! Respectons les cycles, à commencer par celui de la nature. Rendons-lui ce que nous lui prenons. Recyclons, compostons, réutilisons pour éviter de jeter et de gaspiller. C'est une question de bon sens – mais le bon sens est ce qui est le moins partagé, hélas.

En privilégiant une vision holistique du monde, nous réunirons la terre, l'âme et la société en cette nouvelle trinité, conçue pour accompagner le XXIe siècle. Il serait réducteur de ne livrer qu'un combat à la fois – pour défendre l'environnement, pour raviver les pratiques spirituelles ou pour établir la justice sociale dans le monde – en croyant résoudre conjointement tous nos problèmes. Il faut en revanche lutter sur les trois fronts pour refonder l'ensemble du système.

Lorsque nous parviendrons à vivre en harmonie avec la nature, avec nous-mêmes et avec autrui, nous serons en mesure d'offrir un avenir durable à l'ensemble du vivant. Les hommes pourront alors vivre non pas quelques centaines d'années de plus sur cette planète, mais des millénaires. C'est encore possible ! Apprenons dès aujourd'hui à réduire notre impact sur l'environnement, et à mener une vie simple et élégante sous l'égide de la terre, de l'âme et de la société.

Il n'y a rien de mieux que la modération.
Les modérés sont tolérants comme les cieux,
Solides comme les montagnes,
Souples comme l'arbre sous le vent.
Ils avancent sans connaître leur destination
Et font bon usage de ce que la vie met sur leur chemin.

— Lao Tseu

Remerciements

Les éditeurs remercient Djenane Kareh Tager pour l'adaptation de la traduction française.

Ce livre n'aurait pas pu voir le jour sans l'aide de nombreux amis et collaborateurs.

Tout d'abord, je voudrais exprimer ma profonde gratitude à June, mon épouse et ma compagne depuis quarante-cinq ans. Pendant de nombreux mois, avec beaucoup de patience et de diligence, elle a révisé et corrigé mes manuscrits. Bon nombre des idées et des thèmes réunis dans ce livre sont issus des conversations que nous avons entretenues au fil des ans. Merci, June !

Ce livre est une affaire de famille : ma fille Maya a également consacré beaucoup de temps et d'efforts à la lecture, à la rédaction et à l'amélioration tant pratique que théorique de cet ouvrage. Merci, Maya !

Ma collègue Lynn Batten, du *Resurgence Trust*, m'a beaucoup aidé à corriger et à améliorer le manuscrit. Sa rigueur et sa précision m'ont été infiniment précieuses. Merci, Lynn !

Ma gratitude va également à Elaine Green : le soutien et l'aide constante et régulière qu'elle m'offre depuis de nombreuses années sont inestimables. Merci, Elaine !

William Thomas, mon collègue du Schumacher College, m'a apporté une aide précieuse en enregistrant mes « causeries au coin du feu ». Certaines de ces conversations ont été utilisées dans ce livre. Ces discussions informelles ont également été transcrites par Lee Cooper, qui a trouvé l'énergie de s'y consacrer en dépit d'un emploi du temps très chargé. Merci, William et Lee !

Je suis extrêmement redevable à Monica Perdoni, dont les conseils avisés et les connaissances approfondies ont grandement contribué à l'élaboration de ce livre. Merci, Monica !

Enfin et surtout, j'ai beaucoup aimé travailler avec New Society Publishers. Un grand merci à Rob West et à toute son équipe pour leur traitement rapide et efficace de toutes les questions relatives à la publication de ce livre.

Satish Kumar

Composition et mise en pages
Nord Compo à Villeneuve-d'Ascq

MIXTE
Papier
FSC® C003309

L'éditeur de cet ouvrage s'engage dans une démarche de certification FSC® qui contribue à la préservation des forêts pour les générations futures.

Pour en savoir plus :
www.editis.com/engagement-rse/

Imprimé en France par CPI
en mars 2021

N° d'édition : 61484/01
N° d'impression : 162246

Beate Maxian

Tödliche Marillenzeit

Kriminalroman

GOLDMANN

MIX
Papier | Fördert gute Waldnutzung
FSC® C014496
FSC www.fsc.org

Penguin Random House Verlagsgruppe FSC® N001967

3. Auflage
Originalausgabe September 2024

Die Veröffentlichung dieses Werkes erfolgt auf Vermittlung der literarischen Agentur Peter Molden, Köln
Umschlaggestaltung: UNO Werbeagentur, München
Umschlagmotive: Westend61/Getty Images; MightyTravelier/istock;
© FinePic®, München
Redaktion: Susanne Bartel
KS · Herstellung: ik
Satz: KCFG – Medienagentur, Neuss
Druck und Bindung: GGP Media GmbH, Pößneck
Printed in Germany
ISBN: 978-3-442-49591-7

www.goldmann-verlag.de

Essen ist ein Bedürfnis, Genießen ist eine Kunst.

François VI. de La Rochefoucauld

1

Marta rieb sich verschlafen die Augen.

»Fünf Uhr ist eindeutig nicht meine Zeit«, murmelte die Obstbäuerin und stellte den Wecker aus. Ihr Blick wanderte zum Schlafzimmerfenster und nach draußen. »Dass die Sonne schon aufgegangen ist, ändert auch nichts daran.« Sie seufzte, schlug die Bettdecke zurück und stand auf. Auf dem Weg in die Küche klopfte sie an die Schlafzimmertüren ihrer Kinder. Zuerst an Katharinas, dann an die von Andreas. »Aufstehen!«

Im Schlafanzug schlurfte sie in die Küche und drückte am Kaffeeautomaten die Taste für einen Cappuccino. Während der Kaffee in die Tasse lief, riss sie ein Blatt vom Tageskalender mit den Lebensweisheiten ab, der neben der Tür hing. »›Dienstag, 13. Juli. Du kannst nicht negativ denken und Positives erwarten‹«, las sie laut von dem Blatt ab, das zum Vorschein gekommen war. Der Urheber des Zitats war unbekannt.

»Vermutlich jemand, der nicht um fünf Uhr morgens aufsteht, um seinen Lebensunterhalt zu verdienen. Oder sich mit einem Wirt herumärgern muss, der aus fadenscheinigen Gründen kurzfristig seine Bestellung storniert hat«, knurrte sie. Angeblich hatte sie, Marta, ihm, Gregor Poler, vor einer Woche nicht Ware in der versprochenen Qualität geliefert. Zum ersten Mal, seit er ihr Marillen abkaufte. Und das waren immerhin zehn Jahre.

»Pah! So ein Schwachsinn«, entfuhr es Marta bei der Erinnerung an das Telefonat, dann warf sie das abgerissene Kalenderblatt in den Mülleimer. Gregor war eng mit Rainer, ihrem Ex-Mann, befreundet. Die Scheidung lag sechs Wochen zurück. Auf die Straße hatte sie ihn schon vor einem halben Jahr gesetzt – und auch die Schlösser auswechseln lassen. Ihr Ex war lange Zeit fest davon überzeugt gewesen, dass Marta wieder zur Besinnung kommen würde, wie er sich ausgedrückt hatte. War sie aber nicht. Und jetzt waren sie geschieden, und Gregor hatte seinen Auftrag storniert.

»Ein Schelm, wer Böses dabei denkt«, murmelte sie, nahm die Kaffeetasse, nippte daran und verbrannte sich die Oberlippe. »Verflixt«, fluchte sie und sah wütend zum Kalender.

Katharina und Andreas traten in die Küche. Martas Tochter bereits in Jeans und dunkelgrünem T-Shirt. Die halblangen braunen Haare hatte sie längst frisiert und zu einem Zopf zusammengebunden. »Morgen, Mama.«

Im Gegensatz zu Marta war die Dreiundzwanzigjährige hellwach. Ihre Tochter war Floristin. Normalerweise stand sie zwei Stunden später auf und begann um neun im Dürnsteiner Blumenladen von Martas Freundin Greta mit der Arbeit. Doch diese Woche hatte sie sich freigenommen, um bei der Ernte mitzuhelfen.

»Morgen, ihr zwei«, erwiderte Marta.

Andreas, noch in Boxershorts und T-Shirt, sah sie aus müden Augen an. »Ferien stelle ich mir anders vor. Scheiß Marillen.«

Katharina wuschelte ihrem siebzehnjährigen Bruder durch die schwarzen Haare. »Tja, falsche Familie ausgesucht.«

Genervt schob Andreas Katharinas Hand weg.

Marta machte derweil einen weiteren Cappuccino für ihre Tochter und einen Schwarztee für ihren Sohn. Sie wusste, weshalb er missmutig war. Die Scheidung setzte ihm zu. Er und Rainer waren eng miteinander. Andreas hatte sich ebenfalls der Hoffnung hingegeben, dass alles wieder ins Lot kommen würde. Marta glaubte, dass er insgeheim ihr die Schuld an der Trennung gab. Auch wenn er es bislang nicht offen ausgesprochen hatte. Dabei hatte Rainer es verbockt. Sie selbst hingegen hatte lang genug gute Miene zum bösem Spiel gemacht und seine ständigen Affären hingenommen. Aber auch ihre Geduld hatte mal ein Ende gehabt. Und jetzt, da die Kinder aus dem Gröbsten raus waren, hatte sie gedacht, dass es für die beiden leichter sein würde, die Situation zu akzeptieren. Doch bei Andreas hatte sie sich in diesem Punkt offenbar getäuscht. Aber auch er würde darüber hinwegkommen. Irgendwann.

Nachdem sie den Kaffee getrunken und ein Marmeladenbrot gegessen hatte, ging Marta ins Badezimmer. Im Spiegel sah sie, dass ihr die kurzen braunen Haare zu Berge standen. Sie lachte. »Ich schau aus wie nach einem Schleudergang.« Sie griff zur Bürste. Während sie versuchte, sie zu glätten, lächelte sie zufrieden. Rainer gehörte zu den Typen, die meinten, kurze Haare bei Frauen seien unweiblich. Deshalb hatte Marta sich ihre lange Haarpracht am Tag vor dem Scheidungstermin abschneiden lassen. Als äußeres Zeichen ihrer neuen Selbstbestimmtheit.

Sie legte die Bürste weg und gähnte herzhaft. Daran, beim ersten Hahnenschrei aufzustehen, würde sie sich wohl nie gewöhnen. Obwohl sie genau das tat, seit ihrer Kindheit. Schon damals hatte sie im Marillengarten ihrer Eltern mit angepackt. Sie hatte früh gelernt, wie und wann die Bäume geschnitten wurden und wie man sie veredelte. Welche Schädlinge der Plantage zusetzten und welche Nützlinge man brauchte, um dem vorzubeugen. Was die Bäume stärkte, was sie schwächte und wann die perfekte Erntezeit war. Die Kunden waren es gewohnt, vom Brucker-Hof frisch geerntete Biomarillen zu bekommen. Süß und aromatisch, die untere Hälfte honiggelb, die obere leicht gerötet. Gereift ohne

Einsatz von Pestiziden. Mit kurzen Transportwegen und ohne lange Zwischenlagerung in der Kühlkammer. Sozusagen direkt vom Baum in die Lebensmittelläden und Küchen der Restaurants. So wie es schon zur Zeit ihrer Eltern gewesen war. Zudem hatte sie bei der Arbeit mit den Tieren geholfen. Damals hielten sie noch dreißig Mutterkühe, dazu Enten und Hühner. Als ihr Vater vor siebzehn Jahren an einem Herzinfarkt gestorben war, war Marta über Nacht zur Chefin des Hofs geworden, weil ihre Mutter sich überfordert fühlte. Marta war zu jener Zeit einunddreißig gewesen. Katharina sieben und Andreas eins.

»Du bist noch jung, du packst das«, sagte ihre damals zweiundsiebzigjährige Mutter und versprach, sie bei der Erziehung der Kinder zu unterstützen. Marta verfluchte es, ein Einzelkind zu sein. Ihre Eltern waren einundvierzig und dreiundvierzig Jahre alt gewesen, als sie vollkommen überraschend zur Welt kam. Zuvor hatten ihnen vier Ärzte unabhängig voneinander diagnostiziert, keine Kinder bekommen zu können.

»Außerdem hast du Rainer«, meinte ihre Mutter.

Pah, dachte Marta bissig. Ihr Ex-Mann war ihr nur selten eine Hilfe. Ein Jahr nach dem Tod ihres Vaters gab sie seinem Drängen nach und verkaufte die Tiere. Rainer hingegen änderte nichts an seinem Leben, arbeitete weiterhin auf der Bootswerft seines jüngeren Bruders Oliver.

»Schließlich bin ich gelernter Bootsbauer und kein Obstbauer«, argumentierte er.

Martas Mutter, die sich darüber sehr aufgeregt hatte, war ihrem Mann vor einem Jahr in den Himmel gefolgt.

Zwanzig Minuten vor sechs trat Marta in grüner Cargohose und fliederfarbenem Leinenhemd durch die Haustür in den gepflasterten Innenhof. Das Wohnhaus war durch ein gemauertes offenes Rundbogenportal mit dem lang gezogenen Nutzgebäude verbunden, in dem sich früher die Stallungen befunden hatten. Einen kleinen Teil davon hatte sie in einen Hofladen umbauen lassen, an dessen Fassade an einem Holzspalier ein Birnbaum rankte. In dem Hochbeet rechter Hand gediehen Karotten, Paradeiser und Salate. In Tontöpfen Salbei und Rosmarin. Daneben würde schon bald ein Gewächshaus stehen. Das Material für das Fundament und ein Spaten lagen seit einer Woche auf dem Boden und erinnerten Marta tagtäglich daran, die Arbeit endlich anzugehen. Sie atmete tief ein. Bereits zu dieser frühen Morgenstunde legte sich die warme Luft wie ein schwerer Teppich über die Landschaft. Die Temperatur würde auch heute wieder über die Dreißig-Grad-Marke steigen. Endlich kamen auch Katharina und Andreas aus dem Haus.

»Sind die Zisteln schon im Wagen?«, fragte Marta nach den Erntekörben, während sie gemeinsam auf die Garage zusteuerten, in der der weiße Kleintransporter und der dunkelgraue Ford Fiesta parkten.

»Hab ich noch gestern Abend erledigt«, antwortete Katharina pflichtbewusst und öffnete das Schiebetor.

Zisteln waren beim Pflücken die praktischsten Behälter. Durch die unten spitz zusammenlaufende Form des Korbes wurde der Druck der oberen Früchte auf die darunterliegenden reduziert. Zudem war der Handkorb das Logo der Marke Wachauer Marille und prangte auf den Kartonsteigen, in die sie später das gepflückte Obst leeren würden.

»Du kommst klar, Mama?«, fragte Katharina und zog die Fahrertür auf.

Andreas ließ sich mit mürrischem Gesicht auf den Beifahrersitz fallen.

»Ich komm klar«, versicherte Marta. »Ich pflück jetzt gleich die

Marillen für Lou Conrad und bring sie ihr dann zusammen mit der anderen bestellten Ware direkt ins Geschäft.«

Der Marillengarten, in dem sie die Marillen ernten würde, erstreckte sich hinter den Gebäuden über zwei Hektar und wurde von einem hohen Lattenzaun eingefasst. Marta wedelte ungeduldig mit der Hand. »Jetzt fahrt schon los, ich hab die Erntehelfer für sechs Uhr zur Plantage bestellt. Nicht dass wir sie am Ende noch fürs Herumstehen bezahlen.«

Ihre Kinder würden mit den Pflückern im sechs Hektar großen Marillengarten bis mittags beschäftigt sein. Dieser lag rund fünf Kilometer entfernt am Donauufer in Dürnstein. Nach getaner Arbeit würden sie zum Hof zurückkommen, mittagessen, hier weitermachen und später noch mal zurückfahren. Auf den achtzigtausend Quadratmetern, die sie insgesamt bewirtschafteten, standen eintausendachthundert Marillenbäume. Während der Saison durchstreiften sie die Obstgärten oft zweimal am Tag. Weil die Früchte nicht gleichzeitig reif wurden, zog sich die Marillenernte über Wochen hin. Um den richtigen Zeitpunkt zu erkennen, brauchte man erfahrene Pflücker.

Katharina startete den Wagen, und die Geschwister fuhren durch den Torbogen vom Hof. Marta nestelte ein hellblaues Kopftuch aus der Seitentasche ihrer Arbeitshose, setzte es sich auf und verknotete die Enden im Nacken. »Also los.« Sie schloss das Garagentor, öffnete die Tür zum Selbstbedienungshofladen und kontrollierte, ob genug Wechselgeld in der Schüssel auf dem Tisch lag. Anschließend stellte sie das Schild, dass der Laden geöffnet war, vor die Einfahrt, holte aus der kleinen Lagerhalle eine weitere Zistel sowie zwei Kartonsteigen und ging in den Marillengarten. Da in ihren Obstgärten ausschließlich niederstämmige Bäume wuchsen und sie vorhatte, zuerst die Früchte von den unteren Ästen zu pflücken, verzichtete sie auf eine Leiter.

Marta besah sich jeden Ast, prüfte den Reifegrad der Marillen. Der Anblick des goldenen Obstes und sein betörender Duft entschädigten sie für das frühe Aufstehen. Ebenso der Ausblick, den sie über den Lattenzaun hinweg hatte. Unzählige Weinreben zogen sich die steilen Weinberge hinauf. Die Trockensteinmauern der Steinterrassen, auf denen der Wein gedieh, waren zum Teil uralt und wurden noch heute traditionell gebaut, ganz ohne Verbindungsmaterial. Gäbe es die Terrassen nicht, wäre es unmöglich, in den aufsteigenden Lagen der Wachau Wein anzubauen. Außerdem speicherten die Mauern Wasser und Wärme, was sich positiv auf das Mikroklima auswirkte. Marta lächelte. Vermutlich nahmen die Smaragdeidechsen, die der höchsten Qualitätsstufe der edlen Tropfen der Vinea Wachau ihren Namen gegeben hatten, gerade auf den Mauern ein Sonnenbad. Doch jetzt im Juli standen in der Wachau, Österreichs bekanntester Weinregion und Weltkulturerbe, nicht nur Trauben und Rebsorten im Mittelpunkt, sondern auch die europaweit berühmte Marille. Ihr Geschmack war unvergleichlich aromatisch und süß.

Noch vor wenigen Monaten hatten die Obstbauern um ihre Ernte gefürchtet. Immer wieder richteten Wetterkapriolen große Schäden an. In diesem Jahr war der März mild gewesen, weshalb die Marillenblüte frühzeitig eingesetzt hatte. Doch im April war ein heftiger Wintereinbruch gefolgt, und der Frost hatte einen Teil der Blüten vernichtet. Und das, obwohl Marta sofort Öfen in ihren Obstgärten aufgestellt hatte. Immer einen für vier Marillenbäume. Mit Feuer und Rauch hatten Katharina, Andreas und sie versucht, die Bäume zu schützen, aber die Maßnahme war nur bedingt erfolgreich gewesen. Dann war im Juni auch noch ein Unwetter mit heftigen Regenfällen über die Wachau hereingebrochen, doch zum Glück war für sie am Ende alles relativ glimpflich ausgegangen.

Marta schüttelte die düsteren Gedanken ab und blickte zufrieden auf die beiden Kartonsteigen, von denen eine mittlerweile zur Gänze gefüllt war. Tatsächlich würde die Ernte besser ausfallen, als sie nach all den Problemen angenommen hatte. Sie widmete sich dem nächsten Baum, unter dem ein Bienenstock stand, nahm eine Frucht zwischen die Finger und drückte sie vorsichtig, um festzustellen, ob sie reif war. Der Honig-Lorenz, ein vierundsiebzigjähriger Imker, der vormals als Fremdenführer gearbeitet hatte, hatte drei Stöcke in ihrem Garten hinter dem Hof aufgestellt. Im Frühjahr summte und brummte es zwischen den Bäumen wie unter einer Hochspannungsleitung. Die Wachauer Marillen waren zwar Selbstbefruchter, aber die kleinen Insekten dienten als zusätzliche Helfer. Außerdem bekam Marta als Dank dafür zweimal im Jahr ein Glas Honig geschenkt.

Das Läuten ihres Handys riss sie aus ihren Gedanken. Sie zog es aus der Hosentasche. »Was gibt's, Kathi?«

»Irgendjemand hat weitere vierzig Bäume komplett abgeerntet!«, schrie ihre Tochter ins Telefon. »Der dritte Diebstahl innerhalb von nicht mal zwei Wochen.«

»Das ist jetzt nicht wahr«, schnaubte Marta. Die ersten beiden Male waren insgesamt dreißig Bäume betroffen gewesen. Ein Verlust von über einer Tonne, da jeder Baum zwischen vierzig und fünfzig Kilogramm Marillen trug. Und diesmal schien der Schaden noch größer zu sein. »Vierzig komplette Bäume?«, hakte sie nach.

»Ja«, bestätigte Katharina. »Ich schätze, das dürften knapp zweitausend Kilo sein. Insgesamt sprechen wir von bis zu dreieinhalb Tonnen Früchten, die uns gestohlen wurden. Innerhalb von nicht mal vierzehn Tagen, Mama.« Sie war auf hundertachtzig, das hörte Marta deutlich. »Das ist kein Lausbubenstreich mehr, sondern professioneller Diebstahl. Es wird Zeit, dass du endlich zur Polizei gehst.«

Marta schaute instinktiv auf die Uhr. Es war Viertel vor sieben. Demnach hatten ihre Kinder und die Pflücker schon eine Dreiviertelstunde in der Plantage gearbeitet. War ihnen der neue Diebstahl erst jetzt aufgefallen?

»Weil die betroffenen Bäume weit auseinanderstehen, haben wir es nicht gleich bemerkt. Das Grundstück ist ja sechs Hektar groß«, erläuterte Katharina, als hätte sie Martas Gedanken durchs Telefon gehört. »Fahr zur Polizei. Noch heute!«

»Mach ich sofort, wenn ich bei Lou im Geschäft war«, versprach Marta. Eigentlich hatte sie vorgehabt, die Bestellung von Lous köstlicher Welt mit dem Lastenfahrrad auszuliefern. Innerhalb von Marienkirchen fuhr sie Ware gerne damit aus. Aber jetzt würde sie den Ford nehmen und dann gleich weiter ins zehn Kilometer entfernte Krems zur Polizeiinspektion fahren. Hier im Ort gab es keinen Polizeiposten.

»Ludwig war vorhin auf seiner Riede. Ich hab ihn gefragt, ob er etwas beobachtet hat«, fuhr Katharina fort. »Hat er leider nicht. Aber er fragt noch Wilma, und falls sie etwas Ungewöhnliches bemerkt hat, ruft er uns an.«

Ludwig und Wilma Koschinsky gehörte ein kleiner Weingarten, der neben ihrer Obstplantage am Donauufer lag. Das Ehepaar baute ausschließlich Grünen Veltliner an. Den Großteil der Trauben lieferten die beiden an die Domäne Wachau, die sie weiterverarbeitete und den Wein dann vermarktete. Aus dem Rest kelterten die Koschinskys Wein für den Eigenverbrauch.

Marta glaubte zwar nicht daran, dass es der Polizei gelingen würde, dem Marillendieb auf die Spur zu kommen, aber ohne eine Anzeige würde sich die Versicherung sträuben, für den Schaden zu zahlen. Eigentlich hätte sie schon die Diebstähle der letzten Woche melden sollen, war jedoch vor lauter Arbeit nicht dazu gekommen. Noch gestern Abend hatte sie sich vorgenommen, spätestens morgen die Polizei aufzusuchen. Nun würde sie eben schon heute fahren und statt zwei drei Diebstähle anzeigen.

»Gut«, sagte Marta und verabschiedete sich von ihrer Tochter. Als sie das Handy wieder in ihre Hosentasche schob, hörte sie ein Auto auf der Straße näher kommen. Dann verstummten die Motorengeräusche. Vermutlich Kundschaft, die sich im Hofladen mit frischen Marillen oder Marillenmarmelade eindecken wollte. Marta nahm die Zistel ab und schüttete die gepflückten Marillen in die noch leere Kartonsteige. Ein Vogel flatterte auf, und Marta sah ihm nach. Als sie den Kopf wieder senkte, weil das Sonnenlicht sie blendete, erahnte sie eine Bewegung hinter sich. Sie drehte sich um. In der Sekunde schnürte sich ihr die Kehle zusammen.

2

Lou Conrad trat schon zum wiederholten Mal an diesem Dienstagmorgen vor die Tür ihres Delikatessengeschäftes. Lous köstliche Welt lag in einem vierhundert Jahre alten Gebäude inmitten des mittelalterlichen Zentrums von Marienkirchen. Eine Neunhundert-Seelen-Gemeinde mit einer Pfarrkirche aus dem dreizehnten Jahrhundert und einer noch viel älteren Weinbautradition. Lous Familie widmete sich dem Wein seit fünf Generationen, und wenn es nach ihrem Vater Werner ginge, hätte sie, Lou, längst das Weingut Conrad übernommen. Doch sie konnte sich nicht dazu entschließen.

Lou vergrub ihre Hände in den Taschen der beigen Stoffhose und schaute konzentriert die Straße entlang, die durch den Ort führte. Wie üblich war sie voller Touristen. Es war Marillenzeit in der Wachau, und das zog, genauso wie die Marillenblüte und die Weinfeste, wahre Heerscharen von Gästen an. Zudem war die Region zu jeder Jahreszeit ein beliebtes Urlaubsziel für Wanderer und Radfahrer. Mit dem Auto kam man zur Hauptsaison nur schwer durch die Ortsmitte, sodass schon erste Stimmen laut wurden, die forderten, den Ortskern in eine Fußgängerzone umzuwandeln. Auch Lou befürwortete die Idee.

Aus der Bäckerei von Hedwig und Ernst Ast trat ein Touristenpaar in Wanderkleidung. Daneben reihten sich auf dem Bürgersteig die Bistrotische von Franziska Libers Café aneinander. Weiße

Schirme schützten die Gäste schon jetzt vor der Sonne. Seit den frühen Morgenstunden stiegen die Temperaturen kontinuierlich, wie schon seit mehreren Tagen. Die Hitzeperioden mehrten sich. Erst kürzlich hatte Lous Vater gemeint, dass der Klimawandel zu einschneidenden Veränderungen bei den heimischen Weinen führen könnte. »Im schlimmsten Fall verlieren der Grüne Veltliner und der Riesling ihr einzigartiges Aroma«, hatte er behauptet.

Ihre Eltern produzierten hervorragende Bioweine aus vorrangig diesen beiden Rebsorten, die sie direkt ab Hof und online vermarkteten. Zudem verkaufte Lou sie natürlich in ihrem Delikatessengeschäft.

Franziska trat aus ihrem Café und stellte Kaffeetassen auf einem Tisch ab, an dem vier Urlauber saßen. Die Kaffeehausbesitzerin und Konditorin trug ein rosafarbenes Sommerkleid, das ihr bis zu den Knien reichte und ihre schlanke Figur betonte. Wie üblich hatte sie ihre langen blonden Haare zu einem hohen Pferdeschwanz zusammengebunden. Sie hob den Kopf, und Lous und ihre Blicke trafen sich. Im nächsten Moment sagte Franziska etwas zu einem ihrer Mitarbeiter, der in unmittelbarer Nähe kassierte, dann eilte sie auf Lou zu und pflanzte sich vor ihr auf. »Was ist los?«

Lou blinzelte irritiert. »Was soll denn los sein?«

»Du tauchst im Zehn-Minuten-Takt vor deinem Geschäft auf und machst ein Gesicht, als ob gleich ein Meteorit einschlagen und die Wachau zerstören würde. Also, was ist los, Frau Inspektor?« Franziska zupfte mehrmals am Saum von Lous blauer Sommerbluse, wie ein Kind, das nach Aufmerksamkeit verlangt.

Lou verzog den Mund. Sie war sieben Jahre lang Ermittlerin beim Landeskriminalamt Niederösterreich gewesen und hatte damals in der Landeshauptstadt St. Pölten gewohnt, etwa fünfundvierzig Kilometer von Marienkirchen entfernt. Am ersten September, fünf Tage nach ihrem achtunddreißigsten Geburtstag, würden es drei Jahre werden, dass Lou sich mit dem Feinkostladen selbstständig gemacht hatte. Damit war sie ihrer inneren Stimme gefolgt, die ihr geraten hatte, neue Wege zu beschreiten. Auch weil sie sich stärker für regionale, naturnah erzeugte Lebensmittel und deren Herstellung und immer weniger für die Aufklärung von Verbrechen interessiert hatte. Zudem hatte sie entdeckt, dass sie ihre jetzige Arbeit sensibel für die Umwelt und die eigene Gesundheit machte und entschleunigte. Von ihrem Beruf als Kriminalinspektorin hatte sie das nicht behaupten können.

Doch auch wenn sie ihre Anstellung aufgegeben hatte, war und blieb sie für die meisten Marienkirchener Kriminalbeamtin.

»Die Lou rennt auch im Geschäft herum wie ein aufg'scheuchtes Hendl«, hörten sie in dem Augenblick Sigrids Stimme.

Lous Angestellte und Freundin trat durch die offen stehende Tür ins Freie. Das Maxikleid, das sie trug, erinnerte an eine Streublumenwiese.

»Ich warte auf Marta. Das weißt du doch, Sigi«, erklärte Lou mit Blick auf die dunkelhaarige Endvierzigerin. Dann wandte sie sich wieder an Franziska. »Dass sie noch nicht da ist, macht mich nervös. Sie sollte längst die Marmeladen und die frischen Marillen geliefert haben. Ich will heute Abend doch zum ersten Mal ein Marillen-Semifreddo machen.«

»Zudem haben wir dieses Mal gleich sieben Flaschen von ihrem grandiosen Marillenschnaps bestellt«, fügte Sigrid hinzu.

Der klare Branntwein schmeckte intensiv nach den vollreifen Früchten, aus denen er hergestellt wurde, verfeinert mit einer Mandelnote. Marta brannte ihren Schnaps nach einem alten Familienrezept, ohne Zusatz von Zucker und Aromen. Der Brucker-Hof besaß das Maria-Theresien- oder Drei-Hektoliter-Brennrecht, wie man diese Befugnis zudem nannte. Das Recht war im achtzehnten Jahrhundert von der damaligen österreichischen Kaiserin an fleißige und rechtschaffene Bauern verliehen worden. Bei einer Übergabe oder bei Verkauf des Hofes wurde es immer noch weitergegeben, da es an diesen gebunden war.

Sigrid berührte Lous Arm. »Sie wird sicher bald auftauchen.«

»Sie meinte, sie pflückt die Marillen in aller Früh und bringt sie mir dann mit allem anderen direkt ins Geschäft. Gleich um neun wollte sie da sein.« Lou zog sich das blaue Haarband zurecht, das ihre bernsteinfarbenen Locken bändigte. »Wir haben nur mehr ein Kilo. Bei den vielen Touristen in Marienkirchen reicht das nicht mal bis mittags.«

»Warum erntest nicht die Marillen von deinem eigenen Baum?«, fragte Franziska. Sie wusste, dass ein Prachtexemplar vor Lous Winzerhäuschen wuchs.

»Weil meine Marillen noch ein paar Tage Sonne brauchen, ehe man sie essen kann«, seufzte Lou.

Die Konditorin lachte und zwinkerte Sigrid zu. »Und ich dachte vorhin schon, Lou überwacht uns neuerdings nicht mehr nur von ihrer Gartenbank aus, sondern auch vom Geschäft.«

Lou verschränkte die Arme. »Ich überwache gar niemanden, sondern schau Marienkirchen nur gerne beim Aufwachen zu. Wenn ich den Tag so beginne, komme ich tiefenentspannt in den Laden.«

Franziska und Sigrid kannten Lous Leidenschaft, ihren Morgenkaffee auf der Bank vor ihrem Winzerhäuschen zu trinken und dabei auf den Ort hinabzublicken. Das kleine Haus lag ein wenig oberhalb von Marienkirchen, eingebettet in die Weingärten heimischer Winzer. Von dort aus hatte man nicht nur einen fantastischen Blick auf den Ort, sondern ebenso auf die umliegenden Rieden und die Donau, die breit und gemächlich durch das Tal mäanderte.

»Wenn du's sagst. Und Marta wird sicher gleich kommen.«

Franziska klang zuversichtlich. »Wahrscheinlich hat sie bei der Arbeit die Zeit vergessen. Mir geht's ja oft genauso, wenn ich in der Backstube stehe. Da denk ich mir, ich mach nur eine Stunde, und ehe ich michs verseh, sind drei vergangen.«

»Sie geht aber auch nicht an ihr Handy«, gab Lou zu bedenken.

»Apropos Backstube und Kuchen: Wollt ihr meinen Marillenfleck probieren? Hab ihn heute Morgen gebacken«, überging Franziska die Bemerkung.

Als Lou und Sigrid synchron nickten, wandte sich die Konditorin um und eilte zu ihrem Café zurück. Die beiden folgten ihr mit ihren Blicken.

Gerade erhoben sich zwei Männer von einem Kaffeehaustisch. Der jüngere, der auch schon Mitte fünfzig sein musste, war groß, schlank und hatte kurze fahlblonde Haare. Er trug Jeans, ein weißes T-Shirt und eine Nerdbrille und half dem glatzköpfigen Greis, der sich sichtbar schwertat, auf die Beine zu kommen.

»Der ältere Herr ist doch der Franz Schiller«, sagte Sigrid. »Den hab ich schon eine Ewigkeit nicht mehr gesehen. Geht ihm nicht so gut, hab ich gehört. Ist ja auch schon weit über achtzig.« Sie dachte kurz nach. »Wobei, ich glaub, der geht sogar schon auf die neunzig zu. Aber leutselig war der ja angeblich nie. Meine Oma hat mir mal erzählt, dass er schon in jungen Jahren ein maulfauler Einzelgänger war.«

»Das Gegenteil von Marta, die seinen Marillengarten gepachtet hat. Die ist die Personifikation einer leutseligen Frohnatur«, erwiderte Lou. »Und wer ist der Mann bei ihm?«

Sigrid kniff die Augen zusammen. »Keine Ahnung.«

»Vielleicht ein Pfleger?«, mutmaßte Lou. Der jüngere schob dem alten Mann soeben den Rollator hin, als Franziska mit einem Tablett in der Hand über die Straße kam.

»Die Marillen sind übrigens von meinem Marillenbaum«, sagte

sie und drängte sich an ihnen vorbei Richtung Geschäft. »Außerdem hab ich zwei Verlängerte für euch dabei!«, rief sie über die Schulter hinweg. »Ich weiß, ihr habt eine eigene Kaffeemaschine, aber …«

Der Kaffee- und Kuchenduft lockte Lou und Sigrid zurück in den Laden. Franziska stellte das Tablett auf dem gemauerten Verkaufstresen mit Holzplatte ab. Hinter der Glastür, die zum Büro mit einer schmalen Küchenzeile und winzigem Abstellraum führte, stand Michelin und wedelte aufgeregt mit dem Schwanz. Franziska zog die Tür auf und wuschelte dem Berner Sennenhund durch sein dichtes Fell. »Hat dich dein Frauli wieder weggesperrt, du armes Hundilein.« Sie nahm den großen Kopf des Hundes in beide Hände und sah Michelin in die Augen. »Das verraten wir mal dem Tierschutzverein, gell?« Sie klang, als spräche sie zu einem Komplizen, mit dem sie einen Aufstand plante.

Lou schob sich eine Gabel voll Kuchen in den Mund. »Ich würde ihn ja gerne frei im Laden herumlaufen lassen«, verteidigte sie sich kauend. »Aber die Gewerbeordnung erlaubt nun mal keine Tiere in einem Lebensmittelgeschäft.« Sie nahm einen Schluck Kaffee und deutete mit der Tasse in der Hand auf die Glastür. »Immerhin hat er uns den ganzen Tag im Blick.«

Franziska hörte auf, Michelin zu streicheln. Als der dunkle Riese sich umdrehte und es sich auf seiner Decke gemütlich machte, schloss die Konditorin die Verbindungstür zum Büro wieder.

»Sag mal, Franzi, hat der alte Schiller jetzt einen Pfleger?«, fragte Sigrid und rührte mit einem Löffel ihren Verlängerten um. »Wir haben ihn vorhin an einem der Tische vor deinem Café gesehen. Ein Mann war bei ihm.«

Franziska schüttelte den Kopf. »Das ist Bruno, sein Sohn. Der lebt eigentlich in der Schweiz, ist aber vor ein paar Wochen angereist, um sich um seinen Vater zu kümmern. Der alte Winzer ist gesundheitlich ziemlich angeschlagen, und Bruno hat sich eine berufliche Auszeit gegönnt, um nur für seinen alten Herrn da zu sein. Ich glaub, er hat seinen Vater nötigen müssen, mal unter Leute zu gehen. Der hat die ganze Zeit nur dagesessen und ein mürrisches Gesicht gemacht. Dabei hat sich sein Sohn so bemüht, ein Gespräch mit ihm zu führen.«

»Maulfauler Einzelgänger, wie schon meine Oma gesagt hat«, meinte Sigrid erneut und kippte den Rest ihres Kaffees in einem Zug hinunter. »Was macht Bruno denn beruflich?«

»Das hab ich ihn nicht gefragt«, sagte Franziska.

»Vielleicht ist er Lehrer oder Beamter«, mutmaßte Sigrid. »Die Angestellten im öffentlichen Dienst können sich relativ leicht ein Sabbatical von sechs oder zwölf Monaten nehmen.«

Lou runzelte die Stirn. »Auch in der Schweiz?«

»Keine Ahnung«, gab Sigrid zu. »Ist mir nur spontan in den Sinn gekommen.«

»Ich werde ihn bei seinem nächsten Besuch fragen«, beendete Franziska die Mutmaßungen. »Und jetzt wird's wieder Zeit für mich. Heute ist schon morgens die Hölle los. Ich hol das Geschirr dann später ab. Pfiat euch.«

»Pfiat di, Franzi«, verabschiedeten Lou und Sigrid die Kaffeehausbesitzerin.

»Und danke für Kaffee und Kuchen«, fügte Lou hinzu.

Franziska drehte sich im Gehen lächelnd um. »Gerne.«

Lou schaute auf die Uhr. Mittlerweile war es zehn. »Das ist nicht normal, dass sich die Marta nicht meldet.« Sie schüttelte den Kopf.

»Vielleicht hat die Franzi ja recht, und Marta hat einfach die Zeit vergessen. Warum auch immer.« Sigrid stellte die jetzt leeren Teller und Tassen auf das Tablett zurück.

Reflexartig griff Lou nach ihrem Handy, das auf dem Tresen lag.

»Du rufst sie jetzt schon zum dritten Mal an. Meinst du wirklich, das hilft noch was?«, merkte Sigrid spöttisch an und begann, Flaschen mit Marillen-, Himbeer- und Weinessig aus Pappkartons in ein Regal zu räumen.

»Mir schon«, antwortete Lou. Es läutete fünfmal, dann meldete sich die Mailbox, wie schon die beiden Male zuvor. Lou schob das Telefon in die Seitentasche ihrer Hose.

Zwei Frauen in Radlerdress und mit Fahrradhelmen in der Hand traten ein, grüßten freundlich und sahen sich um. Eine von ihnen hatte einen rötlichen Bob. Die hellbraunen Haare der anderen waren im Nacken zu einem Zopf geflochten. Lou schätzte die beiden auf Mitte bis Ende vierzig. Die mit dem Zopf entdeckte Michelin auf seiner Decke hinter der Glastür.

»Schau, Christa, da ist noch ein Schweizer«, spielte sie auf die Herkunft der Hunderasse an.

»Das heißt, Sie kommen auch aus der Schweiz«, stellte Lou fest, obwohl sie das längst aufgrund des Akzents bemerkt hatte.

Die Damen nickten. »Aus dem Wallis«, antwortete die Frau mit den hellbraunen Haaren.

»Wie schön«, sagte Lou, obwohl sie selbst noch nie dort gewesen war. Aber Reto, ihr Schweizer Bekannter vom Internationalen Club für Berner Sennenhunde, hatte ihr Fotos der Gegend geschickt. Bislang hatten sie nur via Zoom oder Mail Kontakt gehabt, und ein persönliches Treffen der Mitglieder samt ihren Hunden war momentan leider nicht in Planung. Aber es machte Lou auch schon großen Spaß, weltweit mit anderen Besitzern von Berner Sennenhunden nur zu plaudern.

»Wie heißt er denn?«, fragte die Frau mit dem rötlichen Bob, die anscheinend Christa hieß.

Lou lächelte. »Michelin.«

Christa lachte kurz auf. »Das ist ja lustig, oder, Elisa? Er heißt wie der Reifenhersteller.«

Lou schüttelte den Kopf. »Nicht wirklich. Ich hab ihn nach dem Restaurantführer benannt, weil er ein wahrer Feinschmecker ist.«

»Natürlich.« Die Kundin namens Elisa schlug sich mit der flachen Hand gegen die Stirn. »Der *Guide Michelin.*«

»Genau«, bestätigte Lou.

»Kann ich Ihnen helfen?«, fragte Sigrid dazwischen.

»Wir wollen uns nur mal umsehen«, sagte die Schweizerin namens Elisa.

»Bitte schön.« Lou machte eine einladende Handbewegung. Sie war glücklich, dass ihr Geschäft wieder vorzeigbar war, denn vor wenigen Monaten hatte ein Brandanschlag die Auslage sowie einen großen Teil der Einrichtung und Lebensmittel vernichtet. Der Anschlag war eine Art Warnung von Weinfälschern gewesen, denen Lou auf die Spur gekommen war.

Aber nun sah der Raum nahezu aus wie zuvor, mit vielen hellen Holzregalen, in denen regionale Köstlichkeiten standen. Öle, Essige, Liköre, Schnäpse, Honig, Marmeladen, Chutneys, Nudeln und logischerweise Weine. In der Kühlvitrine lagerten sie Käse und Würste aus der Region. Die Kundin namens Christa ging zu dem ausrangierten Weinfass, auf dem ein Teller mit Häppchen zur Verkostung bereitstand, und griff nach einem mit Martas Marillenmarmelade. Nahezu alle Kunden probierten sich beim Umschauen durch die kleinen Brotstückchen mit Schafskäsecreme, Liptauer, Mohntopfen, Honig und Marmeladen. Und die meisten kauften danach etwas.

Lous Blick schweifte zu dem runden Tischchen mit der fast leeren Holzkiste. Auf die kleine Tafel davor hatte sie mit weißer

Kreide »Echte Wachauer Marillen« geschrieben und in Klammern deren deutsche Bezeichnung hinzugefügt: »Aprikosen«. Auch die Schweizerin mit dem geflochtenen Zopf hatte die Kiste gesehen und bat nun um ein halbes Kilo.

Wo bist du, Marta?, dachte Lou, während sie die gewünschte Menge in einen Papierbeutel füllte.

Anschließend kauften die Frauen noch drei Flaschen Marillenschnaps, fünf Gläser Marillenmarmelade, ebenso viele Gläser Honig und in Honig eingelegte Walnüsse. Vermutlich Mitbringsel für die Familie oder Freunde zu Hause.

Als die Kundinnen Lous köstliche Welt verließen, schaute Lou zum wiederholten Mal auf ihre Armbanduhr. Es war jetzt halb elf. Noch einmal versuchte sie, Marta auf dem Handy zu erreichen. Natürlich hatte sich auch Lou mittlerweile zig Gründe überlegt, weshalb die Marillenbäuerin nicht auftauchte und am Telefon unerreichbar war. Doch bei jedem Grund, der ihr einfiel, wusste sie augenblicklich, dass sie damit falschlag. Auch bei ihrem vierten Anruf meldete sich die Mailbox, und Martas Stimme beteuerte, so schnell wie möglich zurückzurufen. Lou hatte ihr schon zweimal eine Nachricht hinterlassen, ohne dass sie sich gemeldet hatte. Sie schob das Handy zurück in ihre Hosentasche. »Da stimmt doch irgendetwas nicht. Ich fahr jetzt zu ihr.« Sie sah ihre Freundin bittend an. »Kann ich mir kurz dein Rad leihen, Sigi? Michelin und ich sind heute zu Fuß da.« Sie ließ ihren alten Jeep gerne mal stehen, wenn sie nichts zu transportieren hatte. Der Morgenspaziergang von ihrem Häuschen hinunter in den Ort tat ihnen beiden gut.

»Natürlich«, sagte Sigrid. »Und jetzt fahr endlich. Deine Unruhe ist ja nicht mehr zu ertragen.«

3

Drei Minuten später schob Lou das blaue Citybike mit dem Korb am Lenker aus dem Fahrradständer neben der Eingangstür und radelte los. Ihr Weg führte am Landhaus Gerber vorbei. Das Restaurant, das sich im Erdgeschoss eines ehemaligen Landschlösschens befand, gehörte Fabio Gerber. Der Sternekoch war lange mit Mona, Lous Jugendfreundin, verheiratet gewesen, bis sich die beiden vor sechs Monaten einvernehmlich hatten scheiden lassen. Nachdem Mona beschlossen hatte, dass das Restaurant mit der zauberhaften Terrasse und dem betörenden Donaublick nicht mehr ihr Traum war und sie stattdessen lieber in den USA leben wollte, wo man ihr in New York einen Job als Expertin für Weinmarketing, ihr bisheriger Beruf, angeboten hatte. Lou war wütend auf Mona gewesen, als sie davon erfahren hatte. Zumal Fabio vor Monas Entscheidung viel Geld in das Anwesen gesteckt hatte und das Schlösschen samt Restaurant renovieren hatte lassen. Ende September letzten Jahres hatte er das Lokal eröffnet, das innerhalb kurzer Zeit zu einem Magneten für Liebhaber guter Küche geworden war. Regionale Speisen sowie Gerichte aus der französischen Schweiz, Fabios Heimat, waren das Erfolgsgeheimnis. Plötzlich fiel Lou ein, dass Fabio sie gestern Abend angerufen und gebeten hatte, die Vitrine aufzufüllen. Vor vier Monaten hatten sie beide Lous Vorschlag, eine Glasvitrine mit Produkten aus ihrem Delikatessengeschäft im Eingangsbereich des Restaurants aufzustellen, in die Tat umgesetzt. Bei Fabios Gästen kam die kleine Werbeaktion sogar besser an, als Lou es sich erhofft hatte. Sie kauften direkt im Restaurant und schauten anschließend oftmals auch noch in Lous köstlicher Welt vorbei. Sie nahm sich vor, sich darum zu kümmern, sobald sie bei Marta vorbeigesehen hatte.

Der Brucker-Hof lag ein wenig außerhalb von Marienkirchen. Nach fünfzehn Minuten bremste Lou, stieg ab, schob das Rad durch das Rundbogenportal in den Hof und stellte es ab. In einem Hochbeet wuchs Gemüse, in zwei Tontöpfen Salbei und Rosmarin. Daneben sah sie zwei Säcke mit Trockenbeton und Kies sowie ein paar Schalbretter auf dem Boden liegen. Da die Tür vom Hofladen offen stand, trat Lou ein.

In gemauerten Regalen standen die Erzeugnisse vom Brucker-Hof: Schalen mit je einem Kilo frische Marillen, Gläser mit Marillenmarmelade, Flaschen mit Marillenschnaps und -likör. Das Geld für den Einkauf warfen die Kunden in den Schlitz eines Holzkastens, in dem sich ein Safe befand, und nahmen sich dann selbst das Wechselgeld aus der Schüssel, die neben dem Kasten auf einem Tisch stand. Ein Blick auf die Liste, in die man die entnommenen Lebensmittel samt Rechnungssumme, eigenem Namen und Datum eintrug, verriet Lou, dass heute noch niemand in dem kleinen Selbstbedienungsladen eingekauft hatte.

Sie drehte sich um, trat wieder ins Freie und rief im Innenhof laut nach Marta. Da es still blieb, ging sie zum Wohnhaus. Die Eingangstür hatte einen unbeweglichen Knauf. Lou drückte den Klingelknopf, aber nichts geschah. Sie läutete noch einmal. Wieder öffnete niemand. Vielleicht war Marta ja tatsächlich mit der Ernte beschäftigt und hatte darüber die Zeit vergessen? Mit etwas Glück war sie im Marillengarten hinter dem Anwesen.

Lou ging auf die Obstbäume zu, die wie stramme Zinnsoldaten Spalier standen. Durch das sattgrüne Blätterwerk blitzten zig orangefarbene Früchte. Plötzlich nahm sie etwas aus den Augenwinkeln wahr und drehte den Kopf. Sie sah eine grüne Hose. In der nächsten Sekunde Turnschuhe. Dann realisierte sie, dass die Obstbäuerin etwa sechs Meter entfernt unter einem Marillenbaum lag.

»O Gott, Marta«, hauchte Lou und eilte zu ihr. Im Laufen scannte sie instinktiv die Umgebung. Am Stamm lehnte eine Zistel. Zwei Kartonsteigen mit Lous Namen drauf standen neben Marta auf dem Boden. Eine voller Marillen, die andere zur Hälfte gefüllt. Lou ließ sich neben der Landwirtin auf die Knie fallen. Das Gras um Martas Kopf war dunkelrot gefärbt, über ihr Gesicht zogen sich Blutschlieren. Das Kopftuch sowie der Kragen des fliederfarbenen Leinenhemdes waren blutgetränkt, die Augen waren weit aufgerissen und ihr Körper unnatürlich verdreht. Es sah aus, als hätte sie ein Tornado erfasst und zu Boden geschleudert. Aber das war unmöglich. Lou sah sich nach einem Ast oder einem großen Stein um, entdeckte aber nichts dergleichen. Als sie Martas Handflächen betrachtete, wiesen diese keine Schürfwunden auf.

Mit zitternden Fingern holte Lou ihr Handy aus der Hosentasche und rief die Rettung. Währenddessen überprüfte sie Martas Atmung und den Puls, fand jedoch kein Lebenszeichen. Würde es ihr gelingen, die Bäuerin zurückzuholen? Ein Gefühl der Machtlosigkeit überkam sie.

»Ich muss jetzt auflegen. Ich muss versuchen, ihr zu helfen«, stammelte sie und trennte die Verbindung zur Notrufzentrale, nachdem sie in Kurzform die Situation geschildert hatte. Rasch machte sie Fotos von Marta und der Umgebung, weil sie gleich die Position der Obstbäuerin verändern würde. Sie wollte versuchen, sie wiederzubeleben, obwohl sie befürchtete, dass der Rettungsversuch erfolglos bleiben würde. Aber manchmal geschahen doch Wunder, oder etwa nicht?

Nach einer Viertelstunde fuhren ein Rettungs- und ein Notarztwagen mit zuckenden Blaulichtern und kreischenden Martinshörnern auf den Innenhof. Dicht gefolgt von einem Polizeiauto, das unter dem Rundbogen anhielt. Lou rief laut nach den Rettungskräften, ohne ihre Wiederbelebungsversuche zu unterbrechen. Als zwei Sanitäter und der Arzt neben ihr auftauchten, ließ sie von Marta ab und erhob sich. Ihre luftige Stoffhose hatte an den Knien grünbraune Grasflecken, an ihren Fingern klebte Martas Blut. Mit schweren Beinen entfernte Lou sich ein paar Schritte, beugte sich nach vorn, stützte ihre Hände auf die Oberschenkel und atmete tief durch. Als Kriminalbeamtin hatte sie früher viele Leichen gesehen, aber an deren Anblick gewöhnt hatte sie sich nie. Möglicherweise mit ein Grund, weshalb es ihr leichtgefallen war, den Beruf aufzugeben.

»Geht es Ihnen gut?«, fragte eine junge Sanitäterin und berührte Lou sanft an der Schulter. »Wollen Sie sich setzen?« Sie zeigte zum Rettungswagen.

Lou warf der Frau in der Rot-Kreuz-Uniform einen raschen Blick zu und schüttelte den Kopf. »Danke, es geht schon wieder.« Sie richtete sich auf und drehte ihre Handflächen nach oben. »Haben Sie etwas zum Saubermachen?«

Die Sanitäterin nickte, entfernte sich, nahm eine Packung Feuchttücher aus dem Rettungskoffer und reichte sie Lou.

»Danke«, hauchte Lou und zupfte vier Tücher heraus. Während sie die letzten Meter zum Innenhof zurückging, wischte sie sich die Hände sauber und steckte die benutzten Tücher dann in ihre Hosentasche zu ihrem Handy.

Mittlerweile hatten die beiden Streifenpolizisten die Hofeinfahrt mit einem Absperrband gesichert. Lou blieb verloren neben Sigrids Citybike stehen. Sie hörte, wie einer der Polizisten einen ärztlichen Gutachter herbestellte. Lou wusste, dass in Marienkirchen der Gemeindearzt Theo Weinberg für die erste Totenbeschau verantwortlich war. Er würde entscheiden, ob der Vorfall als Unfall oder bedenklicher Todesfall eingestuft wurde. In letzterem Fall würde man Martas Leichnam in die Gerichtsmedizin bringen. Da es in Niederösterreich kein gerichtsmedizinisches Institut gab, entschied die zuständige Staatsanwaltschaft, in ihrem Fall in Krems, wohin der Leichnam gebracht wurde. Meistens fiel die Wahl auf Wien. Lou blickte noch einmal zum Marillengarten. Sie war sich sicher, dass sie sich am Ort eines Gewaltverbrechens befand. So wie früher so häufig. Nur dass sie diesmal Zeugin war.

»Konstantin Öhlgraber. Sie haben die Leiche von Frau Brucker entdeckt?« Lou schrak zusammen und nickte. Sie hatte nicht bemerkt, dass sich einer der Streifenpolizisten neben sie gestellt hatte. Er musste etwa Mitte vierzig sein.

»Sie sind wer?« Der Polizist zückte seinen Notizblock.

Lou nannte ihren Namen und erklärte, dass sie einen Delikatessenladen im Ort betrieb. »Ich hab leider keinen Ausweis bei mir, weil ich meine Tasche im Geschäft gelassen habe.«

»Was hatten Sie hier zu tun?« Der Polizist war übergewichtig und litt, seinem roten Gesicht nach, unter Bluthochdruck.

»Ich hab mir Sorgen gemacht.« Lou erläuterte mit knappen Worten, weshalb sie hergefahren war.

Kurz darauf beugte sich der Gemeindearzt unter dem Flatterband hindurch und hastete durch das Rundbogenportal. Der etwa Fünfzigjährige nickte Lou zu, während er seine Nickelbrille auf der Nase zurechtschob.

»Schauen Sie sich Marta bitte ganz genau an, Herr Doktor«, bat Lou ihn. »Ich glaube, sie wurde umgebracht.«

Der Polizist zuckte zusammen. »Wie kommen Sie denn auf die Idee?«

Theo Weinberg hob die Hand als Zeichen, verstanden zu haben, und eilte weiter zum Marillengarten. Lou wandte sich wieder dem Polizisten zu und zog ihr Handy aus der Hosentasche. Sie zeigte ihm die Bilder von der Toten, die sie gemacht hatte, ehe sie sie auf den Rücken gedreht hatte. »Schauen Sie sich das Gesamtbild an.«

»Sie haben ihre Position verändert«, stellte der Beamte in scharfem Tonfall fest.

»Ich hatte gehofft, das Unmögliche möglich zu machen und sie zurückzuholen«, verteidigte Lou ihr Vorgehen. »Aber sie war längst tot.«

Der Polizist kniff genervt die Augen zusammen. »Hobbyermittlerin, was?«

»Nein, ehemalige Kriminalinspektorin«, gab Lou trocken zurück, und der Mann nahm instinktiv Haltung an.

»Schauen Sie.« Mit zwei Fingern vergrößerte sie den Bildausschnitt eines Fotos. »Martas Körperhaltung passt weder zu der Zistel, die ordentlich am Baumstamm lehnt, noch zu den Kartonsteigen mit den Marillen«, fuhr Lou mit ihren Erläuterungen fort. »Wäre Marta gestolpert und unglücklich gefallen, würde das Obst um sie herum verstreut liegen.«

»Vielleicht ist sie ja gestolpert und gefallen, nachdem sie die Zistel an den Baum gelehnt und die Kartonsteigen mit den Marillen abgestellt hatte«, entgegnete der Polizist.

»Möglich, doch dann hätte sie sich mit Sicherheit mit den Händen abgestützt, um den Sturz abzufangen. Aber das hat sie nicht getan, ihre Handflächen sind sauber und unverletzt. Kein Kratzer, kein Grasfleck. Nichts. Zudem würde sie anders daliegen«, erklärte Lou. »Auch wenn ihr ein dicker abgebrochener

Ast auf den Kopf gefallen wäre, was offensichtlich ebenfalls nicht passiert ist. Oder haben Sie irgendwo einen herumliegen sehen?«

Der Polizist warf einen raschen Blick zum Marillengarten, bevor er den Kopf schüttelte.

»Martas Körper ist unnatürlich verdreht. Die Hände sehen nicht so aus, als hätte sie versucht, einen Sturz abzufangen«, fasste Lou zusammen. »Für mich deutet das darauf hin, dass sie von jemandem überrascht wurde, der ihr einen heftigen Schlag versetzt hat. So heftig, dass sie sich dadurch um die eigene Achse gedreht hat.«

Der Streifenpolizist nahm seine Polizeikappe ab. Kurz geschnittene dunkelbraune Haare klebten an seinem Kopf. Er zog ein Taschentuch aus der Tasche seiner Uniformjacke, wischte sich kleine Schweißperlen von der Stirn und setzte die Kappe wieder auf. »Dem Arzt wird es sicher auffallen, wenn etwas nicht stimmt«, antwortete er ausweichend. »Schicken Sie mir die Fotos bitte an diese Mailadresse.« Er zog eine Visitenkarte hervor und gab sie Lou.

»Mach ich, sobald ich wieder im Geschäft bin. Hier draußen ist das Netz zu schlecht und das Internet zu langsam.« Sie steckte die Karte ein und musterte den Mann grüblerisch. »Außerdem denke ich, dass das, was auch immer hier passiert ist, vor neun Uhr geschehen ist. Marta wollte mir bis dahin nämlich die bestellte Ware ins Geschäft liefern. Notieren Sie sich das bitte.«

Konstantin Öhlgraber kritzelte die Info auf seinen Block.

In dem Moment fielen Lou Martas Kinder ein. »Die Tote hat einen Sohn und eine Tochter.«

Der Blick des Polizisten wanderte für den Bruchteil einer Sekunde zur Eingangstür des Wohnhauses. »Allem Anschein nach sind die nicht da. Zumindest hat mir niemand geöffnet, als ich geläutet habe.«

Lou nickte. »Mir hat auch niemand aufgemacht. Möglicherweise sind sie im Obstgarten an der Donau. Es ist Erntezeit, da helfen alle mit. Schicken Sie jemanden dorthin.« Sie erklärte ihm, wo der Garten lag. Marta hatte ihr und Sigrid begeistert die Lage beschrieben, als sie ihn vor zwei Jahren gepachtet hatte, und seitdem war Lou einige Male daran vorbeigefahren. Der Polizist notierte sich die Information.

»Wie heißen die Kinder?«, fragte er dann.

»Katharina und Andreas.«

»Wissen Sie, wie alt Frau Brucker ist beziehungsweise war?«

Lou dachte kurz nach. »Ihr exaktes Alter kenne ich nicht. Aber meines Wissens ist sie Ende vierzig, entweder acht- oder neunundvierzig.«

»Gibt es einen Herrn Brucker?«

»Ja, Rainer. Aber Marta und er leben schon länger getrennt und sind seit Kurzem geschieden.«

Der Polizist schrieb sich auch das auf. »Kennen Sie den Grund für die Scheidung?«

Lou dachte nach. Sie und Marta hatte nur eine lockere Bekanntschaft verbunden, den Grund für die Trennung von Rainer hatte sie ihr gegenüber nie erwähnt. Jedenfalls konnte Lou sich nicht daran erinnern. »Nein«, sagte sie schließlich. Und dann: »Vergessen Sie nicht die Spurensicherung und rufen Sie Chefinspektorin Verena Badinger vom Landeskriminalamt St. Pölten an.« Die sechsundfünfzigjährige Ermittlerin war erst Lous Ausbilderin und dann ihre Vorgesetzte beim Ermittlungsbereich Leib und Leben gewesen. »Sagen Sie ihr, dass sie mich im Geschäft findet.« Lou war klar, dass sie eine Aussage machen musste. »Worauf warten Sie noch?«, fragte sie, weil der Polizist keine Anstalten machte zu telefonieren. Auf einmal fühlte Lou sich wie in alten Tagen, als sie an Tatorten noch etwas zu sagen gehabt hatte. In ihrer aktiven Zeit als Kriminalbeamtin hatte sie gelernt, nie vorschnell zu urteilen, doch diesmal war sie sich sicher. »Marta Brucker wurde ermordet, glauben Sie mir.«

Konstantin Öhlgraber nickte und holte endlich sein Handy aus der Uniformjacke.

Lou sah auf ihre Uhr. Sie hatte Martas Leiche um elf entdeckt, mittlerweile war es zwölf. »Kann ich jetzt gehen?«

Der Polizist räusperte sich. »Natürlich können Sie das, aber halten Sie sich zur Verfügung. Sie müssen noch eine Aussage machen.«

»Wie schon erwähnt, finden Sie mich in Marienkirchen in Lous köstlicher Welt.« Damit stieg sie aufs Rad und fuhr davon.

4

Wie in Trance radelte Lou zurück zu ihrem Geschäft. Die Knöchel ihrer Finger traten weiß hervor, so fest umklammerte sie die Griffe des Lenkers, und trotzdem zitterten ihre Hände. Marta war tot. Ihr Gehirn weigerte sich, das zu begreifen. »Wer hat dich so sehr gehasst, dass er dir das angetan hat?«, murmelte sie. Denn die Hinweise, die sie dem Polizisten aufgezählt hatte, ließen keinen anderen Schluss zu: Marta war umgebracht worden. Bei dem Gedanken liefen ihr Tränen über die Wangen. Sie wischte sie mit dem Handrücken weg.

Als sie Lous köstliche Welt betrat, glaubte sie augenblicklich, in eine Versammlung geplatzt zu sein. Hedwig, Franziska und Sigrid standen am Verkaufstresen und sprachen aufgeregt miteinander. Über wen tuschelten sie so intensiv? Die drei kannten nahezu alle Bewohner Marienkirchens und natürlich auch deren Eigenheiten. Lou wäre nicht überrascht, wenn der österreichische Geheimdienst sie für sich entdecken würde.

Die achtundfünfzigjährige Bäckerin bemerkte Lou zuerst. Sie trug ein buntes Sommerkleid, das ihre breiten Hüften lässig umspielte und sie fast jugendlich wirken ließ. »Jessas, Lou.« Ihre Stimme schraubte sich ein paar Tonlagen höher Richtung Hysterie. »Wie schaust denn du aus?«

Lou wischte sich nochmals mit dem Handrücken über die Wangen. »Hast du die Bäckerei zugesperrt, oder müssen eure

Kunden vor dem Geschäft kampieren, bis du zurück bist?«, versuchte sie, von sich abzulenken.

»Es ist geschlossen. Mittagspause.«

»Natürlich«, brummelte Lou.

»Lous köstliche Welt bleibt heute Mittag offen«, erklärte Sigrid unmittelbar. »Wenn ich eh da bin, können Kunden auch gerne zu uns reinkommen.« Sie deutete auf Lous Hose. »Du bist ja total schmutzig.«

»Ich weiß«, erwiderte Lou knapp.

»Ist das Blut?« Jetzt zeigte Sigrid auf einen Fleck oberhalb von Lous Knien, wo diese sich abgestützt hatte, bevor sie ihre Hände mit den Feuchttüchern gereinigt hatte.

»Ja.«

Ihre Angestellte zuckte zusammen. »Bist hingefallen?« Ihr Blick schnellte zur Eingangstür, vor der sie vermutlich ihr kaputtes Rad im Fahrradständer wähnte.

»Nein. Keine Angst, deinem Rad ist nichts passiert.«

»Jetzt erzähl endlich!« Hedwigs Augen weiteten sich vor Neugier. »Was ist passiert?« Aufgeregt fuhr sie sich durch ihre kurzen braunen Haare, die sie im Sechs-Wochen-Rhythmus färben ließ, damit der graue Ansatz nicht hervorstach.

»Was ist mit Marta?« Franziska starrte sie an, als würde Lou jeden Augenblick ein Geheimnis ausplaudern. Erst jetzt bemerkte Lou, dass das Tablett mit dem Kaffeegeschirr, das die Konditorin am Morgen gebracht hatte, noch immer auf dem Tresen stand.

»Hätte ich mir gleich denken können, dass sich das Unglück schon bis zu euch herumgesprochen hat.« Lou klang heiser.

»Einsatzfahrzeuge mit Blaulichtern bleiben in Marienkirchen nicht lange unbemerkt«, erwiderte Franziska.

»Und da wir wussten, dass du zu Marta gefahren bist …« Sigrid drehte die Handflächen nach oben und sah sie auffordernd an.

Als eine Urlaubergruppe das Geschäft betrat, kümmerte sich Sigrid widerwillig um die Kunden und verschaffte Lou damit ein wenig Zeit.

»Gebt mir noch eine Minute«, sagte sie und trat zur Glastür, hinter der Michelin vor lauter Begeisterung über ihr Wiedersehen nicht nur mit dem Schwanz wedelte, sondern mit seinem ganzen Körper wackelte. Das liebte Lou an Hunden. Egal, wie kurz man fort gewesen war, sie freuten sich, als wäre eine halbe Ewigkeit vergangen. Sie zog die Glastür auf, betrat das Büro, schloss die Tür hinter sich und begrüßte Michelin. Der Rüde drückte seinen Kopf fest an ihren Oberschenkel und stupste mit der Schnauze gegen ihre Hand. Eine Geste der Zuneigung, mit der er nur Lou bedachte.

Durch die Tür sah sie zu Hedwig und Franziska, die beim Tresen stehen geblieben waren und besorgt in ihre Richtung schauten. Sie zwang sich zu einem verhaltenen Lächeln. Am liebsten hätte sie sich jetzt Michelin geschnappt und einen langen Spaziergang unternommen. Nur sie beide. Doch stattdessen schickte sie Konstantin Öhlgraber die Fotos der toten Marta. Einen Moment lang überlegte sie, sie auch gleich an ihre ehemalige Vorgesetzte weiterzuleiten, ließ es aber bleiben. Sollte Verena Ermittlungen aufnehmen, würde sie sich mit Sicherheit bei ihr melden und die Fotos einfordern oder sie von dem Streifenpolizisten erhalten. Lou nahm eine Flasche Mineralwasser aus dem Kühlschrank der Küchenzeile, goss sich ein Glas ein und leerte es. Dann zog sie die zerknüllten rötlichen Feuchttücher aus ihrer Hosentasche, warf sie in den Mülleimer, wusch sich die Hände mit Seife am Waschbecken und zog sich um. Für den Fall, dass sie sich beim Schleppen von Kisten schmutzig machte, hatte sie eigentlich immer Wechselkleidung im Büro. Sie tauschte die blaue Sommerbluse und die beige Stoffhose gegen ein cremefarbenes

T-Shirt und eine hellgraue Stoffhose mit weitem Bein, dann atmete sie noch einmal tief durch und kehrte in den Verkaufsraum zurück. Die Urlauber bezahlten soeben. Sie hatten zwei Flaschen Marillensirup und einen Sechserkarton Grünen Veltliner Federspiel vom Weingut ihrer Eltern gekauft.

»Geht's dir besser?«, fragte Hedwig, nachdem die Kunden gegangen waren.

Lou nickte, stellte sich hinter den Tresen und begann, ihre Freundinnen ins Bild zu setzen. Ihre Handyfotos von Martas Leiche erwähnte sie nicht. Der Anstand verbat ihr, sie herumzuzeigen wie Bilder aus dem Italienurlaub. Sobald der Mord an Marta aufgeklärt war, würde sie sie löschen. Hingegen erwähnte sie ihre Vermutung, dass die Marillenbäuerin ermordet worden war, und erläuterte den dreien wie schon zuvor dem Streifenpolizisten ihre These.

»Unmöglich«, japste Sigrid. Sie war völlig außer sich.

»Das kann nicht sein«, schnaubte Hedwig und schüttelte heftig den Kopf.

»Niemand aus Marienkirchen hat Marta etwas Schlechtes gewünscht. Das kann nur ein Fremder gewesen sein, der schon mit dem Vorsatz angereist ist, eine Straftat zu begehen«, platzte es aus Franziska heraus, ohne dass sie näher darauf einging. »Wer sonst sollte Marta ermordet haben, so beliebt, wie sie war?«

Sigrids Augen wurden groß. »Natürlich, so muss es gewesen sein. Jemand hat den Hof ausspioniert. Das liest man doch öfter in Zeitungen, dass Einbrecher zuerst Häuser auskundschaften und dann einsteigen.«

Hedwig zog ein Taschentuch aus der Tasche ihres Kleides und betupfte sich damit die Augen. »Gestern war sie noch bei mir in der Bäckerei«, hauchte sie. »Und heute ist sie tot.« Dann ging ein Ruck durch ihren Körper. »Da fällt mir was ein. Sie hat mir erzählt, dass letzte Woche gleich zweimal Marillen aus ihrem Garten gestohlen wurden. Diebe haben so einfach mal über eine Tonne von dreißig Bäumen runtergepflückt.«

Lou schürzte die Lippen. »Das ist viel.«

»Was willst du damit sagen?« Sigrid war der Zusammenhang sichtlich unklar.

»Vielleicht hat der heutige Mord ja etwas mit den Diebstählen zu tun?«, ergänzte Hedwig ihre eigene Überlegung. »Ist doch möglich, dass die Obstdiebe erneut zuschlagen wollten und Marta sie dabei überrascht hat.« Sie blickte Lou an, als wartete sie auf ihre Bestätigung.

»Der Gedanke ist nicht abwegig. Aber wäre es nicht leichter, in einem Marillengarten zuzuschlagen, der nicht von einem hohen Zaun umgeben ist?«, gab Lou zu bedenken. »Davon gibt es in der Wachau einige.«

»Vielleicht haben die Diebe gedacht, Marta und die Kinder wären nicht da. In den Hof gelangt man jederzeit durch das Tor, und ist man mal im Garten, kann einen von außen niemand sehen«, versuchte Sigrid, eine logische Erklärung zu finden.

Lou nickte und blickte dann zu Hedwig. »Weißt du, in welchem der beiden Gärten die Marillen letzte Woche gestohlen wurden?«

Die Bäckerin schüttelte den Kopf. »Das hat sie mir nicht erzählt.«

Sigrid zwirbelte aufgeregt eine ihrer Haarsträhnen. »Marta betreibt doch auch einen kleinen Hofladen, der im Nutzgebäude untergebracht ist. Hast du hineingeschaut? Vielleicht fehlt da ja auch etwas.«

»Ich bin reingegangen, aber mir kam nichts verdächtig vor. Sogar das übliche Wechselgeld lag in der Schüssel«, sagte Lou. »Demnach war Martas Mörder nicht auf Geld aus.«

Nachdenklich drehte Franziska ein Glas Safransenf hin und her, das auf dem Tresen stand. »Dann müssen wir in den nächsten Tagen mal die Ohren spitzen. Vielleicht hat ja jemand etwas beobachtet, das uns zu den Dieben führt. Und möglicherweise haben wir mit ihnen dann auch gleich Martas Mörder.« Sie schob das Glas entschlossen zur Seite.

Lou ahnte, worauf das hinauslief, und hob mahnend den Zeigefinger. »Damit das klar ist: Ihr macht nichts. Ermittlungen sind Sache der Polizei.«

»Aber du könntest etwas machen. Schließlich hast du die arme Marta gefunden und bist … warst Kriminalbeamtin«, meinte Franziska. »Du hast bestimmt nicht verlernt, was in einem Mordfall zu tun ist.«

»Genau, du unternimmst etwas«, befürwortete Hedwig den Vorschlag, als ob sie gleich darüber abstimmen würden.

Lou schwieg.

»Und die Franzi, die Hedi und ich könnten dich unterstützen.« Sigrids Miene verriet, dass sie keine Lust hatte, untätig zu bleiben. »Indem wir uns ein wenig umhören und dir sagen, wenn uns etwas Verdächtiges zu Ohren kommt.«

Franziska und Hedwig stimmten enthusiastisch zu.

Lou seufzte hörbar. Nichts auf der Welt würde die drei davon abhalten, Erkundigungen einzuholen. Egal, was sie selbst dazu sagte. Also gab sie nach. »Okay, dann hört euch mal um, ob noch jemandem Marillen gestohlen wurden, und gebt mir Bescheid, was ihr rausfindet.«

Ein zufriedenes Lächeln huschte über das Gesicht ihrer Freundinnen.

»Aber lasst uns nicht vorschnell urteilen. Die Diebe sind nicht automatisch Martas Mörder.«

Lou wartete das zustimmende Nicken der anderen ab, bevor sie fortfuhr: »Vielleicht hatte Marta ja doch Feinde, von denen wir nichts wissen.« Sie spürte, wie sie allmählich ins alte Fahrwasser zurückglitt und den Mordfall betrachtete, als würde sie tatsächlich offiziell ermitteln. Überrascht stellte sie fest, dass sich ein Gefühl tiefer Verpflichtung in ihr breitmachte. Sie musste weiterforschen, die Wahrheit herausfinden. Vermutlich, weil es sich bei dem Mordopfer um eine gute Bekannte handelte, denn eigentlich wollte sie mit Mord- und Totschlag nichts mehr zu tun haben. »Weiß eigentlich eine von euch, weshalb Marta und Rainer sich haben scheiden lassen?«

Hedwig nickte. »Er hat sie betrogen, wann immer sich ihm eine Gelegenheit bot. Marta hat es lange ausgehalten, zu lange, wenn ihr mich fragt.«

Franziska runzelte neugierig die Stirn. »Warum willst du das wissen, Lou?«

»Der Polizist hat mich vorhin nach dem Trennungsgrund gefragt. Da ist mir aufgefallen, dass ich zwar weiß, dass sie geschieden sind, aber die Frage nach dem Warum nicht beantworten kann«, räumte sie ein.

»Außerdem hat er sie so gut wie immer mit der Arbeit am Hof alleine gelassen«, fügte Hedwig hinzu. »Ist schon klar, er ist hauptberuflich Bootsbauer, arbeitet Vollzeit auf der Familienwerft, und der Hof gehörte Marta. Aber als Ehepaar ist man doch ein Team. So wie Ernst und ich. Wenn einer unserer Bäckergesellen krank ist oder Urlaub hat, stehe ich um drei neben Ernst in der Backstube, und wenn viel los ist, unterstützt er mich im Verkaufsraum. Da wird nicht lange herumdiskutiert. Wenn es Arbeit gibt, wird sie erledigt. Aber Rainer hat abends gerne die Füße aufs Sofa gelegt oder ist ins Wirtshaus gegangen, während Marta daheim noch alle Hände voll zu tun hatte. Oder er hat sich mit seiner aktuellen Affäre getroffen.«

»Glaubst du, dass Rainer etwas mit ihrem Tod zu tun hat?«, fragte Sigrid.

»Im Moment glaub ich noch gar nichts«, sagte Lou. »Aber er wäre nicht der erste Ex-Mann, der aus Hass und Wut die Nerven verloren hat.« Sie wusste, dass achtzig Prozent der Frauenmorde sogenannte Intimizide waren, also Tötungen des Intimpartners.

»Wird deine ehemalige Vorgesetzte den Fall übernehmen?«, erkundigte sich Sigrid.

»Möglich«, antwortete Lou knapp, entfernte sich vom Tresen, nahm eine leere Pappbox, die auf dem Boden neben der Glastür stand, und stellte sie vor ein Regal.

»Was machst du da?«, fragte Sigrid.

»Ich geh gleich zu Fabio rüber, um die Vitrine aufzufüllen. Er hat mich gestern Abend angerufen, denn einiges fehlt«, erklärte Lou und legte vier Packungen Spiralnudeln und zwei mit Tagliatelle aus Emmer-Getreide in die Box. Die Nudeln kamen von einem Bio-Urgetreidehof, der eine halbe Stunde Autofahrt entfernt auf der anderen Donauseite lag.

»Sie geht zu Fabio rüber«, wiederholte Franziska in einem doppeldeutigen Tonfall. »Sie füllt die Vitrine auf.«

Sigrid und Hedwig grinsten anzüglich.

»Man könnte glauben, ihr seid fünf«, empörte sich Lou kopfschüttelnd, während sie noch Honig und ein paar Marmeladen in die Box stellte. Seit der Scheidung von Mona und Fabio lagen ihr die Frauen in den Ohren, sich den hinreißenden Sternekoch zu angeln. Sie würden gut zueinanderpassen, meinten sie einhellig. Doch Fabio und sie waren Freunde. Nicht mehr, aber auch nicht weniger.

Lou wandte sich an Sigrid. »Falls Verena Badinger auftaucht, sag ihr bitte, wo ich bin. Aber möglicherweise kommt sie eh erst morgen.« Sie ging zum Verkaufstresen, entnahm einer Schublade ihren Schlüssel für die Vitrine und steckte ihn sich in die Hosentasche. »Ich bin jedenfalls in einer halben Stunde wieder da.«

Mit der Pappbox in den Händen verließ Lou das Geschäft in der Gewissheit, dass die Nachricht von Martas tragischem Tod bald bis in das entlegenste Gässchen Marienkirchens vorgedrungen sein würde. Zudem wusste sie, dass sie dank ihrer Freundinnen spätestens morgen erfahren würde, ob ein weiterer Marillenhof bestohlen worden war.

5

Das Landhaus Gerber hatte mittags von zwölf bis drei Uhr geöffnet. Jetzt, fünfzehn Minuten nach zwei, war vermutlich noch ziemlich viel los. Lou öffnete die Tür des Schlösschens und betrat das Foyer. Sie stellte die Box neben der Vitrine ab und zog die Verbindungstür zum Restaurant auf. Augenblicklich umfing sie ein angenehmer Duft nach Rosmarin und Zitrone, dezenter Jazz, der aus Lautsprechern an der Decke drang, und Stimmengewirr. Wie vermutet war das Restaurant bis auf den letzten braungoldenen Polsterstuhl besetzt. Lou sah sich um. Manche Gäste aßen, andere hatten ihr Mittagessen bereits beendet, wie die leeren Teller und Gläser auf den weiß eingedeckten Tischen bezeugten. Eine junge Kellnerin bemühte sich, alles nahezu gleichzeitig abzuräumen, ein Kellner balancierte drei Gläser Weißwein auf einem Tablett durch das Lokal, und Schankkellner Willi zapfte Bier hinter der nussbraunen Bar. Trotz der mit Sicherheit stressigen Betriebsamkeit arbeiteten Fabios Angestellten routiniert und ohne den Anschein von Hektik. Ein etwa vierjähriges Mädchen zupfte am Blatt des Philodendrons, der nahe dem Tisch stand, an dem es mit fünf Erwachsenen saß. Vermutlich die Eltern und Großeltern der Kleinen. Insgesamt fungierten vier Philodendren und ebenso viele Stockpalmen als grüne Blickfänger, deren messingfarbene Übertöpfe auf die Messinglampen an der Decke und an den Wänden abgestimmt waren. Lou beeindruckte die schlichte, aber gediegene Inneneinrichtung des Gastraums immer wieder. Sie machte es den Gästen leicht, sich wohlzufühlen. Sie ging ein paar Meter weiter und sah durch die offen stehende Flügeltür auf die Terrasse, die ihr ebenfalls gut besucht erschien. Gerda, Fabios Oberkellnerin, eine rothaarige Mittdreißigerin in schwarzen Jeans und weißer Bluse, kassierte gerade einen Tisch an der Balustrade ab. Lou wusste aus eigener Erfahrung, dass man von dort aus einen großartigen Blick auf die Donau und die Weinberge am gegenüberliegenden Ufer hatte.

Als Gerda den Kopf hob, bemerkte sie Lou, nickte den Gästen zum Abschied freundlich zu und steuerte in der nächsten Sekunde auf sie zu. »Wir sind heute Mittag bis auf den letzten Tisch ausgebucht«, stöhnte sie anstelle einer Begrüßung. »Aber für dich find ich immer ein Platzerl.«

»Nicht nötig«, wehrte Lou ab. »Ich will euch gar nicht stören, wollte nur schnell Hallo sagen und Bescheid geben, dass ich die Vitrine auffülle.«

»Weiß Fabio, dass du da bist?«

»Nein. Aber er hat mich gestern angerufen und mich darum gebeten.«

»Ich hol ihn.«

»Musst du nicht, er hat sicher viel zu tun. So wie ihr. Ich kümmere mich um die Vitrine und bin dann auch schon wieder weg.«

»Ich sag ihm trotzdem, dass du da bist.« Gerda grinste. »Wenn ich es nicht mache, reißt er mir den Kopf ab, sobald er hört oder an der Vitrine sieht, dass du da warst.«

Noch bevor Lou erneut etwas entgegnen konnte, lief Gerda schon los und verschwand hinter der Schiebetür aus Milchglas gegenüber der Bar, die in die Küche führte. Lächelnd ging Lou zurück ins Foyer, zog den Schlüssel aus der Hosentasche, sperrte die Vitrine auf und begann, die mitgebrachten Waren einzuräumen.

Wenige Augenblicke später tauchte Fabio auf. Er trug nicht wie sonst in der Küche die American-Style-Kochmütze. Seine dunkelblonden Haare waren verwuschelt, und der Dreitagebart erschien Lou frisch getrimmt. Seine tiefblauen Augen blitzten sie freudig an. »*Le soleil se lève*, die Sonne geht auf.«

Lou lächelte. »Charmeur.« Seiner guten Laune nach war ihm die schreckliche Neuigkeit noch nicht zu Ohren gekommen.

»Hast du schon zu Mittag gegessen?«

Lou konnte sich ein Schmunzeln nicht verkneifen. Fabios Deutsch mit dem französischen Akzent entzückte sie jedes Mal aufs Neue.

Sie schüttelte den Kopf.

Auf seinem Gesicht erschien ein herzliches Grinsen, als hätte er auf diese Reaktion gehofft. »*Mon Dieu.* Eines Tages wirst du noch verhungern.«

»Werde ich nicht. Ich kann kochen, gut sogar, wie du weißt.« Sie hatte Fabio schon bekocht, zumindest einmal.

Er lächelte sie an. »Das stimmt. Vor allem dieses Dessert … Zipf?« Der Name der mit Marillenmarmelade gefüllten Dreiecke schien ihm entfallen zu sein.

»Polsterzipf«, half sie ihm.

»*Fantastique.*« Er bildete mit Zeigefinger und Daumen einen Ring und küsste seine Fingerspitzen.

»Freut mich, dass es dir geschmeckt hat. Aber ich hab gerade wirklich keinen Hunger oder Gusto auf ein Dessert oder sonst was«, schob sie hinterher, damit er sie am Ende nicht noch an einen Tisch zerrte und höchstpersönlich fütterte. »Ich will dich auch nicht aufhalten. Ich bin nur …«

»Du hältst mich nicht auf«, fiel Fabio ihr ins Wort. »Und *merci*, dass du das gleich heute erledigst.« Er nickte Richtung Vitrine. »Aber auch wenn du nicht hungrig bist … musst du trotzdem unbedingt etwas probieren.« Er griff nach ihrer Hand und zog sie mit sich.

Sie lachte. »Du gibst nie auf, oder?«

In der großzügigen Edelstahlküche nickte ihr Janet, Fabios Souschefin, distanziert zu. Mit ihr wurde Lou einfach nicht warm. Weshalb, konnte sie sich nicht erklären. Die Köchin, die ihren mittelbraunen Pagenkopf während der Arbeit unter einem bunten Bandana verbarg, verhielt sich Lou gegenüber seit ihrer ersten Begegnung wie ein Kühlschrank. Soeben briet Janet ein Stück Fleisch an. Es missfiel ihr sichtbar, dass ihr Chef Lou in den Arbeitsbereich schleifte.

Eric, den zweiten Koch, schien Lous Besuch nicht zu stören. Im Gegenteil. »Hi, Genusskönigin«, begrüßte er sie freundlich, während er Teig in eine Pfanne goss. Er kam ursprünglich aus Tirol und war ein wahrer Entertainer. Lou hatte mal erlebt, wie er eine halbe Stunde lang Witze erzählte. Einen nach dem anderen, so als würde es sich bei ihnen um eine zusammenhängende Geschichte handeln. Lou hatte vor Lachen Bauchschmerzen bekommen.

Die beiden Küchenhilfen nickten ihr ebenfalls lächelnd zu.

Lou kannte mittlerweile das gesamte Team. Sie schaute öfter vorbei, nicht nur, um die Vitrine aufzufüllen. Manchmal lud Fabio sie zum Essen ein, oder sie verabredete sich mit Sigrid, Hedwig und Franziska im Landhaus Gerber zu einem Mädelsabend. Der dann zumeist damit endete, dass alle nach Hause gingen und sie als Letzte mit Fabio noch einen Absacker trank.

Der Sternekoch nahm einen Teller von einem Arbeitstisch und streckte ihn ihr mit einer Dessertgabel entgegen. »Aprikosen-Tarte-Tatin mit einer Eiweiß-Mandel-Creme nach einem Rezept aus dem Wallis.«

Lou probierte die Marillentarte. Die Mehlspeise war noch warm. »Schmeckt himmlisch.«

»Übrigens mit Wachauer Marillen. Mir dafür extra Walliser Aprikosen liefern zu lassen, wäre gegen mein Prinzip, regionale Produkte zu verwenden«, erklärte Fabio vergnügt. »Wusstest du, dass die Aprikose, also Marille, wie ihr Österreicher sagt, auch für das Wallis typisch ist? Die Früchte werden im Rhonetal angebaut. Kannst du ja mal am Rande erwähnen, wenn du das nächste Mal mit Reto chattest, deinem Freund aus Siders im Oberwallis. Wird ihn bestimmt beeindrucken.«

Lou schenkte ihm ein mildes Lächeln. »Er ist nicht mein Freund, uns verbindet nur der Internationale Club für Berner Sennenhunde. Und falls du es vergessen haben solltest: Es war deine Idee, dass ich dort Mitglied werde.«

Fabio ignorierte ihre Bemerkung und winkte stattdessen Janet. »Bringst du mir bitte das Aprikosen-Carpaccio mit Ziegenkäse?« Er wandte sich wieder an Lou. »Das musst du auch noch kosten, ist ebenfalls ein Rezept aus dem Wallis. Wir servieren es heute als Entrée.«

»Der Kanton scheint mich heute zu verfolgen«, merkte Lou an. »Am Vormittag waren schon zwei Urlauberinnen aus dem Wallis in meinem Geschäft.«

»Was für ein Zufall«, grinste Fabio. »Und gestern Abend waren bei mir drei Schweizer aus Siders zum Essen. Zwei Frauen und ein Mann.«

»Wenn eine davon einen roten Bob und die andere hellbraune Haare hatte …«

»Das hatten sie in der Tat«, unterbrach Fabio sie.

Lou entkam ein lautes Lachen. »Dann waren das meine beiden Schweizerinnen. Der Mann war vorhin nicht dabei.«

Janet nahm ihr den Teller mit der restlichen Tarte ab und drückte ihr einen anderen mit einer Gabel in die Hand, darauf fein geschnittene Marillenstückchen und Ziegenkäse.

»Die wissen offenbar, was gut ist, wenn sie zu dir gehen.« Er zwinkerte ihr zu. »Die Kochkünste meines Hauses haben sie übrigens überschwänglich gelobt. Gerda meinte, dass sie den Koch, also mich, für ein Gourmetprojekt abwerben wollten.« Fabio legte sich eine Hand aufs Herz. »Das war natürlich Spaß. Zudem sind meine Wanderjahre endgültig vorbei. Aber jetzt iss endlich«, drängte er sie. »Käse und Marillen werden mit Zitronensaft beträufelt, mit Salz, Pfeffer und Öl gewürzt und dann mit Rosmarin aromatisiert. Zum Abschluss noch etwas Balsamico darüber, *voilà*!«

Lou hörte ihm aufmerksam zu, ohne das Carpaccio anzurühren. Sie sah Fabio gerne an, wenn er ihr voller Begeisterung erklärte, wie ein Gericht zubereitet wurde. In so einem Moment erschien er ihr wie ein kleiner Junge, der zum ersten Mal einen lichterbehängten Christbaum sieht.

Als er ihr mit einer ungeduldigen Handbewegung bedeutete, endlich zu probieren, nahm Lou ein Marillenstückchen mit etwas Ziegenkäse auf die Gabel und schob sich alles in den Mund.

»Wachauer Marillenknödel fehlen natürlich auch nicht auf der aktuellen Karte«, ereiferte sich Fabio derweil. Dann beäugte er sie skeptisch. »*Chérie*, was ist los? Schmeckt es dir nicht? Soll ich das Entrée von der Karte nehmen?«

Er kannte Lous Eigenheit, beim Verkosten die Augen zu schließen, um ihren Geschmackssinn zu schärfen. Aber gerade konnte sie sich dazu einfach nicht überwinden. »Doch, doch. Es schmeckt fantastisch«, beeilte sie sich zu sagen. »Es ist nur …« Sie hielt kurz inne. »Der Vormittag war einfach schrecklich.« Sie aß eine zweite Gabel voll. »Fantastisch«, beteuerte sie.

Fabio kniff die Augen zusammen. »Was quält dich? Was ist los?«, wiederholte er seine Frage eindringlich.

Lou stellte den Teller auf den Arbeitstisch. »Nicht in der Küche. Lass uns rausgehen.«

Janet warf ihr einen missbilligenden Blick zu. Lou konnte es ihr nicht verdenken. Im Restaurant herrschte noch immer Hochbetrieb, und sie hielt Fabio von der Arbeit ab. Trotzdem zog sie ihn am Ärmel aus der Küche und zurück in den Eingangsbereich, wo sie ihm einen raschen Überblick über das furchtbare Geschehen gab.

Fabios Augen weiteten sich erschrocken. »*Mon Dieu*, was sagst du da?«

»Ich vermute, dass Marta ermordet wurde«, flüsterte Lou.

»Aber das kann nicht sein«, entfuhr es Fabio entsetzt. »Wie kommst du auf so eine Idee?«

Lou erläuterte ihre These mit den Marillen, die fein säuberlich in den Kartonsteigen gelegen hatten, und Martas verdrehtem Körper. »Ich glaube nicht daran, dass sie einfach gestolpert und so hingefallen ist, dass sie sich dabei eine tödliche Kopfverletzung zugezogen hat.«

»*Comme c'est terrible.*« Fabio nahm wieder ihre Hand. »Und das sagst du mir hier, im Flur?« Er öffnete die Tür zum Restaurant und ging mit ihr an die Bar.

»Mach uns zwei Marillenschnäpse, Willi«, wies er den Schankkellner an.

Lou sah, dass der Barmann zur Flasche vom Brucker-Hof griff. Ausgerechnet! Ein eigenartiges Gefühl, das Entsetzen über Martas Tod gleich mit ihrem Schnaps hinunterzuspülen.

»Was willst du jetzt tun?«, fragte Fabio in ihre Gedanken hinein.

Willi stellte zwei gefüllte Schnapsgläser auf die Bar.

Lou zuckte hilflos die Schultern. »Franziska meint, dass das die Tat eines Ortsfremden ist, weil Marta bei allen beliebt war. Außerdem wurden vor Kurzem Marillen aus einem von Martas Gärten gestohlen. Möglicherweise sind ja die Obstdiebe ihre Mörder, zumindest glaubt das Hedwig.« Plötzlich war dieses Gefühl der Machtlosigkeit wieder da, das ihr die Kehle zusammenschnürte. Sie nahm ein Glas und kippte den Schnaps ex hinunter.

Fabio tat es ihr gleich, stellte das Glas auf die Theke zurück und musterte sie nachdenklich. »Viel dürften die Diebe nicht mitgehen haben lassen, denn Marta hat mich gestern angerufen und mir vierzig Kilo Marillen angeboten. Eine ziemlich große Menge.«

»Gestohlen wurde etwas mehr als eine Tonne«, sagte Lou.

Fabios Augenbrauen schnellten überrascht nach oben. »So viel?«

In dem Moment trat Gerda neben sie an die Bar, und Willi schob ihr ein Tablett mit Getränken über den Tresen, die die Oberkellnerin über das mobile Bestellsystem bei ihm geordert hatte.

»Fünf Achtel Grüner Veltliner Steinfeder vom Jamek, drei Riesling Steinfeder vom Conrad und ein Glas Sauvignon Blanc vom Weingut Böhmer. Dazu zwei Flaschen Mineralwasser mit Kohlensäure«, zählte der Schankkellner auf.

Gerda nickte ihm zu und wandte sich dann an Lou. »Hast eigentlich schon gehört, dass der *Falstaff* das Landhaus Gerber zu einem der besten zehn Restaurants Österreichs gekürt hat?«

»Wirklich?«, entfuhr es Lou. »Das ist ja großartig. Und das, obwohl ihr erst seit neun Monaten geöffnet habt.«

»Mon Dieu!«, rief Fabio. »Macht bloß kein großes Ding aus der Sache. Ich hoffe wirklich, sie belassen es dabei. Auszeichnungen bedeuten nur Stress.«

Gerda machte eine auffordernde Geste Richtung Willi. »Gibst mir bitte den aktuellen *Falstaff*?«

Er reichte ihr das Magazin über den Tresen hinweg, und sie schlug es an einer markierten Stelle auf. »›Ein zauberhafter Ort, inmitten des UNESCO-Weltkulturerbes Wachau mit fantastischer Aussicht auf die Donau und am nördlichen Donauufer gelegen. Fabio Gerber gelingt es auf magische Art, in seinen kulinarischen Kreationen die Region und die französische Schweiz, seine Heimat, zu verbinden‹«, las die Oberkellnerin vor.

Lou lächelte verhalten. »Das klingt unglaublich.«

»Wir sind megastolz. Ich würde den Artikel am liebsten jedem Gast zeigen.« Gerda verdrehte die Augen. »Aber du kennst ja unseren bescheidenen Chef.« Sie warf Fabio ein aufgesetztes Lächeln zu und verschwand mit den Getränken. Das Magazin hatte sie offen auf der Bar liegen lassen.

Lou sah Fabio in die Augen. »Bei der hymnischen Kritik wird die erste Haube vom *Gault-Millau* nicht mehr lange auf sich warten lassen. Oder ein *Michelin*-Stern.«

»*Pour vivre*, bloß nicht«, wehrte Fabio ab. »Den Zirkus habe ich lange genug mitgemacht.«

Lou wusste, dass er schon einmal zwei Sterne und drei *Gault-Millau*-Hauben erkocht hatte. »Jetzt wehr dich halt nicht. Du kochst eben phänomenal, und das verdient Auszeichnungen.« Das war ihre aufrichtige Meinung.

»Ein Sternekoch braucht eine ganze Schar an Mitarbeitern, um das hohe Niveau halten zu können. Damit steigen die Kosten, und infolgedessen musst du die Preise erhöhen, was ich nicht will. Zudem erfordert es Disziplin, eisernen Willen und den Hang zur Selbstzerstörung«, murrte Fabio. »Hier in Marienkirchen wollte ich eigentlich nur für meine Gäste kochen und mich nicht mehr von Kritiken abhängig machen.«

»Du kannst doch trotzdem weitermachen wie bisher«, war Lou überzeugt. »Oder du kochst in Zukunft einfach grauenhaft.« Sie grinste schief.

Fabio atmete mit einem Stoß aus. »Phh, so weit kommt es noch.«

»Nimm das Lob einfach an.« Lou küsste ihn auf die Wange. »Ich bin jedenfalls genauso stolz auf dich wie dein Team.« Dann wechselte sie wieder zum eigentlichen Thema, weshalb sie an die Bar gegangen waren. »Wenn Marta vierzig Kilo Marillen loswerden wollte, ist die Ernte besser ausgefallen, als sie nach dem Kälteeinbruch und dem Unwetter im letzten Monat befürchtet hatte.«

Fabio zuckte mit den Achseln. »Mag sein.«

»Aber warum hat sie dir die Menge so kurzfristig angeboten?« Lou schürzte nachdenklich die Lippen.

»Sie meinte, dass gestern jemand unerwartet eine Bestellung storniert hat.«

»Hat sie dir auch gesagt, wer?«

Fabio schüttelte den Kopf. »Ich habe nicht nachgefragt, aber ihr Angebot gern angenommen. Du siehst ja, wir verkochen jede Menge Marillen. Sie wollte mir die Ware heute Nachmittag vorbeibringen. Das kann ich jetzt wohl vergessen.«

Sie schwiegen kurz, als sich die Schiebetür aus Milchglas öffnete und Janet erschien. »Wärst du so gut, uns wieder zu helfen.« Sie formulierte den Satz nicht als Frage. »Eric und ich, wir sind am Schwimmen.«

Fabio nickte. »Klar, ich bin in zwei Minuten bei euch.«

Janet machte keine Anstalten, in die Küche zurückzukehren, sondern stellte sich neben Fabio an die Bar. »Tut mir wirklich leid, dass ich euer Gespräch unterbreche, Lou.« Ihr Tonfall verriet, dass das Gegenteil der Fall war.

»Kommst du am Abend nach Restaurantschluss noch mal auf ein Glas Wein vorbei?«, fragte Fabio Lou.

Janet verzog säuerlich den Mund, und in dem Moment fiel bei Lou der Groschen. Die Souschefin war scharf auf ihren Chef und sah in ihr eine Konkurrentin. Verständlich. Fabio war charmant und attraktiv. In seinen tiefblauen Augen konnte man versinken wie in einem Ozean. Lou musste sich eingestehen, dass ihr die Erkenntnis einen Stich versetzte.

»Mal schauen. Wenn ich nicht zu müde bin«, antwortete sie und bemühte sich, dabei nicht in Janets Richtung zu blicken.

»Du solltest heute Abend nicht allein sein«, ließ Fabio nicht locker.

Janet spitzte unübersehbar die Ohren.

»Schaun ma mal«, wich Lou erneut einer eindeutigen Antwort aus. »Vielleicht fahr ich auch zu meinen Eltern.«

Endlich verschwand Janet wieder durch die Milchglastür.

»Wie du willst. Aber falls du mich brauchst, gib Bescheid. Du weißt, ich bin ein guter Zuhörer und Assistent«, spielte Fabio darauf an, dass sie beide schon im letzten Jahr auf eigene Faust in einem Mordfall ermittelt hatten. Damals war in Marienkirchen ein Winzer ermordet worden.

Lou nickte. »Könntest du vielleicht in Erfahrung bringen, wer die Marillen storniert hat und aus welchem Grund?«

»Glaubst du, das hängt mit dem Mord an Marta zusammen?«

Lou zuckte die Achseln. »Keine Ahnung, aber es ist der einzige Punkt, an dem wir im Moment ansetzen können.«

6

Lou brauchte fünf Minuten, um die Vitrine aufzufüllen. Als Gerda ihr, kurz bevor sie gehen wollte, ein Stück Marillentarte in einer Warmhaltebox in die Hand drückte, konnte sie sich ein Schmunzeln nicht verkneifen. »Fabio scheint wirklich Angst zu haben, dass ich verhungere.«

»Die Angst hat er bei uns allen. Außerdem kocht er nun mal gerne und genießt es, wenn es anderen schmeckt.« Die Oberkellnerin verabschiedete sich und verschwand wieder im Restaurant.

Um halb drei, viel später als geplant, kehrte Lou in ihren Laden zurück. Hedwig und Franziska waren verschwunden, ebenso das Tablett mit dem Geschirr.

»Hab was zu essen mitgebracht«, sagte Lou und drückte Sigrid mit einer kurzen Erklärung, worum es sich handelte, die Box in die Hand.

Die Augen ihrer Angestellten leuchteten auf. »Fein, das wird meine Nachspeise. Ich hab nämlich vorhin als Mittagessen unsere Verkostungshäppchen zusammengefuttert.« Sie zeigte zum Weinfass, auf dem normalerweise der volle Teller stand. Er war leer. »Das waren die letzten. Du musst endlich wieder Brot backen.«

»Ich weiß.« Meistens backte Lou die Bauernbrote, die sie für die Häppchen verwendeten, selbst. Im Zuge der Umbauarbeiten ihres Winzerhäuschens vor ihrem Einzug hatte sie sich in dessen Garten eigenhändig einen Brotbackofen gemauert. »Aber ich befürchte, für die nächsten Tage werden wir Brot bei Hedi kaufen müssen. Wahrscheinlich komm ich frühestens am Sonntag wieder zum Backen.« Normalerweise reichte ein Laib des Bauernbrots für ein paar Tage, allerdings nicht, wenn wie jetzt viele Touristen im Ort waren.

»Okay, dann geh ich später zu Hedi rüber.« Sigrid stellte die Box auf den Tresen. »Leider hab ich noch nichts Neues zum Thema Diebstahl und Marillenbauern rausgefunden. Seit du zu Fabio rüber bist, haben sich die Kunden die Klinke in die Hand gegeben. Ich bin noch nicht zum Telefonieren gekommen.«

»Das hab ich auch nicht erwartet.« Lou nahm die Box vom Tresen, schickte sich an, damit ins Büro zu gehen, und stoppte abrupt. »Wo ist Michelin?«

»Deine Mutter hat ihn mitgenommen«, erklärte ihre Freundin, zog die Glastür auf, nahm Lou die Box wieder ab und betrat das Büro.

Lou folgte ihr. »Warum war sie denn hier?«

»Sie hat Marillen gebraucht.«

Lou drehte sich um und sah zu dem Tischchen, auf dem die Holzkiste mit dem Steinobst gestanden hatte. Sigrid hatte dort jetzt fünf Flaschen mit Essig und Öl arrangiert.

»Na super«, ächzte Lou. »Ausgerechnet meine Mutter hat sich unsere letzten Marillen gekrallt.«

»Sie macht heute einen Topfen-Marillen-Strudel«, sagte Sigrid in einem Tonfall, als würde das Erikas Raubzug rechtfertigen.

»Trotzdem ist das kein Grund, gleich alle zu kaufen. Wie auch immer«, tat Lou die Sache ab, weil es eh nicht mehr zu ändern war. »Der Topfen-Marillen-Strudel ist aber keine Erklärung dafür, warum sie Michelin mitgenommen hat.«

»Die Erika hat gemeint, am Weingut kann er wenigstens ein bisserl herumlaufen. Muss nicht wie hier im Büro herumliegen.«

»Und damit hat sie nicht ganz unrecht.« Lou trat an die Küchenzeile, holte Gabeln und einen Tortenheber aus der Schublade sowie einen Teller aus einem Küchenkasten.

Sigrid stellte die Box auf den Schreibtisch und nahm den Deckel ab. »Jö, schaut das fein aus.«

Lou reichte ihrer Freundin den Teller mit einer Gabel und den Heber.

»Marillentarte – oder wie Fabio sich ausgedrückt hat: ›Aprikosen-Tarte-Tatin mit einer Eiweiß-Mandel-Creme nach einem Rezept aus dem Wallis‹«, erklärte sie und versuchte dabei, Fabios französischen Akzent nachzuahmen.

Sigrid lächelte und hievte sich ein Stück Tarte auf den Teller. »Apropos Weingut. Deine Mutter hat sich bei mir beschwert, weil du dich bei ihr und deinem Vater schon seit drei Wochen nicht mehr gemeldet hast. Sie hat dich wohl ein paarmal angerufen und dir auch auf die Mailbox gesprochen.«

»Ich weiß, aber ich hatte viel um die Ohren. Hab eh ein schlechtes Gewissen.« Lou verzog das Gesicht. »Zumindest hab ich ihr letztens eine WhatsApp geschickt, dass ich bis zum Hals in Arbeit stecke und mich melde, sobald ich wieder etwas Luft hab.«

Sigrid stach ein Stückchen Tarte mit der Gabel ab und ließ es sich im Stehen auf der Zunge zergehen. »Einfach himmlisch«, schwärmte sie gleich darauf.

»Fabios Kochkünste wurden gerade erst lobend im *Falstaff* erwähnt«, sagte Lou und wiederholte dann sinngemäß, was Gerda ihr im Restaurant vorgelesen hatte.

»Also, allein für die Tarte hätte er schon fünf Hauben verdient«, sagte Sigrid kauend.

Lou nahm sich nun auch ein Stück und schob sich eine Gabel voll in den Mund. Diesmal schloss sie die Augen und genoss die

Mischung aus mild-warmer Süße und fruchtiger Note. In Fabios Küche hatte sie noch zu stark unter dem Eindruck von Martas Tod gestanden und daher die Qualität der Tarte nicht objektiv beurteilen können. »Wirklich fantastisch«, bestätigte sie Sigrids Urteil. »Aber um noch mal auf meine Eltern zurückzukommen, ich hab eh überlegt, heute Abend bei ihnen vorbeizuschauen.«

»Dann war es ja nicht schlimm, dass Erika Michelin mitgenommen hat. Übrigens werden auch wir heute Abend dort sein.«

Lou runzelte überrascht die Stirn. »Wer ist ›wir‹?«

»Na, die Franzi, die Hedi und ich«, erwiderte Sigrid.

»Fang bitte noch mal von vorne an«, bat Lou und aß ein weiteres Stückchen Tarte. »Es scheint, ich hab da was nicht verstanden. Weshalb sind wir alle heute Abend bei meinen Eltern?«

»Als ich deiner Mutter erzählt hab, was passiert ist … Na ja, sie war ganz schön geschockt«, erläuterte Sigrid.

»Verständlich, das sind wir alle«, murmelte Lou.

»Sie ist übrigens auch der Meinung, dass die Tat ein Ortsfremder begangen haben muss, weil Marta doch so beliebt war.«

»Dann ist ja alles gut«, spottete Lou. »Ich ruf gleich Veni an und sag ihr, dass wir den Fall so gut wie gelöst haben.«

Sigrid bedachte sie mit einem abfälligen Blick. »Jedenfalls hab ich ihr auch das von den Obstdiebstählen erzählt und erwähnt, dass wir herausfinden wollen, ob noch jemand beklaut wurde. Da hat sie angeboten, uns zu helfen, und uns alle drei zu sich eingeladen. Die Hedi und die Franzi sind nämlich noch da gewesen, als deine Mama ins Geschäft gekommen ist. Natürlich haben wir sofort zugesagt.« Sigrid machte eine bedauernde Geste, weil sie sich denken konnte, was Lou von der Aktion hielt. »Schau, wir konnten einfach schlecht ablehnen.«

»Na super«, seufzte Lou. »Allmählich können wir den Club der Hobbydetektivinnen aufmachen.«

»Außerdem solltest du heute Abend nicht alleine in deinem Haus herumsitzen«, überging Sigrid Lous Kommentar.

»Ich würde ja gar nicht allein herumsitzen«, widersprach Lou. »Michelin wäre bei mir, wenn ihn meine Mutter nicht abgeholt hätte.«

»Du verstehst schon, was ich meine.« Ihre Freundin klang streng.

Sie beendeten ihr Gespräch, weil ein Pärchen das Geschäft betrat. In den darauffolgenden zwei Stunden riss der Kundenstrom nicht ab.

Um halb sechs tauchte zu Lous Überraschung Martas Ex-Mann auf, den sie nur flüchtig kannte. Sie war gerade dabei, die alte Frau Obermüller abzukassieren. In dem langärmeligen karierten Arbeitshemd und der blauen Latzhose wirkte Rainer auf sie, als käme er direkt von seiner Arbeit auf der Bootswerft. Er hielt drei Verkaufskartons in den Händen. Zwei davon mit der Aufschrift: »Wachauer Marillen – geschützte Ursprungsbezeichnung«. Ihren Namen konnte Lou darauf nicht entdecken. Offenbar waren es nicht die Kartonsteigen, die sie heute Morgen neben der toten Marta gesehen hatte.

7

Lou legte das Glas Kräutersalz in den Korb von Frau Obermüller, die soeben mühevoll eine Zweieuromünze aus ihrer Geldbörse fingerte. »Die Arthritis ist ein Hund. G'scheit zugreifen ist damit nicht mehr«, lamentierte sie.

»Lassen Sie sich Zeit«, sagte Lou geduldig.

Rainer stellte sich zu Lou und der alten Dame an den Verkaufstresen. »Die Kathi hat mir gesagt, ich soll das hier bei dir abgeben.«

Lou nickte, begleitete aber die betagte Kundin noch zur Tür und verabschiedete sich von ihr. Erst dann wandte sie sich an Rainer. »Das hättest du nicht tun müssen.« Sie war noch immer verwundert, ihn heute in ihrem Geschäft zu sehen.

Martas Ex-Mann stellte die Lieferung auf den Boden und lächelte gequält. »Die Kathi ist wie die Marta. Allerweil pflichtbewusst, egal, wie beschissen die Situation ist. Sie meinte, Marta hätte sicher gewollt, dass du die Ware bekommst. Im untersten Karton sind die Schnapsflaschen und die Marmeladen.« Er zupfte nervös an der Manschette seines Hemdes, als wollte er auf diese Weise die Ärmel verlängern.

Als Lou ihm die Hand entgegenstreckte, ergriff er sie. Sie fühlte sich rau an, die Hand eines Arbeiters. »Mein herzliches Beileid.«

»Auch von mir herzliches Beileid«, beteuerte Sigrid. Sie beriet gerade vier Urlauber aus Bayern, die Rainer verlegen zunickten.

»Danke. Und tut mir leid, dass ich in Arbeitskleidung hereinschneie. Aber ich war in der Werkstatt, als mich die Nachricht erreicht hat. Ich bin gleich los, ohne mich umzuziehen.« Er schwieg und presste die Lippen aufeinander.

Lou sah ihn verständnisvoll an. Vermutlich war das langärmelige Hemd seiner Arbeit auf der Werft geschuldet, um Verletzungen an den Armen zu vermeiden.

»Lass uns kurz ins Büro gehen.« Sie zeigte auf die Glastür, die offen stand, da Michelin nicht im Geschäft war. »Kommst du allein klar, Sigrid?«

»Natürlich. Geht nur.«

Lou schloss die Tür, nachdem sie das Büro betreten hatten, und zeigte dann auf den Stuhl, der vor dem Schreibtisch stand. »Setz dich doch. Magst etwas trinken? Ein Glas Wein, Kaffee, Wasser?«

Rainer schüttelte den Kopf. »Nichts, aber danke.«

»Wie geht's Katharina und Andreas?«, fragte Lou und nahm hinter dem Schreibtisch Platz.

Rainer fischte eine Packung Marlboro aus seiner Hosentasche. Dann schien er sich darüber bewusst zu werden, wo er war, und steckte sie wieder weg. »Sie sind am Boden zerstört. So wie ich. Ein Kriseninterventionsteam ist gerade bei ihnen und Greta.«

»Greta?«, hakte Lou nach.

»Greta Auer, Martas beste Freundin. Ihr gehört der Blumenladen, in dem die Kathi normalerweise arbeitet. Sie hat sofort zugesperrt, als sie gehört hat, was passiert ist.« Er hielt inne.

Lou nickte. Sie kannte das Blumengeschäft in Dürnstein nur von außen. Greta und sie waren sich bislang nur ein paarmal zufällig über den Weg gelaufen.

Rainer räusperte sich. »Meine Tochter lässt übrigens fragen, ob du morgen am Hof vorbeikommen könntest. Sie würde gerne mit dir reden. Sie will wissen, wie Marta ausgesehen hat, als du sie gefunden hast.«

»Natürlich«, beteuerte Lou. Ihr war klar, dass diese Frage für sie und vermutlich auch Andreas wichtig war, um das Unglück zu begreifen.

Rainer sah sie direkt an. »Die Chefinspektorin behauptet …«

»Verena Badinger?«, fiel Lou ihm ins Wort.

Er nickte. »Sie meinte, es wäre denkbar, dass Marta ermordet wurde. Offenbar hat sie etwas Scharfkantiges am Hinterkopf und am Hals getroffen. Mehrmals.«

Demnach war Marta von hinten angegriffen worden, schlussfolgerte Lou augenblicklich. Aber Diebe, die sie beim Stehlen erwischt hätte, hätten sie eher von vorne niedergeschlagen. Schließlich hätte ihnen die Obstbäuerin kaum den Rücken zugekehrt, während sie sich ihnen genähert hätte.

»Mehrmals?«, wiederholte Lou. Da hat jemand eine Mordswut gehabt, fügte sie in Gedanken hinzu.

»Das behauptet zumindest Doktor Weinberg, der Gemeindearzt. Er hat sich Marta angesehen, bevor sie …« Diesmal unterbrach er sich selbst.

Lou griff nach seiner Hand und drückte sie mitfühlend. »Du musst nicht mehr sagen. Ich war ja noch dort, als er eintraf.«

Rainer seufzte. »Sie wurde in die Gerichtsmedizin nach Wien gebracht. Dort wird sie jetzt genauer untersucht.«

Blieb die Frage, womit der Mörder oder die Mörderin zugeschlagen hatte. Lou hatte nahe der Leiche keinen Gegenstand gesehen, der dafür infrage gekommen wäre. Mit Zistel und Kartonsteigen konnte man niemanden ermorden.

Rainer fuhr sich hastig über die Stirn. »Die Polizei hat den ganzen Hof durchsucht, aber kein mögliches Tatwerkzeug entdeckt«, sagte er dann, als ob er Lous Gedanken gelesen hätte.

»Möglich, dass der Täter oder die Täterin es dabeihatte und wieder mitgenommen hat«, meinte Lou.

»Denkst du wirklich, es könnte eine Frau gewesen sein?«, fragte Rainer. »Für die Schläge hat derjenige ziemlich viel Kraft aufgewendet, hat die Ermittlerin gesagt.«

»Traust du einer Frau etwa nicht zu, kräftig zuzuschlagen?«, fragte Lou und verkniff sich den Zusatz, ob er den Mord einer seiner Geliebten zutraute.

Rainer zuckte mit den Achseln.

»Meiner Meinung nach ist die Tat typisch für jemanden mit enthemmter Wut«, fuhr Lou fort. »Ebenso wie Hass kann Wut ungeahnte Kräfte freisetzen. Wenn ich noch Ermittlerin wäre, würde ich eine Frau als Täterin nicht ausschließen. Und wie ich Chefinspektorin Verena Badinger kenne, wird sie das auch nicht tun.« Lou erzählte Rainer, dass die Mordermittlerin ihre Ausbilderin und spätere Vorgesetzte gewesen war. »Wann hast du Marta eigentlich zuletzt gesehen?«, fragte sie dann unvermittelt.

Rainers Augen schienen kurz aufzuleuchten. Vielleicht vor Empörung, dass diese Frage ihn indirekt mit Martas tragischem Ende in Verbindung brachte. Oder war der Grund dafür die plötzliche Einsicht, dass er als Ex-Mann naturgemäß auf der Liste der Verdächtigen stand? Andererseits müsste ihm Verena diese Frage schon gestellt haben.

Rainer biss sich nervös auf die Unterlippe, ehe er antwortete: »Zuletzt bei Gericht am Scheidungstermin.«

»Wann genau war das?«

»Vor sechs Wochen.«

»Hattet ihr zwischenzeitlich indirekten Kontakt, per Telefon oder Mail?«

Rainer ließ kurz den Kopf hängen, bevor er ihn wieder hob. »Nein, wozu auch? Alles Finanzielle war geklärt. Katharina ist erwachsen, und Andreas wird in acht Monaten achtzehn.« Er sah sie an und beugte sich nach vorn. »Es ging Marta bei der Scheidung nicht um Geld oder darum, mir die Kinder wegzunehmen. Sie wollte unabhängig sein. Frei. Keinen Ehemann mehr haben. Nur noch machen, was sie wollte.« Sein Blick verfinsterte sich. »Das alles kam aber nicht von ihr. Es war Greta, die ihr das eingeredet hat. Nur weil diese …« Er stoppte abrupt.

Lou vermutete, dass ihm eine Beleidigung auf der Zunge gelegen hatte.

»Weil sie keinen Mann abbekommen hat«, sagte er schließlich, indem er sich sichtbar zügelte. »Greta erträgt es nicht, andere Frauen glücklich verheiratet zu sehen.«

Lou runzelte die Stirn. Sie bezweifelte stark, dass Marta über die ständigen Affären ihres Mannes glücklich gewesen war. »Ich weiß nicht, Rainer. Wir leben im einundzwanzigsten Jahrhundert. Ich denke, Frauen wissen hierzulande, dass sie eigenverantwortlich handeln können. Mit und ohne Ehemann.«

»Marta hat sich stark von Greta beeinflussen lassen«, ignorierte Rainer ihre Bemerkung. »Was Greta gesagt hat, war für sie die unumstößliche Wahrheit.« Er verzog säuerlich das Gesicht.

Lou registrierte, dass Greta offenkundig ein rotes Tuch für Rainer war. »Inwiefern?«, hakte sie nach.

»Greta hat sich ständig in unser Leben eingemischt. Sie hat Marta eingeredet, dass sie mich nicht braucht, dass sie sich endlich von mir trennen soll. Dass ich nicht gut genug für sie bin. Lauter so Schmarrn.« Kurz flammte unbändige Wut in seinem Blick auf, dann wirkte er wieder bedrückt. »Ihre Idee war es auch, dass Marta den Obstgarten vom alten Schiller pachtet.«

»So wie du das sagst, klingt es, als wäre das etwas Schlimmes gewesen«, erwiderte Lou.

»War es auch, weil dadurch unsere Familie zerstört wurde.«

»Aber inwieweit hat es eure Familie zerstört, dass Marta den Marillenhof erweitert hat?«, wunderte sich Lou. »Die Kinder waren auch damals schon groß. Sie brauchten Marta nicht mehr in dem Ausmaß wie früher. Sich in einer solchen Situation beruflich neu zu orientieren oder zu vergrößern, ist doch legitim.«

»Sie hatte genug andere Arbeit«, antwortete Rainer trotzig.

Lou entschied, dass es Zeit war, die Samthandschuhe auszuziehen. »Waren nicht vielmehr deine zahlreichen Affären der Grund für die Scheidung?«

»Pah.« Rainers Lippen verzogen sich für den Bruchteil einer Sekunde zu einem bösartigen Lächeln. »Marta hat gewusst, wen sie heiratet. Ich war immer schon ein bisschen leichtlebig. Das hat aber nichts daran geändert, dass ich sie geliebt habe. Ich liebe sie noch immer. Die Ausrutscher waren doch nie etwas Ernstes. Das war, als würde ein Vegetarier einmal im Jahr eine Wurst oder ein Stück Fleisch essen, verstehst?«

Lou lehnte sich fassungslos in ihren Stuhl zurück. Das Gespräch hatte eine unerwartete Wendung genommen. Ihr lag die Frage auf der Zunge, ob der Vegetariervergleich im umgekehrten Fall auch gegolten hätte. Hätte Rainer eine Liebschaft von Marta ebenso als nicht ernst zu nehmenden Ausrutscher bezeichnet? Lou schluckte sie hinunter. Sie zu stellen, hätte in diesem Augenblick niemandem etwas gebracht. Marta am allerwenigsten.

»Im Nachhinein begreife ich, dass vor zwei Jahren, als Marta den Pachtvertrag unterschrieben hat, für sie die Scheidung schon beschlossene Sache war.« Er klang ernüchtert. »Nur hab ich es damals noch nicht gesehen. Als sie mir dann vor einem Jahr mit Trennung gekommen ist und ich vor sechs Monaten ausgezogen bin, habe ich immer noch geglaubt, dass sie schon wieder zur Besinnung kommt.«

Was für ein überheblicher Gedanke! Lou musste sich zusammenreißen, um nicht laut zu werden. »Hast du mal darüber nachgedacht, dass du Marta mit deinen … Ausrutschern«, wiederholte sie im abfälligen Tonfall Rainers Bezeichnung, »gekränkt und gedemütigt haben könntest?«

»Das verstehst du nicht. Du bist ja nicht verheiratet, und Kinder hast du auch keine. Andernfalls wüsstest du, dass man sich nicht gleich trennt, nur weil's mal schwierig ist.«

Und du verstehst nicht, dass du dir deine eigene Wahrheit erfindest, erwiderte Lou stumm. Sie versuchte, seine Gehässigkeit ihr gegenüber zu ignorieren. Offensichtlich hatte es keinen Zweck, mit ihm weiterzudiskutieren. »Ziehst du jetzt wieder auf den Hof zu den Kindern?«, wechselte sie deshalb das Thema.

»Darüber haben wir noch nicht gesprochen. Im Moment sind wir alle noch wie vor den Kopf gestoßen.« Er hob in einer hilflosen Geste die Hände. »Schon davor wusste ich nicht, wo unten und oben ist. Neben der Arbeit auf der Werft unterstütze ich nämlich gerade meine Eltern beim Regeln vom Nachlass meines Bruders. Hätte mir nie vorstellen können, wie aufwendig das ist.«

»Oh«, stieß Lou erschrocken hervor. »Dein Bruder ist gestorben?«

Rainer nickte.

»Wann?«

Martas Ex-Mann schluckte und schwieg für einige Sekunden. »Ende April. Abgestürzt beim Paragliding in Werfenweng in Salzburg.«

»Das wusste ich gar nicht«, stellte Lou erstaunt fest. Weder hatte Marta den Tod ihres Schwagers erwähnt, noch hatte sich die Nachricht in Marienkirchen herumgesprochen. Zumindest war sie nicht bis zu Lou vorgedrungen. Möglicherweise, weil Mautern knapp sieben Kilometer entfernt am anderen, dem südlichen Donauufer lag. Somit offenbar außerhalb des Radars der Marienkirchener.

»Tut mir leid.« Lou war ehrlich bestürzt. Es musste grausam

sein, zwei geliebte Menschen innerhalb von so kurzer Zeit zu verlieren.

Rainers Miene wurde maskenhaft, sein Blick verlor sich in der Ferne. »Oliver gehörte die Bootswerft, auf der ich arbeite.« Er schluckte trocken. »Mein Bruder hat kein Testament hinterlassen. Hat wohl nicht damit gerechnet zu sterben, was ich ihm nicht übel nehme. Mit vierundvierzig denkst du nicht an den Tod.« Er erhob sich langsam und seufzend. Wie jemand, der einen schweren Rucksack trägt. »Ich muss jetzt weiter. Pfiat di, Lou, und vergiss bitte nicht, morgen am Hof vorbeizufahren. Am besten gleich in der Früh. Die Kathi hat sich die Woche für die Ernte freigenommen und will morgen trotz allem spätestens um zehn wieder in den Marillengarten nach Dürnstein aufbrechen, damit das Obst nicht an den Ästen verfault. Das wäre nicht in Martas Sinn, meint sie.«

»Keine Angst, ich vergesse es schon nicht. Servus, Rainer.«

Als er gegangen war, schoss Sigrid ins Büro. Lou saß noch immer wie versteinert hinter dem Schreibtisch. »Hast du gewusst, dass sein Bruder Ende April beim Paragliding ums Leben gekommen ist?«

»O nein!« Sigrid schlug sich beide Hände vor den Mund. »Und jetzt ist auch noch Marta ermordet worden. Das Schicksal kann wirklich furchtbar sein.«

Sie schwiegen eine Weile.

»Hallo?«, riss sie plötzlich eine vertraute Stimme aus ihren Gedanken.

8

Lou erhob sich und ging gemeinsam mit Sigrid in den Verkaufsraum. Erstaunt sah sie die Frau in Jeans und schwarzem T-Shirt an, die mitten im Geschäft stand.

»Veni!«, rief Lou. »Mit dir hab ich erst morgen gerechnet.«

»Tja, ich bin eben ein echtes Überraschungsei«, witzelte Verena und fuhr sich durch die kurzen braunen Haare. »Ich dachte, ich komme am besten zu Geschäftsschluss, dann hast du hoffentlich nicht mehr viel zu tun.«

Sie nickte Sigrid, die sie schon kannte, zur Begrüßung zu und stellte den Rucksack, den sie in der Hand trug, auf den Boden vor dem Tresen. »Aber jetzt im Ernst. Du hast heute einen Tatort verunreinigt. Das wäre dir in deiner aktiven Zeit nicht passiert.«

»Ich hab versucht, Marta wiederzubeleben«, rechtfertigte sich Lou. »Im Übrigen hab ich Fotos gemacht, bevor ich ihre Position verändert hab, und sie längst Konstantin Öhlgraber geschickt. Dem Streifenpolizisten, der vor Ort war.«

»Du hast Marta fotografiert?«, fragte Sigrid verblüfft.

Lou nickte.

»Du weißt, dass Bilder nicht die gleiche Aussagekraft haben wie die Realität«, fuhr Verena fort, bevor Sigrid noch etwas sagen konnte. »Aber sei's drum. Der Kollege von der Streife hat sie mir eh gleich weitergeleitet, und ich hab sie mir angesehen. Jetzt will ich von dir Details. Wie war dein erster Eindruck?«

Lou wandte sich an Sigrid. »Fährst du schon mal zu meinen Eltern vor? Ich komm später zu Fuß nach. Ist ja nicht weit.«

Ihre Freundin warf Verena einen Blick zu, der so viel bedeutete wie: *Ich hoffe, das hier dauert nicht ewig*, dann verließ sie nach einer kurzen Verabschiedung den Laden.

Die Chefinspektorin bückte sich nur, öffnete den Reißverschluss des Rucksacks und zog einen Notizblock, an dem ein Kugelschreiber klemmte, und einen mobilen Scanner heraus. »Außerdem brauchen wir deine Fingerabdrücke.«

Lou runzelte die Stirn. »Ich hoffe, ich werde nicht verdächtigt?«

Verena lächelte schief. »Du kennst das Spiel. Du bist so lange Zeugin, bis sich ein Tatverdacht ergibt.«

»Sehr witzig«, grummelte Lou.

Die Ermittlerin wurde wieder ernst. »Offenbar hast du vergessen, dass es zur Routine gehört, Fingerabdrücke von Personen zu nehmen, die am Tatort waren. Aber wenn du hier und jetzt nicht bereit dazu bist, kannst du gerne morgen früh auf die nächste Polizeiinspektion fahren und sie dort abgeben.« Die Chefinspektorin legte den Scanner auf den Tresen und verband ihr Mobiltelefon mit dessen integrierter Dockingstation. »Ich wollte dir nur den Weg ersparen.«

»Schon gut.« Lou stellte sich neben die Ermittlerin und ließ sich bereitwillig die Abdrücke abnehmen.

»Zudem würde ich dich gern, wie schon gesagt, gleich befragen, weil deine Erinnerung jetzt noch frisch ist«, räumte Verena ein, als sie fertig waren. »So können wir sozusagen zwei Fliegen mit einer Klappe schlagen. Also, schildere mir genau, wie du Frau Brucker aufgefunden und was du wahrgenommen hast. Du weißt schon: auch Gerüche und Geräusche.«

Lou berichtete so detailgetreu, wie es ihre Erinnerung zuließ, was sie gesehen, gerochen, gehört und auf dem Hof getan hatte.

Bis zu dem Moment, als sie die Bäuerin unter dem Baum entdeckt hatte. »Mein erster Eindruck war, dass Marta niedergestreckt wurde. Von einem herunterfallenden Ast oder so. Aber da war keiner. Und auch sonst nichts, was sie mit voller Wucht getroffen haben könnte.«

»Wir haben auch nichts dergleichen entdeckt«, warf die Ermittlerin ein.

»Deshalb bin ich hundertprozentig sicher, dass Marta ermordet wurde«, sagte Lou. »Vermutlich hat der Täter oder die Täterin die Tatwaffe mitgenommen.«

Verena musterte Lou mit einem prüfenden Blick, als wäre sie eine Lehrerin, die überlegt, wie sie die Antwort ihrer Schülerin benoten soll.

»Berührt hab ich, außer Marta, nur die Klingel an der Wohnhaustür. Mit dem rechten Zeigefinger«, fuhr Lou nach einer Weile fort. »Ich war auch im Hofladen, weil ich dachte, Marta sei vielleicht dort, aber dort hab ich nichts angefasst.«

»Du hast also den Klingelknopf mit dem rechten Zeigefinger berührt«, wiederholte Verena trocken und notierte sich dieses Detail auf dem Notizblock.

Während sie schrieb, öffnete sich die Geschäftstür, und ein Hüne in dunkelgrauem Poloshirt und beiger Baumwollhose trat in den Verkaufsraum. Lou kannte ihn. Abteilungsinspektor Klaus Bachl, ihr Nachfolger.

»Hallo, Klaus. Alles okay?«, fragte Verena.

Der durchtrainierte Glatzkopf nickte Lou zu und reichte seiner Chefin einen kleinen Block, den er aus seiner Gesäßtasche gezogen hatte. »Die beiden haben nichts bemerkt.«

Lou horchte auf. Er kam offenbar von einer Befragung und nannte in ihrer Gegenwart bewusst keine Namen.

Verena las sich stumm die Notizen ihres Assistenten durch,

dann gab sie ihm den Block zurück und sah Lou mit festem Blick an. »Du weißt, dass ich dich das jetzt fragen muss: Hast du etwas mit dem Tod von Marta Brucker zu tun?«

Lou schnappte nach Luft und hielt sich instinktiv am Tresen fest. »Hallo, Veni, ich bin's, die Lou. Ich war eine deiner besten Ermittlerinnen. Das hast du selbst nicht nur einmal gesagt. Und auch, dass du bedauerst, dass ich nicht mehr dabei bin.« Ihr Blick schweifte kurz zu Klaus Bachl. Der Polizist verzog keine Miene. »Und jetzt stellst du mir ernsthaft so eine Frage?«

Ihrem Gesichtsausdruck nach brachte Lous Empörung Verena nicht aus der Ruhe. »Auch die Besten sind nicht davor gefeit, mal einen Fehler zu machen.« Sie hielt inne, sah Lou immer noch direkt in die Augen. »Wann genau warst du bei dem Opfer, und wann hast du dein Geschäft verlassen? Das hast du nämlich bei deiner Aussage gerade nicht erwähnt.«

»Ich bin kurz nach halb elf losgefahren. Mit dem Rad«, fügte sie hinzu. »Von hier bis zu Martas Hof braucht man eine Viertelstunde.«

»Das heißt, du warst vor elf am Hof«, schlussfolgerte Verena.

»Ja. Die Sigi kann das bestätigen. Ich hab mir ihr Fahrrad geborgt.«

Die Ermittlerin notierte sich die Uhrzeiten. »Natürlich wird sie das bestätigen. Sie ist ja nicht nur deine Angestellte, sondern auch deine gute Freundin.«

»Ich hab mit dem Mord nichts zu tun«, sagte Lou mit Nachdruck.

Die beiden Ermittler erwiderten nichts. Warteten.

»Nach meiner Ankunft hab ich Marta im Hofladen gesucht und dann, als sie nicht dort war, an der Eingangstür geklingelt«, wiederholte Lou.

Verena kritzelte wieder etwas auf ihren Block.

»Martas Kinder waren übrigens auch nicht da«, ergänzte Lou.

»Die sind früh von zu Hause aufgebrochen. Sie waren schon um sechs Uhr im Marillengarten am Donauufer, das haben uns die Erntehelfer bestätigt«, sagte Verena. »Um Viertel vor sieben hat die Tochter noch mit ihrer Mutter telefoniert. Auch das haben wir mittlerweile überprüft. Das Telefonat hat fünf Minuten gedauert.«

»Demnach muss der Mord zwischen zehn vor sieben und neun passiert sein«, folgerte Lou. »Denn um neun wollte Marta eigentlich bei mir im Geschäft ihre Lieferung vorbeibringen. Wäre sie da noch am Leben gewesen, wäre sie mit Sicherheit pünktlich aufgetaucht oder hätte sich gemeldet.«

»Wenn sie tatsächlich in dem Zeitraum ermordet wurde und du sie gegen elf Uhr entdeckt hast, sind zwischen dem Mord und dem Auffinden zwei bis vier Stunden vergangen.« Die Ermittlerin taxierte Lou. »Das deckt sich mit dem Stadium der Leichenstarre, die laut Theo Weinberg bei seinem Eintreffen schon eingesetzt hatte, aber noch nicht stark ausgeprägt war. Ist dir das nicht aufgefallen?«

»Nein, ich war zu geschockt. Ich habe nur intuitiv reagiert.«

»Du hast mal gelernt, wie man sich in solchen Situationen professionell verhält«, erwiderte Verena.

»Mein letzter Polizeikurs ist schon eine Weile her«, brummte Lou.

»So was vergisst man nicht«, behauptete Verena.

»Sie hätten Frau Bruckers Position nicht verändern dürfen«, mischte sich Klaus Bachl ins Gespräch ein. Er klang verärgert.

»Ich wollte das Unmögliche möglich machen«, rechtfertigte Lou sich erneut. »Ich hatte gehofft, dass noch ein Funken Leben in Marta ist und ich sie zurückholen kann.«

»Wo waren Sie heute um sieben Uhr morgens?«, hakte Klaus Bachl mit stoischer Miene nach.

»Daheim«, antwortete Lou prompt. »Ich habe gefrühstückt, eine Tasse Kaffee auf meiner Gartenbank getrunken und meinen Hund Michelin gefüttert. Etwa zwanzig Minuten nach acht sind wir ins Geschäft aufgebrochen. Zu Fuß. Bezeugen kann das leider nur Michelin.« Ihr Tonfall klang zynischer als beabsichtigt. Aber ich weiß, wer um sieben mit Sicherheit schon in Marienkirchen unterwegs war und etwas gesehen haben könnte, dachte sie, behielt den Gedanken aber für sich.

Sie nahm sich vor, gleich morgen früh dem Honig-Lorenz einen Besuch abzustatten. Der alte Imker knatterte mit seinem kleinen Dreiradlieferwagen oft schon beim ersten Hahnenschrei durch den Ort. Entweder, um Honig auszuliefern oder seine Bienenstöcke zu kontrollieren, die in den Weinbergen und Wäldern rund um den Ort verteilt standen. »Rainer Brucker war vorhin bei mir und hat die bestellte Ware geliefert. Er meinte, Marta hätte mehrere Wunden am Hinterkopf und am Hals«, wechselte Lou unvermittelt das Thema.

Verena nickte. »Auf den ersten Blick schaut es so aus, als wäre sie mit etwas Scharfkantigem erschlagen worden. Aber wie gerade schon erwähnt, haben wir keinen Gegenstand gefunden, mit dem ihr diese Wunden zugefügt worden sein könnten. Deshalb werden wir unsere Suche ab morgen ausweiten. Sogar mit Polizeitauchern, die sich in der Donau umsehen werden«, sagte Verena. »Hast du jemanden am Hof oder in dessen Nähe bemerkt, bevor du ihn betreten hast?«

Lou schüttelte den Kopf. »Da war niemand. Zumindest habe ich niemanden gesehen.«

»Ist dir etwas eigenartig vorgekommen?«, hakte die Ermittlerin nach.

Wieder schüttelte Lou den Kopf. »Nein, nichts. Aber haben dir die Geschwister von dem Diebstahl erzählt?«

»Welchen meinst du? Einen von den beiden letzte Woche oder den von letzter Nacht?«

Lou sah die Chefinspektorin verblüfft an. »Ich weiß nur von den beiden letzte Woche. Marta hat Hedwig Ast erzählt, dass Obst von dreißig Bäumen gestohlen wurde, also etwas mehr als eine Tonne. Hedwig ist die Bäckerin von nebenan.« Sollte sie ihrer ehemaligen Vorgesetzten verraten, was sie und der Club der Hobbydetektivinnen heute Abend vorhatten, nämlich alle Marillenbauern in der Wachau anzurufen, um herauszufinden, ob noch jemand bestohlen worden war? Sie verwarf den Gedanken. Für den Fall, dass sie einen Zusammenhang zwischen den Diebstählen und dem Mord entdeckten, konnte Lou ihre Ex-Chefin immer noch informieren.

Verena packte den mobilen Fingerabdruckscanner zurück in ihren Rucksack. »Genau genommen wurde Marta Brucker dreimal bestohlen. Am Dienstag und Donnerstag vergangener Woche wurden die insgesamt dreißig Bäume abgeerntet, von denen du weißt, und in der Nacht zu heute noch mal vierzig. Das konnten die Tochter und der Sohn von Marta Brucker so genau eingrenzen, weil Andreas Brucker und seine Mutter gestern Abend noch einmal im Garten am Donauufer waren. Da war noch alles in Ordnung.«

»Insgesamt sind das siebzig Bäume.« Lou versuchte, den möglichen Schaden im Kopf zu überschlagen.

»Jeder Baum trägt laut Katharina Brucker durchschnittlich vierzig bis fünfzig Kilogramm«, sagte Verena in ihre Gedanken hinein. »Nach Adam Riese beläuft sich der gesamte Schaden auf eine Menge zwischen zweitausendachthundert und dreieinhalbtausend Kilogramm.«

»Wahnsinn«, sagte Lou. »Das ist keine Lappalie.«

»Frau Brucker ist laut Aussage ihrer Tochter letzte Woche vor lauter Arbeit nicht dazugekommen, die ersten beiden Diebstähle anzuzeigen. Sie hatte vor, das morgen nachzuholen. Von dem Raub letzte Nacht hat sie erst heute früh von ihrer Tochter am Telefon erfahren. Daraufhin wollte sie sofort zur Polizei nach Krems aufbrechen, nachdem sie dir die bestellte Ware geliefert hätte.«

»Das bedeutet, der Raubzug letzte Nacht fand im Garten am Donauufer statt«, schlussfolgerte Lou.

»Alle drei Diebstähle«, bestätigte Verena.

Lou nickte. Damit musste sie die These begraben, dass Diebe Marta im Garten am Hof überrascht hatten.

»Das Ehepaar, dessen Weingarten direkt an den Obstgarten angrenzt und das in unmittelbarer Nähe wohnt, hat leider nichts bemerkt.« Verena zeigte auf ihren Kollegen. »Das haben die beiden heute Morgen Katharina Brucker und vorhin auch Abteilungsinspektor Bachl gesagt.«

Bingo, dachte Lou. Damit wusste sie jetzt, woher Verenas Assistent gekommen war und was für Notizen er ihr gezeigt hatte. »Eigenartig. Das klingt, als hätte jemand die ersten beiden Male ausprobiert, ob der Diebstahl auffällt, um beim dritten dann richtig zuzuschlagen«, überlegte Lou. »Veni, denkst du, der Mord an Marta und die Diebstähle hängen irgendwie zusammen?«

»Wir stehen noch ganz am Anfang der Ermittlungen. Von daher: keine Ahnung«, gab Verena zu.

»Dürfen die Geschwister auf dem Hof bleiben, während die Ermittlungen noch laufen?«, hakte Lou nach.

Verena nickte. »Wir haben nur das Nutzgebäude verplombt und den Marillengarten abgesperrt. Da haben unsere Leute von der Spurensicherung noch zu tun. Aber wir sind uns relativ sicher, dass sich der Täter oder die Täterin keinen Zugang zum Wohnhaus verschafft hat.«

Verena gab Klaus Bachl ein Zeichen, dass sie hier fertig waren. »Wir haben sicher noch weitere Fragen, Lou. Wo erreichen wir dich in den nächsten Tagen?«

»Hier im Geschäft oder zu Hause. Ich hab nicht vor wegzufahren«, versicherte Lou ihr und begleitete die beiden zur Tür. Klaus Bachl hatte sein Dienstauto, einen schwarzen Audi A3, direkt vor Lous köstlicher Welt geparkt, und Verena stieg auf der Beifahrerseite ein.

Nachdem die Ermittler davongefahren waren, blieb Lou noch in der offenen Ladentür stehen. Was für ein verfluchter Tag, dachte sie. Ihr Blick wanderte zu Franziskas Café, das abends bis halb acht geöffnet hatte. Noch immer waren davor fast alle Tische besetzt. Als sie ihren Blick über die Gäste schweifen ließ, sah sie Rainer. Er drehte ein Krügel Bier in seinen Fingern und schaute stoisch in ihre Richtung. Betrank er sich gerade sinnlos, oder beobachtete er sie?

9

Lou lächelte ihm zu, aber Rainer reagierte nicht. Jetzt kam es ihr so vor, als blickte er gedankenversunken durch sie hindurch. Sollte sie rübergehen und mit ihm reden? Sie sah auf die Uhr und verwarf die Idee. Es war zwanzig vor sieben. Sigrid, Hedwig und ihre Mutter warteten sicher schon ungeduldig auf sie. Lou suchte mit dem Blick zwischen den Kaffeehaustischen nach Franziska. Sie wollte sie fragen, ob sie sie gleich begleiten wollte, entdeckte sie aber nicht. Egal. Lou zuckte mit den Schultern. Dann würde sie sich jetzt allein auf den Weg machen. Die Konditorin würde bestimmt bald nachkommen. Lou holte ihre Umhängetasche aus dem Büro und überlegte, frische Marillen für das Marillen-Semifreddo einzupacken, das sie später eigentlich hatte zubereiten wollen. Doch die Lust darauf war ihr vergangen. Also sperrte sie kurz darauf die Tür von ihrem Delikatessengeschäft ab – ohne Marillen. Als sie noch einmal Richtung Café sah, war Rainer verschwunden, als wäre er nur eine Erscheinung gewesen. Lou streckte sich kurz, hängte sich ihre Tasche um und marschierte los.

Zu Fuß waren es nur zehn Minuten bis zum Weingut ihrer Eltern, das einen halben Kilometer außerhalb des Ortes lag. Schon von Weitem sah Lou den wilden Wein, der die Fassade des zweistöckigen ehemaligen Weinlesehofes aus dem vierzehnten Jahrhundert überwucherte. Neben den rosafarbenen Oleandern in den gelb gestrichenen Holztrögen am Eingang zum Innenhof parkte zu ihrer Überraschung schon Franziskas silberfarbener Suzuki Vitara neben Hedwigs froschgrünem Polo. Sigrids blaues Fahrrad lehnte an der Hausmauer. Im Näherkommen registrierte sie ihren Vater und ihren Wahlonkel Josef. Die beiden Männer saßen auf der Gartenbank neben der Haustür. Auf dem Tisch davor standen zwei Gläser mit Weißwein. Als Werner Conrad seiner Tochter winkte, erwiderte sie den Gruß. Ihr Joschi-Onkel, wie sie den besten Freund ihres Vaters von Kindesbeinen an nannte, paffte wie so häufig genüsslich Pfeife und nickte ihr zur Begrüßung zu. Als Psychiater hatte er früher eine Praxis im benachbarten Krems betrieben, doch jetzt verbrachte er die meiste Zeit auf dem Weingut Conrad und packte mit an, wo immer eine helfende Hand gebraucht wurde. Ende April hatten sie im Degustationsraum eine große Geburtstagsparty gefeiert, weil die Geburtstage von Lous Eltern und ihrem Wahlonkel dicht beieinanderlagen. Ihr Vater und Josef waren fünfundsechzig, ihre Mutter vierundsechzig geworden.

»Griaß euch.« Lou küsste sie nacheinander auf die Wangen.

»Griaß di, Lou«, erwiderten die zwei einstimmig.

»Bist spät dran«, sagte ihr Wahlonkel, ohne die Pfeife aus dem Mund zu nehmen. »Die anderen Mädels sind schon da.« Er rückte seine altmodische Hornbrille zurecht.

»Ich hatte noch etwas zu erledigen«, erwiderte sie ausweichend.

»Wir haben schon gehört, dass die Polizei bei dir war, weil du heute Morgen die Marta gefunden hast.« Werner Conrad fuhr sich nervös durch die grauen Haare.

»Das muss ein Schock gewesen sein. Wie geht's dir?«, fragte ihr Wahlonkel.

»Geht schon.«

Lous Vater trank einen Schluck Wein. »Lou kann damit umgehen, die hat früher öfter Leichen gesehen.« Er sah seine Tochter an. »Das war keiner aus Marienkirchen«, merkte er an.

Josef pflichtete ihm bei. »Wird aber sicher schwierig, den Täter zu finden. Nicht alle Gäste übernachten bei uns im Ort, viele sind Tagestouristen. Die kommen und fahren wieder ab, ohne sich irgendwo registriert zu haben.«

»Ihr tragt heute ja das gleiche Outfit«, lenkte Lou das Gespräch bewusst in eine andere Richtung, weil sie keine Lust hatte, das Thema noch weiter auszuführen. Sie deutete auf die schwarzen Kurzarmhemden mit der Aufschrift »Weingut Conrad«. »Wart ihr in offizieller Mission unterwegs?«

»Weinverkostung am Schiller-Hof«, antwortete ihr Vater. »Der Bruno hat ein paar Freunde aus der Schweiz zu Gast und wollt ihnen zeigen, was die Wachau zu bieten hat.«

»Die waren ziemlich betucht, haben sich alle wie feine Pinkel benommen«, ergänzte Josef. »Weißt schon, gute Manieren. Und teure Markenkleidung haben sie getragen.«

Lou überlegte, ob die beiden Frauen, die in ihrem Laden und Fabios Restaurant gewesen waren, zu der Gruppe gehörten, schüttelte aber unmerklich den Kopf. Es gab mehr Schweizer Urlauber in der Wachau, nicht nur Bruno Schillers Freunde.

»Es waren mehrere Weingüter vertreten. Der Jamek, der Kohl, die Domäne Wachau und der Hirtzberger aus Spitz«, erzählte Werner.

Lou verzog anerkennend den Mund. »Da hat er sich aber gute Winzer für die Verkostung ausgesucht.«

»Na, schlechte wollte er sich bestimmt nicht holen«, höhnte Josef. »Wir haben den Schweizern auch erklärt, dass die Namen der Weinqualifizierungen der Wachauer Winzervereinigung aus der Region stammen.«

»Na klar«, sagte Lou. »Hattet ihr das Steinfedergras dabei?« Die

Qualitätsstufe Steinfeder war nach dem heimischen Gras benannt. Ihre Eltern besaßen ein Anschauungsexemplar in einem Tontopf, das sie bei Verkostungen gern den Kunden zeigten.

»Selbstverständlich«, sagte ihr Vater. »Ebenso die kugelige Beuteattrappe, die früher zur Falkenjagd benutzt wurde und nach der der Federspiel benannt ist.« Ihr Vater machte ein zufriedenes Gesicht. »Wir haben ein paar schöne Bestellungen eingeheimst. Eine von den Schweizerinnen ist wohl Weineinkäuferin für eine internationale Hotelkette.«

»Vielleicht trinkt man Conrad-Weine bald in sündteuren Fünfsternehäusern in der Schweiz«, merkte Josef an.

Werner machte eine abwartende Geste. »Schaun ma mal.«

»Das wäre wirklich schön.« Lou strahlte. »Wobei ich nicht weiß, ob man dafür nicht größere Menge liefern müsste, als du und Mama produziert.«

»Sag ich doch, schaun ma mal«, wiederholte ihr Vater.

In dem Moment kam Michelin schwanzwedelnd durch die Hofeinfahrt gelaufen. Wahrscheinlich hatte ihn Lous Stimme angelockt. Als er sein Frauchen erreicht hatte, drehte sich der Riese vor Freude mehrmals um die eigene Achse, bevor er seinen Kopf fest an ihren Oberschenkel schmiegte.

»Ich hab dich auch vermisst, mein Großer.« Während Lou dem Rüden das Rückenfell kraulte, warf sie einen Blick in den Arkadenhof, wo gelbe und weiße Kletterrosen an den Säulen emporrankten. Hedwig, Sigrid, Franziska und ihre Mutter Erika saßen am Gartentisch, auf dem Wasser- und Weingläser und zwei Mineralwasserflaschen standen. Aus dem Weinkühler in der Mitte ragte der Hals einer Weißweinflasche. Erika trug eine bunte Sommerhose, eine weiße Tunika und Flip-Flops. Mit dem Handy am Ohr strich sie sich eine widerspenstige Haarsträhne aus der Stirn. Lous bernsteinfarbene Locken waren ein Erbe ihrer Mutter, auf das sie stolz war. Alle vier Frauen telefonierten konzentriert, keine von ihnen hatte Lou bislang bemerkt.

»Der Topfen-Marillen-Strudel ist schon aufgegessen«, sagte ihr Vater unvermittelt.

»Mit steht der Sinn sowieso eher nach einem Butterbrot mit Schnittlauch«, gestand Lou. »Setzt ihr euch zu uns?«

Ihr Vater schüttelte den Kopf. »Später vielleicht. Grad genieße ich lieber die Ruhe.«

Josef nickte zustimmend. »Die reden alle wie verrückt durcheinander«, nuschelte er mit der Pfeife im Mund. »Schnattern wie die Gänse.«

Lou schmunzelte. »Na, dann helf ich den Mädels mal beim Schnattern.« Sie ging in den Innenhof, und Michelin blieb dicht an ihrer Seite.

Erika beendete ihr Gespräch in dem Augenblick, als Lou an den Tisch trat.

»Da bist du ja endlich«, begrüßte sie ihre Tochter. »Deine Vorgesetzte hat dich ganz schön lange aufgehalten.«

»Sie ist nicht mehr meine Vorgesetzte, Mama«, stellte Lou richtig, als auch die anderen Frauen auflegten. »Ich bin nämlich keine Kriminalinspektorin mehr.«

»Was wollt sie denn von dir, außer deine Fingerabdrücke?«, fragte Franziska. »Das hat uns die Sigi verraten.«

»Du bist schon hier? Dein Café schließt doch erst um halb acht«, erwiderte Lou anstelle einer Antwort.

Die Konditorin zog den Haargummi von ihrem hohen Pferdeschwanz ab und lockerte mit der Hand ihre blonden Haare, die ihr offen bis zur Mitte des Rückens fielen. »Meine Angestellten schließen heute den Laden.«

»Was war denn jetzt mit deiner Ex-Chefin?«, drängte Sigrid. »Und was ist mit den Fotos von Marta?«

Ihrer Mimik nach wussten mittlerweile alle Bescheid, dass Lou die Leiche fotografiert hatte.

»Erzähl ich euch gleich. Aber erst mal brauch ich ein Schnittlauchbrot.« Lou wandte sich an ihre Mutter. »Hast du Michelin schon gefüttert?« Ihre Eltern hatten stets einen großen Sack Hundefutter im Haus.

»Natürlich, was denkst du denn? Ich kann den Armen doch nicht verhungern lassen, gell, Bärli?«, antwortete Erika mit Blick auf den Rüden, bevor sie wieder zu ihrer Tochter sah. »Wir haben alle schon gegessen. Wir wussten ja nicht, wann du kommst.«

»Passt schon«, sagte Lou gelassen.

»Der Topfen-Marillen-Strudel war ein Gedicht«, schwärmte Franziska.

Sigrid und Hedwig nickten zustimmend.

»Davon bin ich überzeugt.« Lou hatte ihre Mutter immer dafür bewundert, dass sie eine ausgezeichnete Köchin war. Jetzt wandte sie sich um und bog in den Wohnbereich des Weinguts ab. Michelin folgte ihr.

In der Küche nahm sie eine Schere aus einer Schublade und holte sich frischen Schnittlauch aus dem Gemüsebeet im eingezäunten Bauerngarten, in den man direkt von der Küche aus durch eine schmale Tür gelangte.

Mit dem Schnittlauchbrot in der Hand ging sie kurz darauf zurück in den Hof. Der Rüde ließ sie die ganze Zeit über nicht aus den Augen. Erst als sie sich zu den anderen an den Tisch setzte, trabte er gemächlich davon und legte sich unter die Arkaden. Endlich stillte Lou die Neugierde ihrer Mutter und ihrer Freundinnen und berichtete von dem Besuch der Ermittler, weigerte sich jedoch, ihnen die Fotos von Marta zu zeigen. »Das sind Aufnahmen von einem toten Menschen, keine Bilder von einer Wanderung in den Bergen. Also habt bitte Respekt und akzeptiert, dass ihr sie nicht zu sehen bekommt.« Ein wenig enttäuscht billigten die vier Frauen Lous Entscheidung. »Wir wissen also, dass Marta insgesamt dreimal bestohlen wurde«, beendete Lou ihre Ausführungen und nannte die Menge des Diebesguts.

»Dreieinhalb Tonnen. Das ist viel«, murmelte Franziska.

»Und bislang wurde kein weiterer Obstbauer in der Region bestohlen. Nur Marta«, warf Sigrid ein.

»Mit den Anrufen sind wir nämlich komplett durch«, ergänzte Hedwig und erklärte Lou das System, nachdem sie vorgegangen waren. Jede von ihnen hatte sich bestimmte Orte in der Wachau vorgenommen und die dort ansässigen Marillenbauern angerufen.

Lou hörte zu und aß derweil ihr Brot. Als sie fertig war, faltete sie kurz die Hände unter dem Kinn. »Wenn das so ist, hatte der Dieb vielleicht wirklich eine Rechnung mit Marta offen. Ein Streit, von dem niemand im Ort etwas mitbekommen hat. Dass dreimal derselbe Marillengarten geplündert wird, kann kein Zufall sein.«

»Aber wer könnte das sein? Wer hatte ein Interesse daran, Marta finanziellen Schaden zuzufügen?«, fragte Franziska.

»Niemand«, entfuhr es Sigrid spontan. »Jeder mochte Marta und hat ihr nur das Beste gewünscht.«

Eine Weile herrschte nachdenkliche Stille.

»Vielleicht wurde sie erpresst«, schlug Erika schließlich vor. »Schutzgelderpressung nimmt in Österreich zu. Das hab ich erst gestern im Radio gehört.«

Lou zog skeptisch die Nase kraus. »Schutzgelderpressung in Marienkirchen? Klingt ziemlich weit hergeholt, findest du nicht, Mama? Wir leben in Marienkirchen in der Wachau. Nicht in Palermo oder Neapel.«

Erika lehnte sich in ihrem Stuhl zurück und verschränkte die Arme. »Tja, dann weiß ich auch nicht. Denn wie die Sigi schon sagte: Marta mochte jeder.«

»Einer offenbar nicht«, widersprach Lou. »Morgen weiten die Ermittler die Suche nach der Tatwaffe aus. Macht euch also darauf gefasst, dass es dann hier von Polizisten nur so wimmelt.«

»Was ist mit ihrem Ex?«, schlug Hedwig plötzlich vor. »Rainer war wegen der Scheidung ziemlich sauer.«

»Traust du ihm einen Mord zu?«, fragte Sigrid.

Hedwig zuckte mit den Achseln. »Man kann in niemanden hineinschauen.«

»Die Polizei wird sicher den Mörder oder die Mörderin finden«, sagte Lou rasch, ehe die vier sich in noch wilderen Spekulationen ergingen.

Lous Vater gesellte sich zu ihnen und unterbrach das Gespräch. »Der Joschi ist nach Hause gefahren. Ich soll euch von ihm grüßen.« Er setzte sich zu ihnen, was Lou verwunderte. Bei dem Wirbel, der am Hof herrschte, hatte sie damit gerechnet, dass er sich gleich in den Weinberg hinters Haus zurückzog. Bewaffnet mit dem Teleskop, durch das er dann stundenlang in den Sternenhimmel starrte.

»Bin gespannt, was mit dem Brucker-Hof passiert«, murmelte Werner, als würde er zu sich selbst sprechen.

»Was soll damit schon passieren?«, fragte Lou. Sie war froh, dass sein Auftauchen das fröhliche Mörderraten beendet hatte.

»Na ja, wenn ihn keins der Geschwister übernimmt, werden sie ihn wohl verkaufen.« Lous Vater seufzte. »Das Schicksal, das möglicherweise auch dem Weingut Conrad droht.«

Lou verdrehte innerlich die Augen. Daher wehte also der Wind. Das leidige Thema der Hofübernahme. Sie hatte gehofft, es heute Abend umschiffen zu können.

»Der Marillengarten am Donauufer ist jedenfalls gepachtet«, lenkte Franziska das Gespräch zum Glück wieder in eine andere Richtung, noch bevor Lou auf die Bemerkung ihres Vaters eingehen musste.

»Geht der Pachtvertrag denn automatisch an die Nachkommen über? Weiß das jemand von euch? Oder muss sich der arme Schiller auf seine alten Tage noch einen neuen Pächter oder eine neue Pächterin suchen?«, stieß Werner nach.

»Meines Wissens wird ein Pachtvertrag nicht automatisch beendet, wenn der Vertragspartner stirbt«, erklärte Lou. »Die Bestandsverhältnisse gehen dann mit allen Rechten und Pflichten an die Erben über.«

»Vorausgesetzt, jemand übernimmt den Hof«, warf ihr Vater erneut ein.

»Ja, Papa«, reagierte Lou ungehaltener als beabsichtigt. »Das ist die Voraussetzung.« Sie beugte sich nach vorn und tätschelte beruhigend seine Hand. »Und das Weingut Conrad wird schon nicht verkauft. Keine Angst.«

Werner lächelte.

»Apropos armer Schiller. Sein Sohn ist ja grad da. Macht er Urlaub bei seinem alten Herrn?«, fragte Erika dazwischen. »Das haben der Werner und der Joschi heute nämlich nicht gefragt, als sie unsere Weine vorgestellt haben.«

»Weil der Joschi und ich keine Neugiernasen sind wie ihr«, brummte Werner. »Wir haben mit dem Bruno und seinen Gästen über Weine und Weinanbau gesprochen, nicht darüber, ob er zu Hause Urlaub macht.«

»Er hat sich eine berufliche Auszeit genommen«, warf Franziska ein und erläuterte, woher sie das wusste.

Werner lachte kurz auf. »Eine Auszeit. Die hätte ich auch gerne mal.«

Lou ignorierte die Bemerkung, die natürlich für sie gedacht war.

»Was macht er denn beruflich?«, fragte Erika und schenkte ihnen Wein und Wasser nach.

»Keine Ahnung«, räumte Franziska ein.

»Ich weiß es«, sagte Hedwig wichtigtuerisch und sah sie reihum an.

»Du kennst Bruno Schiller«, stellte Sigrid erstaunt fest.

»Von früher«, schränkte die Bäckerin ein. »Wir sind auf dieselbe Volksschule gegangen. Er war zwei Klassen unter mir, ist ja auch zwei Jahre jünger als ich. Wenn ich mich richtig erinnere, hat er danach auf ein Sportgymnasium in Wien gewechselt. Wir haben uns aus den Augen verloren, und das Nächste, was ich von ihm gehört hab, war, dass er Profisportler geworden ist. Ruderer«, konkretisierte sie. »Er soll ziemlich ehrgeizig gewesen sein.«

»Das musst du als Sportler auch«, sagte Werner. »Andernfalls kommst nicht weit. Die Konkurrenz schläft nicht.«

»Und warum ist er dann in die Schweiz?«, erkundigte sich Lou.

»Das musst ihn schon selbst fragen«, erwiderte Hedwig. »Ich weiß nur, dass er mal an den Weltmeisterschaften teilgenommen hat. Aber frag mich nicht, in welchem Jahr, und ich hab auch keine Ahnung, ob er eine Medaille gewonnen hat. Ist alles schon ein bisschen her.«

Werners Augen blitzten auf. »Jetzt, wo du's sagst, erinnere ich mich wieder daran. Ganz Marienkirchen stand kopf.« Er dachte kurz nach. »Das muss in den 1980er-Jahren gewesen sein.« Er sah hilfesuchend zu seiner Frau. »Lou war schon auf der Welt, das bilde ich mir zumindest ein.«

»Dann war es Ende der 1980er- oder Anfang der 1990er-Jahre«, sagte Erika.

In der nächsten Stunde drehte sich alles um die Erinnerungen ihrer Eltern und jene von Hedwig. Obwohl sie das Internet durchforsteten, gelang es ihnen nicht, das genaue Jahr von Bruno Schillers Teilnahme an den Weltmeisterschaften im Rudern herauszufinden. Sein Name tauchte in keiner der alten Listen auf, sodass sie sich immerhin sicher waren, dass er nicht unter den Medaillengewinnern gewesen war. Als das Thema sich erschöpft hatte, beschlossen sie aufzubrechen. Lou gähnte, obwohl es erst neun Uhr war. »Ich bin ziemlich k. o. und hab heute keine Lust mehr auf einen Spaziergang. Kann wer Michelin und mich nach Hause bringen?«

»Ich mach das«, bot Hedwig an.

Lou nickte ihr dankbar zu, folgte ihr mit Michelin im Schlepptau zu ihrem froschgrünen VW Polo und stieg ein.

10

Soll ich euch nicht besser ganz bis nach Hause fahren?«, fragte die Bäckerin, als sie den Pfad erreichten, der von der Straße aus zwischen Weinhängen hinauf zu Lous Winzerhäuschen führte. »Es dämmert bereits.«

»Dank dir, aber die paar Meter kann ich locker gehen«, sagte Lou und aktivierte beim Aussteigen die Taschenlampenfunktion ihres Handys. »Damit sehe ich jedes Kieselsteinchen, das uns im Weg liegt«, scherzte sie. »Und richtig dunkel wird's eh erst in einer halben Stunde. Bis dahin sind wir zehnmal zu Hause. Sind ja nur mehr ein paar Minuten zu Fuß. Und Ernst wird sicher auch froh sein, wenn du endlich bei ihm daheim bist.«

Hedwig machte eine wegwerfende Handbewegung. »Ah geh, der hat sich sicher gefreut, wieder mal allein vorm Fernseher sitzen und den Sportkanal rauf- und runterschauen zu können. Außerdem schläft er um diese Uhrzeit meistens, damit er morgen um drei fit ist, wenn er in die Backstube muss.«

»Trotzdem«, beharrte Lou. »Servus, Hedi.«

»Pfiat di«, erwiderte die Bäckerin.

Lou warf die Autotür zu und winkte ihrer Freundin hinterher.

Wenige Meter vor ihrem Ziel bemerkte sie eine Veränderung in Michelins Verhalten. Er hob den Kopf und witterte. War jemand in der Nähe? Augenblicklich schlug ihr Herz schneller. Ihre Muskeln spannten sich an, sie war in Alarmbereitschaft.

Schon einmal waren dunkle Gesellen in ihr kleines Paradies eingedrungen, und damals war Lou nur knapp dem Tod entkommen. Es war ihr gelungen, in einen der Weinberge zu flüchten, die ihr Häuschen umgaben. Da es dunkel gewesen war, hatten ihre Verfolger Mühe gehabt, sie zu fassen.

Doch jetzt verriet ihr die freudige Körperhaltung des Hundes, dass die Situation ungefährlich war. Dann entdeckte sie einen Wagen neben ihrem Jeep: Es war Fabios dunkelgrauer VW Touran. Der Rüde lief zur Gartenbank und begrüßte den Koch überschwänglich.

Lou folgte Michelin. »Was machst du hier?«

»Ich hab auf dich gewartet.«

Lou setzte sich zu ihm. »Um diese Uhrzeit? Seit wann sitzt du hier?«

»Seit fünf Minuten.«

»Warum?«

»Die Aussicht ist so schön.« Er machte eine Handbewegung, die die Weingärten, die Donau und Marienkirchen zu ihren Füßen einschloss.

»Ich hoffe, du erwartest dir keine Bewirtung. Ich betreibe hier oben nämlich keine Jausenstation«, sagte Lou ironisch.

»Der Ausblick genügt«, beteuerte Fabio. »Aber im Ernst: Rainer Brucker war bei mir und hat die versprochenen vierzig Kilo Marillen geliefert.«

»Bei mir war er auch. Seine Tochter hat ihn wohl darum gebeten, die ausstehenden Bestellungen auszuliefern. Sie ist so pflichtbewusst wie Marta, hat er gemeint. Aber das ist kein Grund, sich mitten in der Nacht auf meine Bank zu setzen.«

»Schon so spät?« Fabio erschrak gespielt und sah auf seine Armbanduhr. »Bei mir ist es nämlich erst zwanzig nach neun. Entweder geht meine Uhr falsch oder deine.«

»Du weißt, was ich meine.«

»Wie auch immer, ich habe ihn gefragt, wer die Bestellung storniert hat, und er wusste es nicht«, sagte Fabio.

Lou runzelte die Stirn. »Um mir das zu sagen, hättest du nicht extra herfahren müssen. Versteh mich nicht falsch. Ich freu mich, dich zu sehen, aber dein Restaurant schließt erst um zehn. Ich kann mir denken, dass wieder mal auch der letzte Tisch reserviert ist. Deine Angestellten werden sich schön bedanken, wenn du sie alleine lässt.«

Fabio zuckte mit den Achseln. »Die schaffen das auch mal ohne mich. Der größte Stress war zwischen sieben und halb neun, und da stand ich in der Küche.« Er hielt kurz inne. »Ich muss immer wieder daran denken, was du heute Vormittag erlebt hast. Du kannst dir sicher vorstellen, dass sich das mittlerweile auch unter meinen Leuten und den Gästen herumgesprochen hat. Martas Ermordung ist das Thema Nummer eins.« Er sah sie von der Seite an. »Ich mache mir Sorgen um dich.«

»Musst du nicht.«

»Ich hatte Angst, dass du dich in deinen vier Wänden verkriechst und über Martas Ermordung nachgrübelst«, ignorierte er ihren Einwand. »Ganz allein.«

»Ich war bei meinen Eltern. Hab doch gesagt, dass ich zu ihnen fahre.«

»Du hast ›vielleicht‹ gesagt«, korrigierte Fabio sie. »Also hättest du genauso gut nach Hause fahren und dunklen Gedanken nachhängen können.« Er bückte sich und zog unter der Bank eine Weinflasche hervor. »Und dagegen hätte es geholfen, gemeinsam mit mir einen guten Tropfen zu trinken. Ist ein Grüner Veltliner Smaragd von der Riede Axpoint vom Weingut Franz Hirtzberger aus Spitz.«

»Dann hol ich uns mal Gläser und einen Korkenzieher«, sagte Lou und ging zum Haus.

Wenige Minuten später kam sie mit zwei Weißweingläsern und dem Öffner zurück. Fabio entkorkte den Wein und schenkte ihnen ein.

Lou hielt sich ihr Glas unter die Nase und atmete das Aroma des Weines erst ein, bevor sie einen Schluck nahm.

»Der schmeckt sehr gut«, stellte sie wenig überrascht fest. Sie kannte das Weingut und wusste, dass dort Weine von hoher Qualität produziert wurden.

Fabio, der ihrem Beispiel gefolgt war, schmunzelte. »Hast du geglaubt, ich biete dir irgendein Gesöff an?«

Michelin legte sich vor die Bank ins Gras, und eine Weile saßen Lou und Fabio schweigend nebeneinander, tranken den Wein und genossen die milde Abendluft und den Blick auf Marienkirchen. Der kleine Ort zog sich zusehends das Nachtkleid an. Vor dem sich verdunkelnden Firmament verschwand allmählich die Pfarrkirche mit ihrem majestätischen Turm, der über den Häusern thronte. Gleiches galt für die mittelalterlichen Gemäuer ringsum, die kurz darauf im sanften Schimmer der aufflackernden Straßenlaternen erstrahlten. Zwischen den Weinbergen verwandelte sich die Donau schleichend in einen breiten schwarzen Pinselstrich.

»Geht es dir gut?«, unterbrach Fabio die Stille.

»Weiß ich noch nicht«, gestand Lou. »Bislang bin ich noch nicht zur Ruhe gekommen.« Zum Glück ordnete sich das Durcheinander in ihrem Kopf langsam. »Bin gespannt, ob ich schlafen kann.«

Einen Moment lang ruhte Fabios Blick nachdenklich auf Lou. Ihr schien es, als wollte er anbieten, bei ihr zu übernachten. Lou lächelte, und sie wusste, dass sie diesen warmherzigen Ausdruck in seinen Augen lange im Gedächtnis behalten würde.

»Zum Glück hast du ja Michelin«, sagte er schließlich und leerte sein Glas. Der Rüde hob den Kopf, als er seinen Namen hörte.

Lou antwortete nicht sofort. »Ja, zum Glück.« Ihre Stimme klang sanft. Sie nahm noch einen Schluck Wein, während es sich der Berner Sennenhund wieder auf dem Boden bequem machte.

Fabio schenkte ihnen nach. »Du weißt, dass du mich jederzeit anrufen kannst, oder? Auch mitten in der Nacht.«

Lou legte ihre Hand für zwei Sekunden auf sein Knie. »Das weiß ich, und dafür danke ich dir.«

Sie war verunsichert. Veränderten sich ihre freundschaftlichen Gefühle für Fabio gerade? Oder hatten sie sich längst geändert, und sie hatte es bislang nur vermieden, darüber nachzudenken? Sie schob den Gedanken so schnell zur Seite, wie er gekommen war.

»Hast du morgen früh schon etwas vor?«, fragte sie stattdessen unvermittelt.

»Kommt darauf an, was du mit früh meinst.«

»Um sieben Uhr?«

»Nach Möglichkeit schlafe ich da noch. Morgen ist Mittwoch, Ruhetag im Restaurant.«

»Gut, dann hol ich dich um sieben ab.«

11

Lou schlief schlecht in dieser Nacht. Schreckliche Träume weckten sie im Stundentakt. Von Marta, die im dichten Nebel verschwand. Von Bäumen, deren Äste sich in dürre Ärmchen verwandelten und nach Lou griffen. Von einem Felsblock, der sich von Urgesteinsfelsen löste und auf sie herabdonnerte, ohne dass es ihr gelang wegzulaufen. Um halb sechs schlug sie erschöpft und resigniert die Decke zurück, stieg aus dem Bett und schlurfte barfuß in den Flur. Erst als sie den Holzfußboden unter ihren nackten Füßen spürte, kam sie endgültig in die Realität zurück. Michelin lag im Gang in seinem kuscheligen Hundebett, das sie vor fünf Wochen gekauft hatte. Argwöhnisch öffnete er die Augen, machte aber keine Anstalten aufzustehen. Offenbar knurrte sein Magen noch nicht.

»Guten Morgen, mein Großer.« Lou ging in die Knie und streichelte ihm übers Fell, bevor sie in die Küche schlenderte. Der Rüde blieb liegen. Halb sechs schien wahrhaftig nicht seine Zeit zu sein.

Sie ließ sich einen Cappuccino aus dem Vollautomaten, wechselte wieder in den Flur, schlüpfte in rote Flip-Flops, die neben der Eingangstür lagen, und trat in ihrem altrosa Sommerpyjama ins Freie. Die Tür ließ sie offen, damit Michelin ihr folgen konnte, sollte er sich dazu aufraffen. Eine warme Brise strich ihr auf dem Weg zur Gartenbank über Gesicht, Arme und Beine. In der Nacht hatte es kaum abgekühlt, nach wie vor war die Luft aufgeheizt. Sie setzte sich und genoss wie schon am Abend zuvor mit Fabio den Blick. Jetzt tauchte sanftes Morgenlicht die Umgebung in goldenen Glanz.

»Einen zauberhaften guten Morgen, Marienkirchen«, flüsterte Lou, obwohl der Tag nach Martas Ermordung und mit den Polizisten, die den Ort heute überschwemmen würden, vermutlich wenig zauberhaft werden würde.

Sie trank den Kaffee in kleinen Schlucken, während sie ihren Blick über die steilen Hänge der Weingärten schweifen ließ. Die Blätter malten ein saftiges Grün in die Landschaft, die Beeren an den Reben glänzten jetzt im Juli bereits in erbsengroßer Pracht. Es war die Zeit, in der ihre Eltern bald mit der Rebenpflege beginnen und die aus dem Drahtspalier emporstrebenden Ranken behutsam kürzen würden. Ein weiterer Schluck Kaffee begleitete ihren Blick zum Dach der Bäckerei Ast. Ernst, Hedwigs Mann, stand um diese Uhrzeit schon seit drei Stunden in der Backstube. Sie beschloss, später in der Bäckerei frische Topfengolatschen für sich und Sigrid zu kaufen. Sie liebte das Gebäck aus süßem Germteig mit der feinen Füllung aus Zucker, Eigelb, Rosinen und Topfen – oder Quark, wie ihre deutschen Kunden sagten. Und jetzt, zur Marillenzeit, gab es die Golatschen auch mit Marillen in der Füllung. Aus reiner Neugierde hatte sie Hedwig mal gefragt, ob sie wüsste, wie das Gebäck zu seinem Namen gekommen war.

»Die Bezeichnung kommt aus dem Slawischen. Sie bedeutet so viel wie ›gefüllter Kuchen‹, hergeleitet vom tschechischen Wort *›koláč‹*«, hatte ihr die Bäckerin verraten und außerdem, dass das Feingebäck ursprünglich Brautpaaren zur Hochzeit überreicht worden war.

Ernst hatte damals hinzugefügt, dass die Topfentascherl, wie man das Backwerk in Österreich umgangssprachlich auch nannte, erstmals in einem Kochbuch aus dem siebzehnten Jahrhundert erwähnt wurden, geschrieben von Eleonora Maria Rosalia von Liechtenstein. Eine spannende Information für Lou, denn sie und ihre Mutter sammelten alte Rezepte. Bis zu dieser Unterhaltung mit dem Bäckerehepaar war ihr nicht bewusst gewesen, dass es das Feingebäck schon so lange gab.

Nachdem sie den letzten Schluck Kaffee getrunken hatte, ging sie ins Haus zurück. Michelin, nun auch wach und auf den Beinen, empfing sie so freudig an der Eingangstür, als wären sie tagelang getrennt gewesen.

»Jetzt hast du sicher Hunger«, sagte Lou und füllte seinen Fressnapf, der im Freien neben der Haustür stand, mit Trockenfutter. In den zweiten Napf daneben goss sie frisches Wasser. Während der Berner Sennenhund fraß und anschließend seine üblichen Runden ums Haus drehte, duschte Lou, putzte sich die Zähne und schlüpfte in eine elfenbeinfarbene Baumwollhose und eine ärmellose rostrote Longbluse im Ethnolook. Dabei erinnerte sie sich, dass die verschmutzte Kleidung von gestern noch im Büro lag. Die musste sie heute mit nach Hause nehmen. Sie legte eine schwarze Jeans und ein weißes T-Shirt an die Garderobe im Flur, frische Wechselkleidung, die sie mit ins Geschäft nehmen würde. Dann holte sie zehn wiederverschließbare Beutel und zwei Paar Einmalhandschuhe aus einem Kästchen in der Küche und stopfte alles in ihre Umhängetasche. Nur für den Fall, dass sie und Fabio in Martas Marillengarten tatsächlich etwas Relevantes entdeckten.

Um halb sieben brach sie mit Michelin auf. Als sie das Ende des Pfads erreichte, der zu ihrem Häuschen führte, sah sie zwei Polizeiautos vorbeifahren. War das schon ein Teil des Suchtrupps? Die Suche nach der Mordwaffe würde mit Sicherheit der sprichwörtlichen Suche nach der Nadel im Heuhaufen gleichen. Sie persönlich tippte darauf, dass der Täter die Waffe weit entfernt von Marienkirchen entsorgt hatte.

Bevor sie Fabio abholen würde, lenkte Lou ihren Jeep in die abgelegene Straße, in der Lorenz wohnte. Sie parkte vor der Gartenmauer, die von wildem Wein überwuchert wurde. Michelin hatte längst gemerkt, wohin sie unterwegs waren, und gab einen Laut von sich, den Lou als Ausdruck reiner Freude deutete. Im Kofferraum öffnete sie das Gitter der Hundetransportbox, ließ den Rüden aus dem Wagen und stieß Sekunden später das Holzgatter zu Honig-Lorenz' Grundstück auf. Auf der Wiese blühten Lavendel, wilder Majoran, Kornblumen, Glockenblumen, Gänseblümchen und vieles mehr. Lou sah nach oben. Auf dem Dach des zweihundert Jahre alten Häuschens mit der gelben Fassade und den grünen Fensterläden, das schon seit Generationen im Besitz von Honig-Lorenz' Familie war, lagen dicke schwarze Planen. Das heftige Unwetter Anfang Juni hatte in Marienkirchen und Umgebung unzählige Dachziegel abgehoben und zu Boden geschleudert. Windböen mit annähernd siebzig Kilometern pro Stunde hatten den Regen waagerecht durch das Donautal gepeitscht, umgestürzte Bäume hatten für Chaos auf den Straßen und überflutete Keller für Dauereinsatz bei den Feuerwehren der umliegenden Gemeinden gesorgt. An vielen Gebäuden wie dem von Lorenz waren die Schäden bislang gar nicht oder nur notdürftig behoben worden. Lou senkte den Blick wieder.

Lorenz hatte hier ein Eldorado für seine Bienen geschaffen. Der Imker mähte die Wiese, auf der es von Frühling bis zum Spätherbst blühte, nur zweimal im Jahr. An der Gartentür prangte seit Kurzem ein Schild: »Hier arbeiten Bienen, Hummeln und andere Nützlinge«.

Der Bienenzüchter saß auf einem Klappstuhl an einem runden Holztisch und frühstückte. Er war hager, das Gesicht sonnengegerbt, und die grauen Haare standen ihm zerzaust zu Berge. Wie üblich trug er schon morgens seine Imkerkleidung. Er streichelte Michelin zweimal über den Kopf, dann steckte er ihm ein Stück Brot zu. »Schimpf nicht«, sagte er zu Lou, ehe die protestieren konnte. »Er soll's guthaben.«

»Du untergräbst meine Erziehung. Er bekommt nichts vom Tisch«, beharrte Lou dennoch.

Der Vierundsiebzigjährige zuckte mit den Achseln. »Verklag mich doch.«

Lou schmunzelte. Auch ihre Eltern fütterten Michelin regelmäßig zwischendurch. Dass ihr Riese nicht jeden anbettelte, der etwas Essbares in Händen hielt, grenzte an ein Wunder.

»Wann wird eigentlich dein Dach repariert?« Lou deutete mit einem Finger nach oben.

»Am Freitag kommen s' endlich. Die Dachdecker ersticken derzeit in Arbeit. Magst einen Kaffee?« Er erhob sich. »Ich hol dir eine Tasse und einen Stuhl.«

»Nein danke«, lehnte Lou rasch ab. »Ich bleib nicht lange. Ich wollt dir nur eine Frage stellen.«

»Eine Frage, soso.« Lorenz setzte sich wieder. »Die hat sicher etwas mit der Marta zu tun. Hab schon gehört, dass du sie gefunden hast. Ganz Marienkirchen redet darüber.«

Lou lächelte. »In Marienkirchen bleibt aber auch nichts lange geheim.«

»Außerdem ist es gestern sogar im Fernsehen gekommen. In den Lokalnachrichten vom ORF Niederösterreich. Den Hof von der Marta haben s' von außen gezeigt, und dein Geschäft auch.«

»Was?«, entfuhr es Lou prompt. »Warum denn das?«

»Weil eine ehemalige Kriminalermittlerin und heutige Delikatessenhändlerin die Tote gefunden hat«, ahmte der alte Imker die Worte des Fernsehmoderators nach. »Aber keine Angst, eigentlich haben sie mit der Kamera nur die Ortsmitte abgeschwenkt und halt am Ende ein paar Sekunden auf Lous köstlicher Welt verweilt. Aber ich könnt mir schon vorstellen, dass wer von der Presse bei dir im Geschäft vorbeischaut und einen Kommentar will. Und ein paar Schaulustige vielleicht auch.«

Lou stöhnte auf. »Das kann ich genauso gut gebrauchen wie Kopfschmerzen.«

Lorenz grinste. »Aber jetzt sag schon, was willst denn wissen?«

»Du bist doch fast immer schon frühmorgens unterwegs. Bist du zufällig gestern so zwischen sieben und neun Uhr zur Marta gefahren, um deine Bienenstöcke bei ihr im Garten zu kontrollieren?« Schlagartig wurde ihr klar, dass in diesem Fall er die Leiche entdeckt hätte und nicht sie. »Oder warst irgendwo in der Nähe?«, fügte sie deshalb schnell hinzu.

»Du willst wissen, ob ich jemanden gesehen habe«, schlussfolgerte der Imker.

»Hast du?«

»Ja, ein paar Pendler auf dem Weg nach Krems, Melk oder Wien. Außerdem waren schon ein paar Winzer in den Weinbergen unterwegs. Und dann hab ich noch Martas Ex-Mann gesehen.« Er schenkte Lou einen Blick, der sagte: *Auf die Antwort hast du gewartet, gell?*

Lou horchte tatsächlich augenblicklich auf. »Wo genau?«

»Er saß in seinem Pick-up und bog in die Straße ein, in der Martas Hof liegt.«

»Wann war das?«

»Fünf vor sieben«, antwortete Lorenz, ohne lange zu überlegen. »Hab zufällig auf die Uhr geschaut.«

»Hast du auch gesehen, was er trug? Also, T-Shirt oder Hemd?«

Der Bienenzüchter sah sie irritiert an. »Ist das wichtig?«

»Das weiß ich noch nicht«, räumte Lou ein.

Lorenz schüttelte den Kopf. »Bin ich Modeexperte? Ich kann dir bei Gott nicht sagen, was für ein Shirt er anhatte.«

»Aber es war nicht eventuell doch ein langärmeliges Hemd?«, hakte Lou nach.

»Keine Ahnung. Darauf hab ich nicht geachtet. Außerdem ist er an mir vorbeigefahren, also hab ich ihn nicht länger als ein paar Sekunden gesehen. Aber ich hab mich schon gefragt, was der so früh bei der Marta macht. Warum interessierst du dich für seine Kleidung?«

Lou zuckte mit den Schultern. »Als er gestern Abend bei mir war, trug er ein Hemd mit langen Ärmeln.« Sie hob die Hände Richtung Himmel. »Ich meine, bei der Hitze! Erst dachte ich, das ist wegen seiner Arbeit auf der Werft. Davon mal abgesehen … hat er mir gegenüber behauptet, dass er Marta seit dem Scheidungstermin vor sechs Wochen nicht mehr getroffen hat.«

Der Imker strich sich nachdenklich übers Kinn. »Du glaubst, er hat sie umgebracht?«

»Denkbar.«

»Warum?«

»Die Scheidung hat ihn wütend gemacht. Die Schuld, dass es überhaupt so weit gekommen ist, gibt er übrigens Greta, Martas Freundin.«

»Der Blumenhändlerin aus Dürnstein?«, fragte Lorenz.

»Ja. Kennst du sie?«

Lorenz schüttelte den Kopf. »Nicht wirklich. Ich hab sie ein paarmal am Hof gesehen, aber nie mit ihr gesprochen.«

»Würdest du den Ermittlern sagen, dass du Rainer gesehen hast?« Lou wusste, dass der Eigenbrötler nicht gut auf die Polizei zu sprechen war, seit die Beamten ihn im letzten Jahr verdächtigt hatten, einen Winzer ermordet zu haben.

»Melden werde ich mich bei denen sicher nicht. Aber wenn sie herkommen und mich fragen, wird mir wohl nichts anderes übrig bleiben«, murrte der Imker.

»Okay, dann geb ich Verena Badinger Bescheid, dass sie dich befragen soll. Du erinnerst dich sicher noch an sie? Die Chefinspektorin mit den kurzen braunen Haaren, die …«

Lorenz stoppte Lou mit einer Geste und brummte etwas Unverständliches, was sie als widerwillige Zustimmung interpretierte.

Zum Abschied bat sie ihn, ihr möglichst bald zehn Gläser Waldhonig ins Geschäft zu liefern. Sie wusste, dass der Imker den Honig stets frisch abfüllte, und jetzt hatte sie keine Zeit, darauf zu warten. Sie hatte Dringenderes zu erledigen.

12

Fünf Minuten nach sieben stoppte Lou ihren Jeep vor dem Landhaus Gerber. Sie stieg aus und drückte den Klingelknopf für Fabios Wohnung, die über dem Restaurant lag. Während sie wartete, schrieb sie Verena eine Nachricht mit der Info, die ihr der Honig-Lorenz soeben gegeben hatte.

Sie schickte sie ab, als der Sternekoch durch die Tür ins Freie trat. »Du weißt hoffentlich, was für ein Opfer ich für dich bringe. Sonst bin ich so früh an einem Mittwoch noch nicht ansprechbar.« Fabio küsste sie zur Begrüßung nach Schweizer Art dreimal auf die Wangen.

»Jetzt übertreib mal nicht«, erwiderte Lou. »Du führst ein Restaurant … ein vom *Falstaff* lobend erwähntes Restaurant«, zog sie ihn auf. »Es ist dein Job, täglich früh aus den Federn zu kriechen, um frische Lebensmittel einzukaufen, in der Küche alles vorzubereiten und Kaffee zu trinken – oder was Restaurantbesitzer morgens sonst noch so tun.«

Fabio murrte etwas Undeutliches. »Ich hoffe, wir brechen nicht wieder irgendwo ein«, spielte er dann auf ihr kleines Abenteuer im letzten Jahr an. Lou hatte damals unbefugt ein Weinlager in Südtirol betreten, und er hatte Schmiere gestanden.

»Keine Angst, diesmal ist alles legal«, beruhigte sie ihn. »Ich will nur mal Martas Marillengarten am Donauufer unter die Lupe nehmen, und vier Augen sehen bekanntlich mehr als zwei.«

»Wonach halten wir Ausschau?«

Lou zuckte mit den Achseln. »Das wissen wir erst, wenn wir's sehen.«

»Mir schwant, es wird ein vergeudeter Morgen«, beschwerte er sich leise.

Lou lächelte. »Sei dir da mal nicht so sicher. Ich vertraue auf unsere Intuition. Außerdem machst du einen Ausflug mit mir, da kann man wohl kaum von ›vergeudet‹ sprechen.«

»Okay.« Fabio hob abwehrend die Hände. »*Tu as raison*, du hast recht. Das mit der Vergeudung nehme ich zurück. Aber verrate mir eins: Wie kann man um diese Uhrzeit so gut gelaunt sein wie du?«

Sie zwinkerte ihm zu. »Ich verbringe meinen Vormittag mit dir, *mon chéri*, das freut mich einfach.«

Fabio strich sich über den Dreitagebart. »Überzeugendes Argument.«

Sie stiegen in den Jeep, und Lou warf ihre Umhängetasche, die noch auf dem Vordersitz gelegen hatte, auf die Rückbank. »Du hättest das Kompliment übrigens gern zurückgeben können.«

»Ich verbringe meinen Vormittag mit dir, *ma chérie,* das freut mich einfach«, wiederholte Fabio ihre Worte.

»Zu spät.«

»Bleiben wir länger?«, fragte Fabio und zeigte auf ihre Jeans und das T-Shirt, die auf dem Rücksitz lagen.

»Ist nur Wechselkleidung fürs Geschäft.« Lous Handy läutete. Nach einem schnellen Blick aufs Display hob sie ab. »Mama!«

»Ich bin gerade bei Hedwig vorbeigegangen. Du warst heute Morgen schon Gesprächsthema in der Bäckerei.«

Lou konnte sich denken, worüber sie getratscht hatten: über den Fernsehbeitrag.

»Offenbar war dein Geschäft gestern im Fernsehen«, bestätigte

Erika ihre Vermutung in einem Tonfall, als wäre Lous köstliche Welt für eine Auszeichnung nominiert worden.

»Hab ich auch gehört, Mama. Aber ich werde kein Interview geben. Nur für den Fall, dass du jetzt hoffst, mich persönlich in der Glotze zu sehen.«

»Davon gehe ich aus, dass du den Mund hältst, Kind«, antwortete Erika. »Ich wollt es dich auch nur wissen lassen, damit du nicht überrascht bist, falls sich jemand von der Presse bei dir meldet. Aber da du eh schon Bescheid weißt …« Sie klang ein wenig eingeschnappt. Vermutlich wurmte es sie, dass ihr jemand mit der Info zuvorgekommen war.

»Mama, ich sitze gerade im Auto, hab gleich einen Termin«, schwindelte Lou. Sie wusste, wenn sie gegenüber ihrer Mutter erwähnte, was sie vorhatte, würde sich das Telefonat in die Länge ziehen. »Ich muss leider Schluss machen.«

»Gut, aber lass nicht wieder drei Wochen vergehen, bis du dich das nächste Mal meldest«, ermahnte Erika ihre Tochter. »Pfiat di.«

»Pfiat di, Mama.« Sie legte auf und berichtete Fabio von dem Fernsehbericht. »Hoffentlich taucht niemand von der Presse bei mir auf.«

»Hoffen kannst du.«

Lou zuckte mit den Achseln. »Um noch mal auf unsere Diebe zurückzukommen: Ist doch möglich, dass einer von ihnen etwas verloren hat oder mit der Kleidung an einem Ast oder Baumstamm hängen geblieben ist. Dann könnten wir Fasern finden«, präzisierte sie und fuhr los. »Und falls nicht, hatte Michelin wenigstens schon am Morgen ein bisschen Auslauf.« Lou nickte nach hinten zum Kofferraum, wo der Rüde in der Hundetransportbox lag.

»Und dafür bin ich mitten in der Nacht aufgestanden«, ächzte Fabio erneut. »Kennst du wenigstens die genaue Lage von Martas Marillengarten an der Donau?«

»Natürlich, er liegt am Ortsrand von Dürnstein Richtung Weißenkirchen.«

Während sie durch den Umgehungstunnel fuhren, um nicht durch die Ortsmitte des berühmten Weinortes zu müssen, berichtete Lou Fabio von dem Gespräch mit Lorenz, bei dem herausgekommen war, dass Rainer sie angelogen hatte. »Warum behauptet er, Marta seit sechs Wochen nicht gesehen zu haben, wenn Lorenz ihn doch beobachtet hat, wie er gestern früh kurz vor sieben Richtung Hof gefahren ist?«

»Das heißt doch noch lange nicht, dass er tatsächlich auf dem Hof war«, gab Fabio zu bedenken. »Vielleicht ist er nur vorbeigefahren.«

Lou warf ihm einen skeptischen Seitenblick zu. »Glaub ich nicht.« Sie verließen den Tunnel wieder und fuhren an der Donau entlang, die sich links von ihnen durch das Tal schlängelte. Rechts von ihnen verliefen die Schienen der Wachaubahn. Drei Polizeiwagen kamen ihnen entgegen.

»Wo wollen die denn hin?«, fragte Fabio abgelenkt.

Lou erzählte ihm von der groß angelegten Suche nach der Mordwaffe.

»Dann hoffen wir mal, dass sie sie finden«, sagte Fabio und knüpfte wieder an das unterbrochene Gespräch an. »Und du, sei nicht immer so misstrauisch, was andere Leute betrifft.«

»Bin ich doch gar nicht«, grummelte Lou.

»Vielleicht hat Rainer Brucker ja vor dem Hof angehalten und ihn einfach nur angestarrt«, schlug Fabio vor.

Lou runzelte verständnislos die Stirn. »Warum hätte er das tun sollen?«

»Weil er, wie du vorhin gesagt hast, die Scheidung noch nicht überwunden hat und einen Blick auf seine Ex-Frau und die Kinder erhaschen wollte.«

»Die Kinder konnte er jederzeit sehen.«

»Gut, dann eben auf Marta.«

»Klingt gruselig.«

»Unerwiderte Liebe treibt manchmal seltsame Blüten«, meinte Fabio.

Lou warf ihm erneut einen raschen Seitenblick zu. »Wie du das sagst, klingt es fast romantisch. Ich würde das als Stalking bezeichnen.«

»Vielleicht hat er dir das nicht erzählt, weil er einfach Angst hatte, des Mordes an seiner Frau verdächtigt zu werden. Die Ehemänner oder Ex-Männer stehen doch meist ganz oben auf der Verdächtigenliste«, ignorierte Fabio ihren Kommentar.

»Weil sie in der Realität eben auch leider zu häufig ihre Ehe- oder Ex-Frauen ermorden«, hielt Lou dagegen. »Meines Wissens werden in Österreich rund vierzehntausend Betretungs- und Annäherungsverbote gegen Männer ausgesprochen. Jedes Jahr!«

»Schon gut, ich geb dir ja recht. Es gibt definitiv zu viele Arschlöcher, die ihre Frauen misshandeln«, stimmte Fabio ihr zu. »Aber was sagst du immer? Nicht vorschnell urteilen. Und spätestens jetzt, wo die Ermittlerin weiß, dass Rainer am Morgen von Martas Tod in der Nähe des Hofes gesehen wurde, wird er doch sowieso in den Fokus der Untersuchungen rücken, oder nicht?«

Lou zog die Nase kraus. »Schon.« Martas Marillengarten tauchte auf der linken Straßenseite auf. Lou drosselte das Tempo und parkte den Jeep auf dem Wiesenstreifen. Nachdem sie beide ausgestiegen waren, ließ sie Michelin aus seiner Box. Dann hängte sie sich ihre Tasche quer über die Brust und betrat an Fabios Seite die Obstplantage. Der Rüde lief voraus.

Lou zeigte auf die Wildblumenwiese am rechten Grundstücksrand. »Den Blühstreifen hat Marta zusammen mit Lorenz angesät. Sie wollte die beste Blütenmischung verwenden, um den Tisch für die Insekten zu decken. So oder so ähnlich hat sie sich ausgedrückt, als sie mir davon erzählte.«

Sie sah sich um. Ein schmaler Fußweg, der anscheinend zur Donau führte, trennte den Obstgarten von einer Riede.

»Zum Glück sieht man solche Blumenwiesen wieder öfter neben den Feldern«, sagte Fabio. Er trat zur ersten Baumreihe und sah sich hilflos um. »Wenn wir wüssten, von welchen Bäumen die Marillen gestohlen wurden, würden wir uns leichter tun.«

»Zumindest wissen wir, dass es diejenigen, an denen noch Früchte hängen, nicht sind.« Lou grinste schief.

»Was machen Sie hier?«, hörten sie plötzlich eine strenge laute Stimme in ihrem Rücken.

13

Lou und Fabio drehten sich um. Ein Mann, geschätzt Ende sechzig, stand auf dem Pfad Richtung Donau. Er musste aus dem Weingarten nebenan gekommen sein. Sein Bauchumfang verriet eine Vorliebe für kulinarische Genüsse. Sein Gesicht war sonnengeküsst, und sein kahler Schädel verlieh ihm eine markante Präsenz. »Das ist der Garten von Marta Brucker«, knurrte er.

»Ich weiß«, gab Lou zurück.

Sie und Fabio gingen auf den Mann zu und stellten sich vor.

»Um Fotos von der Aussicht zu machen, brauchen S' kein fremdes Grundstück zu betreten«, blaffte der Mann. »Das können S' genauso gut am Straßenrand.« Seine großen, durchdringend grünen Augen durchbohrten Lou regelrecht.

Sie erklärte, dass sie ein Delikatessengeschäft in Marienkirchen führte und in welcher Beziehung sie zu Marta gestanden hatte. Währenddessen wanderte der Blick des vermeintlichen Winzers an Lou und Fabio vorbei, als wollte er sichergehen, dass sich nicht noch jemand anderes auf dem Grundstück befand. »Gehört der Hund Ihnen?«

»Ja. Der ist friedlich«, versicherte Lou und sah zu Michelin, der ein Stück entfernt unter einem Baum konzentriert an etwas Unsichtbarem schnüffelte.

»Das behaupten alle«, maulte der Mann. »Und dann beißen sie einen doch.«

»Der sicher nicht«, sagte Fabio beruhigend. »Dafür ist er viel zu faul.«

Lou rief Michelin zu sich, und der Rüde reagierte nicht. Erst als sie ihn noch einmal rief, gehorchte er. Gemächlich trabte er in ihre Richtung und setzte sich neben Lou, die eine Hand auf seinen Kopf legte und begann, sein Ohr zu kraulen.

Der Blick des Mannes wanderte von Michelin zu Lou und schließlich zu Fabio zurück. »Und was wollen S' jetzt hier in Martas Obstgarten?«

»Ehrlich?«, fragte Lou. »Wir wollen uns ein wenig umsehen. Wir haben erfahren, dass Marillen gestohlen wurden, und jetzt wollen wir schauen, ob wir Hinweise auf die Diebe finden.«

»Lou war mal Kriminalpolizistin. Wenn eine Straftat begangen wird, dann kommen die Leute aus dem ganzen Ort nach wie vor zu ihr und bitten sie um Hilfe«, ergänzte Fabio, ohne zu erwähnen, ob auch Marta das getan hatte.

»Aha«, murrte der Mann, der sich ihnen noch immer nicht vorgestellt hatte. »Eine ehemalige Polizistin also. Und das berechtigt Sie, hier herumzuschnüffeln?« Er fischte ein Taschentuch aus seiner Hosentasche und wischte sich über die Stirn. »Heute Morgen drückt das Wetter wieder.« Er schaute zum Himmel. »Meinetwegen dürft langsam ein Gewitter kommen.« Dann schüttelte er traurig den Kopf. »Schrecklich, dass die Marta tot ist. Heute Morgen haben s' im Radio gesagt, dass sie ermordet wurde, aber das glaub ich nicht.« Er sah Lou und Fabio abwechselnd an, als erhoffte er sich von ihnen eine Bestätigung, dass es sich bei der Meldung um einen geschmacklosen Scherz handelte.

»Es stimmt leider«, zerstörte Fabio seine Hoffnung.

»Wie ist sie gestorben?«

»Genaues kann man noch nicht sagen«, behauptete Lou.

Der Winzer schüttelte den Kopf. »Meiner Frau und mir, uns

gehört der Weingarten«, sagte er übergangslos und wies mit einer raschen Geste auf die Rebzeilen hinter sich. »Ist nicht groß, nur ein halber Hektar. Aber für uns reicht es.«

Lou sah Richtung Riede und entdeckte im gleichen Augenblick eine zierliche Person mit grauem Kurzhaarschnitt. Sie schätzte die Frau in der leichten orangen Hose und der gleichfarbigen Kurzarmbluse auf Mitte sechzig. Sie trug einen Sonnenhut, trat aus der Riede auf den Weg und kam auf sie zu. In der Hand hielt sie eine dunkelgrüne Baseballkappe, die sie ihrem Mann reichte. Dann begrüßte sie Lou und Fabio mit festem Händedruck.

»Wilma Koschinsky«, stellte sie sich vor.

Das sind also die Koschinskys, dachte Lou, während sie die dunklen Schatten unter den hellgrauen Augen der Frau registrierte.

»Ludwig Koschinsky«, sagte der bis dahin Namenlose und streckte ihnen ebenfalls die Hand entgegen.

Lou und Fabio schüttelten sie abwechselnd.

»Wir bauen ausschließlich Grünen Veltliner an. Den Weingarten haben wir vor zwölf Jahren gekauft«, zeigte der Winzer sich plötzlich redselig. »Seit vier Jahren bin ich in Pension, und seither verbringen wir viel Zeit zwischen den Rebzeilen. Der Weinanbau ist unsere Leidenschaft.«

Seiner Frau war anzusehen, dass ihre Leidenschaft dafür nicht ganz so groß war.

»Die meisten Trauben liefern wir an die Domäne Wachau zur Weiterverarbeitung, aus dem Rest machen wir Wein für den Eigenverbrauch.« Ludwig Koschinsky setzte sich die Kappe auf. Jetzt sah Lou, dass darauf eine Weintraube gestickt war, zusammen mit dem Spruch: »I bin aus der Wachau.«

»Haben Sie in den letzten Tagen jemanden gesehen, der Marillen in größerer Menge hat mitgehen lassen?«, fragte sie und erwähnte nochmals die Obstdiebstähle.

»Einen Wagen, der länger am Straßenrand stand als üblich, wenn jemand hier Fotos macht oder den Ausblick genießt? Möglicherweise einen Kastenwagen. Oder Personen, die im Garten mit Kisten oder Kartons herumgelaufen sind, ohne dass Marta oder ihre Kinder da waren?«, präzisierte Fabio Lous Frage.

»Unseres Wissens sind insgesamt bis zu dreieinhalbtausend Kilo Marillen verschwunden«, fügte sie hinzu. »Eine solche Menge trägt man nicht mit dem Einkaufskorb weg.«

Ludwig Koschinsky schüttelte den Kopf. »Das hat mich die Kathi gestern Morgen auch schon gefragt und später noch mal ein Polizeiinspektor.« Er seufzte. »Aber die Wilma und ich, wir haben nichts gesehen, obwohl wir gleich hier wohnen.« Er zeigte auf das Einfamilienhaus, das etwa vierzig Meter entfernt auf der gegenüberliegenden Straßenseite stand. »Das haben wir ebenfalls vor zwölf Jahren gekauft. Seitdem sind wir hier. Davor haben wir in Melk gewohnt, da hab ich bei der Post gearbeitet«, gab sich der Winzer noch immer gesprächig. Offenbar hatte er beschlossen, ihnen zu vertrauen.

»Wir sind auch nicht solche, die die ganze Zeit aus dem Fenster schauen«, fügte seine Frau rasch hinzu. Vermutlich, um in den Augen von Lou und Fabio nicht als neugierig zu gelten.

»Natürlich nicht«, sagte Lou.

»Manchmal sehen wir natürlich Urlauber, die am Straßenrand stehen bleiben und den Marillengarten fotografieren, vor allem im Frühjahr, wenn alles blüht. Aber wir haben noch nie jemanden gesehen, der ihn unbefugt betreten oder sogar Obst mitgenommen hat.« Die Winzerin warf ihrem Mann einen raschen Blick zu.

Er schob die Kappe ein Stück zurück. »Und damit Sie nicht auf dumme Ideen kommen: Auch wir haben den Obstgarten von Marta nie betreten«, sagte er und zog die Kappe wieder nach vorne.

»Was für dumme Ideen?«, fragte Lou ehrlich überrascht.

»Na, zum Beispiel, dass wir Marillen von unserer Nachbarin stehlen.« Wilma Koschinsky zeigte auf sich und ihren Mann.

»Es ist mir gar nicht in den Sinn gekommen, Sie zu bezichtigen«, beschwichtigte Lou.

»Wir plaudern mit der Marta oder ihren Kindern meist vor oder nach der Arbeit. Immer hier an der Grundstücksgrenze«, beharrte die Winzerin dennoch nachdrücklich und zeigte auf den Flurweg, auf dem sie und ihr Mann standen. »Es würde uns nie einfallen, einfach so den Obstgarten unserer Nachbarn zu betreten.«

»Was glauben Sie denn hier zu finden?« Ludwig Koschinsky mischte sich wieder ins Gespräch ein und erklärte seiner Frau rasch, dass Lou eine ehemalige Polizistin war.

»Oh«, entfuhr es Wilma Koschinsky überrascht. »Ermitteln Sie etwa wegen der Diebstähle?«

Lou schüttelte den Kopf. »Nein. Wie Ihr Mann schon sagte, ich bin nicht mehr bei der Polizei.«

»Aber man hört ja immer wieder von Personalmangel in allen Bereichen. Könnte doch sein, dass man ehemalige Beamte zurückholt. Das machen einige Unternehmen, sogar aus der Pension werden welche zurückgeholt, das hab ich erst kürzlich im Radio gehört«, ereiferte sich die Winzerin.

»Niemand hat mich zurückgeholt, ich habe nur versprochen, mich mal umzusehen.« Lou ließ unerwähnt, wem sie das zugesichert hatte.

»Sind Sie auch Polizist?«, wandte sich die Winzerin nun an Fabio. Sie schien genauso neugierig wie ihr Mann zu sein.

»Nein, ich bin Koch und betreibe ein Restaurant in Marienkirchen«, antwortete er.

»Sternekoch«, konkretisierte Lou.

»Aha.« Wilma Koschinsky runzelte skeptisch die Stirn, als würde sie überlegen, jetzt doch die echte Polizei zu rufen.

»Wir haben keine Ahnung, ob wir etwas finden werden«, kam Lou auf Ludwig Koschinskys Frage zurück. »Aber wir hoffen, dass einer der Obstdiebe mit Hemd- oder Jackenärmel oder mit der Hose einen Baumstamm gestreift hat. In dem Fall wären Faserspuren eine Möglichkeit.« Lou ließ kurz ihren Blick umherschweifen. »Können Sie uns sagen, von welchen Bäumen die Marillen gestohlen wurden?«

»Nein.« Der Winzer schüttelte den Kopf. »Aber die Kathi stand gestern länger vor einem Baum in der vierten Reihe, bevor sie zu mir rübergekommen ist und mich gefragt hat, ob ich etwas gesehen habe.«

»Vierte Reihe also«, wiederholte Lou. »Danke.«

»Ich mach mich gleich mal an die Arbeit.« Fabio entfernte sich, und Lou gab Michelin, der sich mittlerweile hingelegt hatte, ein Zeichen, ihm zu folgen. Der Rüde erhob sich, streckte sich und zottelte gemächlich davon.

»Ich schau mich dann auch mal um«, sagte Lou. »Wiedersehen.«

Ludwig Koschinsky reagierte nicht, und auch seine Frau presste nur die Lippen aufeinander.

Lou hatte Fabio schon erreicht, als sie noch einmal zurückschaute. Das Ehepaar stand immer noch auf dem schmalen Weg und beobachtete sie. Sie wirkten wie Aufpasser.

»Ich komm mir wie eine Erntehelferin vor, der die Plantagenbesitzer nicht vertrauen«, flüsterte Lou.

Fabio schaute kurz zu den Koschinskys und lächelte in ihre Richtung. »Weißt du, was ich eigenartig finde?«, erwiderte er dann ebenso leise. »Uns haben die beiden sofort zur Rede gestellt, kaum dass wir den Garten betreten haben, aber die Diebstähle wollen sie nicht bemerkt haben?«

»Meine Ex-Chefin meinte, dass die Diebe nachts zugeschlagen

haben«, merkte Lou an. »Da haben die zwei vermutlich geschlafen. Außerdem sind sie jetzt, nach dem dritten Diebstahl und dem Mord an Marta, vielleicht aufmerksamer als davor.« Gedankenverloren sah sie Michelin dabei zu, wie er wieder durch den Garten streifte. Was hatte ihn vorhin an dem Fleck Wiese, von dem sie ihn weggerufen hatte, so interessiert? Ein Gegenstand? Ein Geruch? Natürlich war ihr Großer alles andere als ein Suchhund. Prinzipiell fand er nur Fressbares. Trotzdem zog die Neugier Lou zu der Stelle. Kaum hatte sie sie erreicht, gesellte sich Michelin zu ihr. Sie befahl ihm, Platz zu machen, und er gehorchte. Als sie in die Knie ging, sah sie zuerst nur grünes Gras und ein paar Gänseblümchen. Doch dann entdeckte sie etwas, das tiefer zwischen den Halmen steckte. Einen Knopf!

»War's das, was dich fasziniert hat?«, murmelte Lou und warf einen verstohlenen Blick zu dem Ehepaar, das noch immer wie angewurzelt auf dem Weg stand. Sie griff nach Michelins Pfote. »Kommst du mal, Fabio?«, rief sie in einem Tonfall, als ob sie Hilfe bräuchte.

»Stell dich so hin, dass sie nicht sehen können, dass ich etwas aufhebe«, bat sie den Sternekoch, als er bei ihr war.

Fabio runzelte die Stirn, ging aber neben Michelin in die Knie und legte ihm die Hand so auf den Rücken, dass er mit dem Hund einen Blickschutz bildete.

Lou stellte ihre Umhängetasche neben sich auf den Boden und beeilte sich, einen Plastikbeutel und ein Paar Einmalhandschuhe hervorzuziehen.

Fabio war beeindruckt. »Was du alles dabeihast.«

»Natürlich. Ich hab doch gehofft, etwas zu finden. Und da ich Fingerabdrücke vermeiden will ...« Sie schlüpfte in die Latexhandschuhe. »Für dich hab ich übrigens auch ein Paar dabei, falls du etwas findest und es aufheben möchtest.« Sie nahm den Knopf, ließ ihn in den offenen Beutel fallen, zog dessen Zipper zu und steckte den Fund samt Handschuhen zurück in ihre Tasche.

»Einmal Polizistin, immer Polizistin, was?« Fabio schüttelte amüsiert den Kopf.

»Leider ist nicht gesagt, dass einer der Diebe den Knopf verloren hat. Er kann genauso gut von der Kleidung der Erntehelfer, der von Martas Kindern oder ihrer eigenen stammen. Lass uns also weitersuchen.«

Lou hängte sich die Tasche wieder quer über die Brust und sah sich erneut um. Dabei machte sie sich in Gedanken eine Notiz, wo genau sie oder besser gesagt Michelin den Knopf entdeckt hatte. Sie stand in der achten Obstzeile vor dem zwanzigsten Baum.

»Und, haben Sie etwas entdeckt?«, fragte Ludwig Koschinsky eine halbe Stunde später, als Lou und Fabio wieder an dem Ehepaar vorbeikamen. Die beiden hatten sie keinen Moment aus den Augen gelassen.

»Leider nein«, log Lou. »Aber vielleicht könnten Sie in den nächsten Tagen noch aufmerksamer sein als sonst? Es besteht die Möglichkeit, dass die Diebe noch einmal zuschlagen.«

»Das werden wir«, versicherte ihr Wilma Koschinsky und taxierte sie argwöhnisch von oben bis unten. »Hoffentlich haben Sie jetzt keine Marillen gestohlen.«

»Natürlich nicht«, echauffierte sich Lou.

»Und was haben Sie dann so Geheimnisvolles unter dem einen Baum gemacht?«, hakte der Winzer nach.

»Mein Hund hatte sich einen Kieselstein zwischen die Ballen getreten«, flunkerte Lou erneut. »Wie auch immer, jetzt sind wir auch schon fertig. Wiedersehen.« Sie schüttelte den beiden zum Abschied die Hände, während Fabio sich mit einem *»Au revoir«* begnügte.

Dann eilten sie mit langen Schritten zum Jeep.

14

Lou öffnete die Heckklappe des Wagens und ließ Michelin in die Hundebox springen. Dann holte sie einen kleinen Notizblock und einen Bleistift aus ihrer Tasche und notierte den Standplatz des Baumes, unter dem sie den Knopf gefunden hatten. Natürlich konnte das alles bedeutungslos sein. Aber es lag nun mal in ihrer DNA, jedem noch so kleinen Hinweis Beachtung zu schenken. Als das erledigt war, schwang sie sich auf den Fahrersitz und drückte Fabio, der schon in den Wagen gestiegen war, ihre Umhängetasche in die Hände. »Schau dir mal den Knopf an.«

Sie startete den Jeep und lenkte ihn von der Wiese auf die Bundesstraße. Im Rückspiegel sah sie die Koschinskys angeregt miteinander reden.

»Du willst, dass ich in deine Handtasche greife?«

Lou sah Fabio irritiert an. »Ja, weil der Knopf da drinnen ist.«

Der Sternekoch zögerte trotzdem. »In eine Damenhandtasche zu greifen, ist, als würde man blind in eine Schlangengrube fassen. Man berührt tausend Sachen, hat keine Ahnung, was, aber befürchtet das Schlimmste.«

Lou lachte lauthals auf. »Sag nur, meine Handtasche macht dir Angst. Aber ich kann dich beruhigen: Da ist nichts drin, was dich erschrecken oder beißen könnte.«

»Trotzdem, in Handtaschen von Frauen findet man nichts«, meinte Fabio. »Die sind tiefer als der Grand Canyon.«

»Unsinn. Und jetzt mach endlich! Der Beutel liegt eh obenauf.«

»Bien sûr, quelque part en haut«, seufzte Fabio in seiner Muttersprache. »Natürlich, irgendwo obenauf«, wiederholte er dann auf Deutsch, jedoch in einem Tonfall, als müsste er in der Tat seine Hand gleich in eine Schlangengrube stecken. Schließlich öffnete er die Tasche und warf einen langen Blick hinein.

Lou lenkte derweil den Wagen an Donau, Weinbergen und schroffen Urgesteinsfelsen entlang.

Endlich zog Fabio mit spitzen Fingern das Gesuchte hervor, stellte Lous Umhängetasche vor sich in den Fußraum und betrachtete den Knopf eingehend. »Und was sehe ich jetzt?«

»Sag du's mir.«

»Was wird das? Ein Quiz, oder willst du mich zum Polizisten ausbilden? Falls dir Letzteres vorschwebt, würde ich gern anmerken, glücklich in meinem Beruf zu sein«, sagte Fabio nachdrücklich. »Ich bin doch nur mit dir durch den Marillengarten gestapft, weil du mich darum gebeten hast.«

»Quatsch.« Lou nahm kurz den Blick von der Straße und sah zu Fabio. »Was siehst du?«

»Einen Knopf.«

»Und was noch?«

»Einen Knopf.«

»Jetzt stell dich halt nicht so an«, maulte Lou.

»Aber ich seh immer noch nur einen Knopf.«

»Welche Farbe hat er?«

»Er ist rosa.«

»Ahh.« Lous Augenbrauen schnellten nach oben. »So kommen wir der Sache schon näher.«

Fabio blieb stumm.

»Welche Form hat er?«, hakte Lou deshalb nach.

»Er ist kugelförmig und hat einen Strassstein in der Mitte.« In dem Moment schien es Fabio zu dämmern, worauf Lou hinauswollte. »Der gehört zu einer Damenbluse.«

»Heureka, du hast das Rätsel gelöst!«, rief sie.

»Und was machst du jetzt mit der Erkenntnis?«, fragte Fabio, als sie in den Dürnsteiner Tunnel fuhren.

»Auf jeden Fall zeig ich der Katharina den Knopf, vielleicht erkennt sie ihn ja wieder. Und wenn er ihr, Marta oder einer Erntehelferin gehört, geb ich ihn zurück, und wir beide fangen wieder bei null an.«

Der Sternekoch beugte sich nach vorn und steckte den Beutel mit dem Knopf in Lous Tasche zurück. Als er sich wieder aufgerichtet hatte, fuhr er sich nachdenklich über den Dreitagebart. »Weißt du, was ich mich schon die ganze Zeit frage, Lou? Was macht man mit so vielen gestohlenen Marillen?«

»Verkaufen?«

»Aber an wen?«, grübelte Fabio. »Gastronomen wie ich haben ihre festen Lieferanten. Ebenso Geschäfte und Delikatessenhändler wie du. Setzen sich die Diebe also neben einen Stand an den Straßenrand, um die Marillen loszuwerden? Oder verkochen sie die gesamte Menge zu Marmelade, um sie danach wie auch immer unter die Leute zu bringen? Und wie viel Gewinn würde ...«

»Halt!«, unterbrach Lou ihn. Ihr Verstand hatte eine Verknüpfung hergestellt.

»Was ist?«

»Jemand hat doch erst kürzlich eine Bestellung über vierzig Kilo Marillen bei Marta storniert.«

»Stimmt, das hat sie gesagt«, bestätigte Fabio. »Als sie mir vorgestern die Menge angeboten hat.«

»Laut Veni haben die Diebe letzte Woche am Dienstag und Donnerstag insgesamt dreißig Bäume geplündert. Das sind in

Summe bis zu eineinhalb Tonnen.« Lou hielt kurz inne. »Was, wenn die Diebe tatsächlich jetzt mit Martas Marillen handeln?«

»Und sie zu einem günstigeren Preis anbieten«, folgte Fabio ihrem Gedankengang. »Aber unser Unbekannter hat nur vierzig Kilo storniert. Was bedeutet, dass die langfingrigen Geschäftsleute noch weitere Abnehmer brauchen.«

»Und wenn Marta dem Handel mit ihren gestohlenen Marillen auf die Schliche gekommen ist und deshalb ermordet wurde?« Lous Gedanken fuhren Karussell. »Aber wenn dem so ist, finden wir die Abnehmer für das Diebesgut bestimmt nicht in Marienkirchen. Das wäre zu auffällig.« Sie hielt kurz inne. »Angezeigt hat sie die Diebstähle von letzter Woche jedenfalls nicht, weil sie vor lauter Arbeit nicht dazu gekommen ist. Das hat Verena erwähnt.«

»Oder Marta hat gezögert, weil sie wusste oder ahnte, wer dahintersteckt? Nämlich Personen, die sich nicht ausschließlich bereichern, sondern ihr auch noch finanziell schaden wollten«, schlug Fabio eine weitere Möglichkeit vor.

Lou nickte. »Aber sie könnte demjenigen gedroht haben, Anzeige zu erstatten.«

»Demjenigen?«, wiederholte Fabio. »Du denkst an ihren Ex-Mann?«

»Wäre doch möglich, oder nicht?«, stellte Lou eine rhetorische Frage. »An deine These, dass er sich frühmorgens vor den Hof stellt, um vom Auto aus seine Ex-Frau anzuschmachten, glaube ich jedenfalls nicht.«

»Weil du keine romantische Ader hast.«

»O doch, die hab ich«, protestierte Lou. »Aber ich bin auch Realistin. Männer wie Rainer schmachten nicht. Solche Kerle sind davon überzeugt, die besten von den besten zu sein. Noch nicht mal nach der Scheidung hatte er begriffen, dass er Marta mit seinen zig Affären zutiefst verletzt und gedemütigt hat. Nicht mal jetzt, nach ihrem Tod, macht er sich Gedanken darüber!« Sie wiederholte, was er in ihrem Büro gesagt hatte, als er die bestellte Ware vorbeigebracht hatte, und konnte ihre eigene Wut nur schlecht verbergen.

»Bist du jetzt auch noch Psychologin? Du wirst mir langsam unheimlich, Lou Conrad.« Fabio zwinkerte ihr zu, als vor ihnen das Ortsschild von Marienkirchen auftauchte.

»Als Mordermittlerin hatte ich einige Male mit Typen zu tun, die sich mit der Trennung nicht abfinden konnten. Sie haben ihre Frau nicht als gleichwertige Partnerin gesehen, sondern vielmehr als Eigentum, das sich ihnen zu unterwerfen hatte.«

»Und du denkst, Rainer ist so einer?«

»Keine Ahnung. Aber sein blödes Gerede von wegen Marta hätte gewusst, mit wem sie sich heiratstechnisch einlässt, bringt mich zur Weißglut. Hätte er es im umgekehrten Fall auch so locker gesehen? Sicher nicht.«

»Wer weiß. Aber wenn du jetzt sofort zum Brucker-Hof fahren willst, kann ich dich leider nicht begleiten. Ich möchte gleich mit meinem Fischzüchter telefonieren.« Fabio klang aufgeregt. »Vorhin im Marillengarten ist mir die Idee gekommen, morgen Zander mit Marillen-Lauch-Füllung auf die Tageskarte zu setzen.«

»Oh, das klingt fein. Dann kommen Sigrid und ich gerne zum Mittagessen vorbei.«

»Macht das, ich werd euch zwei besonders schöne Zander zur Seite legen.« Fabio lächelte, und Lou versank nicht zum ersten Mal für eine Sekunde in seinen tiefblauen Augen.

»Und du findest heute noch heraus, wer den Auftrag storniert hat. Sobald wir den Namen haben, statten wir dem Herrn oder der Dame gemeinsam einen Besuch ab, was meinst du?«, fragte der Sternekoch.

Lou schmunzelte. »Jawohl, Watson!«

Fabio sah sie unsicher an. »Du machst dich jetzt aber nicht über mich lustig, oder?«

»Ich? I wo. Niemals«, versicherte Lou und lenkte schmunzelnd den Wagen durch die Ortsmitte von Marienkirchen bis zu ihrem Geschäft. Sigrids blaues Fahrrad stand davor im Ständer. Lou sah auf die Uhr. Es war halb neun, ihre Angestellte war früh dran. Sie fuhr weiter und hielt vor dem Eingang vom Landhaus Gerber.

»Okay«, sagte Fabio und stieg aus. »Kommst später auf einen Kaffee vorbei? Danach können wir ja zu Martas Kunden fahren, der storniert hat. Vorausgesetzt, du weißt dann schon, wer es war.«

»Mal schauen.«

»Die Bluse steht dir übrigens ausgezeichnet«, sagte er noch, dann warf er die Autotür zu.

Lou sah an sich hinunter. Sie mochte ihr rostrotes Oberteil mit dem orientalischen Muster, aber es war nichts Besonderes. Als sie den Kopf wieder hob, sah sie Fabio im Restaurant verschwinden. Sie schrieb Sigrid eine Nachricht, dass sie später kommen würde, legte dann den ersten Gang ein und fuhr los.

15

Fünf Minuten später stellte Lou ihren Jeep vor dem Brucker-Hof ab. Der graue Kastenwagen der Spurensicherung parkte in der Einfahrt. Augenblicklich spürte sie, wie sich ihre Brust zusammenzog. Vor vierundzwanzig Stunden war hier ein Mensch brutal aus dem Leben gerissen worden. Eine Frau, die sie, Lou, gut gekannt hatte. Eine Frau, die gerne gelacht hatte und von jedem im Ort gemocht worden war. Manchmal war das Schicksal echt ungerecht und der Schutzengel unaufmerksam. Als sie die Fahrertür öffnete und ausstieg, trat Andreas durch den Rundbogen und schaute in ihre Richtung. Er trug eine olivfarbene Cargohose, ein gelbes T-Shirt und graue Turnschuhe und hatte einen Rucksack geschultert. Er wirkte erschöpft. Vermutlich hatte er die ganze Nacht nicht geschlafen. Seine schwarzen Haare standen wirr in alle Richtungen ab. Der Ausdruck von Enttäuschung huschte über sein Gesicht, als er Lou sah. Vermutlich hatte er jemand anderes erwartet.

»Griaß di, Andreas.«

»Griaß God«, murmelte er.

Lou trat auf ihn zu und streckte ihm die Hand entgegen. »Mein herzliches Beileid.«

Der Teenager ergriff sie. Sein Händedruck war kraftlos. Er presste die Lippen zusammen und nickte dankend. Als er seine Hand unmittelbar zurückzog, trat Lou wieder an den Jeep, öffnete die Heckklappe und ließ Michelin aus der Box. »Wartest du auf wen?«, fragte sie.

»Auf meinen Vater«, antwortete Andreas. »Er wollte mich abholen.«

Lou stellte sich neben ihn. »Er holt dich ab?«

»Ich soll ihm heute auf der Werft helfen.« Martas Sohn streichelte dem Berner Sennenhund gedankenverloren übers Fell.

Lou nickte. Die Arbeit würde den Teenager ein wenig ablenken. Eine gute Idee von Rainer. »Hat er gar nicht bei euch übernachtet?«

»Wenn Sie zur Kathi wollen, die ist im Haus. Mit der Greta«, wich Andreas einer Antwort aus.

Lou verstand, was er ihr damit sagen wollte: *Das geht Sie nichts an.* »Kommst mit rein? Kannst ja auch drinnen warten?«

»Mein Vater wird gleich hier sein.« Er nahm den Rucksack ab und stellte ihn demonstrativ auf den Boden. Als ob er Anker setzen wollte.

»Es tut mir so leid, was mit deiner Mutter passiert ist.«

»Mir auch«, hauchte der junge Kerl und drehte den Kopf zur Seite, weg von Lou. Offenbar war es ihm peinlich, vor ihr zu weinen. Marta hatte ihren Sohn Lou gegenüber immer als bedacht und in sich gekehrt beschrieben. »Das genaue Gegenteil von seinem Vater«, hatte die Obstbäuerin gemeint. »Vielleicht kommen sie gerade deshalb so gut miteinander klar.«

»Ich geh dann mal ins Haus.« Lou legte Andreas zum Abschied kurz die Hand auf die Schulter, aber er reagierte nicht.

Mit Michelin auf den Fersen durchquerte sie das Rundbogentor. Hinter dem Flatterband, das den Obstgarten noch immer absperrte, sah sie zwei Polizisten von der Spurensicherung. Sie suchten konzentriert den Boden nach kleinsten Auffälligkeiten ab. An der Eingangstür drehte Lou sich noch einmal um und schaute zu

Martas Sohn. Während er in die Richtung starrte, aus der sein Vater kommen würde, wischte er sich immer wieder rasch mit dem Handrücken über die Wangen.

Wie tags zuvor drückte Lou den Klingelknopf. Diesmal wurde die Tür geöffnet. Vor ihr stand Katharina mit nach hinten gekämmten Haaren. Ihre Augen waren rot geweint, ihr Gesicht blass.

»Hallo, Kathi.«

»Vielen Dank, dass Sie gekommen sind.« Martas Tochter reichte ihr die Hand. Lou ergriff sie und sprach auch ihr ihr Beileid aus.

»Mein Vater meint, das war niemand aus dem Ort. Das muss ein Fremder gewesen sein. Ein Urlauber oder jemand, der sich in Marienkirchen herumgetrieben hat.« Tränen liefen ihr über die Wangen, während sie sprach. »In Marienkirchen hat doch jeder die Mama gemocht.« Sie fuhr sich mit der Hand übers Gesicht.

»Die Polizei wird den Schuldigen oder die Schuldige finden«, beteuerte Lou. »Ich hab beim Aussteigen Andreas getroffen. Er wartet auf euren Vater?« Sie nickte zum Rundbogentor.

Katharina atmete tief durch. »Er wollte ihn vor einer Stunde abholen. Seither haben wir zigmal bei ihm angerufen, aber er ist nicht erreichbar und meldet sich auch nicht zurück. Die Sekretärin und die Arbeiter auf der Werft haben keine Ahnung, wo er steckt. Wir machen uns große Sorgen.«

»Hat er denn von gestern zu heute nicht bei euch übernachtet?«, wiederholte Lou die Frage, die sie auch schon ihrem Bruder gestellt hatte.

Katharina schüttelte den Kopf. »Greta, Mamas beste Freundin, ist bei uns geblieben. Obwohl das nicht nötig gewesen wäre. Mein Bruder und ich sind erwachsen.« Sie warf noch einen raschen Blick in seine Richtung, dann winkte sie Lou ins Haus. »Aber kommen Sie erst mal rein. Michelin natürlich auch.« Sie strich dem Rüden, der neben Lou stehen geblieben war, sanft über den Kopf.

»Du weißt, wie mein Hund heißt?« Lou war überrascht.

»Natürlich. Mama hat mir von ihm erzählt. Sie war ein großer Fan von ihm.«

»Ja, er ist ein wahrer Herzensbrecher.« Lou tätschelte ihrem Riesen ebenfalls schnell den Kopf, dann betrat sie den Flur. »Du musst mich übrigens nicht siezen, Kathi. Ich bin die Lou.«

Für den Bruchteil einer Sekunde erschien ein zartes Lächeln auf Katharinas Lippen. »Okay, Lou.«

In der Küche aus Naturholz saß Greta Auer in einem dunklen Sommerkleid am Esstisch. Ihre mahagoniroten Haare trug sie als Pixie Cut geschnitten. Sie hielt ein zerknülltes Taschentuch in der Hand und starrte gedankenverloren in die Kaffeetasse vor sich.

Als die Blumenhändlerin aufblickte, sah Lou, dass auch sie geweint hatte. Sie legte das Taschentuch zur Seite und streckte Lou über den Tisch hinweg ihre Hand entgegen. Lou schüttelte sie.

»Sie haben sie also gefunden.« Martas beste Freundin sah sie traurig an und fuhr sich durch die kurzen Haare. Lou bemerkte die Ohrstecker in Form von Gänseblümchen.

»Ja«, antwortete sie knapp und gab Michelin ein Zeichen, sich hinzulegen. Sofort ließ sich der Rüde vor der Küchenanrichte nieder.

Katharina schenkte Lou ungefragt eine Tasse Kaffee ein, deutete auf den freien Stuhl, und Lou setzte sich.

»Erzähl mir, was passiert ist.« Martas Tochter stellte die Tasse vor Lou auf den Tisch und blieb selbst mit dem Rücken an der Wand stehen.

»Ich weiß nicht, was du hören willst, Kathi. Da gibt es nicht viel zu erzählen. Ich war im Geschäft, und als deine Mutter nicht zur vereinbarten Zeit aufgetaucht ist, dachte ich, sie hätte mich vergessen, und bin hergefahren.«

»War sie noch bei Bewusstsein, als du kamst?« Katharina musste sich hörbar überwinden, die Frage zu stellen.

»Nein.«

»Was glaubst du? Hat sie mitbekommen, was passiert ist, oder ist es so schnell gegangen, dass sie sofort …« Sie brach ab. In der Stimme der jungen Frau schwang die traurige Hoffnung mit, dass der Tod für ihre Mutter überraschend gekommen war.

Lou überlegte, die Frage mit Ja zu beantworten. Diese Antwort wäre für die Geschwister sicher tröstlich. Doch was, wenn die Obduktion ergab, dass Marta noch eine Weile schwer verletzt, aber bei Bewusstsein im Garten gelegen hatte? Oder wenn sich herausstellte, dass Lou sie hätte retten können, wäre sie nur eine halbe Stunde früher gekommen? »Die Frage kann ich dir nicht beantworten«, sagte sie deshalb wahrheitsgetreu.

»Aber du hast versucht, sie zu reanimieren. Das hat die Kriminalbeamtin gesagt. Das hast du doch nur getan, weil du dachtest, dass es noch eine Chance gibt«, hakte Katharina verzweifelt nach.

»Ich hab versucht, sie zurückzuholen, aber leider vergeblich. Es war zu spät«, bedauerte Lou. Sie hoffte, dass Verena nicht auch noch ausgeplaudert hatte, dass sie den Tatort fotografiert hatte. Am Ende wollte Katharina noch die Bilder ihrer toten Mutter sehen. Doch zum Glück bohrte Martas Tochter nicht nach.

Im Flur waren Geräusche zu hören, dann betrat Andreas die Küche. »Der Papa kommt nicht mehr.« Er sah enttäuscht aus.

Katharina und die Floristin warfen sich einen raschen Blick zu.

»Die Polizei hat ihn von heute früh bis eben zu Hause befragt und auch noch seine Wohnung durchsucht. Jetzt wollen sie sich auf der Werft umsehen.«

»Wonach suchen sie?«, fragte Katharina mit Blick auf Lou.

»Das ist Routine«, erwiderte sie rasch und dachte: Interessant, Veni fährt also das volle Programm auf.

»Jedenfalls schafft er es nicht mehr, mich abzuholen, weil heute alles drunter und drüber geht.« Andreas ballte seine Hände zu Fäusten und öffnete sie wieder.

»Soll ich dich nachher hinfahren?«, fragte Lou.

Der Teenager schüttelte den Kopf und verschränkte die Arme vor der Brust. »Er holt mich morgen.«

»Okay, dann eben morgen«, sagte seine Schwester. »Aber nur morgen. Heute und den Rest der Woche hilfst du bei der Ernte.«

»Ja«, willigte Andreas ein.

Katharina nickte zufrieden und wandte sich an Lou. »Aber warum haben die unseren Vater befragt? Das ergibt doch keinen Sinn.«

»Das ist wirklich nur Routine«, wiederholte Lou. »Die Polizei spricht mit jedem, der mit eurer Mutter in Kontakt stand.« Sie warf dem Burschen einen aufmunternden Blick zu und wandte sich dann wieder an seine Schwester. »Du hast vorhin gemeint, euer Vater und vermutlich auch ihr seid der Meinung, dass ein Ortsfremder eure Mutter getötet hat.«

»Wer sonst?«, fragte Greta dazwischen.

»Jemand, mit dem sie Streit hatte oder der ihr, aus welchem Grund auch immer, böse gesinnt war?«

»Da gibt es niemanden«, beharrte Greta. »Marta war beliebt. Sie hatte mit niemandem Streit.« Ihr war anzusehen, dass sie zu dem Thema noch etwas zu sagen gehabt hätte, sich aber zurückhielt. Lou nahm sich vor, bald mit ihr unter vier Augen über Marta zu reden.

Sie verzichtete darauf zu erwähnen, dass Rainer gestern Morgen in der Nähe des Hofs gesehen worden war. Möglicherweise hatte Fabio doch recht, und sie verrannte sich in eine Idee, nur weil ihr Rainers Verhalten in ihrem Geschäft auf die Nerven gegangen war.

»Hat sich eure Mutter in letzter Zeit vielleicht anders verhalten als sonst? War sie nervös? Stand sie unter Druck. Hatte sie Ärger?«

»Sie war angefressen wegen dem Poler«, antwortete Greta wieder anstelle der Geschwister.

»Also doch ein Streit«, stellte Lou fest.

»Nicht wirklich«, ruderte die Blumenhändlerin zurück.

»Gregor Poler hat ein Gasthaus in der Altstadt von Krems«, erklärte Katharina. »Wir beliefern ihn schon seit zehn Jahren, und vorgestern, also am Montag, hat er wie aus dem Nichts einen großen Auftrag gecancelt.«

»Warum das?« Lou wiederholte den Namen in Gedanken mehrmals, um ihn nicht zu vergessen.

Gretas Kiefer mahlten. »Weil er deppert ist und ein Freund vom Rainer. Der hat das nur gemacht, um zu zeigen, dass er nach der Scheidung auf Rainers Seite steht.«

»Und warum ausgerechnet vorgestern? Die Scheidung liegt doch schon ein paar Wochen zurück«, gab Lou zu bedenken.

»Keine Ahnung, fragen Sie ihn halt«, beharrte Greta.

Lou schaute zu Katharina und Andreas. Die zwei zuckten zeitgleich mit den Achseln. Offenbar waren sie beide Gretas Meinung.

»Ich war vorhin in eurem Marillengarten am Donauufer«, gestand Lou und wechselte damit das Thema.

»Warum?«, entfuhr es Andreas.

»Ich hatte von den Diebstählen erfahren und wollte mich umsehen.«

»Warum?«, wiederholte er. »Unsere Mutter ist ermordet worden. Wen juckt es da noch, dass jemand Marillen g'fladert hat?«

»Die Mama wollte zur Polizei nach Krems fahren, um die drei Diebstähle anzuzeigen. Nachdem sie dir deine Bestellung vorbeigebracht hätte«, ging Katharina dazwischen. Sie warf ihrem Bruder einen strengen Blick zu und setzte sich nun doch auf einen freien Stuhl.

»Sie denken, dass die Diebe unsere Mama getötet haben?«, schlussfolgerte Andreas.

»Ich weiß es nicht«, sagte Lou und bot ihm und Greta ebenfalls das Du an. In einem kleinen Ort wie Marienkirchen war es durchaus üblich, sich zu duzen. Egal, wie groß der Altersunterschied war. Außerdem schaffte es Nähe, und freundschaftliche Verbundenheit war genau das, was die beiden Geschwister jetzt brauchten. Davon war Lou überzeugt.

»Du warst früher mal Kriminalbeamtin, hat mir Marta erzählt«, sagte Greta.

»Ja, ich war sieben Jahre lang Mordermittlerin beim Landeskriminalamt St. Pölten.«

»Kannst du mal mit denen reden?«, fragte Katharina. »Dir erzählen die Beamten sicher mehr als uns.«

»Ich bin keine Polizistin mehr, Kathi, und auch kein Mitglied eurer Familie. Die Ermittler dürfen mir gar nichts sagen«, machte Lou die Hoffnung der jungen Frau zunichte.

»Sie haben das Nutzgebäude verplombt.« Katharina klang empört. »Ich kann nicht mal den Hofladen betreten.«

Lou nickte. »Das müssen sie tun, so lästig das für euch auch ist. Die Ermittler suchen überall akribisch nach Spuren, da darf nichts verändert werden. Ich hab heute Morgen übrigens schon etwas gefunden.« Aus ihrer Umhängetasche holte sie den Beutel hervor und legte ihn auf den Tisch. »Der Knopf einer Damenbluse lag in eurem Marillengarten im Gras unter einem Baum. Gehört der zu einer von deinen Blusen, Kathi, oder zu einer von deiner Mutter?«

Martas Tochter griff nach dem Plastikbeutel und besah sich den Knopf. Andreas stellte sich hinter sie, um ihn ebenfalls zu begutachten.

»Der ist weder von mir noch von meiner Mutter«, sagte Katharina schließlich. »Keine unserer Blusen hat Knöpfe mit Strasssteinen.«

»Vielleicht hat ihn ja eine der Erntehelferinnen verloren. Meinst du, du könntest sie fragen?«, bat Lou.

Katharina rückte den Stuhl zurück und ging zur Anrichte, auf der ein Handy lag. Mit dem Telefon trat sie wieder an den Tisch und fotografierte den Knopf. »Das mach ich später. Gibst du mir deine Nummer, damit ich dich dann anrufen kann?«

Lou diktierte sie ihr, Katharina tippte sie in ihr Smartphone und wählte sie gleich darauf. »Jetzt hast du auch meine.«

Lou speicherte die Nummer in ihren Kontakten.

»Genauso gut kann den Knopf eine Urlauberin verloren haben«, merkte Greta derweil an. »Du glaubst nicht, wie viele Touristen durch die Obst- und Weingärten trampeln.«

»Doch, das weiß ich«, entgegnete Lou. »Obwohl die Nachbarn, die Koschinskys, meinten, noch nie Fremde in dem Marillengarten gesehen zu haben.«

»Dann haben sie dich angelogen«, behauptete Greta. »Die beiden haben die Umgebung immer im Blick, hat Marta mal gesagt. Oft genug haben sie ihr erzählt, wie viele Urlauber am Tag zuvor den schmalen Weg zur Donau hinuntergegangen sind oder ihren Garten fotografiert haben, vor allem zur Marillenblüte.«

»Aber die Diebe haben nachts zugeschlagen. Wenn es stimmt, dass die Koschinskys sonst alles mitkriegen, sind ihnen die Raubzüge wahrscheinlich deshalb nicht aufgefallen«, sinnierte Lou.

»Ein blöder Zufall, dass Ludwig offenbar gerade in diesen Nächten gut geschlafen hat«, warf Katharina ein. »Er leidet nämlich an Schlafstörungen, das hat er uns mal erzählt. Und wenn er wieder mal kein Auge zubekommt, streift er gerne nachts mit einer Taschenlampe durch seinen geliebten Weingarten.«

16

Lou stimmte Katharina zu. Das war in der Tat ein blöder Zufall. »Vielleicht nimmt er ja Schlaftabletten«, meinte sie. »Ich könnte es ihm nicht verübeln.«

Greta räusperte sich. »Wenn du willst, frag ich mal meine Freundin, ob in letzter Zeit jemand so einen Knopf bei ihr gekauft hat.« Sie zog ihr Handy aus der Tasche, die neben dem Stuhl lehnte, und fotografierte den rosa Knopf ebenfalls. »Sie betreibt eine Schneiderei in Dürnstein und verkauft auch Knöpfe.«

»Das wäre nett«, sagte Lou.

»Wo genau hast du ihn gefunden?«, fragte Katharina unvermittelt. »Hast du dir das gemerkt?«

»Ich wäre eine schlechte ehemalige Ermittlerin, wenn nicht.« Lou schmunzelte. »Der Knopf lag in der achten Reihe, vom schmalen Pfad aus gezählt, der zur Donau führt, unter dem zwanzigsten Baum.«

Katharina warf ihrem Bruder einen raschen Blick zu, woraufhin Andreas nickte und die Küche verließ. Dann wischte die junge Frau mehrmals über ihr Handy und streckte es schließlich Lou entgegen. Sie sah zwei abgeerntete Marillenbäume.

»Also lag er unter einem jener Bäume, von denen Marillen gestohlen wurden«, erklärte Katharina. »Der daneben war auch betroffen.«

Andreas kam mit einem Blatt im DIN-A3-Format zurück. »Ich

hab immer einen Skizzenblock dabei«, erläuterte er. »Und gestern früh hab ich gleich eine Skizze vom gesamten Garten gemacht und die Bäume mit einem X gekennzeichnet, von denen das Obst gestohlen wurde.« Er legte eine Bleistiftzeichnung auf den Tisch.

Lou war überrascht. Die Skizze bildete den Garten so genau ab, als hätte ein Landschaftsarchitekt sie angefertigt. »Du zeichnest großartig.«

Die Augen des Teenagers leuchteten kurz auf. »Normalerweise zeichne ich Boote.«

»Er will Bootsbauer werden, wie unser Vater«, ergänzte seine Schwester.

»Sicher ein schöner Beruf«, sagte Lou.

»Der beste.« Erneut blitzte Begeisterung in Andreas' Blick auf, die kurz darauf wieder von Trauer überlagert wurde.

Lou lag die Frage auf der Zunge, ob Katharina weiterhin als Floristin bei Greta in Dürnstein arbeiten oder den Hof übernehmen wollte. Aber sie stellte sie nicht. Dazu war es noch zu früh.

Greta tippte auf ein X von vielen auf dem Blatt. »Jedes steht also für einen betroffenen Baum?«

Andreas nickte.

»Die sind fast über den gesamten Garten verteilt«, stellte Lou fest.

»Vermutlich mit Absicht. Damit wir die Diebstähle nicht gleich bemerken«, meinte Katharina. »Und der Plan ist aufgegangen. Wir waren auch gestern schon eine Weile mit der Ernte beschäftigt, als uns auffiel, dass wieder ein paar Bäume, die eigentlich Marillen tragen sollten, leer waren.«

Lou zog ihr Handy hervor und fotografierte die Skizze. »Die Stellen zu markieren, war eine gute Idee.«

»Wir dachten, das wäre der Mama vielleicht hilfreich, wenn sie den Schaden bei der Versicherung meldet«, sagte Katharina mit rauer Stimme und wischte sich erneut aufsteigende Tränen weg. Andreas presste wieder die Lippen zusammen und schluckte schwer.

Der Anblick der tieftraurigen Geschwister zerriss Lou das Herz. Um nicht gleich selbst in Tränen auszubrechen, betrachtete sie wieder den Plan. »Was hatte eure Mutter gestern vor? Abgesehen davon, mir die Lieferung vorbeizubringen und zur Polizei zu fahren?«, fragte sie.

»Sie wollte endlich das Fundament für das neue Gewächshaus ausheben«, antwortete Andreas.

»Es sollte neben dem Hochbeet entstehen.« Katharina stutzte. »Der Spaten.«

Lou horchte auf. »Was ist mit ihm?«

»Neben dem Hochbeet liegt das Baumaterial.« Katharina atmete zitternd aus. »Der Spaten lag seit einer Woche auf dem Sack mit dem Kies.«

Lou erinnerte sich, das Material gesehen zu haben, aber … »Ein Spaten ist mir nicht aufgefallen.« Sie sprang auf und eilte gleich darauf zur Eingangstür. Als sie sie aufzog, standen die Geschwister, Greta und Michelin neugierig hinter ihr. Ihr Blick fiel auf den Plastiksack neben dem Hochbeet. Darauf lag nichts.

»Hat vielleicht jemand den Spaten weggeräumt?«, fragte Lou sicherheitshalber.

»Ich nicht«, sagte Andreas.

Katharina schüttelte den Kopf und wurde in der nächsten Sekunde eine Spur blasser. Sie schluckte hörbar. »O Gott.« Dann würgte sie, wandte sich um und lief, die Hand auf den Mund gepresst, zurück ins Haus. Greta folgte ihr.

»Du und deine Schwester, ihr erkennt den Spaten, wenn ihr ihn seht?«, fragte Lou Andreas, der wie angewurzelt neben ihr stand und den Kiessack anstarrte.

Er nickte. »Es ist ein Doppelfeder-Bodenspaten aus gehärtetem Stahlblech. Mit Auftrittkante und einem Eschenholzstiel mit T-Griff. Das Spatenblatt ist blau lackiert.« Er beschrieb den Spaten, als würde er ein nagelneues Motorbootmodell präsentieren. »Die Mama hat ihn erst vor einem Monat gekauft.«

»Dann sollte die Rechnung noch in den aktuellen Buchhaltungsunterlagen sein«, war Lou sich sicher. Marta war Unternehmerin und daher verpflichtet gewesen, eine ordentliche Buchhaltung zu führen. »Kannst du sie mir bitte raussuchen?«

Nachdem Andreas im Haus verschwunden war, setzte Lou sich in Bewegung. Im Gehen zog sie ihr Handy aus der Hosentasche, um den Plastiksack mit dem Kies und das andere Baumaterial zu fotografieren.

Als sie in die Küche zurückkehrte, saßen Katharina und Greta am Esstisch. Vor Martas Tochter stand ein halb volles Glas Wasser.

»Geht's wieder?«, erkundigte sich Lou mitfühlend.

Katharina nickte, während Greta ihr sanft über den Arm strich. »Das ist alles zu viel.«

»Verständlich«, sagte Lou.

Katharina räusperte sich. »Andreas ist im Büro und sucht dir aus den Unterlagen die Rechnung für den Spaten raus.«

In dem Augenblick betrat ihr Bruder die Küche. In der Hand hielt er einen kleinen Zettel, den er kommentarlos auf den Tisch legte.

»Danke.« Als Lou einen Blick auf die Rechnung warf, fiel ihr auf, dass Marta das Werkzeug im Baumarkt in Krems gekauft hatte. Sie machte ein Foto, dann läutete ihr Handy. »Ich komme gleich wieder«, sagte sie, als sie auf dem Display den Namen ihrer ehemaligen Vorgesetzten las. Sie ging vors Haus und nahm ab.

»Konstantin Öhlgraber hat vor fünfzehn Minuten mit Herrn Krutz gesprochen«, sagte Verena anstelle einer Begrüßung.

Fast hätte Lou »Mit wem?« gefragt, weil niemand im Ort Lorenz und seinen Familiennamen miteinander in Verbindung brachte. Er war für alle der Honig-Lorenz.

»Herr Krutz hat dem Kollegen von der Streife bestätigt, Herrn Brucker gestern Morgen in der Nähe des Hofes seiner Ex-Frau gesehen zu haben. Ein wichtiger Hinweis, danke, Lou«, sagte Verena. »Dieses winzige Detail hatte uns Herr Brucker nämlich verschwiegen. Warum, werde ich ihn jetzt gleich fragen.«

»Freut mich, dass Lorenz mit der Polizei geredet hat«, erwiderte Lou. »Ich bin übrigens grad bei Martas Kindern und hätte noch etwas für dich.« Sie berichtete Verena von dem verschwundenen Spaten. »Könnte doch sein, dass es sich dabei um die fehlende Tatwaffe handelt. Ich hab schon ein Foto von der Rechnung gemacht. Schick ich dir gleich aufs Handy, dann kann dein Suchtrupp danach Ausschau halten.« Sie sah sich um und winkte die beiden Männer von der Spurensicherung zu sich. »Außerdem geb ich deinen Kollegen Bescheid, die gerade hier am Hof zugange sind. Vielleicht entdecken sie den Spaten ja doch noch.«

»Noch mal danke, Lou. Wir sind noch auf der Werft. Bis wir hier fertig sind, ist es bestimmt Mittag.«

»Glaubst, dass ihr den Spaten dort findet?«

»Schaun ma mal, aber wie gesagt: danke für alles. Magst nicht doch wieder ganz offiziell für uns arbeiten?«, fragte die Chefermittlerin.

»Ich freu mich wirklich über dein Angebot, aber ich fühl mich ganz wohl in meinem Delikatessengeschäft«, erwiderte Lou lächelnd. Den Knopffund behielt sie einstweilen für sich. Derzeit wusste sie nur, dass ihn jemand unter einem von Martas Bäumen verloren hatte, von dem Marillen gestohlen worden waren. Nicht mehr.

»Wenn du meinst.« Lou konnte förmlich sehen, wie Verena die

Schultern zuckte. »Aber du meldest dich, wenn du noch etwas für mich hast, gell? Dann mal pfiat di und noch viel Spaß in deiner Köstlichen Welt.« Damit legte die Ermittlerin auf.

17

Auf dem Weg ins Geschäft überlegte Lou, ob der Spaten tatsächlich die Mordwaffe sein oder ob Marta ihn nicht doch selbst weggeräumt haben könnte, sodass er jetzt irgendwo im Nutzgebäude stand.

»Aber warum hätte sie das tun sollen?«, fragte sie mit Blick in den Rückspiegel. »Den Spaten brauchte sie doch, um das Fundament auszuheben.« Michelin in der Hundebox blieb stumm.

»Und wenn der Spaten in der Werkstatt oder Garage gestanden hätte, dann hätten die Leute von der Spurensicherung ihn bestimmt gefunden und mitgenommen. Auch ohne sichtbare Spuren würden sie ihn auf Blut und Fasern untersuchen, da es sich um die mögliche Tatwaffe handeln könnte«, sprach Lou weiter mit sich selbst. »Egal, jetzt wissen die beiden Beamten am Hof Bescheid, und das Foto von der Rechnung hab ich Verena geschickt. Mehr kann ich nicht tun.« Sie war sich sicher, dass die Männer der Spurensicherung den Spaten nicht auf der Werft finden würden. So dumm war Rainer nicht. Wenn er denn überhaupt der Täter war.

Sie parkte den Jeep auf dem Parkplatz außerhalb des Ortskerns, klemmte sich ihre Wechselkleidung unter den Arm und ging die letzten Meter ins Zentrum von Marienkirchen mit Michelin zu Fuß. Vor der Bäckerei Ast fixierte sie dessen Leine an dem Haken beim Eingang. Im Geschäft stand Hedwig mit Alfred, Sigrids Bruder, und Maria Blaschitz, der Wirtin einer Frühstückspension, zusammen und ratschte.

»Im Ort wimmelt es nur so von Polizisten«, übertrieb Hedwig maßlos, während sie die von Lou georderten Topfengolatschen vorsichtig in einen Papierbeutel gleiten ließ.

»Die Polizei sucht heute die Gegend nach der Tatwaffe ab«, erklärte Alfred. Er war Oberbrandmeister und trug festes Schuhwerk, eine dunkelgraue Arbeitshose und ein olivgrünes T-Shirt mit dem Logo der Freiwilligen Feuerwehr Marienkirchen. »Drei Feuerwehrkameraden und ich unterstützen sie dabei. Weil wir uns hier auskennen wie in unserer Westentasche.«

»Das Fernsehen ist auch wieder da«, warf Maria ein. »Vorhin haben sie Polizeitaucher dabei gefilmt, wie sie in die Donau gestiegen sind.«

»In der *Krone* steht's heute auch schon, dass die Marta umgebracht wurde«, erwiderte Hedwig und zeigte auf die Tageszeitung auf dem Tresen.

»Ist doch ganz normal, dass sich die Presse für den Mord interessiert.« Lou streckte den freien Arm nach dem Beutel aus, den Hedwig noch immer in der Hand hielt. »Gibst mir jetzt bitte die Topfengolatschen?«

Hedwig reichte sie ihr über die Theke hinweg.

»Danke.«

»Das Polizeiaufgebot ist sicher nicht gut für den Tourismus. Und dann noch ein Mord! Was für ein Bild vermittelt das denn von Marienkirchen? Am Ende buchen die Gäste nur mehr in Dürnstein, Weißenkirchen oder Spitz«, sagte Maria derweil. Sie machte sich offenbar Sorgen, dass die Übernachtungsgäste in ihrer Pension ausbleiben könnten.

»Dann musst einfach dein Werbekonzept ein bisserl umstellen. Gibt sicher genug Touristen, die sich gerne Mordschauplätze ansehen und sich von der Pensionswirtin schaurige Details dazu erzählen lassen«, erwiderte Alfred spöttisch.

Maria ignorierte ihn. »Habt ihr auch gehört, dass der Rainer kurz vor dem Mord vor Martas Hof gesehen wurde?«

Lou presste die Lippen aufeinander. War ja klar gewesen, dass sich solche Neuigkeiten in Windeseile herumsprachen. Sie tat, als hätte sie die Frage überhört, weil sie nichts zum regen Dorftratsch beitragen wollte. Stattdessen verabschiedete sie sich schnell, verließ die Bäckerei und nahm die Leine vom Haken.

Als sie mit Michelin zu ihrem Geschäft ging, warf sie einen Blick auf die Tische vor Franziskas Café. Wie üblich waren fast alle besetzt, aber die blonde Kaffeehausbesitzerin war nirgends zu sehen. Neben die offen stehende Eingangstür von Lous köstlicher Welt hatte Sigrid schon eine Schiefertafel gestellt und »Frische original Wachauer Marillen« darauf geschrieben. Als Lou eintrat, war ihre Angestellte allein im Geschäft. »Hab uns was Süßes von Hedwig mitgebracht«, sagte sie und hielt den Papierbeutel vor Sigrid in die Höhe.

»Ein zweites Frühstück? Fein!« Sigrid öffnete die Tür zum Büro, damit Michelin gewohnheitsmäßig hindurchtrotten konnte. Er stürzte sich auf seinen Wassernapf.

»Was hast du mit dem armen Kerl angestellt?«, fragte sie. »Der ist ja am Verdursten.«

»Wir waren etwas länger unterwegs, und ich hatte vergessen, Wasser mitzunehmen«, gab Lou schuldbewusst zu. Eigentlich hatte sie im Sommer immer einen Napf und einen Wasserkanister im Auto. Heute hatte sie einfach nicht daran gedacht, weil sie in letzter Zeit fast ausschließlich am Donauufer spazieren gegangen waren und Michelin dort jederzeit trinken konnte.

»Hab grad deinen Bruder bei Hedwig getroffen.« Lou stellte ihre Tasche auf dem Schreibtisch ab und verstaute die Wechselkleidung in dem Regal im winzigen Abstellraum. »Unsere Feuerwehrler unterstützen die Polizei bei der Suche nach der Tatwaffe.«

»Ich weiß, das hat er mir gestern Abend voller Stolz am Telefon erzählt«, erwiderte Sigrid und legte die zwei Golatschen auf Teller aus dem Küchenschrank.

Michelin schien seinen Durst gestillt zu haben und streckte sich auf seiner Decke aus.

»Hat schon wer von der Presse vorbeigeschaut?« Lou ließ sich auf den Bürostuhl fallen und bemerkte, dass der Computer bereits eingeschaltet war.

»Du meinst, weil sie gestern dein Geschäft im Fernsehen gezeigt haben und die *Krone* einen Artikel gebracht hat«, schlussfolgerte Sigrid. Sie nahm die Tageszeitung von der Küchenanrichte, schlug sie auf einer bestimmten Seite auf und legte sie auf den Schreibtisch. »›Wieder Mord in Marienkirchen‹«, las sie die Schlagzeile laut vor.

»Hab ich bei Hedwig schon gehört.« Lou warf einen Blick in die Zeitung. Unter der Headline stand etwas kleiner: »Marillenbäuerin Marta B. tot aufgefunden«.

Sigrid tippte auf die Seite. »In dem Artikel wird übrigens auch erwähnt, dass eine Delikatessenhändlerin aus dem Ort die Leiche entdeckt hat.«

Lou schob die Zeitung weg. »Will ich gar nicht lesen.«

»Eine junge Reporterin von der *Krone* hat vorhin auch angerufen und gefragt, ob du ein Statement abgeben willst.« Sie zeigte auf ein Post-it, das am unteren Rand des Computerbildschirms klebte. »Da steht ihre Nummer, falls du sie zurückrufen willst.« Sigrid ließ zwei Verlängerte aus dem Kaffeeautomaten und stellte eine Tasse vor Lou auf dem Tisch ab.

»Ich werde keinen Kommentar abgeben«, sagte Lou entschieden und rief die Homepage vom Gasthaus Poler auf. »Weder der

Krone noch dem ORF, der *NÖN* oder sonst wem. Falls wieder jemand anruft, kannst das gleich sagen.« Der Gastwirt warb damit, dass die in seiner Küche verwendeten Lebensmittel ausschließlich aus Biolandwirtschaft stammten. Sie reservierte online spontan einen Tisch um halb eins.

Sigrid nippte kurz an ihrer Kaffeetasse, dann brach sie ein großes Stück Golatsche ab und steckte es sich in den Mund. Lou gab ihrer Freundin derweil einen raschen Überblick darüber, was am Morgen passiert war, und zeigte ihr den Knopf.

»Der fehlt jetzt an einer Damenbluse«, kombinierte Sigrid unmittelbar.

»Davon gehe ich aus«, sagte Lou und erwähnte, dass er weder von einem Kleidungsstück von Marta noch von einem von Katharina stammte. »Außerdem bedeutet es nicht automatisch, dass die Trägerin der Bluse etwas mit den Diebstählen zu tun hat. Genauso gut kann ihn eine Urlauberin verloren haben, die durch den Garten zur Donau flaniert ist. Mach also wegen dem Fund bitte nicht gleich den halben Ort verrückt«, beschwor Lou ihre geschwätzige Freundin.

»Wann habe ich denn schon jemals den halben Ort verrückt gemacht?«, fragte Sigrid mit Unschuldsmiene.

Lou lachte. »Du, Hedi und Franzi, ihr werdet bitte nicht die Blusen sämtlicher Frauen kontrollieren, die euch begegnen, um herauszufinden, ob daran ein solcher Knopf fehlt«, konkretisierte Lou, obwohl Sigrid sehr wohl verstanden hatte. Sie trank von ihrem Kaffee, nahm ebenfalls einen Bissen von ihrer Golatsche und kaute genüsslich.

»Aber falls es mir ganz zufällig auffällt, darf ich's schon bemerken, oder?«, fragte ihre Freundin schmollend und steckte sich ein weiteres Stück des süßen Gebäcks in den Mund.

Lou überging ihr Gemurre. »Sag mal, kann ich dich heute noch mal alleine lassen? Ich würde gerne mit dem Gastwirt reden, der vorgestern die Marillenlieferung bei Marta storniert hat.« Im nächsten Atemzug beichtete sie, dass sie gerade schon einen Tisch reserviert hatte. »Dafür machen wir morgen eine lange Mittagspause, und ich lade dich zu Fabio ein. Auf der Tageskarte steht frischer Zander mit Marillen-Lauch-Füllung.«

»Du weißt aber schon, dass du mich auch ohne kulinarische Bestechung alleine im Geschäft lassen kannst?«, erwiderte Sigrid grinsend. »Die Einladung nehme ich trotzdem gerne an. Als Entschuldigung für den indirekten Vorwurf, eine Tratschtante zu sein.« Sie zwinkerte Lou zu, denn sie war sich ihrer Geschwätzigkeit durchaus bewusst.

»Abgemacht. Aber Michelin lass ich diesmal hier. Ich hab nämlich keine Ahnung, ob Hunde im Restaurant von Gregor Poler erlaubt sind. Und keine Sorge, ich geh vorher noch Gassi mit ihm.« Lou leerte ihre Tasse und ließ den Beutel mit dem Knopf mit einer eleganten Bewegung wieder in ihrer Umhängetasche verschwinden. Dann schrieb sie Fabio eine Nachricht, dass sie ihn zum Mittagessen nach Krems einladen würde. Sie hatte sie gerade abgeschickt, da sahen sie durch die Glastür hindurch, dass Bruno Schiller das Geschäft betrat. Sofort eilten sie in den Verkaufsraum.

»Guten Morgen, Herr Schiller«, grüßte Sigrid.

»Guten Morgen«, erwiderte er überrascht. »Sie kennen mich?«

»Natürlich. Hat sich schon rumgesprochen, dass Sie hier sind, um Ihrem Vater Gesellschaft zu leisten«, flötete Sigrid.

Der groß gewachsene Mann lachte herzlich. »Ich dachte mir schon, dass meine Anwesenheit nicht lange geheim bleibt.«

»In Marienkirchen bleibt nichts lange geheim«, bekräftigte Lou seine Vermutung.

»Wie auch immer. Lous köstliche Welt wurde mir nun schon von mehreren Seiten wärmstens empfohlen.« Er lächelte Lou und

Sigrid warm an. »Zuletzt von zwei meiner Freundinnen. Sie waren gestern hier und haben mir auch von dem Berner Sennenhund erzählt, der offenbar zum Inventar gehört.«

»Die beiden Schweizerinnen«, mutmaßte Sigrid.

»Exakt«, bestätigte Bruno Schiller.

»Michelin ist mein Hund, er ist zu den Geschäftszeiten meistens im Büro.« Lou deutete zur Glastür.

»Dann sind Sie also Lou«, schlussfolgerte der Winzersohn. »Ihr Vater hat mir auch von Ihrem Geschäft erzählt. Ihre Eltern produzieren übrigens ganz fantastische Bioweine.«

Lou nickte. »Und ich hab gehört, dass Sie eine große Weinverkostung für Ihre Schweizer Freunde organisiert haben.«

»Ja. Leider nur wurde sie von Marta Bruckers Tod überschattet. Ich war gerade bei ihren Kindern und hab ihnen mein Beileid ausgesprochen. Auch das von meinem Vater.« Er schüttelte mitfühlend den Kopf. »Ihn hat ihr Tod ziemlich mitgenommen. Er meint, sie sei eine wunderbare Frau gewesen. Tough und mit Handschlagqualität.«

»Das stimmt«, bestätigte Lou.

»Jeder im Ort mochte sie«, fügte Sigrid hinzu. »Unbegreiflich, dass sie umgebracht wurde.«

»Die Polizei wird hoffentlich bald herausfinden, wer es war.« Bruno Schiller schnappte sich einen der Weidenkörbe, die im Geschäft als Einkaufskörbe dienten, und ging zur Kühlvitrine.

Sigrid betrachtete ihn einen Moment lang neugierig. »Warum sind Sie damals eigentlich in die Schweiz gezogen?«, fragte sie frei heraus, wie es ihre Art war.

Bruno Schiller schien die Überfallfrage nicht zu irritieren. »Nun, nach meiner aktiven Zeit als Ruderer hab ich die Trainerausbildung absolviert und ein Angebot aus dem Wallis bekommen, das ich sofort angenommen habe.« Er zuckte mit den Achseln. »Ich war einfach kein Winzer und Obstbauer, bin es auch heute nicht.«

»Das kann ich nachempfinden. Ich bin auch keine leidenschaftliche Winzerin, sollte aber, wenn es nach meinen Eltern ginge, längst das Weingut übernommen haben.« Lou fühlte sich dem ehemaligen Ruderer spontan verbunden.

»Aber Sie sind zumindest in Marienkirchen geblieben. Mein Weggang hat vor allem meinen Vater schwer getroffen. Mich hat es zwar ebenso geschmerzt, ihm das anzutun, aber als Obstbauer oder Winzer wäre ich nicht glücklich geworden. Meine Mutter konnte das eher akzeptieren.« Ein mildes Lächeln erschien auf seinem Gesicht. »Aber genug von den alten Zeiten. Ich will heute Abend meine Freunde mit Wachauer Käse verwöhnen. Welchen können Sie mir empfehlen?«

»Soll es Hart- oder Weichkäse sein?«, fragte Sigrid.

»Gern beides.«

»Aus Schafsmilch, Ziegenmilch, Kuhmilch?«, hakte Lou nach.

»Egal«, beteuerte Bruno Schiller.

»Nun, wir führen ganz großartige Käsesorten der Biokäserei aus Mühlendorf«, schlug Lou vor.

»Wissen Sie was? Sie entscheiden«, beschloss Bruno Schiller. »Wählen Sie vier oder fünf Sorten aus und geben Sie mir von jeder dreihundert Gramm – oder dreißig Deka, wie man in Österreich bestellt.«

»Ich kümmere mich drum.« Sigrid schickte sich an, eine schmackhafte Käseauswahl zusammenzustellen.

Lou räusperte sich. »Dürfte ich Ihnen noch eine Frage stellen, Herr Schiller?«

»Aber natürlich.« Er sah sie aufgeschlossen an. Es schien ihn nicht zu stören, dass sie und Sigrid ihm ein Loch in den Bauch fragten.

»Sie wird Ihnen vermutlich seltsam vorkommen.«

»Nur zu.«

Lou holte den Plastikbeutel aus ihrer Tasche und zeigte ihn ihm. »Könnten Sie Ihre Gäste fragen, ob einem von ihnen dieser Knopf an seiner Bluse fehlt?«

Bruno Schiller betrachtete irritiert den Beutel, während Lou erzählte, wo sie den Knopf gefunden hatte.

Dann grinste er. »Gehört das in Marienkirchen zum Service für Urlauber? ›Wir finden Ihre verloren gegangenen Gegenstände‹«, sagte er im Tonfall eines Werbesprechers.

Lou lächelte. »Gewissermaßen.«

»Also gut, wenn es hilft.« Er fotografierte den Knopf im Beutel mit seinem Handy. »Aber ich glaube nicht, dass ich Erfolg haben werde. Meines Wissens war niemand von meinen Gästen in dem Marillengarten. Sollte ich mich getäuscht haben, lass ich es Sie natürlich wissen.«

Kurz darauf nahm er dankend die Käseauswahl entgegen, zahlte und verabschiedete sich mit einem Strahlen

»Der ist ja total nett«, schwärmte Sigrid. »Hoffentlich sehen wir ihn jetzt öfter.«

18

Nach einer Gassirunde mit Michelin verließ Lou kurz vor zwölf ihr Delikatessengeschäft. Die Mittagshitze hatte sich mittlerweile wie ein Deckel auf Marienkirchen gelegt und raubte ihr den Atem. In Gedanken schloss sie sich Ludwig Koschinskys Wunsch nach einem abkühlenden Gewitter an. Trotz der drückenden Hitze waren zig Urlauber in dem mittelalterlichen Ortskern unterwegs, und Lou musste sich durch sie ihren Weg zum Landhaus Gerber bahnen. Im Vorbeigehen winkte sie Franziska zu, die mit einem voll beladenen Tablett an einen Tisch vor ihrem Café trat. Lou erkannte in den Gästen die Schweizerinnen, die gestern bei ihr eingekauft hatten und die, wie sie mittlerweile wusste, Bruno Schillers Freunde waren. Ein grau melierter Mann saß bei ihnen. Als die Frauen zurückwinkten, lächelte Lou. Offenbar hatten sie gedacht, ihr Gruß hätte ihnen gegolten.

Am Eingang des Landhauses hing ein Schild: »Mittwoch Ruhetag«. Sie drückte wie schon einige Stunden zuvor auf den Klingelknopf, und es dauerte ein paar Minuten, bis die Tür aufging und Fabio erschien.

»Hast fertig telefoniert?«, fragte Lou.

Er blinzelte verschlafen. »Ja.«

»Wirklich? Siehst eher aus, als hättest du ein Nickerchen gemacht.« Sie grinste. »Dann pack dich mal zusammen. Ich hab dir vorhin doch geschrieben, dass wir nach Krems fahren.«

Der Sternekoch sah sie verdutzt aus seinen tiefblauen Augen an. »Aber warum lädst du mich zum Mittagessen ein? Und warum nach Krems? Das stand nämlich nicht in deiner Nachricht.« Im nächsten Augenblick zog er den richtigen Schluss: »Klar, du hast rausgefunden, wer die Marillenlieferung storniert hat.«

»Gregor Poler«, verriet Lou und erläuterte, was sie bisher über ihn wusste. »Es war dein Vorschlag, dass wir dem- oder derjenigen sofort einen Besuch abstatten.«

»Ich weiß. Trotzdem bin ich überrascht.«

Lou wedelte ungeduldig mit der Hand. »Jetzt komm endlich. Ich hab uns einen Tisch für halb eins reserviert.«

Der Koch sah über ihre Schulter hinweg. »Fahren wir mit meinem Auto?«, fragte er, weil er Lous Jeep nicht entdecken konnte.

»Nein, mein Wagen steht nur auf dem Parkplatz am Ortseingang. Bis dahin wirst du es hoffentlich noch zu Fuß schaffen, oder, alter Mann?«

»Alter Mann?«, wiederholte Fabio amüsiert. »Freches Gör.«

Auf dem Weg zum Auto berichtete Lou Fabio, dass auf dem Brucker-Hof ein Spaten fehlte.

Er stutzte. »Bedeutet das, dass der Täter ohne Tatwaffe auf den Hof gekommen ist?«

»Könnte sein. Genaues wissen wir erst, wenn die Beamten den Spaten gefunden und untersucht haben.«

»Mord im Affekt?«, hakte Fabio nach.

»Denkbar. Und als der Täter oder die Täterin realisiert hat, dass Marta tot ist, hat er oder sie den Spaten mitgenommen.«

Sie waren nur mehr wenige Schritte vom Jeep entfernt, als Fabio abrupt stehen blieb. »Lou? Versprich mir, dass wir nicht in irgendwelche Lagerräume des Restaurants einbrechen und nach dem Spaten suchen werden.« Er sprach eine Oktave tiefer als sonst, so als würde er einen Gangster in einem Actionfilm nachahmen.

»Schaun ma mal«, antwortete Lou undurchsichtig.

Während der Fahrt setzte sie Fabio über Ludwig Koschinskys angebliche Schlafstörungen in Kenntnis. »Ist doch eigenartig, dass der gute Mann ausgerechnet in den Nächten wie ein Baby schläft, wenn gleich nebenan Räuber zugange sind.«

»En effet«, sagte Fabio. »Aber vielleicht nimmt er ab und zu Schlaftabletten.«

»Das habe ich mir auch schon gedacht.«

Sie brauchten zwölf Minuten bis zur Stadtgrenze von Krems. Beim Kreisverkehr verließen sie die Bundesstraße, bogen auf den Museumsplatz ein, passierten die Kunsthalle und das bekannte Karikaturmuseum und fuhren die Steiner Straße geradeaus, vorbei an der Justizanstalt und weiter über die Und- und die Schillerstraße bis zum Südtirolerplatz. Direkt vor dem Landesgericht fanden sie einen Parkplatz. Das Gasthaus Poler lag nur wenige Gehminuten entfernt an der Oberen Landstraße in der Altstadt, nahe dem Steiner Tor mit zwei imposanten Trabantentürmen, dem Wahrzeichen der Stadt Krems. Auf dem autofreien Platz vor dem Stadtcafé saßen mehrere Frauen und Männer und ein Pärchen, das seine Räder neben einer der fest montierten Bänke geparkt hatte. Ein Aufsteller in Form einer Waffel mit drei Kugeln Eis markierte den Eingang zum Café, dessen Terrasse gut besucht war. Lou und Fabio gingen weiter, durch den Durchgang des mit Wappen und Inschriften verzierten Haupturms des Steiner Tors aus dem späten fünfzehnten Jahrhundert, und fanden sich in der Fußgängerzone wieder. Das Gasthaus Poler war untergebracht in einem historisch anmutenden Haus mit hellgrauer Fassade und weißen Kastenfenstern, die von bronzefarbenen Ornamenten umrahmt wurden. Fabio zog die wuchtige Holztür auf und bedeutete Lou mit einer Geste einzutreten.

Sie standen in einem quadratischen Raum unter weiß verputztem Deckengewölbe mit gemauerten Gurtbögen. Stimmengewirr umfing sie. Fast alle Tische, Lou zählte zwanzig, waren besetzt. Die Geruchsmischung aus Gulasch, Wiener Schnitzel und dem süßen Teig von Palatschinken verriet, dass hier vorrangig traditionelle Hausmannskost serviert wurde. Sie wollte sich gerade suchend umsehen, da kam eine Frau mit tizianroten Haaren, weißer Bluse und knielangem schwarzem Rock auf sie zu.

»Wir haben für halb eins reserviert«, sagte Lou und nannte ihren Namen.

Die Kellnerin führte sie an einen Fenstertisch mit weißer Tischdecke, einem Gedeck mit hellgrünen Servietten und Blick auf die Fußgängerzone und reichte ihnen zwei Speisekarten.

Sie setzten sich, und Fabio schlug seine Karte neugierig auf der letzten Seite auf. »Sehr löblich«, kommentierte er. »Sie listen auf, woher sie die Lebensmittel beziehen. Alles stammt aus Biolandwirtschaft.«

»Das hatte ich schon auf der Website gelesen.« Lou folgte seinem Beispiel. »Auch Martas Marillenhof ist aufgeführt.« Über den Rand der Speisekarte hinweg lächelte sie Fabio an. »Dann können wir ja ruhigen Gewissens bestellen.« Sie blätterte in der Karte nach vorne. »Marillengerichte habe sie auch einige auf der Karte. Vom Flammkuchen mit Marillenstückchen über Marillenknödel bis hin zu Marillenbuchteln.«

»Mir steht der Sinn heute trotzdem nach etwas anderem. Wobei …« Fabio machte ein nachdenkliches Gesicht. »Du zahlst, hast du gesagt?«

Lou nickte.

»Und du hast mich vorhin einen alten Mann genannt.« Er

klappte die Karte zu und zwinkerte ihr zu. »Ich denke, ich esse einfach alles, was der Laden zu bieten hat.«

Wenige Minuten später kehrte die Kellnerin an ihren Tisch zurück. Lou entschied sich für einen Frühlingssalat mit Schafskäse und Mineralwasser, weil sie mit dem Auto unterwegs war. Fabio bestellte den Bachsaibling auf lauwarmem Gurkengemüse und ein Glas Riesling Federspiel.

Nachdem sie gegessen und sich dabei gegenseitig versichert hatten, dass die Gerichte gut, aber nicht so gut wie die im Landhaus Gerber schmeckten, erkundigte sich Lou bei der Kellnerin nach Gregor Poler. »Meinen Sie, er hat eine Minute Zeit für uns?«

Die Rothaarige sah Lou und Fabio abwechselnd an. Ihr Blick war skeptisch.

»Keine Angst, das Essen war ausgezeichnet. Es handelt sich eher um eine private Angelegenheit.« Fabio schien ihre Befürchtung erraten zu haben, denn die Miene der Kellnerin entspannte sich.

»Ich geb ihm Bescheid«, sagte sie, stapelte die leeren Teller auf ihren Arm und machte kehrt.

Fünf Minuten später kam ein gedrungener Mann in den Gastraum. Das weiße Hemd, das er zur schwarzen Hose trug, spannte über seinem Bauch. Er trat an ihren Tisch und wandte sich an Fabio. »Sie haben nach mir gefragt?«

Der Sternekoch nickte und stellte Lou und sich vor.

»Soso, ein Kollege also«, murmelte Gregor Poler. »Ich hoffe, es hat Ihnen geschmeckt.«

»Es war ausgezeichnet«, meldete sich Lou zu Wort. »Aber deshalb sind wir nicht hier. Haben Sie Zeit, sich kurz zu uns zu setzen?«

Poler zögerte, dann fragte er: »Espresso?«

Als Lou und Fabio bejahten, wandte sich der Gastronom zu der

Kellnerin um, die augenblicklich auf ihren Chef zueilte. »Bring uns bitte drei Espresso«, bat er sie, dann setzte er sich auf den freien Stuhl an der Stirnseite des Tisches. »Also, über was wollen S' mit mir reden?«

Lou hatte sich vorgenommen, direkt auf den Punkt zu kommen. »Über Marta Brucker und Ihre Stornierung von vierzig Kilo Marillen.«

Der Gastronom blickte sie erst irritiert an, dann wurde sein Blick kalt. Er lehnte sich zurück und verschränkte die Arme. »Was geht Sie das an? Eine ... Delikatessenhändlerin?«

»Wir wüssten nur gerne den Grund für die Auftragsstornierung«, sprang Fabio Lou zur Seite, ohne Polers Frage zu beantworten.

Der Gastronom löste seine Arme wieder und strich sich übers Kinn. »Die Marta ist tot«, sagte er unvermittelt. »Rainer hat mich gestern Abend angerufen, und heute Morgen hab ich es in der Zeitung gelesen. Schrecklich. Wer macht so etwas?«, stellte er eine rhetorische Frage und schüttelte den Kopf. Dann schien ihm ein Gedanke zu kommen, der ihn sichtbar erschreckte. »Meine Stornierung hatte nichts mit dem Mord an ihr zu tun.«

»Natürlich nicht«, beteuerte Lou rasch. »Es ist nur ... in der letzten Woche wurde Dienstag- und Donnerstagnacht Obst aus Martas Garten gestohlen. Über eine Tonne Marillen. Und diese Woche haben die Räuber in der Nacht von Montag auf Dienstag noch einmal zugeschlagen.«

»Oh.« Der Gastronom wirkte überrascht.

»Wann haben Sie den Auftrag storniert?«

»Vorgestern, am Montag.« In Gregor Polers Augen blitzte etwas auf. »Sie denken doch hoffentlich nicht, dass ich hinter den Diebstählen stecke.« Sein Tonfall war eine Nuance rauer geworden.

»Das nicht«, versicherte Lou. »Aber lassen Sie uns erklären ...«

»Außerdem«, fiel er ihr ins Wort, »warum kümmern sich Zivilisten um Diebstähle und nicht die Polizei?«

Die Kellnerin brachte die drei Espresso und verschwand sofort wieder.

»Weil Marta erst mal die Diebstähle nicht angezeigt hat und dann, als sie es tun wollte, ermordet wurde. Deshalb«, erläuterte Lou.

»Mit Verlaub, das tut mir alles schrecklich leid«, sagte der Wirt rasch, ehe Lou weiterreden konnte. »Die Diebstähle, was mit Marta passiert ist. Aber was hat das mit mir und meiner Stornierung zu tun?« Er rührte mit dem Löffel klirrend in seiner Tasse.

»Hat Ihnen in letzter Zeit jemand Marillen zum Kauf angeboten? Ein Händler, den Sie bislang nicht kannten?«, übernahm Fabio wieder, bevor er den Espresso auf einen Zug trank.

Gregor Poler musste nicht nachdenken. »Nein, niemand.«

»Aber offenbar haben Sie, nachdem Sie bei Marta die Lieferung storniert haben, von jemand anderem Marillen bezogen. Andernfalls stünden nicht so viele Speisen mit Marillen auf Ihrer Karte«, bemerkte Lou.

»Tja, das war auch ein gutes Stück Arbeit. Am Ende brauchte es acht Obstbauern, da ich mehr als die stornierten vierzig Kilo benötigte«, erläuterte der Wirt.

»Ist Ihnen vielleicht zu Ohren gekommen, dass in den letzten zwei Wochen einem anderen Wirt oder sonst wem eine größere Menge Marillen angeboten wurde?«, hakte Lou nach.

Der Gastronom schüttelte den Kopf.

Lou seufzte innerlich und nippte an ihrer Tasse. Vermutlich würde es eine Sisyphusarbeit werden, die Abnehmer der gestohlenen Marillen zu finden. Das Steinobst konnte längst in ein anderes Bundesland oder über die Grenze gebracht worden sein. Deshalb konzentrierte sie sich wieder auf die Auftragsstornierung.

»Marta war überzeugt, dass die Stornierung etwas mit ihrer Scheidung zu tun hatte«, sagte sie. »Sie, Herr Poler, und Rainer sind gut befreundet. Hat er Sie gebeten, keine Ware mehr von Marta zu beziehen?«

Der Wirt sah sie verwundert an. »So etwas würde Rainer nie tun. Egal, wie sehr ihm die Trennung zusetzt.« Dann stand er abrupt auf und verschwand.

Lou sah ihm verdutzt nach. »Hab ich was Falsches gesagt?«

»Vielleicht denkt er, wir beide haben sie nicht mehr alle«, mutmaßte Fabio amüsiert. »Ehrlich gesagt, ich würde es ihm nicht verübeln. Ist schon ein bisschen schräg, was wir hier aufführen, oder nicht?«

»Eher oder nicht«, erwiderte Lou und lächelte übertrieben.

In dem Moment kam der Wirt mit Papieren in der Hand zurück. Er setzte sich wieder und legte die Unterlagen auf den Tisch. »Deshalb hab ich den Auftrag storniert. Ich weiß, dass man nicht schlecht über Tote reden soll, aber Marta ist … war eine verdammte Lügnerin«, korrigierte er sich.

Lou stutzte. Marta eine Lügnerin? Das passte so überhaupt nicht. Jedenfalls nicht zu der Frau, die Lou gekannt hatte.

»Schauen Sie sich das an.« Gregor Poler tippte auf die Seiten, die von einer Heftklammer zusammengehalten wurden. »Hier steht es schwarz auf weiß. Martas Marillen waren keine Bioware.« Er zog die Klammer ab und schob die Papiere zu Lou.

Ein Briefkopf auf dem ersten Blatt verriet, dass der Wirt die AGES, die Agentur für Gesundheit und Ernährungssicherheit in Wien, mit der Analyse auf Pestizidrückstände beauftragt hatte.

»›Captynanys‹«, las Lou den Namen von einem von mehreren Stoffen vor, die in den Marillen nachgewiesen worden waren.

»Wird in der konventionellen Landwirtschaft zur Bekämpfung von Pilzkrankheiten eingesetzt«, erläuterte der Wirt.

»Martas Marillen haben einen Rückstandsgehalt von sechs Milligramm pro Kilo. Ist das hoch?«, fragte Lou.

»Das ist mehr als hoch«, knurrte Poler. »Laut EU-Verordnung der erlaubte Höchstgehalt an Pestizidrückständen.«

Lou nickte. Sie wusste, dass die Verwendung von Pestiziden auf EU-Ebene geregelt wurde, kannte aber die Grenzwerte nicht. »Ich bin fassungslos.«

»In Marillenmarmeladen aus herkömmlicher Produktion stellt Greenpeace regelmäßig Pilzgifte fest. Aber nicht in Bioware, wie Marta behauptet hat, sie zu produzieren«, wetterte der Gastronom.

»Steht Captynanys nicht auch im Verdacht, krebserregend zu sein?«, fragte Fabio. »Ich glaube, ich habe kürzlich etwas darüber gelesen.«

»Stimmt, das steht hier auf Seite zwei«, sagte Lou und tippte auf eine Stelle des Laborberichts, der dem Brief angehängt war.

»Zudem hat Greenpeace Captynanys auf die Schwarze Liste für Pestizide gesetzt. Sie können sich vorstellen, wie überrascht … falsch, wie enttäuscht ich war, als ich das Ergebnis von der AGES bekommen habe«, fauchte Gregor Poler.

»In dem Artikel über Captynanys stand auch, dass der Rat unserer Eltern, das Obst vor dem Essen zu waschen, nichts mehr wert ist. Bei Captynanys handelt es sich wie bei vielen anderen Pestiziden um eine sogenannte systemisch wirkende Substanz, die im gesamten Obst nachweisbar ist«, ergänzte Fabio und schüttelte sich, als würde ihm ein kalter Schauer über den Rücken laufen. »Nach der Lektüre habe ich mich ernsthaft gefragt, was man überhaupt noch essen kann.«

Der Wirt stimmte ihm zu. »Wir Menschen vergiften nicht nur uns selbst langsam, sondern auch die gesamte Umwelt. Nicht von ungefähr ist Parkinson bei Landwirten in Frankreich und Italien bereits eine anerkannte Berufskrankheit. Auch deshalb verwende ich seit zehn Jahren ausschließlich reine Bioprodukte. Egal, ob Butter, Brot, Fleisch, Fisch, Obst oder Gemüse, alles in meiner Küche hat Bioqualität.«

»Das ist auch meine Philosophie«, warf Fabio ein, woraufhin sich zwischen ihm und Poler ein lebhaftes Gespräch über Händler und Biogemüse, -obst und -wein entspann. Derweil widmete Lou sich weiter dem Bericht.

»Sie haben zehn Jahre lang Marillen von Marta bezogen. Warum das plötzliche Misstrauen?«, unterbrach sie schließlich die Unterhaltung der Männer.

Der Wirt fing ihren Blick auf. »Ich hab einen Anruf bekommen.«

»Einen Anruf«, echote Lou.

Gregor Poler nickte. »Von einer Frau. Sie hat ihren Namen nicht genannt, aber behauptet, dass Martas Marillen nicht bio, sondern mit Pestiziden verseucht sind.«

»Und Sie haben einer Fremden am Telefon geglaubt? Einfach so?«, fragte Lou.

Zum ersten Mal lächelte der Gastronom. »Natürlich nicht. Aber die Behauptung hat mich nicht losgelassen. Deshalb hab ich die AGES beauftragt, den Vorwurf zu prüfen.« Er machte eine Geste, die den Gastraum einschloss. »Das bin ich meinen Gästen und meinem Ruf schuldig. Leider hatte die anonyme Anruferin recht, wie Sie nun wissen.«

»Sie haben Marta doch sicher mit dem Ergebnis konfrontiert?«, hakte Lou nach.

»Natürlich. Ich hab sie direkt am Montag angerufen, als mir der Bericht vorlag.«

»Was hat sie gesagt?«

»Sie hat natürlich alles abgestritten, aber ich hatte den Beweis ja schriftlich.« Gregor Poler zeigte auf das Ergebnis der Analyse und reckte das Kinn. »Die Stornierung hatte also absolut nichts mit meiner Freundschaft zu Rainer zu tun. Auch wenn Marta davon überzeugt war.«

»Hatten Sie vor, Marta Brucker anzuzeigen?«, fragte Fabio.

Der Wirt schüttelte den Kopf. »Nein. Wir sind doch … waren Freunde. Ich hab ihr nur gesagt, dass ich keinen Cent für ihre letzte Lieferung bezahlen werde, und hab den Folgeauftrag gleich storniert.« Er presste die Lippen zusammen.

»Haben Sie nur Frischware von Marta bezogen oder auch Marmeladen und andere Marillenprodukte?«, fragte Fabio.

»Nur Frischware«, sagte der Wirt. »Daraus haben wir dann selbst Marmelade, Chutneys und Eis hergestellt. Und den Rest für Marillenknödel und andere Marillengerichte verwendet. Deshalb lag die erste Bestellung in diesem Jahr auch gleich bei hundert Kilo.«

»Wann hat Marta ihnen die geliefert?«

»Am sechsten Juli. Das war heuer ihre erste Ernte.«

Lou überflog noch einmal den Bericht. »Und wann hat Sie die unbekannte Frau angerufen?«

»Zufällig genau an dem Tag. Etwa eine Stunde nachdem Marta die hundert Kilo geliefert hatte.«

Lou sah schnell zu Fabio. Das war kein Zufall, sagte ihr Blick, und der Sternekoch nickte unmerklich.

»Okay, dann werden wir uns jetzt auch mal um die Marillen vom Brucker-Hof kümmern«, entschied Lou und bat um die Rechnung.

19

Keine Ahnung, was das soll«, sagte Sigrid eine gute halbe Stunde später, als sie Lou zwei Pappkartons mit Marmeladengläsern, Schnapsflaschen und den frischen Marillen von Martas Hof in die Hand drückte.

Gleich nachdem sie das Gasthaus verlassen hatten, in dem Fabio trotz Lous Protest die Rechnung beglichen hatte, hatte Lou ihre Angestellte und Freundin angerufen und sie gebeten, sämtliche Waren von Marta aus den Regalen zu nehmen. Ohne ihr eine Begründung zu liefern.

»Wir wollen wissen, ob die Marillen und Marmeladen Spuren von Pflanzenschutzmitteln aufweisen«, erklärte Lou Sigrid jetzt, stellte die Kartons ab und gab drei Gläser Marillenmarmelade und etwa zwei Kilo der Steinfrüchte an Fabio weiter. Die restlichen Gläser, Marillen und alle sieben Schnapsflaschen würde sie vorläufig im Büro aufbewahren. Bis das Ergebnis vorlag, würden sie schweren Herzens auf die Produkte verzichten müssen. Und das, obwohl Lou trotz der Geschichte von Gregor Poler immer noch überzeugt war, dass Marta ihr Bioqualität geliefert hatte. Dennoch: Kontrolle war besser als Nachsicht.

Auf dem Rückweg von Krems hatte Fabio die Untersuchung der Marillen aus Lous köstlicher Welt und seinem Restaurant in die Wege geleitet. Als er vom Handy aus die AGES in Wien angerufen hatte, hatte man ihm zu ihrer Überraschung vorgeschlagen, das Obst und die Marmeladen noch heute vorbeizubringen. Fabio hatte sofort zugesagt, obwohl er für die Hin- und Rückfahrt insgesamt etwa zwei Stunden brauchen würde. Zunächst war die Idee gewesen, nur die Frischware prüfen zu lassen, die Fabio von Rainer erhalten hatte. Doch dann hatte er spontan beschlossen, zusätzlich drei Gläser Marillenmarmelade aus Lous Geschäft ins Labor mitzunehmen.

Sigrid blinzelte irritiert. »Wie soll denn Pflanzenschutzmittel in Martas Marillen gekommen sein?«

»Das ist die Millionenfrage«, sagte Lou.

Auf ihrem Handy rief sie Polers Laborbericht auf, den sie fotografiert hatte, und reichte Sigrid das Telefon. Während ihre Freundin die Ergebnisse der Untersuchung überflog, erzählte Lou ihr von dem Gespräch mit dem Wirt in Krems.

»Das kann ich nicht glauben«, ächzte Sigrid, als sie Lou das Handy zurückgab.

»Der Weingarten der Koschinskys grenzt doch unmittelbar an Martas Marillengarten an. Was, wenn das Ehepaar die Pestizide versprüht hat?«, stellte Fabio eine neue These in den Raum. »Auch Flächen, auf denen Bioobst oder -gemüse angebaut werden, können etwas abbekommen, wenn die Nachbarn rundum mit der Chemiekeule arbeiten.«

Lou schüttelte heftig den Kopf. »Aber selbst dann läge die Rückstandsmenge in Martas Marillen nicht bei sechs Milligramm pro Kilo, sondern weit unter dem Grenzwert. Nein, ich sag's euch, Martas Bäume wurden direkt mit dem Zeug behandelt.«

»Oder sie hat dieses Jahr ausnahmsweise doch Pflanzenschutzmittel eingesetzt?«, überlegte Fabio laut. »Vielleicht weil sie fürchtete, dass die Ernte schlecht ausfallen würde.«

Lou schüttelte erneut energisch den Kopf. »Marta hat mir nicht nur einmal sehr glaubhaft versichert, dass sie mit chemisch-synthetischen Pestiziden nichts am Hut hat. Andernfalls hätte der Honig-Lorenz auch nicht seine Bienenstöcke in ihrem Marillengarten am Hof aufgestellt und ihr beim Ansäen des Blühstreifens nahe dem an der Donau geholfen«, entgegnete Lou. »Marta wollte die Nützlinge explizit für ihre Marillenbäume. Den ganzen Aufwand tut man sich doch nicht an, wenn man sie dann gleich wieder mit Pestiziden umbringt. Nein, Marta hat nicht gesprüht«, sagte Lou nachdrücklich und trat an die Glastür zum Büro, hinter der sich Michelin vor Wiedersehensfreude im Kreis drehte.

»Ich war mittags noch mal eine ganze Stunde mit ihm draußen«, warf Sigrid ein.

»Danke«, erwiderte Lou. Sie zog die Tür auf und beugte sich zu ihrem Großen hinunter, um ihn zu begrüßen.

»Was denkst du, wie das Ergebnis ausfallen wird?«, wandte Sigrid sich währenddessen an Fabio.

»Ich lebe ja noch nicht so lange in Marienkirchen, von daher kannte ich Marta erst relativ kurz«, sagte Fabio. »Aber wenn ich auf mein Bauchgefühl höre, kann ich mir ebenso wenig wie Lou vorstellen, dass sie euch alle betrogen haben soll.«

Im Büro ging Lou zur Küchenzeile, um sich nach der überschwänglichen Begrüßung ihres Hundes die Hände zu waschen. Michelin drehte derweil eine kleine Runde durchs Geschäft, forderte Streicheleinheiten von Fabio ein und ließ sich danach wieder im Büro auf seiner Decke nieder.

Als Lou in den Verkaufsraum zurückkam und die Glastür hinter sich schloss, wirkte sie nachdenklich. »Die Frage, die ich mir seit unserem Besuch in Krems stelle, ist: Hat die unbekannte Anruferin noch jemanden informiert? Was meint ihr? Bei mir hat sich jedenfalls bislang niemand gemeldet, um Marta anzuschwärzen. Oder, Sigi?«

Ihre Freundin schüttelte den Kopf.

»Bei mir auch nicht«, erwiderte Fabio.

»Und Greta, Katharina und Andreas haben nur erwähnt, dass Gregor Poler seine Bestellung storniert hatte«, sagte Lou und seufzte. »Bleiben wir gedanklich also bei Poler. Er hat gesagt, dass er Marta sofort angerufen hat, als der Bericht da war.«

Fabio nickte. »Das war am Montag, also vorgestern.«

»Aber das muss nicht wahr sein. Beziehungsweise könnte er am nächsten Morgen auch noch zu ihr gefahren sein«, fuhr Lou fort.

»Genau. Weil er immer noch stinksauer ist. Es kommt zum Streit. Er sieht den Spaten, nimmt ihn, folgt Marta in den Obstgarten und bumm.« Fabio machte mit beiden Armen eine schnelle Bewegung, als würde er jemandem einen Schlag versetzen.

Lou nickte. »Rasende Wut bringt manche Menschen auf schreckliche Ideen.«

»Okay, das können wir jetzt bis zum Sankt-Nimmerleins-Tag durchdiskutieren, ohne zu wissen, was tatsächlich passiert ist«, sagte Fabio. »Aber mir geht da noch etwas anderes durch den Kopf. Wenn wir also annehmen, dass das Pflanzengift nicht vom Nachbargrundstück rübergeweht ist und Marta nichts gesprüht hat: Wer hat es dann verspritzt? Und weshalb?«

»Aus Rache, Neid oder einem anderen bescheuerten Grund«, antwortete Lou. »Möglicherweise sogar dieselbe Person, die die Marillen gestohlen hat.«

»Hat euch schon mal jemand gesagt, dass ihr euch wunderbar ergänzt?«, schaltete sich Sigrid wieder in das Gespräch ein.

»Ach, ja? Das ist mir noch nie aufgefallen«, behauptete Lou rasch.

Fabio zwinkerte Sigrid zu. »Gesagt hat uns das noch niemand. Aber wir wissen es auch so.«

Lou vermied es, ihn anzusehen, weil sie befürchtete, rot zu werden.

Sigrid schmunzelte und deutete auf die Kartons mit den restlichen Produkten und den Schnäpsen vom Brucker-Hof. »Aber wieso sollte jemand zuerst die Bäume mit Pflanzenschutzmittel besprühen und danach das Obst stehlen? Das ergibt doch keinen Sinn.«

Lou folgte dem Finger ihrer Freundin mit ihrem Blick. »Tja. Diese Frage können wir vermutlich erst beantworten, wenn wir die Übeltäter entlarvt haben. Aber wenigstens wissen wir nun, welche Bäume der Dieb abgeerntet hat«, sagte Lou.

»Tatsächlich?«, fragte Fabio überrascht.

Lou verzog das Gesicht. »Sorry. Hab ganz vergessen, dir von der Zeichnung von Andreas zu erzählen.« Sie holte ihr Handy wieder hervor und zeigte ihm und Sigrid die Skizze des Marillengartens an der Donau. »Das Obst wurde von den Bäumen gestohlen, die mit einem X markiert sind.«

»Die stehen gar nicht nebeneinander, sondern ziemlich verstreut«, merkte Fabio an.

»Das ist mir auch zuerst aufgefallen«, sagte Lou und erzählte ihm, wie Katharina das begründet hatte.

»Hm«, brummte Fabio.

»Wir müssen herausfinden, wer die mysteriöse Informantin vom Poler ist und woher sie wusste, dass Marta am sechsten Juli Marillen an dessen Gasthaus geliefert hat«, meinte Lou. »Die Frau hat definitiv etwas mit der heimlichen Vergiftung oder sogar mit den Diebstählen zu tun. Ich werde jetzt gleich Katharina anrufen, vielleicht hat sie ja eine Idee, wer die anonyme Anruferin gewesen sein könnte. Außerdem bin ich gespannt, was sie zu Polers Bericht zu sagen hat.«

»Was ich mich seit eurer Rückkehr aus Krems frage«, grätschte Sigrid wieder dazwischen, »ist: Wie wichtig ist das alles jetzt überhaupt noch? Wer weiß, ob der Brucker-Hof weiterbestehen wird.«

»Was meinst du?«, fragte Lou.

»Na ja, Rainer wird bestimmt nicht seinen Job aufgeben, um ihn weiterzuführen, und die Kinder haben daran auch kein besonders großes Interesse.«

»Wer sagt das?«, fragte Lou.

»Marta selbst. Sie hat mir gegenüber mal erwähnt, dass sie vermutlich die letzte Marillenbäuerin der Familie sein wird, weil Andreas und Katharina eigene Wege gehen wollen. Sie hat den beiden vorgeschlagen, den Hof nach ihrem Tod zu verkaufen, damit sie sich das Geld teilen und ihr Leben leben können. Demnach könnte doch genau das jetzt passieren.«

Lou stöhnte auf. »Das wäre wirklich schade.«

»Wie auch immer, ich hole jetzt die Marillen aus meiner Küche und mach mich dann auf den Weg nach Wien«, entschied Fabio, nahm die Marmeladen und die Marillen und wandte sich zum Gehen. »Seh ich dich heute noch mal? Nur damit ich gewappnet bin, falls ja.«

Lou grinste und strich sich eine Locke hinters Ohr. »Keine Angst, für heute bist du mich los. Aber ruf mich an, wenn du zurück bist. Nur nicht zwischen sieben und acht, da zoome ich mit dem Berner-Sennenhundeclub.«

»Alles klar. *Au revoir.*« Zum Abschied warf er Lou ein hinreißendes Lächeln zu.

20

Ich glaub, er hätte sich gefreut, wenn du später noch bei ihm vorbeigeschaut hättest«, mutmaßte Sigrid, nachdem die Eingangstür hinter dem Koch ins Schloss gefallen war. »Das Restaurant hat heute Ruhetag, bestimmt hätte Fabio seinen freien Abend gerne mit dir verbracht.«

»Blödsinn«, stieß Lou hervor.

»Ein Blick sagt manchmal mehr als tausend Worte«, gab Sigrid zum Besten.

»Wo hast du denn diese Lebensweisheit her?«, fragte Lou wie nebenher, stellte sich demonstrativ vor ein Regal und begann, die Flaschen mit dem Riesling-Essig neu auszurichten.

»Ich an deiner Stelle würde der Janet das Feld nicht so einfach überlassen«, ließ Sigrid nicht locker.

Lou hielt schlagartig inne und drehte sich wieder um. »Wie meinst du das?«, fragte sie, obwohl sie die Anspielung genau verstanden hatte.

»Sag nur, du hast nicht mitbekommen, dass sie ein Auge auf Fabio geworfen hat?«

»Nein«, schwindelte Lou. Wenn sie ehrlich war, löste allein der Gedanke, dass die beiden etwas miteinander haben könnten, eine Flut an Emotionen in ihr aus.

Sigrid warf ihr einen mitleidigen Blick zu. »Süße, du bist wirklich blind.«

»Woher weißt du das mit Janet?«

»Gerda hat das letztens erwähnt, als ich mit meinem Bruder und seiner Familie im Landhaus essen war. Offenbar macht sie kein Hehl daraus, deshalb weiß es bereits das gesamte Team.«

»Auch Fabio?«, fragte Lou.

»Vermutlich. Und so wie du dich anstellst, hat sie leichtes Spiel.«

»Wie stell ich mich denn an?«, fragte Lou und bereute es sofort.

Augenblicklich lief Sigrid zur Höchstform auf und bombardierte sie mit Tipps und weiteren Lebensweisheiten. Ratschläge in Sachen Liebesleben zu geben, war eins ihrer liebsten Hobbys.

»Da redet die Richtige«, sagte Lou, um den Redeschwall ihrer Angestellten und Freundin zu unterbrechen. »Du bist doch selbst seit einer halben Ewigkeit Single.«

»Weil ich es so will«, meinte Sigrid.

»Und ich will es auch«, entgegnete Lou.

»Deine Mutter ist da ganz meiner Meinung. Du bist schon viel zu lange allein, und Fabio und Mona sind nicht erst seit gestern geschieden ...«

»Du sprichst mit meiner Mutter über Fabio und mich?«, fiel Lou ihr erstaunt ins Wort.

Sigrid schaute sie mit Unschuldsmiene an. »Natürlich, du tust es ja nicht. Hedwig und Franzi machen sich übrigens auch so ihre Gedanken.«

Lou kannte die Ansicht der beiden, die sich mit der von Sigrid deckte. Sie, Lou, sollte sich Fabio angeln. Aber sie hatte keine Ahnung gehabt, dass auch ihre Mutter über ihn und sie nachdachte und, was noch schlimmer war, darüber mit Sigrid sprach. Ihr gegenüber hatte sie bislang kein Wort verloren. Ansonsten hätte sie ihr gesagt, dass ihrer Meinung nach seit der Scheidung noch immer zu wenig Zeit vergangen war. Sie, Lou, hatte die Traurigkeit in Fabios Augen gesehen, als er realisiert hatte, dass Mona und er nicht mehr den gleichen Traum träumten. Die Enttäuschung saß bei ihm nach wie vor tief, davon war Lou überzeugt. Genauso wie davon, dass es in seinem Leben noch keinen Raum für eine neue Beziehung gab.

Sie war erleichtert, als in der Sekunde eine Kundin das Geschäft betrat und damit ihrer Unterhaltung ein Ende machte. Während Sigrid die Frau beriet, zog Lou sich ins Büro zurück, um ungestört mit Katharina zu telefonieren. Gleich zu Beginn setzte sie Martas Tochter über ihr Gespräch mit Gregor Poler ins Bild.

»Das kann nicht sein!«, empörte sich Katharina. »Wir haben nie Pflanzenschutzmittel in unseren Gärten versprüht.«

»Leider hat er es schwarz auf weiß.« Gedankenverloren nahm Lou sich Kugelschreiber und Block und begann, Strichmännchen auf ein Blatt zu zeichnen. »Ich schick dir den Bericht gerne aufs Handy. Sag, hat wirklich nicht noch jemand einen Auftrag storniert?«

»Nein.« Katharina wirkte leicht genervt. »Der Poler muss unsere Marillen mit anderen verwechselt haben.«

»Das glaube ich nicht«, entgegnete Lou. »Die ominöse Anruferin hat eindeutig den Namen deiner Mutter genannt. Außerdem hat sie am sechsten Juli angerufen, an dem Tag, an dem sie Gregor Poler beliefert hat.« Sie legte den Kugelschreiber beiseite. »Wer wusste von der Lieferung?«

Am anderen Ende der Leitung herrschte nachdenkliche Stille. Lou wartete geduldig.

»Die Erntehelfer«, begann Katharina schließlich. »Außerdem Andreas, mein Vater …«

»Dein Vater?«, unterbrach Lou.

»Ja, Andreas hat mit ihm telefoniert, kurz nachdem Mama mit den Marillen nach Krems aufgebrochen war. Ich glaube, er hat es dabei erwähnt.«

Lou kritzelte Rainers Namen unter die Armee aus Strichmännchen.

»Und die Koschinskys«, fuhr Katharina fort. »Ich kann mich erinnern, dass Mama mit ihnen geplaudert hat, während wir die letzten Kisten in den Transporter geladen haben. Dabei hat sie gesagt, dass sie damit gleich zum Gasthaus Poler nach Krems fährt.«

Die Koschinskys also auch, dachte Lou und schrieb den Namen unter Rainers.

»Hat das etwas zu bedeuten?«, fragte Katharina.

»Das weiß ich noch nicht. Fällt dir jemand ein, der euch schaden will?«

»Nein.«

Wieder herrschte Stille.

»Jemand anderes hat unsere Bäume besprüht«, sagte Katharina.

»Wenn ihr es nicht wart, dann ja.«

»Wir waren es nicht«, wiederholte Katharina nachdrücklich.

»Ich glaube dir, aber lass auf jeden Fall die Marillen aus dem Dürnsteiner Garten untersuchen.« Lou empfahl ihr, dafür gleich die AGES anzurufen.

»Hat das alles etwas mit Mama zu tun? Du weißt schon, damit, dass sie …« Katharina unterbrach sich.

Das Wort »ermordet« wollte ihr nicht über die Lippen kommen.

»Mit Bestimmtheit kann ich das nicht sagen«, gab Lou zu. »Aber wenn ich auf mein Bauchgefühl höre, dann hängen der Diebstahl, das in den Marillen unter anderem nachgewiesene Captynanys und die Ermordung deiner Mutter auf irgendeine Art zusammen. Ruf mich auf jeden Fall an, wenn dir noch etwas einfällt, und wenn's geht, fahr heute noch zur AGES.« Sie ärgerte sich, dass sie Fabio nicht gleich darum gebeten hatte, auch noch Marillen vom Brucker-Hof mitzunehmen, um Polers Analyse zu überprüfen.

»Mach ich«, versprach Katharina. »Aber ich befürchte, dass mir niemand einfallen wird, der uns dermaßen hasst, um uns das anzutun.« Ihre Stimme klang traurig, unsicher. »Es muss jemand von außen sein. Niemand aus Marienkirchen.«

Aus Marienkirchen nicht, dachte Lou. Aber vielleicht aus Dürnstein. »Die Polizei wird den Schuldigen finden«, versicherte sie Katharina. Oder ich, fügte sie im Stillen hinzu.

Sie verabschiedeten sich, und Lou ging zurück in den Verkaufsraum, in dem sich mittlerweile sieben Kunden umsahen.

Zehn Minuten vor sechs Uhr trat Lou ins Freie. Schwüle Sommerluft umfing sie. Sie sah nach oben. Ein grauer Schleier hatte sich vor die Sonne geschoben. Das lang erwartete Gewitter zog auf. Franziska und einer ihrer Mitarbeiter klappten schon die Sonnenschirme zusammen.

»Wird heute noch regnen!«, rief die Kaffeehausbesitzerin ihr zu, ohne in ihrer Arbeit innezuhalten.

»Schaut so aus«, erwiderte Lou ebenso laut.

Auch die Touristen verzogen sich zusehends aufgrund des drohenden Wetterumschwungs in ihre Unterkünfte. Lou wandte sich zu Sigrid um, die ebenfalls vor das Geschäft getreten war und skeptisch zum Himmel blickte. »Soll ich dich heimfahren?«

Ihre Freundin schüttelte den Kopf. »Ich bin in ein paar Minuten zu Hause. Das geht sich aus, bevor das Wetter daherkommt.«

»Dann radele aber jetzt gleich los.«

Sigrid holte schnell ihre Tasche aus dem Büro. »Bis morgen!« Sie schwang sich auf ihr Rad und fuhr davon.

Lou warf einen Blick Richtung Landhaus Gerber und zog die Augenbrauen zusammen. Fabio hatte sich noch nicht zurückgemeldet.

21

Zu Hause angekommen nahm Lou die Hundebox, nachdem Michelin herausgesprungen war, aus dem Auto und trug sie ins Haus. Gewitter und Silvesterknaller versetzten ihren Hund immer in Panik. Sich in der vertrauten Transportbox verkriechen zu können, gab ihm dann wenigstens ein bisschen Sicherheit.

Lou fütterte ihren Riesen wie üblich im Freien. Da bislang kein Donnergrollen zu hören war, streifte der Rüde nach dem Fressen wie gewohnt ums Haus. Sie trug die Box in die Küche und stellte sie unter den Tisch der gemütlichen Essecke. So konnte Michelin in ihrer Nähe sein, wenn sie später mit den Mitgliedern vom Berner-Sennenhundeclub zoomte.

Im Schlafzimmer tauschte Lou die elfenbeinfarbene Baumwollhose gegen Shorts. Als sie sich Nudeln mit Tomatensoße zubereitete, hörte sie in der Ferne ein erstes dumpfes Grollen. Sie sah aus dem Küchenfenster. Die Blätter der Weinreben bewegten sich im aufkommenden Wind. Das Gewitter würde nicht mehr lange auf sich warten lassen.

Als Michelin aufgeregt vor der Haustür bellte, öffnete sie ihm. Der Hund drängte sich an ihr vorbei. Am Horizont zuckten bereits helle Blitze und ließen die Wolken für einen flüchtigen Moment in gespenstischem Licht erstrahlen. Lou schloss die Tür, ging in die Küche zurück und aß ihre Nudeln, derweil Michelin ruhelos umherstreifte, als suchte er einen Ausweg aus dem Dilemma.

»Es geht vorbei, mein Großer«, sagte sie, als er neben ihr auftauchte. Sie schob den halb leeren Teller zur Seite, holte den Beutel mit Michelins Lieblingsleckerli aus dem Abstellraum hinter dem Eingang und hielt ihm eines vor die Schnauze. Der Berner Sennenhund rührte es nicht an. »So schlimm?« Lou strich ihm beruhigend übers Fell. Als sich der schwarze Riese endlich in der Transportbox verkroch, warf Lou eine dicke Decke darüber, die auf einem Stuhl gelegen hatte. Sie hoffte, dass sie den Gewitterlärm ein wenig dämpfen würde.

Sie räumte den Teller ab, dann holte sie ihren Laptop vom Couchtisch in die Küche. Ein Blitz erhellte die Rebzeilen vor dem Küchenfenster, und kurz darauf zerriss ein heftiges Donnergrollen die Luft. Lou schenkte sich ein Glas Grünen Veltliner Federspiel ein und rief eine Playlist auf ihrem Handy auf. Leise kubanische Klänge. Michelin war der Sound vertraut, vielleicht würde er ihn ein bisschen beruhigen. Sie ging ans Fenster und ließ das Naturspektakel auf sich wirken. Blitze zuckten in immer kürzeren Abständen über die Weinberge hinweg, begleitet von lauten Donnerschlägen. Starkregen trommelte auf den von der Hitze ausgetrockneten Boden. Sie schrieb Fabio eine Nachricht:

Bist eh wieder gut daheim angekommen?

Dann löste sie sich von dem Anblick und setzte sich auf die Eckbank. Als sie einen Fuß in die Box schob, legte Michelin seinen Kopf darauf. Während sie am Veltliner nippte, fuhr sie den Laptop hoch und meldete sich über Zoom beim Treffen des Berner-Sennenhundeclubs an. Ein paar Mitglieder, darunter auch Reto, waren schon online, weitere schalteten sich dazu, bis sie eine Gruppe von elf waren. Wie üblich wurde Englisch gesprochen, weil Hundebesitzer aus der ganzen Welt an dem virtuellen Treffen teilnahmen, diesmal aus England, Norwegen, Deutschland, der Schweiz, Österreich und Italien. Eine Stunde lang tauschten sie sich über die Eigenarten ihrer Lieblinge, ihre Gutmütigkeit, Ernährung, Erziehung und Krankheiten aus. Währenddessen wurden draußen die Blitze seltener, der Donner entfernte sich, der Regen war nicht mehr so laut, und Lous Weinglas leerte sich zusehends. Sie spürte, dass Michelin seinen Kopf von ihrem Fuß nahm, jedoch im Schutz der Box blieb.

»Stell dir vor, Reto«, wechselte Lou ins Deutsche, als sich alle anderen Teilnehmer des Meetings verabschiedet hatten, »wir haben gerade Schweizer aus dem Wallis bei uns in Marienkirchen zu Gast. Die haben unter anderem Marillen bei mir gekauft. Möglicherweise, um zu prüfen, ob die in der Wachau genauso gut schmecken wie die bei euch. Oder sogar besser.« Sie lachten beide.

»Ich denke, im Geschmack werden sie sich nichts nehmen«, erwiderte Reto. »Bei uns ist das Klima perfekt für den Anbau von Aprikosen, deshalb sind sie ein wichtiger Bestandteil der hiesigen Landwirtschaft. Ähnlich wie bei euch in der Wachau.«

Lou konnte Retos Alter schlecht schätzen. Seine Haare waren schlohweiß, aber seine grünen Augen blitzten so wach wie die eines jungen Mannes. Die feinen Falten in seinem Gesicht ließen sie jedoch zu Anfang sechzig tendieren. Bei einem der letzten Zoom-Treffen hatte er mal erwähnt, Arzt zu sein. Sie redeten noch ein paar Minuten über regionale Spezialitäten, die starke Ähnlichkeiten aufwiesen, dann erzählte Lou von Bruno Schiller, der jetzt im Wallis lebte, aber aus Marienkirchen stammte und einst professioneller Ruderer gewesen war.

»Bruno Schiller. Der Name kommt mir bekannt vor«, erwiderte Reto mit starkem Schweizer Akzent. Siders, wo er wohnte, war die Sprachgrenze im Wallis. Westlich davon wurde Französisch gesprochen, deshalb war der Ort auch unter dem Namen Sierre bekannt. »Ich weiß nur gerade nicht, wo ich ihn einordnen soll. Wo genau lebt er? Das Wallis ist groß.«

»Das weiß ich leider nicht. Aber ich frag ihn, wenn ich ihn wiedersehe«, versicherte Lou, dann verabschiedeten sie sich.

Lou streckte sich durch, um ihren steifen Nacken zu entspannen, dann beugte sie sich unter den Tisch. »Kannst wieder rauskommen, Michelin. Ich glaub, das Gewitter ist vorüber.« Sie schaute in die Hundebox. Der Berner Sennenhund lag auf dem Rücken, die vier Pfoten in der Luft, und schlief. Sie richtete sich wieder auf und warf einen Blick aufs Handy. Fabio hatte ihre Nachricht gelesen, aber nicht geantwortet. In dem Moment hörte sie, wie Michelin sich in der Box umdrehte, und gleich darauf spürte sie ihn an ihren nackten Beinen. »Na, ausgeschlafen?«

Der Hund lief zur Haustür. Für Lou ein eindeutiges Zeichen, dass sich draußen jemand näherte. Sie stellte die Musik aus, erhob sich, und im selben Augenblick klingelte es.

»Endlich!«, rief sie wenige Sekunden darauf, als sie Fabio sah. »Wo warst du? Ich hab mir schon Sorgen gemacht.«

»Wirklich?« Er grinste und drückte ihr drei Küsse auf die Wangen. »Keine Angst, alles gut. Hat nur länger gedauert als gedacht.«

Gemeinsam gingen sie ins Wohnzimmer, und Lou öffnete die Terrassentür. Der Duft nach feuchter Erde und Gras wehte in den Raum. Sie warf einen Blick auf die Sitzgarnitur auf der Terrasse, auf der Wassertropfen perlten. »Ich glaub, wir müssen drinbleiben.«

»Auch gut.« Fabio ließ sich aufs Sofa fallen. »Nach Wien war wenig Verkehr, aber auf dem Heimweg bin ich von einem Stau in den nächsten gefahren. Und als ich zurück war, habe ich mit Janet zu Abend gegessen.«

Ein stechender Schmerz meldete sich in Lous Brust. »Janet? Wieso, ich dachte …?«

»Sie war mit dem Rennrad unterwegs und wurde vom Gewitter

überrascht. Sie hatte sich gerade patschnass ins Restaurant geflüchtet, als ich aus Wien zurückkam.« Er zuckte mit den Achseln. »Wir haben das Beste draus gemacht und uns schnell etwas gekocht. Dann habe ich sie noch nach Hause gefahren, sie wohnt ja in Dürnstein.«

»Du bist ein wahrer Gentleman.« Lou bemühte sich, einen gleichmütigen Tonfall anzuschlagen.

»Schon, oder?« Er lächelte. »Und weil ich eh schon unterwegs war, dachte ich, ich könnte doch auch gleich bei dir vorbeischauen, statt dir auf deine Nachricht zu antworten.«

»Gute Idee«, sagte Lou, holte die angebrochene Flasche Grüner Veltliner aus dem Kühlschrank und trug sie, ihr leeres Glas und ein frisches für Fabio zum Couchtisch. Michelin hatte es sich derweil in seinem Hundebett im Flur bequem gemacht.

»Mit etwas Glück bekommen wir schon übermorgen das Ergebnis«, sagte Fabio.

»Klingt gut.« Sie setzte sich neben ihn und schenkte ihnen ein.

»Hast du im Radio Nachrichten gehört?«

»Nein, wieso?« Sie stießen miteinander an und nahmen einen Schluck.

»Immer ein Genuss, der Veltliner von deinen Eltern.« Fabio hielt das Glas hoch und bewunderte einen Moment lang die leicht grünliche Färbung, bevor er wieder Lou ansah. »Die Polizei fahndet nach Rainer Brucker.«

»Was?«, entfuhr es ihr überrascht.

»Die Polizei sucht nach ihm«, wiederholte Fabio, als hätte Lou den Sinn seiner Worte nicht begriffen.

Lou stellte ihr Glas zurück auf den Couchtisch. »Warum? Und was heißt, sie sucht nach ihm? Ist er denn nicht auf der Werft oder in seiner Wohnung?«

Fabio sah in ihre Richtung, als wäre er sich nicht sicher, ob sie ihre Frage ernst meinte. »Offenbar nicht. Andernfalls würde man ja nicht nach ihm suchen.«

Abrupt stand Lou auf und holte ihren Laptop aus der Küche. Zurück auf dem Sofa, rief sie die Fahndungsseite der Landeskriminalpolizei Niederösterreich auf. Dem Aufruf entnahm sie, dass Rainer Brucker in Zusammenhang mit dem Mord an seiner Ex-Frau gesucht wurde und dringend tatverdächtig war. Sogar ein Foto von ihm hatte man auf der Seite veröffentlicht. Sie atmete hörbar aus und lehnte sich zurück.

»Verena und Klaus Bachl waren heute Morgen noch bei ihm und haben ihn befragt.« Sie erwähnte, dass Rainers Wohnung und die Werft durchsucht worden waren und er aus dem Grund seinen Sohn versetzt hatte. »Warum haben sie ihn bei der Gelegenheit nicht gleich mitgenommen?«, fragte sie und gab sich selbst die Antwort. »Weil sie dabei nichts Belastendes gefunden haben.« Was hatte sich seither geändert? Warum galt Martas Ex-Mann nun als tatverdächtig? Verflixt, wie gerne hätte sie jetzt Zugriff auf die Polizeiakte des Falls gehabt.

»Denkst du, dass ihn der Besuch und die Durchsuchung in Panik versetzt haben?«, fragte Fabio. »Dass er deshalb abgehauen ist?«

»Kann schon sein. Aber mit seinem Verhalten macht Rainer die Situation für sich nur schlimmer.« Lou schüttelte verständnislos den Kopf.

»Also, mich würde eine polizeiliche Suche nach mir auch in Angst und Schrecken versetzen.«

»Aber wenn du dir nichts zuschulden hast kommen lassen, dann …«

Fabio stoppte sie mit einer Geste. »Das sagst du als ehemalige Polizistin. Für den normalen Bürger ist jeder Kontakt mit der Polizei schon beängstigend.« Er nahm einen großen Schluck

Wein. »Aber lassen wir das, ich habe nämlich noch eine andere Neuigkeit für dich.«

Lou nippte an ihrem Glas und warf ihm einen neugierigen Blick zu.

»Ich habe Janet das Foto von unserem gefundenen Knopf gezeigt.«

»Aha.« Lou wusste nicht, ob ihr das gefiel.

»Sie meint, ihn schon mal gesehen zu haben. Zumindest einen ähnlichen.«

»Aha«, machte Lou noch mal, spitzte jetzt aber interessiert die Ohren.

»Wie ich vorhin schon sagte, wohnt Janet in Dürnstein. Ich mach's kurz: Sie kennt die Koschinskys und glaubt, so einen Knopf mal an einer Bluse von Wilma Koschinsky bemerkt zu haben.«

Lou staunte. »Na bumm.« Sie sah Fabio prüfend an. »Und sie ist sich da sicher?«

»Ziemlich sicher. Sie meint, es wäre eine rosafarbene Bluse gewesen. Und sie ist ihr aufgefallen, weil Wilma die Farbe nicht stand und die Bluse nicht ihrem sonstigen Kleidungsstil entsprach.«

Lou lehnte sich zurück. »Wer hätte das gedacht.« In ihrem Kopf arbeitete es. »Also war zumindest die gute Wilma in Martas Marillengarten unterwegs. Aus welchem Grund auch immer. Möglicherweise haben sie und ihr Mann also doch etwas Ungewöhnliches bemerkt.«

»Aber sie halten den Mund. Wollen sie vielleicht nicht in die Sache hineingezogen werden, weil sie«, Fabio runzelte die Stirn, »die Diebe kennen?«

Lou stieß ihr Glas gegen Fabios, beugte sich zu ihm und gab ihm einen Kuss auf die Wange. »Danke, Watson.«

Der Koch lächelte und sah ihr ein bisschen länger als nötig in die Augen. »Trotzdem hätte sie doch zugeben können, im Garten gewesen zu sein«, überlegte er dann laut. »So ein Knopf ist ja kein Beweis für eine Straftat.«

»Darauf werde ich die gute Frau ansprechen, wenn ich ihn ihr zurückgebe.« Lou lächelte, während sie noch einen Schluck Wein trank.

»Dann hoffe ich mal, dass dieses Puzzleteil etwas zum Gesamtbild beiträgt«, sagte Fabio und folgte ihrem Beispiel.

22

Am nächsten Morgen saß Lou schon um sieben im Pyjama auf der Bank vor ihrem Häuschen. Mit einer Tasse Cappuccino in der Hand sah sie auf Marienkirchen hinunter. In der Morgensonne leuchteten die Ziegeldächer der Häuser im Ortskern besonders rot, und die Donau glitzerte zwischen den steilen Weinbergen, als würde Diamantenstaub über dem Wasser schweben. Das Sommerwetter war zurückgekehrt. An das Gewitter erinnerten nur mehr ein paar Blätter, die der Wind von den Weinreben ringsum und von Lous Marillenbaum gerissen hatte. Ihre Rosensträucher schienen glücklicherweise nicht gelitten zu haben. Es wäre zu schade um die rosafarbene Pracht gewesen.

Auch Michelin hatte das gestrige Donnergrollen offensichtlich längst vergessen und saß nach einem ausgiebigen Hundefrühstück entspannt neben ihr. Kurz überlegte Lou, heute zu Fuß ins Geschäft zu gehen. Aber sie hatte vor, später Greta Auer einen Besuch in ihrem Blumenladen in Dürnstein abzustatten und bei Wilma Koschinsky vorbeizuschauen. Sie wollte mit der Blumenhändlerin unter vier Augen reden und war sich ziemlich sicher, dass Katharina noch nicht wieder arbeitete. Also musste sie doch mit dem Jeep fahren. Marienkirchen verschwamm vor ihren Augen, während ihre Gedanken zur letzten Nacht zurückwanderten. Sie und Fabio hatten ausgiebig über die Geschehnisse gesprochen und sich dabei den Inhalt der Weinflasche geteilt. Dann war der

Sternekoch nach Hause gefahren. Ob er geblieben wäre, wenn sie ihn darum gebeten hätte?

Als Michelin mit seiner Schnauze fest gegen ihren Arm stupste, kam sie widerwillig in die Realität zurück. Sie lachte. »Was ist denn, mein Großer? Brauchst du Aufmerksamkeit?« Sie wuschelte dem Riesen ein paarmal durchs Fell, bevor sie sich erhob. »Kommst mit rein? Wir müssen uns fertig machen.«

»Der ganze Ort spielt verrückt«, stöhnte Sigrid, als sie an diesem Morgen Lous Delikatessengeschäft betrat. »Es gibt nur ein Gesprächsthema: Rainers Flucht. Hast du schon davon gehört?«

Lou konnte nur nicken, dann wurde die Tür aufgerissen, und Katharina stob herein. Ihre Haare waren wirr, ihr Gesicht von Kummer gezeichnet. »Das ist doch ein Witz!«, knurrte sie. »Die Polizei sucht meinen Vater, weil sie glaubt, dass er etwas mit dem Tod meiner Mutter zu tun hat. Mach was, Lou!«

»Was soll ich denn machen?«

»Red mit der Badinger.« Sie spuckte den Namen der Ermittlerin aus wie schlechten Wein. »Mein Vater hat meine Mutter nicht ermordet.« Ihre Stimme kippte, als sie endlich das Wort »ermordet« aussprach. »Das war jemand Fremdes. Ein Mörder, der sich als Tourist getarnt hat«, krächzte sie. Tränen liefen ihr über die Wangen.

Lou sah sie hilflos an. »Ich habe keinen Einfluss mehr auf die Arbeit der Polizei.«

Sigrid hatte einen Kaffee aus dem Büro geholt und hielt die Tasse Katharina hin. »Jetzt beruhige dich erst mal.«

Die junge Frau wischte sich die Tränen weg und nahm die Tasse in beide Hände. »Ich will mich aber nicht beruhigen. Die spinnen doch komplett. Mein Vater, mein Bruder und ich wollen, dass der wahre Mörder gefasst wird. Papa hat nichts damit zu tun.«

Lou entschied, dass es an der Zeit war, Tacheles zu reden. Ungeachtet dessen, dass Katharinas Nervenkostüm derzeit so dünn sein musste wie die Eisschicht auf der Donau im Winter. »Euer Vater wurde am Dienstagmorgen gesehen, wie er in eure Straße eingebogen ist. Kurz bevor eure Mutter ermordet wurde.«

Eine Weile herrschte im Laden ohrenbetäubende Stille.

»Was … das ist doch … Nein, das ist nicht wahr«, stammelte Katharina. »Er war auf der Werft. Er kam von dort, nachdem ihn die Polizei benachrichtigt hatte.«

»Hat ihn dort jemand gesehen?«, fragte Lou.

»Mit Sicherheit«, blaffte Martas Tochter. »Mein Vater beginnt immer um sechs Uhr morgens mit der Arbeit.«

»Und wenn es so war, werden die Ermittler genau das herausfinden«, beteuerte Lou. Sie selbst war hingegen davon überzeugt, dass Rainer an diesem Morgen erst später zur Arbeit auf der Bootswerft erschienen war, denn auf Lorenz' Aussagen war Verlass. Der Mann verfügte trotz seiner vierundsiebzig Jahre über Augen wie ein Luchs und eine bemerkenswerte Beobachtungsgabe.

»Es wird sich bestimmt alles aufklären«, versuchte Sigrid, Katharina zu besänftigen.

»Eine andere Frage«, wechselte Lou das Thema. »Schauen die Koschinskys manchmal nach dem Marillengarten? Vielleicht wenn ihr grad keine Zeit habt?«

»Nein«, sagte Katharina. »Warum sollten sie?«

»Ich dachte, sie unterstützen euch vielleicht bei der Arbeit. Ähnlich wie die Erntehelfer.«

»Warum fragst du?«

»Ja, warum?«, echote Sigrid.

»Ihr erinnert euch an den Knopf, den ich euch gezeigt habe?«

»Ja«, erwiderte Katharina.

Sigrid nickte.

»Möglicherweise gehört er Wilma Koschinsky.« Lou erläuterte, wie sie zu dieser Vermutung gekommen war. »Als ich in eurem Garten war und mit ihr gesprochen habe, hat sie jedoch mehrmals betont, dass sie und ihr Mann euren Marillengarten nie betreten. Aber wenn der Knopf tatsächlich ihr gehört, war das eine Lüge.«

Katharina zuckte gleichgültig mit den Achseln. »Mein Gott, vielleicht hat sie sich mal eine reife Marille gepflückt und wollte dir das nicht unbedingt unter die Nase reiben.«

»Möglich«, räumte Lou ein.

»Ich glaube nicht, dass Wilma und Ludwig etwas mit den Diebstählen zu tun haben.«

»Wie gut kennt ihr sie?«, hakte Lou nach.

»Na ja, so wie man sich halt kennt, wenn man ein paarmal im Jahr miteinander ratscht.«

»Also kaum«, stellte Lou fest.

»Stimmt schon. Aber die beiden sind total nett und …« Katharina schien nach dem richtigen Wort zu suchen. »… und langweilig. Reden nur über Wein und das Wetter.« In dem Moment blitzte etwas in ihren Augen auf. »Da fällt mir ein, dass Ludwig Koschinsky Mama mal gefragt hat, unter welchen Umständen sie den Pachtvertrag auflösen würde.«

Lou wurde hellhörig. »Komische Frage. Wann war das?«

Katharina dachte kurz nach. »Letztes Jahr, kurz vor Weihnachten.«

»Und weshalb?«

»Keine Ahnung. Das hat er nicht erwähnt, und meine Mutter hat nicht nachgefragt, weil eine Auflösung eh nicht zur Debatte stand. Sie hat den Grund ja erst vor zwei Jahren gepachtet, weil sie unseren Marillenhof vergrößern wollte.«

»Wäre eine Auflösung denn überhaupt möglich gewesen?«,

fragte Lou. »Meines Wissens werden derartige Verträge über einen bestimmten Zeitraum und manchmal sogar unbefristet geschlossen.«

»Ja, eh. Die Mama hatte zwanzig Jahre vereinbart.«

»Also ist euer Vertrag befristet«, stellte Lou fest. »In so einem Fall kann weder der Pächter noch der Verpächter vor Ablauf der festgelegten Pachtdauer kündigen. Es sei denn, es gibt einen triftigen Grund, etwa, dass der Pachtzins nicht bezahlt wird.«

»Oder man vereinbart das vertraglich«, fiel ihr Katharina ins Wort. »Eine Kündigungsklausel gibt es zwar in unserem Pachtvertrag, aber unsere Mutter hätte sie definitiv nur angewandt, wenn das Geschäft schlecht gelaufen wäre, das hat sie Ludwig auch gesagt. Aber es lief gut, von daher kam die vorzeitige Auflösung für Mama nicht infrage«, wiederholte Katharina. »Und für den alten Schiller auch nicht. Der war froh, dass meine Mutter sich so fürsorglich um das Grundstück gekümmert und die Pacht jeden Monat pünktlich bezahlt hat.«

»Hmm«, überlegte Lou. »Ludwig Koschinsky hat mir erzählt, dass er vor vier Jahren in Pension gegangen ist und sich seither verstärkt auf seine große Leidenschaft, den Weinbau, konzentriert. Gut möglich, dass er sein Betätigungsfeld erweitern wollte und plante, seinen Weingarten zu vergrößern. Vielleicht wollte er deshalb das Grundstück vor zwei Jahren sogar ebenfalls pachten, aber deine Mutter ist ihm zuvorgekommen.«

Katharina dachte kurz darüber nach. »Ich erinnere mich nicht, dass die Koschinskys ihr Interesse an der Liegenschaft jemals gegenüber meiner Mutter erwähnt hätten.«

»Ich hab gehört, dass ihr den Hof eventuell verkauft«, platzte Sigrid plötzlich heraus.

Lou glitt ein schnelles Lächeln über die Lippen. Sie war überrascht, wie lange ihre Freundin diese Frage zurückgehalten hatte.

Mit Sicherheit hatte sie ihr schon unter den Nägeln gebrannt, als Martas Tochter das Delikatessengeschäft betreten hatte.

»Das steht noch nicht fest«, entgegnete Katharina. »Erst mal müssen wir die Ernte einbringen, dann werden Andreas, mein Vater und ich entscheiden.« Sie zuckte mit den Achseln. »Andreas will unbedingt auf der Werft arbeiten, wenn er mit der Schule fertig ist. Er hat mit den Marillengärten ebenso wenig am Hut wie unser Vater.«

»Also liegt es an dir«, sagte Sigrid.

»Schaut so aus.« Katharina fuhr sich mit der Hand über die Stirn. Sie wirkte überfordert.

Das Schicksal wiederholt sich, dachte Lou. Nur in abgewandelter Form. Marta war nach dem Tod ihres Vaters ebenfalls eine junge Frau gewesen, als sie die Verantwortung für den Hof übernommen hatte. »Hast du Marillen von euch zur AGES gebracht?«

»Ja, ich bin gestern noch nach Wien gefahren. Die Dame, die sie in Empfang genommen hat, meinte, dass ich mit etwas Glück bis morgen Mittag das Ergebnis bekomme. Sonst leider erst am Montag.« Sie ließ die Schultern hängen. »Andreas hat schon unsere aktuellen Kunden informiert, dass wir momentan nicht liefern können. Er hat ihnen von den Diebstählen erzählt, aber nicht von den Fungiziden.« Sie sah Lou und Sigrid mit traurigem Blick an. »Die Sache könnte unseren guten Ruf, den Mama erarbeitet hat, mit einem Schlag vernichten.«

»Wir werden den Schuldigen schon finden«, antwortete Lou, als es draußen laut knatterte.

»Hört sich an, als würde der Honig-Lorenz gleich auftauchen«, gab Sigrid einen Tipp ab.

»Das wäre gut. Bei dem wollte ich eh gleich noch vorbeischauen«, sagte Katharina und stellte die Kaffeetasse auf dem Tresen ab, ohne einen Schluck getrunken zu haben.

Gemeinsam beobachteten sie, wie der dreirädrige Lieferwagen des Imkers vor der Tür hielt, und in der nächsten Minute stand Lorenz mit einem Pappkarton in der Hand vor ihnen. »Deine Bestellung, Mädel«, brummte er in Lous Richtung.

»Du bist aber spät dran. Üblicherweise steht der Honig schon vor der Tür, wenn ich ins Geschäft komme«, meinte Lou mit einem Augenzwinkern.

Lorenz stellte den Karton mit den Honiggläsern auf den Tresen und warf in einer verzweifelten Geste die Hände in die Luft. »Ist ja kein Durchkommen hier. Schlimm genug, dass die vielen Fremden die Straßen verstopfen, aber jetzt sind auch noch unzählige Polizisten unterwegs. Ständig musst einen Umweg fahren, weil s' wieder eine Straße gesperrt haben.« Er wandte sich an Katharina. »Es tut mir leid, was mit der Marta passiert ist. Ich hoffe, sie finden den Scheißkerl rasch, schließen ihn ein und werfen den Schlüssel weg. Trotzdem, die Kieberer bringen hier alles durcheinander.«

»Jetzt übertreibst aber schon ein bisserl«, sagte Lou. »Ich musste gerade keinen Umweg fahren und habe heute auch noch keinen einzigen Polizisten gesehen.«

»Hast eben Glück gehabt«, murrte er.

»Du kannst den Garten übrigens wieder betreten und nach deinen Bienen schauen. Die Polizei hat ihn und das Nebengebäude gestern Abend freigegeben«, warf Katharina ein.

Lou schmunzelte innerlich. Deshalb wollte Lorenz also noch weniger als üblich Exekutivbeamten begegnen oder sich mit ihnen unterhalten.

»Dann fahr ich jetzt gleich hin«, erwiderte er.

»Ich glaub nicht, dass das Gewitter gestern deinen Stöcken etwas angehabt hat«, beeilte sich Martas Tochter zu sagen.

Lorenz setzte eine strenge Miene auf. »Das Gewitter vielleicht nicht. Die Polizei vermutlich schon.« Missmutig und ohne eine

Verabschiedung stapfte er nach draußen zu seinem mobilen Untersatz.

Die drei Frauen warfen sich amüsierte Blicke zu.

Wie am Vortag versprochen, lud Lou Sigrid mittags ins Landhaus Gerber zum Essen ein. Michelin blieb nach einem kurzen Spaziergang allein im Büro zurück.

»Das Restaurant ist mit Sicherheit voll. Und ich weiß doch, dass mein Großer sich unter zig Fremden unwohl fühlt«, hatte Lou argumentiert, ihn nicht mitzunehmen.

Als sie eintrafen, erfuhren sie von Gerda, dass Fabio sie gebeten hatte, ihnen einen Tisch auf der Terrasse freizuhalten.

»Ich hoffe nur, dass Fabio und nicht Janet meinen Fisch zubereitet«, flüsterte Lou, nachdem sie wie geplant Zander mit Marillen-Lauch-Füllung bestellt hatten.

»Weil sie Gift in dein Essen mischen könnte?«, erwiderte Sigrid verschwörerisch.

»So weit würde sie vermutlich nicht gehen. Aber sie könnte auf den Fisch spucken.«

Sigrid verzog angewidert das Gesicht. »Wir könnten Gerda fragen, wer sich um deinen Fisch kümmert.«

»Lass mal, das war ein Scherz. Janet würde das nie tun«, wiegelte Lou ab. »Hoffentlich.«

Nachdem Gerda ihnen ihre Getränke und die Zander gebracht hatte, schob sich Lou ein Stück Fisch mit der Marillen-Lauch-Füllung in den Mund und schloss die Augen. »Schmeckt fantastisch«, schwärmte sie gleich darauf.

Während sie aßen, weihte Lou Sigrid in ihren Plan ein, Greta sowie Wilma Koschinsky am späten Nachmittag aufzusuchen. »Die Floristin und Rainer sind sich nicht grün«, erklärte sie. »Bin gespannt, was sie dazu zu sagen hat, dass er abgehauen ist.«

»Vielleicht ist ja alles nur ein großes Missverständnis.« In Sigrids Stimme schwang Hoffnung mit. Der Gedanke, dass Katharinas und Andreas' Vater ins Gefängnis musste und die beiden damit auch noch den zweiten Elternteil – zumindest für eine gewisse Zeit – verlören, war ihr vermutlich ebenso unerträglich wie Lou.

»Aber was für eins könnte das sein?«

»Ein Unfall? Vielleicht liegt er mit Gedächtnisverlust im Krankenhaus und kann niemandem Bescheid geben.«

»Ich bin mir sicher, dass die Beamten, die zu einem Unfall gerufen werden, sich die Ausweispapiere des Verletzten ansehen und die Angehörigen verständigen«, erwiderte Lou.

»Und wenn er die zufällig zu Hause vergessen hatte?«

»Würden sie anhand des Nummernschilds herausfinden, wer der Lenker des Unfallfahrzeugs ist.« Lou bedeutete Gerda, bezahlen zu wollen.

Die Oberkellnerin winkte ab. »Geht aufs Haus, hat der Chef gesagt. Und gemeint, wenn du protestierst, soll ich dir Hausverbot erteilen.«

»Das will ich natürlich nicht riskieren«, sagte Lou, legte trotzdem als Trinkgeld zehn Euro auf den Tisch und steckte die Geldbörse wieder ein. »Aber sag ihm, ich will nicht, dass das zur Gewohnheit wird.«

»Das wird ihn wenig beeindrucken.« Gerda nahm den Geldschein und verabschiedete sich mit einem Lächeln.

Auf einmal sah Sigrid Lou aus großen Augen an. »Was, wenn Rainer auch ermordet wurde?«

Allein der Gedanke erschreckte sie beide dermaßen, dass sie ihn schnell in den Bereich der Unmöglichkeit verbannten und nicht wieder in Erwägung zogen.

23

Schon komisch, dass sich niemand mehr von der Presse gemeldet hat«, sagte Sigrid auf dem Rückweg ins Geschäft.

»Wahrscheinlich hat man in den Redaktionen entschieden, dass man kein Statement von mir braucht. Soll mir recht sein.«

Den Nachmittag über arbeiteten sie schweigend. Jede hing ihren eigenen Gedanken nach.

Um halb sechs brachte Lou Michelin zu ihren Eltern. Sie hielt sich nicht lange auf, sagte nur etwas von einem dringenden Termin und setzte dann ihren Weg nach Dürnstein fort. Ihr Plan war es, Greta kurz vor Geschäftsschluss zu überraschen. Dann würde sie hoffentlich mit ihr sprechen können, ohne ständig von Kunden unterbrochen zu werden. Lou war schon auf der Bundesstraße, als plötzlich Sirenen eines Einsatzfahrzeugs hinter ihr losheulten. Im Rückspiegel sah sie einen Rettungswagen näher kommen. Blitzschnell lenkte sie ihren Jeep nach rechts, hielt am Straßenrand, und kurz darauf raste der Krankenwagen mit zuckendem Blaulicht und kreischendem Folgetonhorn an ihr vorbei, gefolgt von einem Streifenwagen der Polizei. Für einen flüchtigen Moment erwog Lou, den beiden Autos hinterherzufahren, um herauszufinden, wohin sie so eilig unterwegs waren. Doch dann entschied sie sich, bei ihrem ursprünglichen Plan zu bleiben, und bog vor dem Dürnsteiner Tunnel links auf den Parkplatz ab.

In der Altstadt, wo Gretas Laden Blumenparadies lag, galt allgemeines Fahrverbot. Nur für Urlauber wurde eine Ausnahme gemacht, damit sie ihr Gepäck ausladen konnten. Im Anschluss musste das Auto auf einem der umliegenden Parkflächen abgestellt werden. Lou wünschte sich, dass eine ähnliche Regelung auch für Marienkirchen gelten würde.

Kurz darauf ging sie über das Kopfsteinpflaster der Altstadt und passierte die gemütliche Vinothek im Torwächterhaus. Das Weinbouquet, das in der Luft lag, brachte sie kurz in Versuchung, einen ungeplanten Zwischenstopp im Weinladen einzulegen. Sie widerstand ihr. Gretas Blumenparadies war nur einen Steinwurf von der berühmten Bäckerei Schmidl entfernt, wo seit Generationen die original Wachauer Laberl nach altem Familienrezept gebacken wurden. Als Lou an der Bäckerei vorbeiging, trug eine sanfte Brise das köstliche Aroma von frischem Brot zu ihr, das abgelöst wurde von dem betörenden Duft von Rosen, Hortensien und Lilien, die in drei Tontöpfen vor dem Blumenladen standen.

Lou atmete einmal tief durch, öffnete dann die gläserne Geschäftstür und trat ein. Kaum hatte sie den Fuß über die Schwelle gesetzt, erblickte sie Greta Auer. Sie war gerade dabei, einen prächtigen Strauß für eine Kundin zusammenzustellen.

Die Floristin trug ein pinkfarbenes Etuikleid, an ihren Ohrläppchen glitzerten wie schon bei ihrer Begegnung auf dem Brucker-Hof bunte Stecker in Form von Blüten. Sie hätte postwendend auf eine Cocktailparty gehen können, so elegant und stilvoll sah sie aus. Lou konnte nicht anders, als sie mitsamt den Blumen in ihren Händen zu bewundern. Orange Inkalilien, rote Rosen und zartes Schleierkraut bildeten ein harmonisches Arrangement.

»Bin gleich bei dir«, sagte sie lächelnd und präsentierte den Blumenstrauß der Kundin.

»Wunderschön«, schwärmte die Frau.

Greta trat an einen Tisch, kürzte alle Stiele auf die gleiche Länge und umwickelte sie mit einem Bastdraht, ehe sie alles routiniert in hellblaues Blumenpapier einschlug.

Als die Kundin bezahlt und das Geschäft verlassen hatte, stellte Lou sich neben den Ladentresen.

»Du schaust sicher wegen des Knopfs bei mir vorbei«, mutmaßte Greta. »Leider hat im Geschäft meiner Bekannten niemand nach so einem verlangt.«

»Deshalb bin ich nicht hier«, gab Lou zurück.

Gretas Augenbrauen wanderten nach oben. »So? Und warum dann?«

»Um mit dir über Rainer Brucker zu reden. Mir kam es so vor, als hättest du dich gestern Morgen mit deiner Meinung über ihn zurückgehalten. Vermutlich den Geschwistern zuliebe.«

»Damit hast du vollkommen recht.« Greta begann, an einem Blumengesteck mit gelben und weißen Blüten herumzunesteln.

»Rainer denkt, dass du Marta geraten hast, ihn zu verlassen«, sagte Lou nach einer Weile, da Greta nicht weiter reagierte.

»Das stimmt.« Die Floristin schnaubte matt. »Das ganze letzte Jahr, bevor sie sich endlich getrennt hat, hab ich sie regelrecht angefleht, den Hallodri in den Wind zu schießen. Sie hatte etwas Besseres als ihn verdient. Er hat sie alleingelassen. Mit der Arbeit am Hof. Mit der Erziehung der Kinder und am Ende mit der kranken Mutter«, zählte Greta an einer Hand ab.

»Martas Mutter ist krank?«, fragte Lou, die sich nicht erinnern konnte, die alte Dame in den letzten Jahren gesehen zu haben. Sie hatte angenommen, dass sie schon vor längerer Zeit gestorben war.

»Alzheimer. Die Diagnose bekam sie vor sieben Jahren, mit einundachtzig. Zehn Jahre nachdem ihr Mann gestorben war. Zu der Zeit war sie schon ziemlich gebrechlich. Marta hat sich um sie gekümmert, solange es ging. Erst vor zweieinhalb Jahren hat sie ihre Mutter in ein Pflegeheim in Krems gegeben.« Greta nahm einen Schlüssel aus der Kassenlade, ging zur Eingangstür und sperrte sie ab. »Sie ist vor einem Jahr gestorben«, sagte sie, während sie zum Tresen zurückkam. »Marta hat sich in den letzten Jahren zwischen Hof, Kindern und den Besuchen bei ihrer pflegebedürftigen Mutter aufgearbeitet. Sie ist auf dem Zahnfleisch gegangen, während Rainer in fremden Betten seinen Spaß hatte.« Sie verzog verächtlich das Gesicht. »Der coole Bootsbauer, der Prachtkerl. Weißt du, wann Rainer Marta zum ersten Mal betrogen hat?«, fragte Greta, um die Antwort gleich nachzuschieben. »In der Hochzeitsnacht.«

»Oha«, entfuhr es Lou überrascht.

»Ja, direkt in dem Gasthof, in dem die Party stattfand. Stell dir das mal vor: Du feierst im Saal mit deiner Familie und deinen Freunden, während dein dir frisch angetrauter Mann eine andere im Abstellkammerl vögelt.«

»Die beiden wurden erwischt?«, fragte Lou.

»Nein, Marta hat davon erst ein halbes Jahr später erfahren.«

»Von wem?«

»Von der Frau selbst.« Greta stieß einen verächtlichen Ton aus. »Sie meinte, sie wäre es Marta schuldig, es ihr zu sagen. Aber in Wahrheit wollte sie sich an Rainer rächen, weil er schon wieder zu einer anderen weitergezogen war.«

Lou schüttelte den Kopf.

»Dieser Scheißkerl«, fauchte Greta.

»Kannten Rainer und die Frau sich denn von früher?«, fragte Lou. »Du weißt schon, war das mit ihnen eine alte Liebe, die justament an dem Abend wieder aufgeflammt ist?«

»Nein, sie und Rainer sind sich in der Nacht zum ersten Mal begegnet. Sie war kein Gast auf der Hochzeit. Sie hatte an dem

Tag Geburtstag und feierte in einem anderen Raum des Gasthofs mit ihren Freundinnen«, erzählte Greta sichtbar erregt. »Es war eine b'soffene G'schicht, hat Rainer sich verteidigt, als Marta ihn zur Rede gestellt hat.«

Lou klappte die Kinnlade runter. »Wirklich? Das war seine Rechtfertigung?«

»Sag ich doch: Arschloch. Und sie war in den vierundzwanzig Jahren, die Marta und Rainer verheiratet waren, nur die erste von zig Affären von dem Sauhund.«

»Aber warum hat Marta sich nicht sofort getrennt?«, hakte Lou nach.

Greta sah sie direkt an. »Sie war blind, was ihn betraf. Sie wäre buchstäblich für ihn gestorben. Deshalb hat sie ihm auch immer wieder verziehen und ihm geglaubt, wenn er ihr in schöner Regelmäßigkeit versicherte, es nie wieder zu tun.« Sie schnaubte zornig. »Rainer versteht es meisterlich, Menschen zu täuschen und zu manipulieren.«

»Ich habe natürlich schon von anderen Seiten gehört, dass er einige Affären hatte«, räumte Lou ein. »Und stell mir immer wieder die Frage, wie er reagiert hätte, wenn es ihm Marta mit gleicher Münze heimgezahlt hätte.«

Greta legte ihre Stirn in Falten. »Wie meinst du das?«

»Traust du Rainer einen Mord zu?«, fragte Lou frei heraus. »Könnte er Marta getötet haben?«

»Darüber hab ich auch schon nachgedacht. Vor allem, nachdem mich die Kathi angerufen und gemeint hatte, dass er am Dienstagmorgen beim Hof gesehen wurde. Außerdem soll er verschwunden sein, und die Polizei soll nach ihm fahnden, stimmt das?«

»Das stimmt«, sagte Lou.

Die Blumenhändlerin schüttelte den Kopf. »Ehrlich? Ich weiß

nicht, ob ich Rainer einen Mord zutraue. Er ist zwar ein Arschloch und kann seine Hose nicht anbehalten, wenn er eine attraktive Frau sieht, aber er war Marta gegenüber nie gewalttätig oder so.« Sie hielt kurz inne. »Ich glaube sogar, dass er Marta wirklich liebte. Aber sein Fremdgehen war pathologisch. Keine seiner Geliebten interessierte ihn länger als ein halbes Jahr. In der Beziehung war er wie ein Kleinkind, das immer wieder ein neues Spielzeug braucht. Und hat es das neue, wird das alte in die Aufbewahrungskiste geworfen und vergessen. Witzigerweise war genau das Martas Lichtstreifen am Horizont. Sie war die Einzige, mit der er Kinder hatte, und letztendlich waren sie über zwanzig Jahre zusammen. Weißt du, dass sie sich ihre langen Haare seinetwegen abgeschnitten hat?«, fragte Greta unvermittelt.

»Was?«, erwiderte Lou verständnislos. Sie hatte natürlich bemerkt, dass Marta seit Kurzem eine neue Frisur getragen hatte, aber die Typveränderung nicht hinterfragt.

»Rainer findet Frauen mit Kurzhaarfrisuren unattraktiv, deshalb ist Marta zum Scheidungstermin mit einer Meckifrisur aufgekreuzt. Hinterher hat sie sich tagelang über sein blödes Gesicht amüsiert, das er gemacht hat, als er sie damit gesehen hat.« Bei der Erinnerung entfuhr der Blumenhändlerin ein kurzes Lachen. »Marta hat ihm damit, wenn man so will, sichtbar zu verstehen gegeben, dass für sie die Beziehung endgültig beendet ist.«

»Rainer meinte mir gegenüber, der Entschluss, ihn zu verlassen, hätte schon zwei Jahre vor der Scheidung festgestanden und wäre sozusagen mit der Unterschrift vom Pachtvertrag besiegelt worden. Und dass du Marta dazu geraten hättest, den Garten zu pachten.«

Greta grinste schief. »Auch in diesem Fall bekenne ich mich schuldig. Als ich gehört hab, dass der Marillengarten an der Donau zur Verpachtung steht, hab ich sie angerufen und sie gedrängt, auf der Stelle zuzuschlagen.«

»Aber warum? Vorhin hast du gesagt, sie wäre eh schon auf dem Zahnfleisch gegangen. Warum noch zusätzliche Arbeit?«

»Ich wollte, dass sie sich frei fühlt, finanziell unabhängig von Rainer ist. Ich hoffte, dass sie endlich realisiert, dass sie ihn nicht braucht, um über die Runden zu kommen. Die Marillen von dem zwei Hektar großen Obstgarten bringen nicht viel ein, nur mit ihnen wäre das nicht gelungen.« Greta drehte die Handflächen nach oben. »Andreas und Kathi waren damals schon groß genug und Martas Mutter im Pflegeheim. Für sie war das die Chance.« Sie ließ die Hände wieder sinken. »Und der Plan ist bekanntlich aufgegangen. Inklusive, dass Marta Rainer kurz darauf den längst fälligen Arschtritt versetzt hat.«

»Kennst du auch Martas Grundstücksnachbarn, das Ehepaar Koschinsky?«, fragte Lou.

»Natürlich«, antwortete Greta. »Ihnen gehört der Weingarten.«

»Genau die meine ich. Was weißt du über sie?«

»Nicht viel. Sie leben sehr zurückgezogen, lassen sich selten im Ort blicken. Ich glaub, ich hab ein- oder zweimal mit ihnen geredet, als ich in Martas Garten war. Bei mir im Geschäft waren sie noch nie. Warum fragst du?«

»Wäre es möglich, dass die beiden selbst gerne den Marillengarten gepachtet hätten, um, sagen wir mal, diesen in einen Weingarten umzuwandeln und damit ihre Riede zu vergrößern? Vorausgesetzt natürlich, der alte Schiller hätte das genehmigt.«

Gretas Augen verengten sich skeptisch. »Das glaube ich nicht. Die beiden haben sich doch eigentlich schon mit dem Kauf von der Riede und dem Haus übernommen.«

»Beides haben sie vor zwölf Jahren gekauft, oder?«, erinnerte sich Lou.

»Das Haus war in einem schlechten Zustand, weil es davor lange leer stand. Gab jede Menge zu renovieren, weshalb der Kredit für das gesamte Anwesen höher ausfiel als gedacht. Von daher kann ich mir nicht vorstellen, dass sie sich noch zusätzliche Kosten ans Bein hätten binden wollen.«

»Woher weißt du, dass sie einen größeren Kredit als ursprünglich geplant aufnehmen mussten?«, hakte Lou nach.

»Das fragst ausgerechnet du mich?« Die Blumenhändlerin lachte kurz auf. »Du kommst doch aus Marienkirchen und hast ein Geschäft, da solltest du wissen, wie schnell sich etwas in einem kleinen Ort herumspricht. Wo quasi jeder über den anderen Bescheid weiß.« Greta zuckte gleichmütig mit den Schultern. »Zuweilen mehr, als einem lieb ist.«

Lou nickte. Natürlich kannte sie das Dilemma. Doch so lästig es sein mochte, für ihre Nachforschungen hatte diese Art der stillen Post unbestreitbar Vorteile.

»Im letzten Monat kam dann auch noch das Unwetter dazu«, fuhr Greta fort. »Den Koschinskys ist das Wasser in Strömen durch das undichte Dach gelaufen, hab ich gehört. Der Schaden ist mittlerweile behoben, hat sie aber sicher Unsummen gekostet. Das Mauerwerk musste trockengelegt und der Dachstuhl ausgebessert werden.«

»Aber gegen Unwetterschäden ist man doch versichert«, wandte Lou ein und überlegte, ob ihre Versicherung in so einem Fall den gesamten Schaden bezahlen würde.

»Die Koschinskys offenbar nicht, wenn stimmt, was ich gehört habe«, behauptete Greta. »Kurzum, die beiden müssen bis über beide Ohren in Schulden stecken.«

»Na ja, solange sie ihren Kindern nicht den Schuldenberg hinterlassen«, sagte Lou und hoffte, durch die Bemerkung mehr über die Familienverhältnisse der Koschinskys zu erfahren.

»Das wird nicht der Fall sein, denn sie haben keine«, erwiderte Greta prompt.

Lou lächelte in sich hinein, weil ihre Taktik aufgegangen war.

»Ich könnte mir vorstellen, dass die bald alles verkaufen«, warf Greta ein, als wäre das die logische Konsequenz.

»Was bringt dich auf die Idee?«

»Vor zwei oder drei Tagen bin ich nach Geschäftsschluss an der Riede der Koschinskys vorbeigefahren und hab Leute im Weingarten gesehen. Sie hielten große Pläne in den Händen und haben wild gestikuliert. So als würden sie über ein Bauprojekt diskutieren.«

»Interessant«, sagte Lou. »Du weißt sicher, wem das Haus und die Riede gehörten, bevor die Koschinskys beides gekauft haben, oder?«

»Dem Schiller Franz.«

Lous Augenbrauen schossen erstaunt nach oben. »Da schau her.«

»Na ja, sein Sohn ist doch in die Schweiz gezogen, und weitere Kinder, denen er seinen Besitz hinterlassen kann, gibt es nicht. Also hat er damals schon begonnen, einen Teil seiner Habe zu verkaufen. Beides, das Haus und die Riede, war verpachtet, und beides hat ganz früher seinen Schwiegereltern gehört. Sie sind ja schon lange tot, ebenso seine Frau.« Greta hob abwehrend die Hände. »Aber frag mich nicht, was der alte Schiller mit dem Geld, das er dafür bekommen hat, getan hat.«

Lou lächelte. »Der Schiller gehört noch zu der Generation, die spart, um ihren Kindern so viel wie möglich zu hinterlassen. Ich denke, er wird das Geld irgendwann seinem Sohn vererben oder schenken, wenn er das nicht schon getan hat.« Sie sah auf die Uhr. Es war bereits halb sieben. »Tut mir leid, Greta, dass ich dich mit meinen Fragen so lange aufgehalten hab.« Sie trat zur Glastür.

»Kein Problem.« Die Floristin war ihr gefolgt, beugte sich an ihr vorbei und schloss für sie die Tür auf. »Fahr ich eben ein wenig später zu Andreas und Kathi.«

Lou legte die Hand auf die Türklinke. »Du achtest auf die beiden, gell?«

»Als wären sie meine eigenen Kinder. Das bin ich Marta schuldig.« Plötzlich wirkte sie bedrückt. »Rainer ist seit Olivers Tod Geschäftsführer der Werft, und du weißt ja, wie sehr Andreas für das Bootbauen brennt. Gut möglich, dass er bald zu seinem Vater ziehen wird, wenn er denn wieder auftaucht.« Sie senkte die Stimme. »Es sei denn, es stellt sich heraus, dass Rainer tatsächlich Marta umgebracht hat.«

Lou ließ die Klinke los und wandte sich wieder Greta zu. »Würden in dem Fall die Eltern von Oliver und Rainer die Werft weiterführen? Also, bis Andreas so weit ist, ins Geschäft einzusteigen?«

Die Floristin wiegte den Kopf. »Keine Ahnung, die beiden gehen auf die achtzig zu. Bis zu ihrer Pensionierung haben sie auf dem Stadtamt in Mautern gearbeitet. Sie haben also keine Ahnung vom Bootsbau. Aber der Vater war früher öfter auf der Werft, wenn Not am Mann war. Dann hat er sich ein wenig um die Buchhaltung gekümmert. Mit seiner Hilfe und der der Angestellten würde es vielleicht eine Weile funktionieren. Ich hoffe nur, dass Andreas nicht die Matura für die Arbeit auf der Werft schmeißt.«

»Rainer könnte die Werft auch verkaufen. Oder Andreas. Also, später«, meinte Lou, obwohl sie sich das nur schwer vorstellen konnte. Sie hatte in den Augen des Burschen die Leidenschaft gesehen, als er ihr die Skizze des Marillengartens vorgelegt und erwähnt hatte, normalerweise Boote zu zeichnen.

»Das würden sie niemals tun«, bestätigte Greta sofort Lous Vermutung. »Die Werft wird Andreas gehören, sobald er nach der Matura die verkürzte Lehrzeit absolviert und dann den Meisterbrief in der Tasche hat. Das hat Oliver schon vor ein paar Jahren verfügt. Ihm hat die Werft schließlich gehört.«

Lou horchte auf. »Was heißt das genau?«

»Dass Rainer die Werft nur so lange leitet, bis sein Sohn Meister ist. Dann wird sozusagen der Sohn der Chef des Vaters. Wenn Andreas sich anstrengt, kann er das Erbe seines Onkels in den nächsten acht bis neun Jahren antreten.«

»Erbe?« Lou sah Greta überrascht an. »Ich dachte, Oliver Brucker hat kein Testament hinterlassen. Das hat mir zumindest Rainer erzählt«, erinnerte sie sich.

»Das stimmt auch, soweit ich weiß. Oliver war der Ich-lebe-ewig-Typ. Auf keinen Fall hat er damit gerechnet, die Welt schon so früh zu verlassen. Gleichzeitig hat er alles dafür getan, dass es so kommt. Es gab kaum eine gefährliche Sportart, die er ausgelassen hat. Paragliding, Skifahren auf dem Gletscher, Motorbootrennen, Motocross«, zählte Greta an den Fingern ab. »Oliver war ein ziemlicher Draufgänger. Sportlich gesehen. Sonst war er eher ruhig und zurückhaltend.« Sie hielt kurz inne, als würde sie die Erinnerung an ihn am Weitersprechen hindern. »Er selbst hatte keine Familie. Andreas war sein Neffe und sein Patenkind. Ihm sollte mal die Werft gehören, das hat er zu Lebzeiten mehrmals betont. Auch ein Grund dafür, dass Marta beschlossen hat, dass der Hof einmal an Katharina gehen soll.« Sie seufzte tief und sah Lou mit glasigen Augen an. »Weißt, seit vorgestern hoffe ich, dass das alles nur ein Albtraum ist, ich endlich aufwache und Marta vor mir steht.«

»Das kann ich gut verstehen«, sagte Lou mitfühlend und zog endlich die Tür auf. »Ich danke dir für das offene Gespräch.«

24

Schon von Weitem sah Lou das unheilverkündende Flackern des Blaulichts. Als sie näher kam, erblickte sie den Streifenwagen, der vor dem Weingarten der Koschinskys parkte. Doch noch beunruhigender war der Leichenwagen dahinter. Was um Himmels willen war hier los? Die Worte von Sigrid, dass auch Rainer ermordet worden sein könnte, schossen ihr durch den Kopf, und für einen Moment stockte ihr der Atem.

Sie stellte ihren Wagen auf dem Wiesenstreifen bei Martas Marillengarten ab, genau wie am vergangenen Morgen mit Fabio, und stieg aus. Langsam schlenderte sie den schmalen Weg zwischen den Grundstücken entlang, der zur Donau führte. Dabei ließ sie ihren Blick über die Reben der Koschinskys schweifen, konnte aber nichts und niemanden entdecken. Nur im Blühstreifen zu ihrer Linken summte und brummte es, die Insekten waren offenbar schwer beschäftigt. Möglichst unauffällig schritt Lou langsam weiter Richtung Donau. Als sie nur mehr wenige Meter von dem breiten Fluss entfernt war, sah sie zwei Polizisten am Ufer stehen, das noch zu dem Weingarten gehörte. Ihre Gesichter waren auf den Boden gerichtet. Lou folgte ihrem Blick und sah unter einer grauen Decke Schuhe hervorragen. Laut sog sie den Atem ein.

»Sie schon wieder!«, raunte plötzlich eine Stimme hinter ihr.

Erschrocken wirbelte sie herum und blickte in das rote Gesicht von Konstantin Öhlgraber.

»Was machen Sie hier?« Der Polizist fixierte sie mit strengem Blick.

»Ich wollte mir nur noch mal den Marillengarten genauer ansehen«, improvisierte Lou schnell und zog ihr Handy aus der Umhängetasche. »Hier, schauen Sie, es geht um diese Bäume.« Sie hielt ihm das Mobiltelefon unter die Nase und erläuterte, wofür das X auf der fotografierten Skizze stand.

»Aha, also Obstdiebstähle«, murmelte der Streifenbeamte. »Der Marillengarten gehört beziehungsweise gehörte demnach Marta Brucker?«

»Ja.«

»Hmm«, machte Konstantin Öhlgraber nachdenklich und sah kurz zu seinen Kollegen, die soeben mit den Bestattern sprachen.

»Ist etwas mit Wilma oder Ludwig?« Lou verwendete bewusst die Vornamen, um dem Beamten zu suggerieren, dass die beiden keine Fremden für sie waren.

»Sie kennen das Ehepaar näher?«, hakte der Streifenpolizist nach.

Lou zuckte mit den Schultern. »Wie man sich halt kennt, wenn man öfter miteinander plaudert«, flunkerte sie halbwegs überzeugend und benutzte dabei unbewusst fast die gleichen Worte wie Greta.

»Dann sind Sie häufiger hier?«, fragte Öhlgraber weiter.

»Ich hab für mein Geschäft Marillen von Marta bezogen«, antwortete Lou ausweichend, ohne zu lügen.

Offenbar genügte dem Beamten diese Auskunft, denn er beließ es dabei. »Wir versuchen gerade herauszufinden, ob es Angehörige gibt, die wir benachrichtigen können. Haben die beiden Kinder?«

»Was genau ist hier los?« Lou fixierte den Polizisten.

Der Streifenpolizist blickte sie stumm an, wartete auf ihre Antwort auf seine Frage.

»Nein, keine Kinder«, sagte Lou schließlich, dankbar für die Information, die sie erst vor einer Viertelstunde von Greta erhalten hatte. »Was ist passiert?«, beharrte sie.

Öhlgraber musterte Lou misstrauisch. Dann erinnerte er sich möglicherweise, dass er einer ehemaligen Kriminalermittlerin gegenüberstand, denn er gab sich einen Ruck. »Herr Koschinsky ist vermutlich auf den Steinen am Ufer ausgerutscht, gefallen und mit dem Kopf aufgeschlagen. Entweder war er sofort tot oder erst bewusstlos und ist dann ertrunken. Er lag mit dem Gesicht nach unten im Wasser, als ihn seine Frau gefunden hat. Die Obduktion wird die genauen Todesumstände klären. Der Gemeindearzt Theo Weinberg hat die erste Leichenschau durchgeführt und ist vor wenigen Minuten gefahren.«

»O Gott, Wilma hat ihn gefunden?« Lou stöhnte auf.

»Ja. Sie hat seinen Oberkörper aus dem Wasser gezogen, aber da sie wie ihr Mann kein Handy besitzt, ist sie direkt danach zurück ins Haus gelaufen, um die Rettung zu rufen. Erst anschließend ist sie wieder zu ihrem Mann zurückgekehrt und hat versucht, ihm zu helfen.«

Lou war überrascht, dass es heutzutage noch Menschen gab, die kein Mobiltelefon besaßen.

»Aber natürlich war es da schon zu spät. Sie hat durchgehalten, bis die Sanitäter und wir eingetroffen sind, dann ist sie zusammengeklappt«, fuhr der Streifenpolizist derweil fort.

Lou erinnerte sich an die Einsatzfahrzeuge, die vor etwa einer Stunde an ihr vorbeigerast waren. Wahrscheinlich waren sie auf dem Weg hierher gewesen. Und in einem davon hatte Konstantin Öhlgraber gesessen.

»Wo ist sie jetzt?«, fragte Lou leise in der Hoffnung, mit ihr sprechen zu können.

»Die Rettung hat sie erst mal ins Krankenhaus nach Krems

gebracht. Ich nehme an, man wird sie eine Nacht zur Beobachtung dabehalten. Sie stand unter Schock.«

Lous Blick wanderte gedankenverloren noch einmal zu Ludwig Koschinskys Schuhen. Rainer kam ihr in den Sinn und die Tatsache, dass er untergetaucht war. »Und Sie denken wirklich, dass er ausgerutscht ist und es ein Unfall war?«

Der Polizist machte eine abwehrende Geste. »Bevor Sie mir jetzt wieder raten, Chefinspektorin Badinger anzurufen: Die Spurensicherung ist auf dem Weg und wird hier alles durchkämmen, um dafür zu sorgen, dass wir nichts übersehen.«

»Dann haben Sie also doch etwas entdeckt, das auf Fremdverschulden hinweisen könnte?«, fragte Lou.

»Ich muss jetzt wieder«, sagte der Polizist und ließ sie stehen, ohne ihr eine Antwort gegeben zu haben.

Lou sah ihm nach, während tausend Gedanken in ihrem Kopf Karussell fuhren. Gregor Poler war von einer Frau angerufen worden, die behauptet hatte, Martas Marillen würden Pestizide enthalten. Der Knopf unter dem Marillenbaum stammte wahrscheinlich von einer Damenbluse, die laut Janet Wilma Koschinsky gehören könnte. Aber bei ihrem Gespräch mit ihr und Fabio hatte die Winzerin nachdrücklich beteuert, Martas Grundstück nie betreten zu haben. Warum eigentlich? Es wäre doch kein Verbrechen gewesen. Verbarg die Frau etwas? War diese zierliche Person imstande, zwei Morde zu begehen? Aber was wäre ihr Motiv?

Greta hatte behauptet, die Koschinskys wären hoch verschuldet. Außerdem, dass sie Leute in der Riede gesehen hatte, mit Plänen in den Händen. Hatten die Winzer in Erwägung gezogen, ihren Weingarten zu verkaufen? Möglicherweise an jemanden, der andere Vorstellungen für die Nutzung des Grundstücks hatte? Lou überlegte. Sollten gravierende Bauvorhaben geplant sein, brauchte es eine Baubewilligung. In so einem Fall mussten die Nachbarn ihr Okay geben. Hatten die Koschinskys vielleicht das Projekt der möglichen Käufer Marta gegenüber mal angesprochen, und sie hatte angekündigt, ihr Veto einzulegen?

Lous Blick wanderte zu dem Einfamilienhaus, das in Sichtweite stand. »Einen Versuch ist es wert«, murmelte sie und ging zurück zum Auto.

Da sie vermutete, dass Konstantin Öhlgraber ihr nachsah, fuhr sie erst einmal am Haus vorbei. Etwa zwanzig Meter weiter parkte sie den Jeep am Straßenrand, hängte sich ihre Tasche quer über die Brust und lief die Strecke wieder zurück. Sträucher entlang der Fahrbahn boten ihr etwas Sichtschutz. Kurz vor dem Einfamilienhaus blieb sie stehen und sah sich um. Es war denkbar, dass ein paar der Polizisten zum Wohnhaus gegangen waren, um sich umzusehen. Hatte Wilma Koschinsky ihnen den Hausschlüssel gegeben, ehe sie ins Spital gebracht worden war?

Lou wartete eine Weile, sah jedoch niemanden. In der Hoffnung, irgendwie unbemerkt hineinzugelangen, schlich sie schließlich näher. Stumm flehte sie um eine unversperrte Hintertür oder ein offen stehendes Fenster, durch das sie hindurchklettern konnte. Kurz vor dem Haus hielt sie noch einmal inne. Es wäre das zweite Mal in ihrem Leben, dass sie sich unerlaubt Zutritt zu einem Gebäude verschaffte, um an Informationen zu gelangen, die mit einem Mord zusammenhängen konnten. Beim ersten Mal war sie in eine Lagerhalle eingedrungen. Ein Wohnhaus war ihrem Empfinden nach ein anderes Kaliber. Sie fühlte sich wie eine Verbrecherin, aber sie brauchte Gewissheit.

Du schaust nur nach, ob an einer Bluse ein Knopf fehlt und die Koschinskys irgendwo Pflanzenschutzmittel und Baupläne aufbewahren, rechtfertigte sie ihre Aktion vor sich selbst. Und ob ein toter Rainer Brucker im Flur liegt, schob sich ein dunkler Gedanke in den Vordergrund. Sie verdrängte ihn und ging ums

Gebäude herum. Im Carport hinter dem Haus parkte ein gelber VW Polo, doch eine Hintertür oder ein geöffnetes Fenster entdeckte sie nicht. Ums Eck spähte sie zurück zur Vorderseite des Hauses. Die Luft war nach wie vor rein. Der Streifen- und der Leichenwagen parkten weiterhin am Straßenrand bei der Riede. Dahinter erkannte Lou jetzt zudem den Kastenwagen der Spurensicherung. Die Ermittler würden also vermutlich eine Weile damit beschäftigt sein, den Uferbereich und den Weingarten nach Spuren abzusuchen. Erst mal war sie hier in Sicherheit. Ihr Blick wanderte zur Eingangstür. Die Chance, dass diese offen stand, war zwar gering, dennoch eilte sie darauf zu und wurde für ihre Courage belohnt.

Zu Lous Überraschung war die Tür nur angelehnt. Vermutlich hatte Wilma Koschinsky vor Aufregung vergessen, sie zuzuziehen, als sie nach dem Anruf bei der Rettung zurück zu ihrem Mann gelaufen war. Lou holte die Latexhandschuhe, die sie gestern Morgen für Fabio eingesteckt hatte, aus ihrer Umhängetasche. Rasch zog sie sie an, drückte die Tür auf und schlich in den Hausflur. Nach zwei Schritten blieb sie stehen und drehte sich um. Der Schlüssel steckte von innen. Mit den Augen suchte sie die Wände nach einer Alarmanlage ab. Vergeblich. Aber in ihrem Zustand hätte Wilma Koschinsky vermutlich ohnehin vergessen, sie zu aktivieren.

Lou setzte sich in Bewegung und besah sich im Vorbeigehen die vergrößerten Fotos an der Wand. Weinberge, eine Frühlingswiese und ein Gebirgssee. An der Garderobe hingen zwei dunkle Jacken, auf einem kleinen Möbel standen ein schwarzes Tastentelefon und eine bunte Tonschüssel. Lou schaute hinein. Sie war leer.

Sie betrat den ersten Raum, der vom Flur abging, eine rustikale Küche. Das Bild, das sich ihr bot, passte nicht zu der Theorie, dass

Wilma Koschinsky ihren Mann erschlagen haben könnte. Auf dem Esstisch standen ein Brotkorb, ein Servierteller mit Wurst und Käse, Butter, Weingläser und zwei kleinere Teller. Daneben lagen Servietten und Besteck. Es wirkte, als hätte die Winzerin das Abendessen vorbereitet, während ihr Mann noch im Weingarten nach dem Rechten gesehen hatte. Trotzdem zweifelte Lou nach wie vor an der Unfallversion.

Einen Moment lang überlegte sie, die Lebensmittel in den Kühlschrank zu räumen, damit sie nicht verdarben. Aber das würde Wilma Koschinsky bemerken, wenn sie aus dem Krankenhaus zurückkam. Also verwarf sie den Gedanken, obwohl es ihr im Herzen wehtat zu wissen, dass Käse, Wurst und Butter unter Umständen im Müll landen würden. Lebensmittel wegzuwerfen, war ihr ein Gräuel.

Rasch ging sie in den Flur zurück und betrat den nächsten Raum, das Wohnzimmer. Dekoartikel auf gehäkelten weißen Deckchen, wohin sie blickte. Die braune Wohnwand zierte eine Weingirlande aus Plastik. Ein Hochzeitsfoto im mausgrauen Rahmen stand im Regal. An der Wand daneben hing ein Holzkreuz. Ein Fernseher, ein durchgesessenes beiges Sofa, drei hellblaue Kissen, eine zusammengefaltete bunte Decke und eine Schale in der Form einer Weinflasche auf dem Couchtisch vervollständigten das biedere Bild. Lou zog das erste Schubfach der Wohnwand auf, suchte darin nach einem Bauplan, fand aber nur Gebrauchsanweisungen für technische Geräte und Häkelanleitungen für Deckchen. Häkeln schien Wilma Koschinskys Leidenschaft zu sein. In der zweiten Schublade stieß Lou auf Notizbücher. Sie blätterte sie durch und staunte. Die Koschinskys hatten sich tatsächlich die Automarken und Kennzeichen jener Urlauber notiert, die an ihrem Weingarten angehalten hatten. Dazu das Datum, die Uhrzeit und ob sie fotografiert, gegessen oder einen Spaziergang zur Donau gemacht hatten. Lous Herz pochte aufgeregt. Würde sie hier eventuell einen Hinweis auf die Marillendiebe finden? Rasch blätterte sie zu jenem Tag, an dem der erste Diebstahl begangen worden war.

25

Fehlanzeige.

Ausgerechnet für die Tage der drei Diebstähle gab es keinen einzigen Eintrag. So als hätten letzten Dienstag und Donnerstag und diese Woche am Montag keine Autos angehalten. Das Ehepaar wurde Lou immer suspekter. Sie zückte ihr Handy, fotografierte trotzdem wahllos vier Seiten mit Aufzeichnungen und legte die Bücher wieder zurück.

Das nächste Zimmer wurde erkennbar als Büro genutzt. Auf dem Schreibtisch standen ein Computer und ein Stiftehalter mit Bleistiften und Kugelschreibern, daneben lag ein Block mit gelben Klebezetteln. In den beiden Regalen an der Wand drängten sich Aktenordner. Lou las die beschrifteten Etiketten. »Rechnungen«. »Privat«. »Domäne Wachau«. »Bank«. Kurz entschlossen zog sie den Bankordner heraus und sah sich einige Belege an. Gretas Behauptungen schienen zu stimmen. Die Koschinskys waren hoch verschuldet, doch laut der Unterlagen zahlten sie zumindest ihre Kreditraten pünktlich. Ludwig Koschinskys Rente belief sich auf knapp tausendfünfhundert Euro im Monat. Die seiner Frau auf etwas über tausend. Die Kontoauszüge der letzten Monate zeigten keine Abweichungen von denen vom Dezember und Jänner, dabei hätten die Koschinskys doch eigentlich ihren Kredit aufstocken müssen, um das Dach neu decken zu lassen. Und damit hätten sich auch die Rückzahlungsraten erhöht. Lou schimpfte stumm mit sich, weil sie vergessen hatte, Greta zu fragen, wann genau das Dach repariert worden war. Sie ging den letzten Auszug noch einmal durch. Seit Anfang Juni, als das Unwetter gewütet hatte, war kein Betrag an eine Dachdecker- oder Gebäudesanierungsfirma überwiesen worden. Merkwürdig, aber es war möglich, dass die Koschinskys die Rechnung noch nicht beglichen hatten.

Lou stellte den Ordner zurück und nahm sich den mit den Rechnungsbelegen vor. Auch hier entdeckte sie keinen Beleg eines Dachdeckers oder eines Unternehmens, das Wasserschäden beseitigte. Hatte das Ehepaar die Arbeiten am Haus vielleicht schwarz beglichen, oder hatte die Firma die Rechnung noch nicht ausgestellt? Lou beließ es dabei, suchte stattdessen nach Quittungen über den Kauf von Schädlingsbekämpfungsmittel und wurde fündig. Ludwig Koschinsky hatte acht Zehn-Liter-Kanister Oladur bei einem Großhändler in Wien bestellt. Sie überlegte. War das nicht ziemlich viel für einen Weingarten von fünftausend Quadratmetern? Leider waren die Inhaltsstoffe des Mittels auf der Rechnung, die auf den dritten März dieses Jahres datiert war, nicht angeführt. Lou fotografierte den Beleg, bevor sie den Ordner wieder an seinen Platz zurückstellte.

Dann zog sie die oberste Schublade des Schreibtischs in der Hoffnung auf, einen Bauplan oder ein Kaufangebot für die Riede zu finden. Zuoberst lagen leere Papierbögen, eine Rolle Klebeband und Gummiringe. Sie hob das Papier an und stieß auf weitere unbeschriebene Zettel. In der zweiten Lade lag ein Lexikon über Wein, aber darunter ein auffällig dickes weißes Kuvert im DIN-A5-Format. Lou nahm es und warf einen Blick hinein. Mehrere Hundert- und Zweihundert-Euro-Scheine steckten darin. Sie holte sie heraus, zählte sie und stieß einen leisen Pfiff aus. Zehntausend Euro! Besaßen die Koschinskys keinen Safe? Weshalb hatten sie überhaupt so viel Bargeld im Haus? Und woher stammte es? Beim Überfliegen der Bankbelege war ihr nicht ins Auge gesprungen, dass die Summe abgehoben worden war. Sie fotografierte auch das Geld, steckte es zurück, legte den Umschlag wieder in die Schublade und nahm noch einmal den Bankordner zur Hand.

Sämtliche Abhebungen der letzten zwei Monate ergaben zusammen niemals die Summe in dem Kuvert.

Ihr Blick fiel auf den Computer, und die Menschen mit den Plänen in den Händen auf der Riede kamen ihr in den Sinn. Könnte eine Baufirma den Plan per Mail geschickt haben? Aber erhielten Personen, die ein Grundstück verkaufen wollten, den überhaupt? War ein Bauplan nicht eher für das Bauunternehmen und den etwaigen neuen Eigentümer interessant? Lou kramte in ihrem Gedächtnis. Sie konnte sich nicht erinnern, dass vor zwei Jahren dem Vorbesitzer ihres Winzerhäuschens der Plan mit den von ihr beabsichtigten Umbauarbeiten geschickt worden wäre. Sie stellte den Bankordner zurück und schaltete den PC ein. Ein leises Surren erklang, und kurz darauf erschien auf dem Bildschirm das Foto eines Weinbergs und in dessen Mitte eine weiß blinkende Eingabemaske. Der Rechner war passwortgeschützt.

»Verflixt«, fluchte Lou tonlos. Sie tippte »Wein« ein. Falsches Passwort. Sie versuchte es mit »Ludwig«. Wieder falsch. Sie stöhnte auf. »Lass den PC PC sein, Lou«, murmelte sie dann, »und mach dich lieber auf die Suche nach der Bluse.«

Sie schaltete den Rechner wieder aus und stieg wenige Augenblicke später die Treppe ins obere Stockwerk hinauf, wo sie Wilma Koschinskys Kleiderschrank vermutete. Hinter der ersten Tür fand sie ein beige und weiß gekacheltes Badezimmer. Neugierig zog sie die Tür des Spiegelschranks über dem Waschbecken auf. Zahnpasta. Mundwasser. Cremes. Schmerzsalbe. Keine Schlaftabletten. Sie schloss die Tür wieder und sah sich nach einem etwaigen Medizinschrank um. Es gab keinen.

Das Schlafzimmer war nebenan. Entschlossen trat Lou ein und öffnete den Kleiderschrank. Sie registrierte fünf Damenblusen, drei davon in gedeckten Farbtönen. Instinktiv griff sie nach der zartrosa Bluse und inspizierte die Knopfleiste. Tatsächlich, die Knöpfe waren identisch mit jenem in ihrer Tasche, und einer von ihnen fehlte. Lou machte mehrere Fotos, hängte die Bluse zurück und schaute in die Läden der Nachtkästchen. Aber auch dort fand sie keine Schlaftabletten oder Ähnliches, das den guten Schlaf von Ludwig Koschinsky in den Diebstahlnächten hätte erklären können. Lou runzelte die Stirn. »Wäre auch zu schön gewesen, eine einfache Erklärung für den angeblichen Tiefschlaf zu entdecken.« Sie verließ das Schlafzimmer und ging wieder nach unten.

Die Kellertür im Flur war verschlossen, aber der Schlüssel hing an einem Nagel am oberen Türrahmen. Lou nahm ihn ab, schloss auf und ließ den Lichtschalter an der Wand nach oben schnappen. Mehrere Lampen flammten auf und erhellten die Treppe. Sie folgte ihr abwärts. Am unteren Absatz brummte ein Gefrierschrank. Lou sah hinein und zuckte kurz zusammen. Er enthielt rund zehn Sechs-Liter-Gefrierbeutel mit tiefgekühlten Marillen. Das war viel, aber nicht ansatzweise so viel wie die gestohlenen dreieinhalbtausend Kilo.

Gegenüber lag der Waschraum mit Waschmaschine, zwei Wäschekörben und einer Dampfbügelstation. Durch das hohe schmale Fenster schien die Abendsonne und blendete Lou kurz. Sie blinzelte schnell, wandte den Kopf, sah sich weiter um und entdeckte eine Tür, die in einen fensterlosen Lagerraum führte. Sie tastete nach einem Lichtschalter und drückte ihn. Eine nackte Glühbirne flackerte auf. In ihrem Lichtkegel standen auf dem Boden eine Karren- und eine Rückenspritze, mit denen man Pflanzenschutzmittel ausbringen konnte.

»Gleich zwei Spritzen für den kleinen Weingarten«, murmelte

Lou und ging zu dem Metallregal, das die gesamte hintere Wand einnahm. Auf den Regalbrettern standen Desinfektionsmittel, Lacke, Putzmittel sowie zwei Zehn-Liter-Kanister Oladur. Eindeutig die restlichen Kanister jenes Mittels gegen Pilzbefall, über das sie im Büro die Rechnung entdeckt hatte. Sie hob einen hoch und hielt ihn so ins Licht, dass sie die Wirkstoffe lesen konnte.

Ein triumphierendes Lächeln legte sich auf ihre Lippen. »Da haben wir dich ja, du giftiges Captynanys.« Lou fotografierte den Behälter von allen Seiten und stellte ihn gerade wieder ab, als ein Geräusch sie aufschreckte. Ihr Lächeln erlosch.

Der Laut kam aus dem Erdgeschoss. Waren da Schritte im Flur? Wollten sich die Streifenpolizisten etwa doch im Haus umsehen? Lous Herz schlug schneller. Wenn man sie hier erwischte, war gewaltiger Ärger vorprogrammiert. Sie schlich zur offenen Tür und zog sie so weit zu, dass sie nur noch durch einen kleinen Spalt hindurchsehen konnte. Dann knipste sie das Licht im Lagerraum aus.

26

Durch den Türspalt starrte Lou in Richtung der hell erleuchteten Treppe und lauschte angespannt. Ihr Herz schlug ihr bis zum Hals. Wenn sie sich richtig erinnerte, war die Kellertür nur angelehnt. Würde einer der Polizisten sie zuziehen und abschließen, wäre sie gefangen. Ihr Telefon fiel ihr ein. Rasch stellte sie es auf lautlos. Dann hielt sie von ihrem Versteck aus Ausschau nach einem Schalter, mit dem sie vom Keller aus das Treppenlicht ausschalten könnte, damit es sie nicht verriet. Sie erspähte ihn direkt beim Aufgang, geschätzt fünfzehn Schritte entfernt.

So leise wie möglich zog sie die Tür ihres Verstecks auf und trat in den Kellerflur. Mit angehaltenem Atem schlich sie zum Schalter und knipste das Licht aus. In dem Moment realisierte sie, dass es über ihr still geworden war. Hatten die Polizisten das Haus wieder verlassen? Sie lauschte konzentriert. Als sich eine Weile nichts rührte, stieg sie im Dunkeln vorsichtig die Kellerstufen hinauf. Am Treppenabsatz verharrte sie, bis sie sicher war, dass sich niemand im Flur aufhielt. Dann drückte sie die Tür behutsam ein paar Zentimeter auf und spähte durch den Spalt. Die Garderobe und die Haustür hatte sie zwar nicht im Blick, aber immerhin die Treppe ins Obergeschoss und die Küchentür. Sie stand offen, obwohl Lou sie geschlossen hatte, nachdem sie sich dort umgesehen hatte. Ein plötzliches Klirren ließ sie zusammenzucken. Es klang, als hätte jemand einen Teller zu hart aufgesetzt.

»Nur deine verdammte Gier hat uns das alles eingebrockt«, hörte sie unvermittelt Wilma Koschinskys wütende Stimme.

Lou zog die Augenbrauen zusammen. War die Winzerin bereits aus dem Spital entlassen worden, oder hatte sie es auf eigenen Wunsch hin verlassen?

»Ich hab dir doch gesagt, dass das eine Schnapsidee war. Aber du, du hast ja nur das Geld gesehen«, wetterte die Winzerin laut.

Mit wem unterhielt sie sich? Und sprach sie vom Verkauf der Riede?

»Weißt du was, ich verscherble den ganzen Krempel hier und ziehe in die Stadt. Nach Krems oder Melk oder vielleicht noch weiter weg. Nach Salzburg oder Innsbruck, wo mich keiner kennt.«

Mit wem redete Wilma Koschinsky? Wenn sie kein Handy besaß, musste noch jemand anwesend sein, denn das Telefon stand im Flur, wie sich Lou vergewisserte. Aber der Gast schwieg bislang beharrlich.

»Ich hab keine Lust, allein hier im Haus wohnen zu bleiben.«

In Lous Ohren klang die Winzerin ganz und gar nicht wie eine Frau, die unter Schock stand oder trauerte. Auch hatte die Schärfe in ihrer Stimme nichts mit der zarten Person gemein, die Lou am Tag zuvor kennengelernt hatte. Vielmehr klang sie wie eine angriffslustige Furie.

Nicht vorschnell urteilen, ermahnte Lou sich stumm. Auch Wut gehörte zur Trauer, da der Tod eines geliebten Menschen eine spürbare Unausgewogenheit im Empfinden hervorrief. Und jeder trauerte anders.

Es folgte das dumpfe Geräusch einer zuschlagenden Tür. War das die Kühlschranktür?

»Aber nein, du hast ja nur gesehen, dass wir mit einem Schlag unsere Schulden losgeworden wären. Verflixt noch mal, Ludwig, wir hätten es auch so geschafft.«

In dem Augenblick dämmerte es Lou. Wilma Koschinsky war allein. Sie stellte die Lebensmittel vom Tisch in den Kühlschrank und sprach mit ihrem toten Ehemann.

»Ich hatte dich gewarnt.«

Wovor?, überlegte Lou. Vor den Leuten, die Greta auf der Riede der Koschinskys gesehen hatte? Hatte das Geld in der Schreibtischschublade etwas damit zu tun? War das eine Anzahlung für den Weingarten? Schwarzgeld?

»Lass dich dem Teufel bei einem Haare fassen, und du bist sein auf ewig.«

Was faselte die Frau da? Dachte sie, dass ihr Mann tot war, weil er sich auf etwas Gesetzeswidriges eingelassen hatte?

Lou überlegte, in die Küche zu gehen und die Witwe mit dem Knopf zu konfrontieren. Sie zu fragen, weshalb sie so vehement behauptet hatte, Martas Grundstück nie betreten zu haben, obwohl sie es nachweislich getan hatte. Aber Lou verwarf die Idee. Sie glaubte, die Antwort auch so zu kennen: Weil das Ehepaar Martas Marillenbäume mit dem Pflanzenschutzmittel besprüht hatte. Anders konnte sie sich die bestellte Menge Oladur nicht erklären. Zudem hätte sie, Lou, ihr dann erklären müssen, wie und warum sie in ihr Haus eingedrungen war, und das wollte sie auf keinen Fall.

Plötzlich ging das Flurlicht an. Lou zog ihren Kopf zurück und wagte nicht zu atmen. Würde die Winzerin jetzt bemerken, dass die Kellertür einen Spalt breit offen stand? Doch in der Sekunde hörte sie Geräusche auf der Treppe nach oben. Es waren müde, schlurfende Schritte. Dann ging das Licht wieder aus, und eine Tür im Obergeschoss öffnete und schloss sich. Wilma Koschinsky war ins Bad oder ins Schlafzimmer gegangen. Das war Lous Chance, unbemerkt das Haus zu verlassen. Vorsichtig zog sie die Kellertür weiter auf und schlüpfte in den Flur.

Bitte lass den Haustürschlüssel im Schloss stecken!, betete sie, während sie zum Eingang schlich.

Aber die Tür war verschlossen, der Schlüssel weg.

Verdammt!, fluchte sie stumm, aber dann erinnerte sie sich an die Tonschüssel an der Garderobe. Sie drehte sich um und sah den Schlüssel dort liegen. So leise wie möglich nahm sie ihn heraus, öffnete die Tür, floh nach draußen und zog die Tür behutsam hinter sich ins Schloss. Wilma Koschinsky würde sich morgen vermutlich wundern, weshalb die Haustür nicht versperrt war und der Schlüssel steckte, aber das war Lou mittlerweile egal. Sie wollte nur noch weg.

Es war schon halb zehn, als Lou auf dem Hof ihrer Eltern eintraf. Ihre Mutter öffnete ihr in einem grauen Jogginganzug. Sie sah aus, als hätte sie es sich bereits vor dem Fernseher gemütlich gemacht.

»Muss ja ein ziemlich langer Termin gewesen sein, wenn du jetzt erst zurück bist«, merkte Erika an.

»Ja, das war er, Mama. Ich bin völlig erledigt.«

Erika hielt ihrer Tochter die Tür auf, und Lou trat ein.

Michelin, der hinter der Tür gewartet hatte, begrüßte sie freudig. Während Lou ihn streichelte, folgte sie ihrer Mutter ins Wohnzimmer. Im Fernsehen lief eine Liebeskomödie.

»Hast die Nachrichten geschaut oder gehört?«, fragte Lou.

»Falls du wissen willst, ob es Neuigkeiten von Rainer Brucker gibt: In der *Zeit im Bild* haben s' nichts Neues gebracht, und auch nicht in den Lokalnachrichten um sieben.«

»Dann wird er wohl noch auf der Flucht sein«, sagte Lou. Oder möglicherweise tot, fügte sie in Gedanken hinzu.

»Hatte dein Termin etwas mit Martas Tod zu tun?«, fragte Erika und drehte den Ton leise.

»Indirekt«, gab Lou zu. »Aber frag bitte nicht nach«, fügte sie rasch hinzu. »Es ist noch zu früh, um darüber zu reden.«

Erika runzelte die Stirn. »Du hättest Michelin auch hierlassen können. Er hat schon geschlafen.«

»Michelin ist kein kleines Kind, Mama.« Sie wuschelte dem Rüden, der nicht von ihrer Seite gewichen war, noch einmal durchs Fell. Dann beugte sie sich vor und gab ihrer Mutter einen Kuss auf die Wange. »Aber danke, dass er bei euch sein durfte.« Sie sah sich um. »Wo ist Papa?«

»Sitzt im Weingarten hinterm Haus und schaut durchs Teleskop. Der Joschi leistet ihm mal wieder Gesellschaft.«

»Gut, ich möchte beide nämlich etwas fragen.«

»Hast schon etwas gegessen?«, hielt ihre Mutter sie zurück. »Magst nicht ein Brot mit Liptauer? Hab ich heute frisch gemacht.«

Auf einmal knurrte Lou tatsächlich der Magen. Außerdem machte ihre Mutter hervorragenden Liptauer nach dem alten Rezept von Lous Urgroßmutter. Sie nickte.

»Was willst denn von den zweien wissen?«, fragte Erika neugierig, während sie in der Küche den pikanten Aufstrich auf einer Brotscheibe verteilte.

»Hat was mit Martas Nachbargrundstück in Dürnstein zu tun.« Lou nahm das Brot und biss genüsslich hinein.

Kurz darauf betrat sie mit Michelin den Weingarten hinter dem Winzerhaus, in dem ihre Eltern Grünen Veltliner anbauten. Ihr Vater und ihr Wahlonkel saßen auf Campingstühlen inmitten der Rebstöcke. Auf dem Tischchen zwischen ihnen standen eine Flasche Wein und zwei halb volle Gläser.

»Wo kommst du denn um diese Zeit her?«, begrüßte sie ihr Vater Werner.

»Von einem Termin«, schwindelte Lou erneut.

»Komischer Termin, so mitten in der Nacht.« Josef zog an seiner Pfeife.

»Magst mal durchschauen?« Werner zeigte aufs Okular. »Ist das perfekte Wetter heute. Keine einzige Wolke am Himmel.«

»Nein danke, Papa. Ein andermal wieder. Heute hab ich nur rasch eine Frage.«

»Dann schieß mal los«, forderte ihr Vater sie auf.

»War der alte Schiller vorgestern bei eurer Weinverkostung auch dabei?«

»Ja, aber nur kurz«, antwortete Werner.

»Hat er irgendwas davon erzählt, dass er ein Grundstück wieder zurückkaufen will, das er vor zwölf Jahren verkauft hat?«

Lous Vater schüttelte den Kopf. »Was ist das denn für eine Frage?«

»Hat er, oder hat er nicht?«, beharrte Lou.

»Warum sollte er ein Grundstück zurückkaufen wollen?«, fragte Werner.

»Aus nostalgischen Gründen? Weil es früher seinen Schwiegereltern gehört hat?«, schlug Lou vor, da ihr nichts Besseres einfiel.

»Nein, hat er nicht«, sagte ihr Vater. »Denn selbst wenn es so wäre, warum hätte er uns das erzählen sollen? Er redet ja generell kaum mit anderen Menschen. Er hat eine Runde mit dem Rollator auf dem Hof gedreht und ist dann wieder verschwunden. Geht ihm übrigens wirklich nicht gut.«

Josef nahm die Pfeife aus dem Mund. »Wart mal, Werner. Da fällt mir etwas ein. Als der alte Schiller im Hof aufgetaucht ist, haben die Rothaarige und der Kerl mit den grau melierten Haaren schnell das Thema gewechselt. Kurz davor hatten sie sich über ein Bauprojekt unterhalten.«

Lou musste sofort an die Schweizerin mit dem rötlichen Bob denken. »Hieß die Frau zufällig Christa?«

Ihr Wahlonkel kniff die Augen zusammen. »Könnte sein. Zumindest ist der Name mal gefallen. Von dem Gespräch hab ich aber nur Wortfetzen mitbekommen.«

»Stimmt, jetzt, wo du's sagst«, pflichtete ihm Werner bei. »Erst haben sie irgendwas von einem Gourmethotel gefaselt, aber als der Franz Schiller seine Runde gedreht hat, haben sie über dessen Weinhof gesprochen und von der Lage geschwärmt.«

»Wirklich?« Lou erinnerte sich, dass die Schweizerin Fabio für ein Gourmetprojekt hatte abwerben wollen. Im Spaß natürlich, hatte der Sternekoch gemeint. Aber was, wenn es dieses Projekt wirklich gab?

»Genaues haben sie nicht besprochen, aber sie hoffen, schon im nächsten Jahr eröffnen zu können«, fügte Josef hinzu. »Ich dachte natürlich, dass dieses Hotel in der Schweiz entstehen soll. Sind ja alle von dort.«

»Wenn wir gewusst hätten, dass dich das interessiert, hätten wir natürlich gelauscht«, bedauerte Werner.

»Was ihr gehört habt, reicht mir schon«, zeigte Lou sich zufrieden. Die Frage war ein Schuss ins Blaue gewesen, doch möglicherweise hatte sie damit ins Schwarze getroffen. Obwohl ihr noch nicht klar war, wie genau ihr diese Information nützlich sein könnte. »Das war's auch schon. Ich wünsch euch weiterhin viel Spaß beim Sterneschauen.«

Im Weggehen drehte sie sich noch einmal zu den Männern um, aber beide widmeten sich wieder dem Himmel. Vermutlich hatten sie Lous Frage schon vergessen.

Um zehn zuckelte Lou mit ihrem Jeep durch den Ortskern. Marienkirchens Zentrum war wie ausgestorben. Die meisten Restaurants schlossen gerade. Aus dem Landhaus Gerber traten mehrere Personen, vermutlich die letzten Gäste. Das traf sich gut, denn sie wollte Fabio gleich erzählen, was sie herausgefunden hatte. Außerdem hatte sie Lust, mit ihm noch ein Glas Wein auf der Terrasse zu trinken. Sie stoppte den Wagen vor dem Landschlösschen, stieg aus und ließ Michelin aus der Hundebox. Der Rüde sprang auf die Straße, schüttelte sich und trabte langsam hinter ihr her. Lou lachte leise. »Ich weiß, mein Großer, eigentlich ist für dich längst Schlafenszeit.«

Sie betrat das Foyer und befahl Michelin, sich neben die Vitrine zu legen und dort zu warten. Vermutlich war Fabio in der Küche, und dorthin konnte sie ihn nicht mitnehmen. Als sie im Flur die Tür zur Restaurantküche öffnete, sah sie als Erstes Janet. Sie lehnte an der Spülmaschine, Fabio stand unmittelbar vor ihr. Sie sprachen leise miteinander.

Augenblicklich meldete sich in Lous Kopf eine Stimme: *Sie stehen ein bisschen zu eng beisammen, sie flüstern, sie sind zu vertraut, um nur Chef und Angestellte zu sein.* Eric, der andere Koch, war nicht zu sehen. Vermutlich war er bereits nach Hause gegangen. Sie beobachtete die beiden weiter, ohne von ihnen bemerkt zu werden: Fabio kehrte ihr den Rücken zu, und Janet versank in seinen Augen. Lous Herz fühlte sich an, als würde es von einer unsichtbaren Hand zusammengepresst werden. Sollte sie auf sich aufmerksam machen? Sie entschied sich dagegen. Stattdessen schloss sie die Tür möglichst leise, ging zurück ins Foyer, gab Michelin ein Zeichen und verließ mit ihm gemeinsam das Landhaus.

27

Auf dem kurzen Weg zu ihrem Winzerhäuschen schossen Lou tausend Bilder durch den Kopf. Janet und Fabio, wie sie miteinander lachten, sich berührten, sich küssten. Jedes einzelne schmerzte wie ein Messerstich. Sie presste die Lippen zusammen, um nicht laut aufzuschreien, und schlug stattdessen dreimal aufs Lenkrad. Sigrid hatte sie ja gewarnt.

Werden Janet und Fabio jetzt ein Paar?, fragte sie sich in einem Strudel aus Unsicherheit und Angst. Die Möglichkeit, dass sie einander näherstanden als gedacht, zerriss sie förmlich im Inneren. Das konnte und wollte sie sich nicht vorstellen. Natürlich verbrachten die beiden wesentlich mehr Zeit zusammen als sie und Fabio. Sie erarbeiteten oft miteinander die Speisekarte, kochten nahezu täglich Seite an Seite, und Janet leitete die Küche, wenn er mal etwas anderes zu tun hatte oder krank war. Sie war für ihn wichtig.

»Offenbar ist die Wunde, die dir Mona zugefügt hat, doch schon verheilt«, murrte Lou.

Sie atmete tief durch und parkte den Wagen vor ihrem Haus. Als sie vor der Eingangstür stand, beschlich sie das unangenehme Gefühl, beobachtet zu werden. Reflexartig drehte sie sich um. Seitdem sie im letzten Jahr vor der Tür abgefangen und bedroht worden war, neigte sie verstärkt dazu, vor dem Betreten des Winzerhäuschens auf der Hut zu sein. Sie warf Michelin einen Seitenblick zu, aber der Hund wirkte entspannt. Er sah Richtung Tür, als könnte allein sein starrer Blick sie öffnen. Lou war beruhigt. Bestimmt spielten ihr ihre Nerven einen Streich. Rasch steckte sie den Schlüssel ins Schloss, sperrte auf und betrat ihr Haus.

Doch zum Schlafen war sie viel zu aufgekratzt, genau wie Michelin, wie es schien. Bestimmt spürte er, dass es ihr nicht gut ging. Im Flur drückte er sich fest an ihren Oberschenkel und sah sie aus seinen dunklen Augen an.

»Hast recht, Großer, lass uns auf der Terrasse noch ein oder zwei Gutenachtachterl trinken.« Sie ging in die Küche und schenkte sich ein Glas Riesling ein. Aber dann entschied sie, dass sie keine Lust darauf hatte, dazusitzen und über Janet und Fabio nachzudenken. Sie brauchte Ablenkung. Sie beschloss, im Internet nach den Koschinskys zu recherchieren, klemmte sich ihren Laptop unter den Arm, ging ins Wohnzimmer und öffnete die Terrassentür. Es roch so intensiv nach Sommer, dass sie kurz innehielt, bevor sie das Weinglas und den Rechner auf den Terrassentisch stellte. Sie holte ein Sitzkissen aus der Aufbewahrungsbox, legte es auf den Stuhl, setzte sich und fuhr den Laptop hoch.

Schnell stieß sie auf einen viereinhalb Jahre alten Artikel in einer Melker Bezirkszeitung mit Lokalnachrichten. Ludwig Koschinsky war von seinem Arbeitgeber, der österreichischen Post, für seine langjährige Mitarbeit geehrt worden. Dem kurzen Bericht entnahm sie, dass er als Lehrling zum Einzelhandelskaufmann begonnen hatte, im Unternehmen geblieben war und bald in den wohlverdienten Ruhestand gehen würde. Lou erinnerte sich, dass er ihr und Fabio erzählt hatte, dass er seit vier Jahren in Pension war. Demnach war er sein gesamtes Berufsleben bei der Post tätig gewesen. Scheint eine treue Seele gewesen zu sein, dachte Lou.

Mehr fand sie nicht. Auch nicht über den kleinen Weinbetrieb des Ehepaars, was nicht weiter verwunderlich war, da die beiden ihre Weine nicht selbst vermarkteten. Darum kümmerte sich die Domäne Wachau, wie Ludwig Koschinsky ihr und Fabio erzählt hatte. Da Lou wusste, dass die Winzergenossenschaft auf ihrer Homepage sämtliche ihrer Lieferanten mit Namen und einer Kurzbeschreibung auflistete, rief sie die Website auf. Sie klickte auf den Button: »Winzerfamilien«. Eine Vielzahl von Fotos, die Frauen und Männer zeigten, erschien. Sie scrollte so weit nach unten, bis sie den Eintrag zu Wilma und Ludwig Koschinsky fand. In dem Begleittext stand, dass sie den halben Hektar großen Weingarten in Dürnstein im Nebenerwerb bewirtschafteten und leidenschaftliche Winzer waren. Er hatte zuvor in der Logistikabteilung der Post gearbeitet, Wilma Koschinsky war früher Verkäuferin in einem Supermarkt gewesen.

Da sie dem Internet nichts mehr über die beiden entlocken konnte, rief Lou ihre Mails ab und sah, dass Reto ihr geschrieben hatte. Neugierig öffnete sie seine Nachricht.

Ihm sei eingefallen, woher er den Namen Bruno Schiller kannte, leitete er das Schreiben ein. Er sei der Inhaber von zwei Fitnessstudios in Siders. Mehr Infos dazu würde sie in den Anhängen finden.

Lou klickte auf das erste der beiden beigefügten PDFs, ein Artikel der *Walliser Zeitung*. Darin wurde über die Eröffnung des Studios namens fit & beauty berichtet. Man hatte Bruno Schiller auf einem Rudergerät fotografiert, passend zu seiner sportlichen Vergangenheit, die in dem Bericht natürlich erwähnt wurde. Da sie der Artikel nicht weiter interessierte, schloss sie ihn wieder und öffnete das zweite PDF. Ein weiterer Artikel der *Walliser Zeitung*. Dem Text entnahm sie, dass Bruno Schiller in dem Fünfsternehotel Marconel in Siders eine Filiale seines Fitnesscenters eröffnet hatte. Auf dem Foto war der ehemalige Profiruderer mit zwei

Frauen und einem Mann abgebildet. Lou stutzte und sah genauer hin, aber es gab keinen Zweifel. Bei den beiden handelte es sich um die Schweizerinnen, die in ihrem Geschäft gewesen waren. Unter dem Bild standen die Namen. Demnach war die mit dem rötlichen Bob Christa Widmer, Geschäftsführerin des Hotels. Die Frau mit dem geflochtenen Zopf, die Christa Widmer mit Elisa angesprochen hatte, hieß mit Familiennamen Dalmasso und war für den Weinkeller des Hotels zuständig. Auch den Mann auf dem Bild kannte Lou, sie hatte ihn mit den beiden in Franziskas Café gesehen. Pascal Morel, wie sie dem Artikel entnahm, war Architekt, hatte das Fünfsterneresort konzipiert und war zudem für die Planung des Fitnessbereichs im Hotel zuständig gewesen.

»Der Schiller junior scheint ziemlich erfolgreich zu sein«, murmelte sie. »Da wird die gute Sigi aber schauen.« Schnell leitete sie die Anhänge an ihre Freundin weiter, dann antwortete sie Reto und bedankte sich für die Information.

Gut zu wissen, wer sich bei uns so rumtreibt

schrieb sie noch und setzte einen lachenden Smiley dahinter. Dann fuhr sie den Laptop wieder herunter.

Im nächsten Moment hob Michelin abrupt den Kopf, und Lou fuhr zusammen. Da war ein Geräusch gewesen. Mit zusammengekniffenen Augen starrte sie in die Dunkelheit Richtung Weingarten. War da ein Tier zwischen den Rebzeilen? Ein Reh? Ein Fuchs? Michelin knurrte leise. Lou griff nach seinem Halsband, um ihn notfalls zurückzuhalten. In dem Augenblick schälte sich ein Schatten aus der Nacht, und der Berner Sennenhund begann, freundlich zu wedeln. Der Mann in Jeans und dem langärmligen Karohemd stellte für ihn keine Bedrohung dar.

»Rainer, Gott sei Dank, du lebst!«, rief Lou, als sie ihn erkannte.

Martas Ex-Mann trat auf die Terrasse. Er wirkte gehetzt, sein Blick glitt fieberhaft hin und her, als erwartete er, jede Sekunde angegriffen zu werden. »Warum sollte ich denn tot sein?«

»Lange Geschichte«, wiegelte Lou ab. »Wo kommst du her?«

»Die Polizei sucht nach mir.«

»Ich weiß. Aber das erklärt nicht, warum du bei mir auftauchst.«

»Ich muss mit dir reden.«

»Dann setz dich«, schlug Lou vor und deutete auf die Sitzgarnitur auf der Terrasse. Sie holte ein weiteres Kissen aus der Aufbewahrungsbox und legte es auf einen freien Stuhl.

Rainer kramte derweil aus der Brusttasche seines Hemds eine Packung Marlboro und ein Feuerzeug hervor, steckte sich eine Zigarette zwischen die Lippen und zündete sie an. Er zog ein paarmal hektisch daran, bevor er sich in einer Position niederließ, die Lou an ein scheues Tier erinnerte, das dem Menschen vor sich misstraut.

»Ein Glas Wein?«, bot sie ihm an, als wäre er ein Freund, der sie besuchte.

Martas Ex-Mann nickte, inhalierte erneut und blies den Rauch in den dunklen Himmel.

Lou schob ihm ihr Glas hin. »Nimm das hier, ich hab noch nicht davon getrunken, und der Wein dürfte noch kalt sein. Ich hol mir ein neues.«

Rainer schrak auf. »Aber ruf nicht die Polizei! Bitte.«

»Mach ich nicht«, versprach Lou, obwohl sie im Grunde genommen genau das tun sollte. Sie nahm den Laptop, wandte sich um und ging ins Haus. Dort legte sie den Rechner auf den Esstisch, holte ein zweites Weinglas, nahm die Flasche Riesling aus dem Kühlschrank und kramte einen Aschenbecher aus der untersten Küchenschublade hervor. Sie hatte nur selten Raucher zu

Gast. Dann wechselte sie wieder nach draußen, stellte alles auf den Tisch und nahm Rainer gegenüber Platz. Michelin legte sich neben ihren Stuhl.

»Und jetzt erzähl!«, forderte sie Martas Ex-Mann auf und schenkte sich Wein ein.

Er drückte die Zigarette im Aschenbecher aus, um sich gleich darauf eine neue anzuzünden. »Die Polizei war gestern Morgen bei mir. Die Beamten haben mich gefragt, wo ich war, als Marta ermordet wurde.«

»Das ist Routine, das braucht dich nicht zu beunruhigen«, beschwichtigte Lou.

Rainer schwieg und schaute ins Leere. Die Botschaft schien bei ihm nicht angekommen zu sein. Die Art, wie er auf seinem Stuhl herumrutschte und immer wieder rastlos an der Zigarette zog, verriet seine Anspannung.

»Du warst an dem Morgen beim Hof«, fügte sie deshalb hinzu.

Seine dunklen Augen blitzten auf. »Du musst mir helfen, Lou. Diese Badinger will mir den Mord an Marta anhängen.«

»Aber wie stellst du dir das vor? Ich bin keine Polizistin mehr, ich kann nicht in die Ermittlung eingreifen. Außerdem ist Verena eine ausgezeichnete Ermittlerin. Sie hängt niemand Unschuldigem einen Mord an.«

Er zog fest an der Zigarette. »Aber die Indizien – so sagt man doch, oder? –, die sprechen gegen mich.«

»Du wurdest vor dem Mord in der Nähe des Hofs gesehen«, sagte Lou erneut und hoffte, endlich den Grund dafür zu erfahren. Sie nippte langsam an ihrem Glas, um Rainer genug Zeit zu geben, die richtigen Worte zu finden.

Doch er reagierte wieder nicht. Mit der freien Hand griff er nach seinem Glas und nahm einen großen Schluck. Dann stellte er es energisch auf den Tisch zurück, legte die Zigarette in den

Aschenbecher und schob unerwartet den rechten Hemdsärmel nach oben. »Marta hat mich gebissen.«

»Was?« Lou runzelte die Stirn. Fast hätte sie laut gelacht, so absurd kam ihr das vor.

»Die Badinger hat mich um eine Speichelprobe gebeten, während ihre Kollegen die Werft durchsucht haben. Zuerst wollte ich ablehnen, aber … das hätte mich doch noch verdächtiger gemacht. Und jetzt … jetzt haben sie meine DNA.« Rainer schlug mit einer Hand so hart auf den Tisch, dass Michelin ruckartig den Kopf hob. »Die sie bestimmt auch an Marta finden werden. So eine verdammte Scheiße noch mal«, fluchte er, nahm die Zigarette aus dem Aschenbecher und rauchte weiter.

Lou starrte unterdessen wie gebannt auf die Bisswunde an seinem Unterarm. Das also war die Erklärung dafür, dass er bei dreißig Grad im Schatten ein langärmeliges Hemd getragen hatte. »Wieso hat sie dich gebissen?«

»Ich hab sie festgehalten, weil ich etwas mit ihr zu klären hatte.«

»Aber sie wollte nicht«, mutmaßte Lou.

Rainer nickte. »Sie hat zugebissen, damit ich sie loslasse. Und das hab ich dann auch. Sie ist wortlos weggegangen und hat mich stehen lassen.«

Lou suchte in seinem Gesicht nach einer Reaktion, einem Hinweis dafür, dass er sie in dem letzten Punkt belog. »Ich vermute, du bist ohne Ankündigung bei ihr aufgetaucht, um sie – womit auch immer – unvorbereitet zu konfrontieren? Ging es dabei vielleicht um die Marillen, die sie Gregor Poler geliefert hat?«

Rainer blinzelte irritiert. »Nein. Gregor hatte nichts damit zu tun. – Redest du von der Auftragsstornierung?«, hakte er nach. »Gregor und ich haben am Dienstag telefoniert. Ich hab ihm erzählt, dass Marta tot ist, da hat er die Stornierung erwähnt. Bis dahin wusste ich davon noch nichts, und ich habe auch nichts damit zu tun. Das musst du mir glauben.«

»Okay. Ich glaube dir«, versicherte ihm Lou. »Sagt dir der Name Koschinsky etwas?«

Rainer dachte eine Weile nach, bevor er antwortete. »Nein, wer ist das?«

»Dem Ehepaar gehört der Weingarten, der neben Martas Marillengarten in Dürnstein liegt.«

»Aha, und was ist mit den Koschinskys?«

Lou zuckte mit den Achseln. »Nichts, war nur eine Frage. Jetzt erzähl weiter«, forderte sie ihn auf.

»Also gut.« Rainer nickte mehrmals, als müsste er sich dazu überwinden. »Es gibt da etwas über Marta, das du wissen solltest.«

»Und das wäre?«

Rainer nahm erneut einen so großen Schluck Wein, als würde er Wasser trinken. »Ich kümmere mich doch gerade gemeinsam mit meinen Eltern um den Nachlass meines Bruders.«

»Das hast du mir erzählt. Aber was hat das mit Marta zu tun?«

»Oliver hat die letzten siebzehn Jahre Geld auf ein Konto überwiesen. Tausend Euro monatlich.«

Lou schwieg.

»Es ist ein Sparkonto«, erläuterte er. »Zuerst dachte ich, er hätte sich einfach Geld zur Seite gelegt. Tausend Euro monatlich, siebzehn Jahre lang. Da ist eine ganz schöne Summe zusammengekommen.«

Lou verstand nicht, worauf er hinauswollte, und schüttelte stumm den Kopf.

»Aber dann hab ich begriffen, dass das Geld für Andreas bestimmt war«, fuhr Rainer fort, drückte die Zigarette aus und zündete sich die dritte an.

»Geld für Andreas? Hat er ihm die Summe hinterlassen?«,

fragte Lou. »Aber ich dachte, dein Bruder hätte kein Testament gemacht. Das hast du jedenfalls behauptet, als du mir am Dienstag die Ware geliefert hast.«

»Das stimmt auch«, bestätigte Rainer. »Du musst wissen, Oliver ist ... war Andreas' Taufpate, und das Konto, auf dem das Geld liegt, läuft auf den Namen Andreas Brucker.«

»Und was ist daran so überraschend? Vermutlich hat er das Geld für seinen Neffen und Patensohn gespart.« Das war durchaus vorstellbar. Auch sie, Lou, hatte von ihrer Patentante einst zur Volljährigkeit ein Sparbuch bekommen. Allerdings mit einer wesentlich geringeren Summe. »Wann hast du das Konto entdeckt?«

»Etwa fünf Wochen nach Olivers Tod, als ich mir seine privaten Bankunterlagen angesehen habe«, antwortete Rainer.

»Wusste Marta davon?«

Rainer schüttelte den Kopf. »Ich glaube nicht.«

»Wie, du glaubst? Hat dein Bruder nie erwähnt, dass er Geld für sein Patenkind spart?«, fragte Lou.

»Nein. Aber darum geht es jetzt auch nicht.« Rainer fischte ein zusammengefaltetes Papier aus seiner Hosentasche. »Vor einer Woche habe ich beim Aufräumen das hier gefunden. Es war in einem Ordner abgeheftet, der mit ›Privat‹ beschriftet war. Ich war so was von wütend, dass ich zuerst überlegt hab, den Wisch einfach wegzuschmeißen. Aber dann hab ich es doch nicht getan.« Er reichte Lou das Blatt.

Lou warf einen Blick darauf. »Ein Vaterschaftstest!«

»Oliver ist Andreas' leiblicher Vater, nicht ich.« Rainers Stimme klang jetzt hart.

»Und das ist wirklich sicher? Ihr seid Brüder. Ist da die Klärung einer möglichen Vaterschaft nicht schwierig bis unmöglich?«, fragte Lou skeptisch.

»Oliver und ich sind nicht blutsverwandt. Er wurde adoptiert.

Meine Eltern wünschten sich nach mir noch ein zweites Kind, aber es klappte nicht. Deshalb haben sie Oliver adoptiert.« Er nahm einen langen Zug von der Zigarette. »Mein Bruder hat das Geld nicht für seinen Patensohn, sondern für seinen leiblichen Sohn gespart«, kam Rainer wieder auf das eigentliche Thema zurück. »Verstehst du?« Seine Augen funkelten. »Die ach so heilige Marta hat mit meinem Bruder gevögelt.«

Michelin hob erneut den Kopf, als ob er ein Geräusch gehört hätte. Lous Blick wanderte gedankenverloren zum Weingarten, der in tiefer Dunkelheit lag. War Marta in Oliver verliebt gewesen? Hatte ihr Schwager sie getröstet, weil sein Bruder sie ständig betrogen hatte, oder hatte es Marta Rainer heimzahlen wollen und deshalb eine Affäre mit Oliver angefangen? Fragen, die in ihrem Kopf kreisten und deren Antwort sie niemals herausfinden würde. Michelin erhob sich und trabte Richtung Weingarten. Lou kniff die Augen zusammen. War da jemand?

Rainer zupfte ihr das Blatt Papier aus der Hand, faltete den Bogen und steckte ihn zurück in die Jackentasche. »Du kannst dir nicht vorstellen, was in mir vorgegangen ist, als ich das gelesen hab.«

Michelin kam zurück und verschwand im Haus. Lou atmete auf. Offenbar hatte er nichts Ungewöhnliches entdeckt.

»Warst du deshalb vorgestern Morgen bei ihr?«

Rainer nickte. »Ich wusste, dass die Kinder zum Marillengarten an der Donau fahren würden und Marta vorerst am Hof sein würde. Andreas hatte es mir am Vortag gesagt, als wir telefonierten.« Jetzt schimmerten Tränen in Rainers Augen. »Ich wollte mit ihr reden, Lou. Nichts weiter. Aber sie hat mich angeschrien, gemeint, dass Oliver der Bessere von uns beiden war. Dass ich ein beschissener Lügner sei und die Scheidung von mir das Beste sei, was sie in den letzten Jahrzehnten getan habe.« Er nahm wieder einen langen Zug von der Zigarette und goss sich Wein nach. Eine Träne rann ihm über die Wange.

Lou deutete auf den Zettel in seinen Händen. »Weiß die Polizei davon?«

»Selbstverständlich!«, rief er spöttisch. »Natürlich hab ich ihnen als Hauptverdächtiger auch gleich noch das perfekte Motiv mitgeliefert.« Seine Stimme gefiel Lou nicht. Es lag zu viel Groll darin.

»Warum bist du damit zu mir gekommen?«

Rainer starrte in sein Glas, als würde er dort nach der Antwort suchen. Ein paar Sekunden verstrichen, ehe er den Kopf hob. »Marta mochte dich, und ich musste einfach mit jemandem darüber sprechen. Ich bin kein Mörder, Lou. Bitte glaub mir.« Er kippte den Wein in einem Zug hinunter.

Lou antwortete nicht.

Rainer sackte in sich zusammen. »Wenn ich jetzt zu meinen Eltern gefahren wäre … hätte mich die Polizei doch sofort einkassiert.«

»Was hast du getan, nachdem sie dich gebissen hatte?« Vor ihrem inneren Auge sah Lou Rainer, den Martas Reaktion zur Weißglut brachte. Der sich den Spaten griff, der auf dem Hof lag, und mit ihm in ungehemmter Wut auf sie einschlug.

»Ich bin gegangen.«

»Einfach so?«

»Ja.«

»Hast du vor, es Kathi und Andreas zu sagen? Also, das mit dem Vaterschaftstest?« Lou erinnerte sich, dass Marta mehrmals erwähnt hatte, dass Andreas und sein Vater sich bestens verstanden. Sicherlich würde die Wahrheit die Geschwister schockieren.

Rainer presste die Lippen zusammen und blieb stumm. Dann erhob er sich abrupt und tauchte in den dunklen Rebzeilen unter. Lou gelang es nicht, ihn zurückzuhalten.

28

Sie blieb auf der Terrasse sitzen. Ihre Gedanken wirbelten wild durcheinander. Rainer hatte ihr das Motiv für seine Schuld geliefert, aber zugleich beteuert, unschuldig zu sein. Hatte sich das Treffen von Marta und ihm am Morgen vor dem Mord wirklich so abgespielt, wie er es erzählt hatte, oder war er doch ein Meister der Täuschung und Manipulation, wie Greta behauptet hatte? Was seine Affären anbelangte, hatte er Marta jedenfalls lange genug an der Nase herumgeführt. Warum glaubte er, dass sie, Lou, ihm einen Weg aus dem Chaos zeigen konnte, in das er geraten war? Schuldig oder unschuldig. Es wäre ihr lieber gewesen, er hätte sich dafür jemand anderen ausgesucht. Erschöpft sog sie die warme Sommerluft ein. Sie roch nach frischem Gras und Weinlaub. Dann erhob sie sich, räumte die Gläser, die Flasche und den Aschenbecher weg und schloss die Terrassentür.

In der Küche setzte sie sich noch mal vor ihren Laptop und tippte den Namen »Oliver Brucker« in die Suchmaschine. Das erste Ergebnis war ein Zeitungsartikel der *Kronenzeitung*. Sie klickte den Link an. Es war ein kurzer Bericht über den Absturz des Bootswerftbesitzers. »›Am Freitagmorgen kam es in Werfenweng im Salzburger Land zu einem tödlichen Paraglidingunfall‹«, las sie mit gedämpfter Stimme. »›Oliver B., ein vierundvierzigjähriger Bootsbauer aus Mautern an der Donau, kam dabei ums Leben. Laut Polizeiuntersuchungen fiel der Paraglidingschirm in sich zusammen und ließ sich nicht mehr öffnen. Oliver B. stürzte aus hundertfünfzig Metern Höhe ab.‹« Lou klickte den Artikel weg und rief die Homepage der Werft auf. »Wow«, entfuhr es ihr, als sie die Startseite mit dem Foto eines jungen Mannes in einem dunkelgrauen Speedboot sah. Die Aufnahme war auf der Donau gemacht worden, im Hintergrund erkannte Lou die Weinberge und den Turm der blau-weißen Stiftskirche von Dürnstein, dem Wahrzeichen der Wachau. Unter dem Punkt »Unternehmensgeschichte« fand sie ein Foto von Oliver Brucker. Dunkle Haare, grüne Augen, schelmisches Lächeln.

Der sieht seinem Bruder verdammt ähnlich, und das, obwohl er adoptiert ist, dachte sie. War das der Grund, weshalb Marta mit ihrem Schwager eine Affäre angefangen hatte? War er vielleicht die Stütze gewesen, die ihr Rainer nie gewesen war? Von Oliver schwanger zu werden, hatte Marta vermutlich dennoch nicht geplant, oder doch? Dass sie Marta diese Fragen nie würde stellen können, machte sie traurig. Sie schloss die Seite und fuhr den Laptop herunter, blieb noch einen Moment sitzen, schaute ins Nichts und versuchte, irgendwie den Tag zu verarbeiten.

Kurz vor Mitternacht raffte sie sich endlich auf, ging ins Badezimmer und putzte sich die Zähne. Im Schlafzimmer schlüpfte sie in ihren Pyjama und ins Bett. Das Laken war angenehm kühl. Minutenlang lag Lou da und starrte an die Decke.

Als sich Janet und Fabio wieder in ihre Gedanken drängten, schloss sie schnell die Augen, rollte sich zur Seite und versuchte, an nichts mehr zu denken und in den Schlaf zu finden. Es gelang ihr nur bedingt.

Um halb sieben setzte sie sich unausgeschlafen im Bett auf. Michelin stürmte ins Zimmer, um sie zu begrüßen.

»Natürlich bist du schon hellwach, mein Großer.« Lou kraulte den schwarzen Riesen mit beiden Händen hinter den Ohren und drückte ihm einen Kuss auf die Stirn. Dann ging sie in die Küche, um sich ein kleines Frühstück zu machen. Während sie das Butterbrot aß und den Kaffee trank, rief sie erneut ihre Mails ab. Sigrid hatte geantwortet.

WAHNSINN!,

hatte sie zurückgeschrieben.

Jetzt muss ich nur noch herausfinden, ob er zu haben ist.

Dahinter hatte sie einen Smiley gesetzt.

Lou schmunzelte. Der Mann hatte wirklich Eindruck auf ihre Freundin gemacht.

»Dann hoffe ich mal für dich, dass er Single ist und seine Zelte wieder in Marienkirchen aufschlägt«, murmelte sie, obwohl sie das bezweifelte. Vermutlich würde er die Auszeit, die er sich genommen hatte, dafür nutzen, um nach einem geeigneten Pflegeheim für seinen Vater Ausschau zu halten. Ewig würde er sein Fitnessstudio nicht von der Wachau aus führen können.

Sie räumte das Geschirr in den Spüler und fütterte Michelin, der sich gierig über sein Fressen hermachte, wie immer vor dem Haus. Der blaue Himmel versprach einen weiteren sonnigen Tag. Bereits jetzt, um sieben Uhr morgens, wurden die Weinberge, Marienkirchen und die Donau mit goldenem Licht übergossen. Normalerweise hätte Lou der Anblick entzückt. Doch heute war alles anders.

Sie warf einen flüchtigen Blick zur Gartenbank, hatte jedoch keine Lust auf ihr morgendliches Ritual. Sie fühlte sich müde, die sich überstürzenden Ereignisse erschöpften sie. Und dass sie endlich Verena anrufen und ihr von Rainers plötzlichem Auftauchen erzählen sollte, bereitete ihr Kopfschmerzen. Ihre ehemalige Chefin würde ihr mit Sicherheit eine Rüge verpassen, weil Lou sich nicht sofort telefonisch bei ihr gemeldet oder ihr heimlich eine Nachricht geschickt hatte, als er auf ihrer Terrasse saß. Und sie könnte es Verena nicht einmal verdenken. Zu alldem müsste Lou ihr auch noch gestehen, im Haus der Koschinskys herumgeschnüffelt zu haben, wenn sie erreichen wollte, dass Verena mit der Witwe über das nachgewiesene Pflanzengift in Martas Marillen sprach.

Ihre Aufmerksamkeit wurde von einem Geräusch auf sich gezogen. Jemand kam mit Walkingstecken den Weg zu ihrem Winzerhäuschen herauf. Auf den zweiten Blick erkannte Lou Maria, die stämmige Pensionswirtin. Sie trug eine knielange schwarze Sporthose und ein dunkelblaues Shirt. Ihre brünetten Haare wurden von einem dunklen Stirnband aus dem Gesicht gehalten. Als Michelin, der ihr freudig entgegenlief, sie erreicht hatte, blieb sie kurz stehen und strich dem Rüden über den Kopf, bevor sie die letzten Meter bis zum Haus zurücklegte.

»Maria!«, rief Lou erstaunt. »Das ist ja eine Überraschung. Was führt dich zu mir?« Sie sah demonstrativ auf ihr Handgelenk, an dem sie normalerweise ihre Armbanduhr trug. »Noch dazu so früh am Morgen.«

»Griaß di, Lou.« Die Enddreißigerin schnaufte ein paarmal kräftig durch. »Hab grad etwas erfahren, das wollte ich dir unbedingt gleich erzählen. Also hab ich mir gedacht, ich mach mal einen Umweg bei dir vorbei.«

»Na, da bin ich jetzt aber gespannt. Hast Zeit für einen Kaffee?«

Maria nickte, fächelte sich Luft zu. »Und für ein großes Glas Wasser. Bitte.« Sie zeigte zur Gartenbank. »Auf deinem Überwachungsplatzerl?«

Lou schenkte ihr ein schiefes Lächeln, kommentierte die Bezeichnung ihrer Gartenbank aber nicht. »Setz dich schon mal, ich hol uns zwei Hübschen Kaffee und Wasser«, sagte sie stattdessen und wandte sich um. In der Küche goss sie Mineralwasser in ein großes Glas und ließ zwei Cappuccino aus der Maschine. Dann wechselte sie ins Schlafzimmer, schlüpfte rasch in Jeans und ein weißes T-Shirt und legte ihre Armbanduhr an, die noch auf dem Nachtkästchen gelegen hatte.

Als sie mit einem beladenen Tablett wieder ins Freie trat, saß Maria auf der Gartenbank, Michelin zu ihren Füßen.

»Du hast hier wirklich eine traumhafte Aussicht«, schwärmte sie, als Lou näher kam.

»Ja, ich freue mich jeden Tag an ihr.« Lou stellte das Tablett auf die Bank und setzte sich daneben.

Maria griff sofort nach dem Glas Wasser und leerte es in einem Zug. »Das tut gut. Dabei bezweifle ich langsam, dass diese Schinderei überhaupt Sinn macht. Jetzt latsch ich schon seit zwei Jahren dreimal die Woche durch die Gegend und hab kaum etwas abgenommen.«

»Aber es hält dich fit«, entgegnete Lou und nippte nur kurz an der Tasse. Der Kaffee war noch zu heiß. »Und jetzt sag endlich, was dich um diese Uhrzeit zu mir treibt.«

Maria stellte das Glas aufs Tablett und nahm ihre Kaffeetasse in die Hand. »Ich hab vorhin im Ort Alfred getroffen.«

»Sind er und seine Kameraden von der Feuerwehr noch mit der Suche nach dem Spaten beschäftigt?«

»Genau deshalb bin ich hier. Sie haben ihn offenbar heute Nacht gefunden.«

»Da schau her«, sagte Lou überrascht. »Wo?«

»Am Donauufer bei der Mauterner Brücke.«

»Oh«, entfuhr es Lou. Sofort kam ihr die Verbindung zu Rainer in den Sinn, denn die unter Denkmalschutz stehende stählerne Fachwerkbrücke musste man auf dem Weg von Marienkirchen zur Werft überqueren.

»Ich dachte mir, ich geb dir gleich Bescheid«, fuhr Maria fort.

»Danke«, erwiderte Lou, obwohl ihr nicht klar war, weshalb die Pensionswirtin das gedacht hatte.

»Leider kennt der Alfred nicht mehr Details. Aber du hast doch nach wie vor einen guten Draht zur Polizei. Dir würden die sicher sagen, ob das die Tatwaffe ist.« Maria sah Lou direkt an. »Wäre gut, wenn dem so wäre. Dann hat der ganze erschreckende Polizeirummel bei uns endlich ein Ende.«

Daher weht also der Wind, dachte Lou. Maria wollte Informationen von ihr, wollte wissen, ob die Polizei jetzt endgültig abziehen würde. Sie befürchtete offenbar immer noch, dass deshalb ihre Übernachtungsgäste ausbleiben würden.

»Andererseits, warum hätte der Spaten sonst dort liegen sollen?«, sinnierte Maria, pustete auf ihren Kaffee und nahm dann einen Schluck.

»Wenn es die Tatwaffe ist, wird es die Öffentlichkeit schon erfahren«, sagte Lou.

»Auf dem Griff sind doch sicher Fingerabdrücke.«

»Das kommt darauf an …«

»Oder wäscht das Wasser die ab?«, fiel Maria Lou ins Wort. »Egal, du hast recht. Es wird sich zeigen, ob das die Waffe ist.« Sie machte eine wegwerfende Geste. »Hauptsache, unsere Gäste und wir alle können wieder durch Marienkirchen spazieren, ohne das Gefühl zu haben, in einem Polizeistaat zu leben.«

»Jetzt übertreibst du aber«, entgegnete Lou. »Ich finde, die Ermittler sind bei der Suche sehr diskret vorgegangen. Also, ich bin seit gestern Morgen keinem Beamten auf der Straße begegnet.«

Maria schüttelte den Kopf. »Weil du sie vermutlich gar nicht wahrnimmst. Du bist uniformierte Beamte ja von früher gewohnt. Aber unsereins bekommt schon ein beklemmendes Gefühl, wenn zu viele von denen auf einmal im Ort herumwuseln.«

»Aber wenn, sagen wir mal, bei dir zu Hause eingebrochen wird, dann würdest du schon wollen, dass sie … herumwuseln, gell?«, entgegnete Lou.

Maria antwortete nicht, trank stattdessen den letzten Schluck Kaffee. »Ich hoff nur, dass sie den Täter bald haben und sich herausstellt, dass kein narrischer Serienmörder unsere Gegend unsicher macht. Ist nämlich kein schöner Gedanke, dass ein Depperter in der Wachau herumläuft und reihenweise unschuldige Menschen umbringt.«

»Wieso ein Serienmörder?«, fragte Lou, ahnte aber bereits, was jetzt kommen würde. Sie strich sich eine Locke aus der Stirn.

»Das liegt doch auf der Hand«, behauptete Maria. »Am Dienstag ist Marta umgebracht worden, und gestern haben sie einen toten Winzer in Dürnstein gefunden. Falls sie den Mörder nicht fassen, ist die Frage nur noch: Wen trifft es als Nächstes?«

»Woher weißt du, dass …«

»Ludwig Koschinsky tot ist?«, unterbrach Maria sie erneut. »Hat mir auch Alfred vorhin erzählt.«

»Und woher weiß Alfred davon?«, fragte Lou, obwohl ihr klar war, dass er wegen der Suche nach der Tatwaffe in direktem Kontakt mit der Polizei gestanden haben musste. »Kam das etwa schon in den Morgennachrichten von Radio Niederösterreich?«

Maria schüttelte den Kopf. »Zumindest nicht um sechs, als ich sie gehört hab. Aber Alfred hat es natürlich mitbekommen, der hat ja im Moment viel mit der Polizei zu tun«, bestätigte Maria Lous Vermutung.

»Natürlich«, sagte sie und dachte, dass demnach Sigrid mit

Sicherheit ebenfalls schon Bescheid wusste. »Meinen Infos nach war es ein Unfall«, schob sie hinterher, um Maria in ihrer Serienmörder-Theorie nicht noch zu bestärken.

»Der Tote besaß die Riede direkt neben Martas Marillengarten an der Donau, hat Alfred gesagt.« Marias Tonfall machte deutlich, dass sie aufgrund des Nachbarschaftsverhältnisses an keinen Unfall glaubte. Sie erhob sich. »Wie auch immer. Ich wollte dich nur rasch informieren. Jetzt muss ich aber schnell nach Hause. Ich erwarte neue Gäste.«

Lou nickte. Zumindest kam sie durch Marias Aufbruch darum herum, auf den angedeuteten Verdacht zu reagieren, dass Ludwig Koschinsky ermordet worden war.

»Danke für den Kaffee und das Wasser.« Die Pensionswirtin nahm ihre Walkingstecken. »Pfiat di, Lou.«

»Servus, Maria.« Lou trank ihren restlichen Kaffee und sah ihr nachdenklich hinterher. Wäre Rainer wirklich so stockdumm, den Spaten, mit dem er seine Ex-Frau ermordet hatte, bei der Mauterner Brücke, quasi auf seinem Arbeitsweg, in die Donau zu werfen? Andererseits, wenn er Marta erschlagen hatte, war er hinterher möglicherweise nicht mehr Herr seiner Sinne gewesen und hatte irrational gehandelt. Sie seufzte, nahm das Tablett und ging zurück ins Haus. Als ihr Handy läutete und sie Fabios Namen auf dem Display las, klopfte ihr Herz einen Takt schneller. Verrückt. Das war neu. Sie hob ab.

»Guten Morgen.« Lou versuchte, ganz normal zu klingen.

»Bonjour«, erwiderte er. »Das Ergebnis der AGES ist schon da.«

»Oh, wie schön. Und?«

»Hast du kurz Zeit vorbeizuschauen?«

Sie zögerte. Würde sie bei Fabio Janet in die Arme laufen? Konnte er ihr das Ergebnis nicht einfach am Telefon vorlesen?

»Lou, bist du noch dran?«, fragte Fabio in ihre Gedanken hinein.

»Ja. War nur grad abgelenkt.«
»Kommst du?«
»Okay«, gab sie sich einen Ruck. »Bin schon unterwegs.«

29

Zehn Minuten später parkte Lou ihren Jeep am Parkplatz nahe dem Ortseingang und lief mit Michelin bis zum Landschlösschen. Unmittelbar nachdem sie auf die Klingel gedrückt hatte, da die Eingangstür morgens noch verschlossen war, tauchte Fabio auf.

»Kommt rein, ihr zwei!«

Lou trat ein, Michelin folgte, und Fabio sperrte die Tür hinter ihnen wieder ab.

Mit einer nervösen Geste fuhr sich Lou durch ihre bernsteinfarbenen Locken. »Bist du allein?«, erkundigte sie sich, weil sie nicht direkt nach Janet fragen wollte.

Fabio runzelte die Stirn. »*Naturellement.* Wer sollte denn noch hier sein?«

»Weiß nicht«, wich Lou aus.

»Lass uns nach oben gehen.«

Das geräumige Apartment im Obergeschoss war im maritimen Stil eingerichtet, mit weißen und blauen Möbeln. Die Flurwände waren sogar in Marineblau gestrichen. Jedes Mal, wenn Lou Fabios Wohnung betrat, wurde in ihr eine tiefe Sehnsucht nach dem Meer geweckt.

»Setz dich!« Er wies auf den Esstisch aus hellem Vollholz, auf dem ein Laptop lag. Dann begab er sich hinter die elegante blaue Kücheninsel, auf der ein glänzender Edelstahl-Kaffeeautomat thronte. Fast schon elegant stellte er zwei Tassen unter den Kaffeeauslass, drückte eine Taste, und die Maschine begann, leise zu brummen. Augenblicklich breitete sich betörender Kaffeeduft im Raum aus.

Lou nahm Platz und stellte ihre Umhängetasche auf den Boden, Michelin fläzte sich unter den Tisch.

»Hast du den Bericht der AGES schon ganz durchgelesen?«, fragte Lou und deutete auf den Rechner.

»Nein, ich hab auf dich gewartet.« Er kam mit zwei Kaffeetassen hinter der Kücheninsel hervor und reichte Lou eine. »Cappuccino ohne Zucker, wie du ihn gerne trinkst.« Er stellte seine Tasse auf den Tisch.

»Danke.« Es war schon Lous dritter Kaffee heute. Sie befürchtete, Herzrasen davon zu bekommen. »Bringst du mir auch ein Wasser?«

Fabio holte für sie beide zwei Gläser mit Leitungswasser, während Lou ihm von Marias Besuch erzählte und davon, dass die Beamten einen Spaten gefunden hatten.

»Na, das sind doch gute Neuigkeiten.« Fabio zog das Handy aus der Gesäßtasche seiner Jeans, legte es auf den Tisch und setzte sich Lou gegenüber. »Du warst gestern Abend noch hier«, sagte er dann überraschend. »Kurz nach zehn. Gerda hat dich gesehen, als du rausgegangen bist. Sie dachte, du hättest möglicherweise noch rasch etwas in die Vitrine gestellt?« Er nippte am Kaffee, suchte über den Tassenrand hinweg ihren Blick.

Lou nickte unmerklich und nahm ebenfalls einen kleinen Schluck, um nicht gleich antworten zu müssen.

»Warum hast du nicht Hallo gesagt?«

Sie war drauf und dran zu behaupten, dass sie tatsächlich nur rasch etwas in der Vitrine nachgefüllt hatte und wieder gegangen war. Doch dann gab sie sich einen Ruck und blieb bei der Wahrheit. »Ich hab eh einen Blick in die Küche geworfen und dich und Janet … reden gesehen. Ich wollte euch nicht stören.«

Fabio lachte leise auf. »Deshalb also die Frage, ob ich allein bin. Janet hat mir nur erzählt, dass sie unlängst mal wieder Feuerflecken gegessen hat. Ihre Mutter hatte Brot gebacken und etwas Teig war übrig geblieben. Sie meinte, eine kleinere Version davon könnten wir mal als Vorspeise auf die Karte setzen. Du kennst Feuerflecken?«

Lou nickte. Natürlich kannte sie die großen Fladen aus Brotteigresten, die mit Sauerrahm bestrichen und mit Schnittlauch, Paprika und Knoblauch bestreut wurden. »Die gab es früher öfter bei uns zu Hause. Eigentlich immer dann, wenn meine Großmutter Brot gebacken hat. Wenn du willst, mach ich mal welche für uns nach ihrem Rezept.« Mehr als nur ein Hauch von Erleichterung durchströmte Lou. Das Gespräch zwischen den beiden war harmlos gewesen, sie hatte es einfach falsch interpretiert.

»Auf diese Einladung komme ich gerne zurück.« Er lächelte. »Aber wenn du das nächste Mal hier bist, gibst du Bescheid und schleichst dich nicht hinaus wie eine Diebin.« Er nahm wieder einen Schluck Kaffee und sah ihr einen Tick zu lange in die Augen. »Du hättest uns nicht gestört.«

Lou lächelte. »Danke, aber im Nachhinein war es gut, dass ich gleich nach Hause gefahren bin.« Sie räusperte sich, da sie ahnte, dass er sich gleich fürchterlich aufregen würde. »Rainer war später nämlich noch bei mir.«

»Herrgott!« Fabio stellte die Tasse ab und warf die Hände in die Luft. »Was wollte er? Weiß er denn nicht …?«

Lou beugte sich über den Tisch und legte eine Hand auf seinen linken Arm. »Beruhige dich bitte und lass mich erzählen.«

Aber so leicht beruhigte sich Fabio nicht. »Du hast natürlich sofort die Polizei gerufen?«

Lou sah ihn an wie eine Dreijährige, der die Schüssel mit Cornflakes aus den Händen gefallen ist.

Fabio verstand. Sie sah es in seinem Blick. Er entzog ihr seinen Arm und seufzte. »Natürlich hast du nicht die Polizei gerufen.«

»Nein«, gab sie zu.

»Warum nicht?«

»Er war so verzweifelt. Ich hab's nicht übers Herz gebracht. Außerdem war ich neugierig, was er mir zu sagen hatte.«

Fabio klopfte nervös mit den Fingern auf die Tischplatte. »Das kann dich in Teufels Küche bringen.«

»Ich weiß. Aber jetzt kann ich es nicht mehr ändern«, sagte Lou in einem Tonfall, der um Verständnis bat. »Übrigens hat Rainer zugegeben, am Dienstagmorgen bei Marta gewesen zu sein. Er wollte mit ihr über Andreas reden. Er ist nicht sein leiblicher Sohn, sondern der von Oliver, Rainers Adoptivbruder. Und dann hat sie ihn gebissen.«

Einen Moment lang sah Fabio sie fassungslos an, dann schüttelte er den Kopf, als würde er kein Wort verstehen. Also begann Lou noch mal und gab das Gespräch mit Rainer chronologisch wieder.

»Schaut nicht gut aus für ihn«, schlussfolgerte Fabio. »Er hat ein Motiv und die Gelegenheit gehabt. Du hast ihn ja von Anfang an verdächtigt.«

»Ja, er hat ein starkes Motiv.« Lou sah ihn nachdenklich an. »Aber jetzt bin ich mir nicht mehr so sicher, dass er es war.«

»Warum?«

Lou drehte die Kaffeetasse in ihren Fingern. »Weil Ludwig Koschinsky tot ist.«

Fabio verschluckte sich fast am Kaffee, den er soeben getrunken hatte. »Das ist jetzt nicht wahr«, japste er.

»Offenbar hat noch niemand aus dem Ort bei dir geläutet, um dir die schlimme Neuigkeit zu erzählen.«

»Niemand«, bestätigte er. »Was genau ist passiert?«

Lou setzte ihn ins Bild. »Meines Erachtens war das kein Unfall. Der Mann ist nicht auf den Ufersteinen ausgerutscht und infolge dessen ertrunken.«

»Sondern?«

»Er wurde erschlagen, so wie Marta. Und ich bin mir sicher … dass uns zu all dem seine Frau etwas erzählen kann.«

Fabio runzelte die Stirn. »Denkst du, sie hat ihren Mann getötet?«

»Möglicherweise ist ein Streit eskaliert, oder sie hatte die Nase voll von dem Leben mit ihm, aus welchem Grund auch immer. Aber falls sie doch nicht die Mörderin ihres Mannes ist«, fuhr Lou fort, »dann hat sie zumindest eine Ahnung, wer dahinterstecken könnte. Vielleicht jemand, der Martas Tod rächen wollte, weil er oder sie weiß oder zumindest vermutet, dass Ludwig Koschinsky sie ermordet hat.« Rainer? Die Geschwister? Greta?, fügte sie in Gedanken hinzu. Sie alle kamen infrage.

»Was bringt dich denn eigentlich auf die Idee, dass Ludwig Koschinsky Marta getötet haben könnte? Doch nicht Janets Behauptung, dass der Knopf von Wilma Koschinskys Bluse stammt?«

Lou presste die Lippen zusammen und sah zu Boden.

»Du verschweigst mir doch etwas«, folgerte Fabio richtig.

Lou schluckte. Jetzt musste sie ihm gleich ihr zweites Fehlverhalten beichten.

»Spuck es aus, Lou Conrad.« Seine Stimme klang streng.

Sie verdrehte die Augen. »Ja, Herr Oberlehrer.« Dann berichtete sie detailliert von ihrem Ausflug, wie sie ihre Durchsuchung nannte, in das Haus der Winzer.

Fabio warf ihr einen zweifelnden Blick zu. »Sag bitte nicht, dass du dort eingebrochen bist.«

»Bin ich nicht. Die Tür war angelehnt.«

»Merde«, stöhnte Fabio. »Du hattest versprochen, nirgendwo mehr einzusteigen.«

»Die Tür war angelehnt«, wiederholte Lou trotzig.

Fabio rieb sich erregt die Stirn. »Das gefällt mir nicht. Überhaupt nicht. *Pas du tout.*«

»Willst du jetzt wissen, was ich entdeckt habe, oder mir eine Moralpredigt halten?«

Er machte eine auffordernde Geste, und Lou erzählte von der Bluse im Kleiderschrank und den zehntausend Euro in der Schreibtischschublade. »Möglicherweise eine Anzahlung für das Grundstück, das sie verkaufen wollten.« Sie berichtete auch von den Personen, die Greta auf der Weinriede der Koschinskys gesehen hatte.

»Aber einen Plan oder einen Kaufvertrag hast du nicht entdeckt?«

Lou schüttelte den Kopf. »Dafür das hier.« Sie zeigte ihm die Fotos, die sie von den Notizbuchseiten gemacht hatte. »Die braven Nachbarn haben aufgeschrieben, wann welches Auto am Straßenrand vor ihrem Weingarten geparkt hat.«

Fabio starrte ungläubig auf Lous Handy.

»Komischerweise gibt es keine Aufzeichnungen für die Tage beziehungsweise Nächte, in denen die Diebe sich an Martas Marillen bedient haben«, merkte Lou abschließend an.

»Eben weil es Nacht war«, entgegnete Fabio. »Wir haben uns ja schon gedacht, dass der Koschinsky Schlaftabletten genommen hat.«

»Im Haus habe ich keine gefunden«, sagte Lou. »Wie auch immer. Kommen wir noch mal auf den Bauplan zurück.«

Sie berichtete von dem, was ihr Vater und ihr Wahlonkel bei Bruno Schillers Weinverkostung aufgeschnappt hatten, und von den Infos über Bruno Schiller und die Schweizer Besucher, die Reto ihr geschickt hatte.

»Denkst du, sie wollen hier in der Wachau bauen? Auf der Riede der Koschinskys?«, fragte Fabio.

»Das sollten wir herausfinden. Denn wenn es so ist und Marta ein Bauprojekt auf dem Nachbargrundstück verhindern wollte, dann …«

»Haben die Koschinskys tatsächlich ein Mordmotiv, weil ihnen ihre Schulden über den Kopf wachsen und sie dann ihr Grundstück nicht hätten verkaufen können«, fiel ihr Fabio ins Wort.

»Exakt«, bestätigte Lou. »Wenn es bei einem Bauprojekt zu Schwierigkeiten kommt, sich etwa eine Nachbarin querstellt, suchen sich die Bauherren bestimmt nicht nur ein anderes Grundstück, sondern fordern außerdem ihre möglicherweise bereits geleistete Anzahlung zurück. Um das zu verhindern, mussten die Koschinskys etwas unternehmen.«

»Aber müsste nicht auch der Eigentümer von Martas Garten, also Franz Schiller, diesem hypothetischen Bauvorhaben zustimmen? Oder gegebenenfalls nur er?«

»Das weiß ich nicht«, gab Lou zu. »Aber bisher ist Franz Schiller nicht ermordet und möglicherweise noch gar nicht gefragt worden.«

»Dürfte man dort denn eigentlich bauen? Ich meine, auch die offiziellen Stellen wie Bürgermeister oder Gemeinderäte könnten doch etwas dagegen haben«, brachte Fabio einen weiteren berechtigten Einwand vor.

Lou lächelte. »Du weißt doch, mit dem nötigen Kleingeld und guten Kontakten räumt man Widrigkeiten schnell aus dem Weg. Auch in Österreich.«

»Das klingt nach Korruption.«

»Dagegen ist auch bei uns in der Wachau niemand gefeit. Zudem kann man mit einer großzügigen Spende manche Hürde sogar ganz offiziell umgehen.« Lou kramte ihr Handy aus der

Umhängetasche, rief ein Foto von dem Kanister mit dem Pflanzenschutzmittel auf und reichte Fabio das Telefon.

»Oladur«, murmelte er.

»Das nächste Bild zeigt das Label des Kanisters mit den Inhaltsstoffen. Einer ist Captynanys.«

Fabio wischte auf dem Display zur nächsten Aufnahme und zog dann mit zwei Fingern das Bild größer. »Auch die restlichen decken sich mit denen in dem Bericht der AGES, den Poler uns gezeigt hat.«

»Das kann kein Zufall sein«, sagte Lou.

»Deshalb warst du gestern Abend noch mal hier? Weil du mir das alles erzählen wolltest, oder?« Fabio gab ihr das Smartphone zurück.

Lou nickte.

Er zog das Notebook näher zu sich. »Gut, dann sollten wir uns jetzt endlich unseren Bericht ansehen.«

Lou stand auf und setzte sich neben ihn.

30

Fabio öffnete sein Postfach und klickte auf die der Mail angehängte Datei. Neugierig beugten er und Lou sich vor den Bildschirm. Als sich ihre Haare berührten, durchlief Lou ein wohliger Schauer.

»Keine Verunreinigung durch Pestizide oder Fungizide in den Marmeladen und den frischen Marillen«, fasste Fabio das finale Fazit der AGES zusammen. »Überrascht uns das jetzt?«

Lou lehnte sich in ihrem Stuhl zurück und schüttelte den Kopf. »Nein, aber nun hab ich es schwarz auf weiß und kann Martas Produkte wieder in die Regale im Laden stellen. Die Frage ist, woher kamen die Marillen, die dir geliefert wurden? Ebenfalls direkt vom Hof?«

»Keine Ahnung.« Fabio machte ein nachdenkliches Gesicht. »Schickst du mir mal den Plan, den Andreas Brucker gezeichnet hat, aufs Handy?«

Lou schickte ihm das gewünschte Foto.

Fabio erhob sich und nahm sein Smartphone vom Tisch. »Danke. Bin gleich wieder da.«

»Wenn wir heute das Ergebnis bekommen haben, hat Katharina es möglicherweise auch schon!«, rief Lou ihm noch hinterher. Dann suchte sie deren Nummer in ihren Kontakten und rief sie an. Als sich nur die Mailbox meldete, bat Lou um Rückruf.

Wenig später kam Fabio zurück, in den Händen eine Papierrolle, einen Bleistift und einen Block gelber Post-its. Er trat an den Tisch, schob die leeren Kaffeetassen und den Laptop zur Seite, breitete den im DIN-A3-Format ausgedruckten Plan aus und legte den Stift und die Klebezettel darauf.

»Was hast du vor?«, fragte Lou.

Fabio beugte sich über die Skizze. »Ich will, dass wir alles noch einmal genau durchgehen.«

»Puh«, entfuhr es Lou. »Das klingt nach einer längeren Angelegenheit.«

»Ich habe Kaffee, Wasser, Wein, was immer du willst. Außerdem kann ich uns etwas zu essen aus dem Restaurant organisieren«, sagte Fabio, ohne den Blick von dem Ausdruck zu wenden.

»Halleluja, immerhin werden wir weder verhungern noch verdursten.« Lou grinste schief und schrieb Sigrid eine Nachricht, dass sie später ins Geschäft kommen würde.

In den nächsten zwanzig Minuten gingen sie erneut die Fakten durch. Lou lehnte das Angebot einer weiteren Tasse Kaffee ab, hielt sich stattdessen an Wasser. Danach klebten auf dem Tisch zig Post-its. Sie hatten darauf alles notiert, was sie bislang zusammengetragen hatten, und die Zettel dann chronologisch geordnet. Beginnend mit dem ersten Diebstahl in Martas Marillengarten in Dürnstein Anfang letzter Woche.

»Ich bleib dabei«, sagte Lou schließlich. »Der Schlüssel ist Martas gepachtetes Grundstück. Auch wenn Greta meint, die Koschinskys könnten sich nicht noch ein Grundstück leisten. Ich sag, sie hatten es darauf abgesehen.« Lou verschränkte die Arme, als wollte sie mit der Geste einen Schlusspunkt unter ihre Überlegungen setzen.

»Und was ist mit dem möglichen Bauprojekt und der Idee, dass die Koschinskys ihr eigenes Grundstück verkaufen wollten?«

Lou sah ihn nachdenklich an. »Ich glaube, das hängt alles irgendwie zusammen. Aber frag mich nicht, wie.«

»Fällt dir eigentlich etwas auf?« Fabio zog mit dem Zeigefinger einen unsichtbaren Kreis um die mit X gekennzeichneten Bäume.

Lou faltete die Hände unter dem Kinn. »Sag's mir.«

»Auf den ersten Blick scheint es, als würden alle Bäume, von denen Marillen gestohlen wurden, wahllos über den gesamten Garten verstreut stehen. Aber auf den zweiten«, er teilte den Garten mit einem geraden Strich, »stehen sämtliche betroffenen Bäume in der rechten Hälfte des Grundstücks. So man es von der Straße aus betrachtet.«

Nachdem Fabio sie darauf aufmerksam gemacht hatte, sah Lou es auch. Sie nickte überrascht. »Du hast recht.«

»Aber warum?«

»Denk an den schmalen Feldweg, der zwischen dem Weingarten der Koschinskys und Martas Marillengarten verläuft«, sagte Lou. »Dort könnten die Autos zum Abtransport vom Diebesgut gestanden haben. Die Plünderer wären schneller gewesen, wenn sie sich nur auf jene Bäume konzentriert hätten, die nicht zu weit von dem Weg entfernt stehen. Also auf jene in der rechten Gartenhälfte.«

»Hm«, brummte der Koch. »Wäre eine logische Erklärung. Außerdem sieht man den schmalen Weg von der Bundesstraße aus kaum, sie hätten also relativ unbeobachtet vorgehen können.« Fabio fuhr sich durch die Haare. »Gibt es so etwas wie eine Marillenmafia?«, fragt er halbernst.

Lou wiegte den Kopf hin und her. »Wer weiß. Aber ich denke, wir sollten endlich mit dem alten Schiller reden und ihn fragen, ob die Koschinskys an dem Grundstück interessiert waren.« Lou nahm ihr Handy und wischte auf dem Display hin und her.

»Rufst du ihn jetzt an?«, fragte Fabio.

»Nein, beim Schiller werd ich persönlich vorbeischauen. Ich such die Telefonnummer des Gemeindeamtes in Dürnstein. Die müssen doch wissen, ob ein Antrag für ein Bauprojekt auf dem Grundstück von Koschinskys Riede eingereicht wurde.«

Nach dem vierten Läuten meldete sich eine weibliche Stimme. Lou bat, mit dem Amtsleiter verbunden zu werden, in dessen Bereich das Bauwesen fiel. Praktischerweise stellte sich heraus, dass sie ihn im Frühling bei einem Feuerwehrfest kennengelernt hatte. Er freute sich, Lou am Apparat zu haben, und nach ein paar Minuten Small Talk hatte sie ihre Antwort.

»Es gibt keinen Antrag für ein Bauvorhaben auf besagtem Grundstück«, sagte sie, nachdem sie aufgelegt hatte.

»Das bedeutet erst mal noch nichts«, meinte Fabio. »Wenn die Koschinskys die Riede noch nicht offiziell verkauft haben, befindet sich das mögliche Projekt erst in der Planungsphase. Es wäre viel zu früh, um ein Bauvorhaben bei der Gemeinde einzureichen.« Er grinste schief. »Das hätte ich dir gleich sagen können.«

»Hast du aber nicht«, entgegnete Lou leicht angefressen.

Als ihr Handy läutete und das Display Katharinas Namen zeigte, hob sie sofort ab. »Danke, dass du zurückrufst. Warte, ich stell dich auf Lautsprecher, dann kann Fabio Gerber mithören. Ich bin gerade bei ihm.«

»Bonjour, mademoiselle«, sagte der Koch förmlich, weil er und Katharina sich noch nicht persönlich kannten.

»Hallo, Herr Gerber«, erwiderte sie. »Ich war vorhin bei Hedwig. Stimmt es, dass Ludwig Koschinsky tot ist?«

»Ja, leider. Vermutlich ein Unfall.«

»Glaubst du das wirklich, Lou?« Katharinas Tonfall verriet, dass sie daran zweifelte.

»Was denkst du?«, stellte Lou eine Gegenfrage.

»Was viele im Ort denken. In der Wachau geht ein Fremder um und tötet Einheimische.« Offenbar erwartete sie keine Reaktion, denn sie fuhr unmittelbar fort: »Unser Hofladen und die Haustür bleiben jedenfalls fest verschlossen, bis man ihn gefunden hat. Dauert hoffentlich nicht mehr allzu lange. Heute hat die Polizei einen Spaten bei der Mauterner Brücke gefunden. Ich weiß, dass die Ermittler glauben, dass mein Vater meine Mutter umgebracht hat. Hat er aber nicht. Bestimmt nicht«, beharrte Katharina. »Sobald man weiß, wer den Spaten benutzt hat, wird sich herausstellen, dass mein Vater unschuldig ist. Dann wird er hoffentlich auch wieder auftauchen.«

»Möglich«, antwortete Lou knapp. Dann erwähnte sie, dass ihnen das Laborergebnis der AGES vorlag, und Fabio erläuterte es.

»Leider deckt sich das nicht mit dem Ergebnis, das ich heute Morgen bekommen hab.« Katharina wirkte gefrustet. »Ich habe zehn Kilo Marillen von zwei Bäumen hingebracht. Alle von der Plantage in Dürnstein, weil dort ja die Diebstähle begangen wurden. Sie haben jede einzelne Marille getestet, die Hälfte davon ist belastet.«

»Können Sie mir zufälligerweise sagen, von welchen Bäumen das Obst stammt, das Ihr Vater an mich geliefert hat?«, fragte Fabio.

»Das kann ich sogar ganz genau«, antwortete Katharina, ohne zu zögern. »Meine Mutter hat über die Lieferungen nämlich akribisch Buch geführt. Wir haben sie oft belächelt, wenn sie während der Ernte mit Block und Bleistift im Marillengarten stand.« Sie klang, als würde ihr der Gedanke die Kehle zuschnüren. »Schlussendlich haben wir das Vorgehen aber von ihr übernommen. Wenn Sie wollen, schau ich gleich nach.«

»Bitte, machen Sie das«, sagte Fabio.

»Und sieh auch gleich nach, von welchen Bäumen Gregor Polers Marillen geerntet wurden«, fügte Lou hinzu.

Sie hörten, wie Katharina das Telefon ablegte, dann Schritte. Eine Weile herrschte Stille.

»Also, vorab muss ich erklären, wie meine Mutter die Plantage durchnummeriert hat«, sagte die junge Frau, als sie zurück war. »Reihe eins im Dürnsteiner Garten beginnt beim Feldweg beziehungsweise beim Blühstreifen und verläuft Richtung Donau, Reihe zwei ist die daneben und so weiter. Auch die einzelnen Bäume der jeweiligen Reihe haben wir dann von der Straße beginnend zum Fluss hinunter nummeriert«, erklärte sie. »Die vierzig Kilo Marillen, die an Sie, Herr Gerber, geliefert wurden, stammen von den Bäumen Nummer zwei und drei in der Reihe sechs.«

»Rechte Hälfte.« Lou notierte sich die Worte auf einem Klebezettel und schrieb in Großbuchstaben »FABIO« darunter.

»Die erste Bestellung über hundert Kilo, die wir Gregor Poler geliefert haben, stammt von den Bäumen sieben, acht und neun in der Reihe zwanzig.«

»Linke Hälfte«, sagte Lou und notierte sich auch das samt Polers Namen.

»Jeder Baum trägt im Durchschnitt vierzig bis fünfzig Kilogramm«, erläuterte Katharina. »Aber im Normalfall werden die nicht alle gleichzeitig geerntet, deshalb stammen Lieferungen häufig von mehreren Bäumen. Warum ist das wichtig?«

»Erklär ich gleich«, meinte Fabio. »Aber vorher sagen Sie uns …«

»Könnten wir uns nicht alle duzen?«, unterbrach Lou ihn. »Ich mag das förmliche Sie nicht besonders.«

Fabio und Katharina willigten sofort ein.

»Dann sag uns bitte«, fuhr Fabio fort, »von welchen Bäumen die zehn Kilo stammen, die du zur AGES gebracht hast, Kathi.«

»Die belasteten Marillen stammen von Baum eins in der dreiundzwanzigsten Reihe.«

»Linke Seite.« Lou kritzelte die Information auf einen neuen Klebezettel.

»Und die unbelasteten?«, fragte Fabio weiter.

»Von Baum acht in der vierten«, antwortete Katharina.

»Rechte Hälfte«, merkte Lou an und vermerkte die Lage des Baums auf einem weiteren Klebezettel.

Fabio nickte. »Wo auch die Bäume stehen, von denen die Früchte gestohlen wurden.«

»Wovon sprecht ihr?«, hakte Katharina nach.

Fabio erläuterte seine Theorie, wonach nur die Bäume in der linken Gartenhälfte mit Schadstoffen belastet waren.

»Und welchen Sinn ergibt das?«, fragte Katharina hörbar verwirrt.

»Die Diebe könnten von vornherein geplant haben, ausschließlich Marillen in Bioqualität zu stehlen, da sie diese teurer weiterverkaufen können. Deshalb haben sie die Bäume auf der linken Hälfte nicht angerührt, was natürlich voraussetzt, dass sie wussten, dass diese mit Pflanzengift behandelt wurden. Da die Bäume mit den unbelasteten Marillen zudem nahe dem Feldweg stehen, konnten sie die Früchte schnell abtransportieren«, sagte Lou. »Die Bäume, die gespritzt wurden, stehen hingegen weit von dem Blühstreifen entfernt. Vermutlich ist das beabsichtigt, denn hätte deine Mutter mehrere tote Insekten in der Wiese entdeckt, hätte sie sofort gewusst, dass etwas nicht stimmt.« Sie beschlich das Gefühl, dass sie mit den Ergebnissen dieses Vormittags einen wichtigen Schritt vorangekommen waren.

»Mit Sicherheit hätten in den nächsten Tagen und Wochen noch weitere Abnehmer anonyme Anrufe mit der Behauptung erhalten, dass die Marillen mit Pestiziden belastet sind«, mutmaßte Fabio. »Damit wäre der Ruf des Brucker-Hofs ruiniert gewesen. Das böse Spiel hätte bis zum Ende der Marillensaison weitergehen können, wenn deine Mutter nicht schon davor die Lieferungen eingestellt hätte. So oder so, geschadet hätte es ihr auf jeden Fall.«

»Und wenn die Kunden der Reihe nach abgesprungen und sich der Marillengarten am Donauufer nicht mehr gerechnet hätte, dann hätte Mama über kurz oder lang das Kündigungsrecht im Pachtvertrag angewendet«, schlussfolgerte Katharina mit krächzender Stimme. »Aber warum?«

Lou erörterte ihre Hypothese, dass es um ein Bauvorhaben auf dem Grundstück der Koschinskys gehen könnte, gegen das Marta ihr Veto eingelegt hatte, vermutlich noch bevor es ernsthaft spruchreif gewesen war und man es dem Eigentümer Franz Schiller vorgelegt hatte. »Oder jemand will euch einfach nur euren Marillengarten abspenstig machen, um ihn sich dann möglicherweise selbst unter den Nagel zu reißen.«

»Hast du denn auch einen Verdacht, wer das sein könnte?«, fragte Katharina.

Lou zögerte. »Ja.«

»Spuck's aus«, forderte Martas Tochter.

»Auch die Koschinskys.«

Eine Weile herrschte Stille.

»Aber soweit ich weiß, verwenden die doch auch keine Pflanzenschutzmittel«, murmelte Katharina. »Das haben sie Mama jedenfalls versichert, als sie und der Honig-Lorenz den Blühstreifen angelegt haben.«

Lou warf Fabio einen Seitenblick zu. Er nickte, da er vermutlich ähnlich dachte wie sie. Entweder hatte das Winzerpaar Marta diesbezüglich angelogen, oder die Kanister, die Lou im Keller entdeckt hatte, waren ausschließlich für Martas Marillenbäume gekauft worden.

»Wenn ich mich dazu entschließe, das Erbe meiner Mutter anzunehmen, was meint ihr, hören die Diebstähle und das Besprühen mit Pestiziden dann auf?«, fragte Katharina in Lous Gedanken hinein. »Wo doch Ludwig Koschinsky jetzt auch tot ist?«

Ehe Lou und Fabio darauf antworten konnten, ertönte im Hintergrund Andreas' aufgeregte Stimme. Lou konnte nicht verstehen, was er sagte, und seinem Gesichtsausdruck nach zu urteilen, verstand Fabio ebenso wenig.

»Es ist etwas mit Papa«, sagte Katharina schnell. »Ich muss auflegen.« Damit beendete sie das Gespräch.

31

Was war das denn?«, fragte Lou perplex.

»Keine Ahnung, aber Katharinas Reaktion klang nicht gut.«

Lou sprang auf. »Ich muss zum Brucker-Hof.«

Alarmiert durch ihr Verhalten, kam Michelin rasch unter dem Tisch hervor.

Fabio warf einen Blick auf die Uhr. »Okay, es ist neun. Ich muss erst um zehn in die Küche, ich komme mit.«

»Wir nehmen dein Auto«, entschied Lou, weil sie schneller in der Garage des Landschlösschens waren als bei ihrem Jeep am Ortsausgang. Sie eilte in die Diele. Fabio und Michelin waren dicht hinter ihr.

Drei Minuten später lenkte der Koch seinen VW Touran langsam durch das Garagentor auf die Straße, wo schon die ersten Touristen unterwegs waren. Schweigend fuhren sie zu Martas Hof.

Kaum hatte Fabio den Wagen im Hof abgestellt, sprang Lou aus dem Auto. Michelin wollten sie im Fahrzeug lassen. »Aber lass die Heckklappe offen«, bat sie Fabio. »Sonst wird es für ihn zu heiß.«

»Reicht es nicht, wenn man die Fenster ein Stück runterlässt?«, fragte Fabio.

»Nein«, blieb Lou dabei.

Fabio öffnete also die Heckklappe, dann rannten sie beide los.

Die Eingangstür war verschlossen. Lou klingelte, während Fabio sich an ihre Seite stellte. Es dauerte eine kleine Weile, bis Katharina die Tür öffnete. Sie war blass, sah verweint aus und wirkte, als hätte sie Kreislaufprobleme. Mit einem Arm stützte sie sich am Türrahmen ab. Als sie Lou und Fabio sah, schlug sie die Hände vors Gesicht und heulte hemmungslos.

Ihr Anblick brach Lou das Herz. Sie zog die junge Frau in die Arme. »Was ist passiert?«, hauchte sie in ihre Haare und wappnete sich, gleich das Schlimmste zu hören. Ihre innere Stimme brüllte bereits: Rainer ist tot!

»Zwei Streifenpolizistinnen sind zu uns gekommen«, schluchzte Katharina. »Kurz bevor ich aufgelegt hab.« Sie wand sich aus Lous Umarmung, fischte ein Taschentuch aus ihrer Jeanstasche und schnäuzte sich geräuschvoll. Dann atmete sie tief durch, als bräuchte sie mehr Sauerstoff als normal, um weitersprechen zu können. »Sie haben Papa festgenommen.«

»Wann?«, fragte Lou.

»Heute Morgen gegen halb fünf.«

»Wo?«

»Ich weiß es nicht.« Katharina blickte verzweifelt von Lou zu Fabio und wieder zurück. »Die Polizistinnen haben uns auf Wunsch unseres Vaters hin benachrichtigt und kaum etwas gesagt. Nur dass er seit halb fünf in Polizeigewahrsam ist … Gewahrsam«, wiederholte sie und schüttelte verächtlich den Kopf.

Andreas tauchte hinter seiner Schwester auf. Er wirkte etwas gefasster als sie. »Oma und Opa sind gleich da. Sie haben auch schon unseren Firmenanwalt von der Werft informiert, der kümmert sich jetzt um einen Strafverteidiger für Papa.«

»Die Polizei ist gegen uns. Du musst den wahren Mörder finden, Lou. Bitte!« Damit schloss Katharina die Tür.

Lou und Fabio blieben kurz auf der Eingangstreppe stehen und sahen sich schweigend an.

»Gut, dass sie ihre Großeltern haben, die jetzt für sie da sind«, sagte Lou und ging die paar Schritte zurück zum Auto.

»Wo waren die eigentlich, als Marta ermordet wurde?«, fragte Fabio, nachdem sie die Heckklappe geschlossen hatten und eingestiegen waren.

»Vermutlich waren sie auch für sie da, aber wir haben davon nichts mitbekommen«, meinte Lou. »Sie kümmern sich ja noch gemeinsam mit Rainer um den Nachlass von Oliver.«

»Was wird jetzt passieren? Ich meine, Rainer Brucker scheint ja immer noch der Hauptverdächtige zu sein, was den Mord an Marta betrifft.« Fabio startete den VW Touran. »Wird deine Ex-Chefin nach der Festnahme noch in eine andere Richtung ermitteln, oder beißt sie sich fest, was denkst du?«

»Wenn sich neue Hinweise ergeben, die nicht auf Rainer als den Täter hindeuten, wird sie denen auf jeden Fall nachgehen.« Lou kaute auf ihrer Unterlippe. »Aber die Indizien, die gegen ihn sprechen, sind erdrückend. Er war frühmorgens auf Martas Hof, und sie hatten Streit, weil Marta ihn mit seinem Bruder betrogen hat und Andreas ein Kuckuckskind ist.«

»Und du? Wartest du ab, was sich ergibt?«, fragte Fabio in einem Tonfall, der klang, als würde er nicht daran glauben.

Lou kniff die Augen zusammen. »Nachher fahre ich noch zu Franz Schiller. Ich muss endlich wissen, was es mit dem Bauprojekt auf sich hat.«

»Mit dem Gourmetprojekt, für das die Schweizer mich anwerben wollen und ich womöglich die Wachau verlassen muss?«, fragte Fabio scherzhaft.

Lou wusste, dass er sie provozieren wollte. Sie reagierte nicht, obwohl ihr allein der Gedanke eine Riesenangst einjagte. »Und mit Wilma Koschinsky würde ich auch gern ein ernstes Wort reden.«

»Also wartest du nicht ab, ob und was Rainer Brucker gesteht?«

Lou schüttelte den Kopf. »Ich will Antworten, jetzt sofort.« Für die Geschwister würde sie den Hinweisen nachgehen, die Verena möglicherweise missachtete, weil sie ihr als unwesentlich erschienen: Wie die Koschinskys ihr neues Dach bezahlt hatten und woher die zehntausend Euro stammten. »Könntest du Janet fragen, ob ihr vor dem Haus der Koschinskys in den letzten Monaten der Wagen eines Dachdeckers aufgefallen ist? Und wenn, ob auf dem Auto der Name des Unternehmens stand und sie ihn sich gemerkt hat?«

»Mach ich gleich. Sie ist sicher schon in der Küche, wenn ich komme. In letzter Zeit ist sie immer die Erste, ich habe schon direkt ein schlechtes Gewissen«, sagte Fabio und lenkte den Wagen zum Ortszentrum zurück.

Ich könnte dir sagen, warum sie so fleißig ist, dachte Lou.

»Wenn du willst, dass ich dich zur Koschinsky begleite, würde ich dich so gegen drei vom Geschäft abholen. Ehrlich gesagt wäre es mir lieber, du würdest nicht alleine fahren.« Fabio zwinkerte ihr zu. »Irgendwer muss dich schließlich davon abhalten, in fremde Häuser einzusteigen.«

Lou schmunzelte. »Drei Uhr klingt gut. Dann besuchen wir erst den alten Schiller und danach die frischgebackene Witwe«, entschied sie. »Oder andersrum.«

Zehn Minuten später trat Lou mit Michelin durch die Tür ihres Delikatessengeschäfts.

»Grad eben war Bruno Schiller schon wieder hier«, empfing Sigrid sie. »Er wollte Nachschub von dem Käse, den ich ihm vorgestern verkauft habe.« Ihre Wangen waren leicht gerötet. »Seine

Gäste waren so begeistert, hat er gesagt, dass er ihnen welchen mitgeben will, wenn sie heute Nachmittag nach Hause fliegen. Ich hab den Käse natürlich eingeschweißt.«

»Super.« Lou nickte. Genau für derartige Fälle hatte sie sich schon kurz nach der Geschäftseröffnung ein Vakuumiergerät angeschafft. Sie ließ Michelin ins Büro. »Schade, dass ich ihn verpasst hab, andernfalls hätte ich ihn gleich hier und jetzt fragen können, ob seine Gäste aus der Schweiz vorhaben, auf dem Grundstück von Koschinskys Riede zu bauen.« Sie legte ihre Tasche auf den Schreibtisch und ging zurück in den Verkaufsraum.

»Er war auch enttäuscht, dass du nicht da warst.« Sigrid schien ihre Bemerkung nicht gehört zu haben.

Lou hatte den Eindruck, dass Frust in ihrer Stimme mitschwang, weil Bruno Schiller Lous Abwesenheit bedauert hatte. Offenbar beschäftigte sie der Wahlschweizer.

»Er hat uns die Genussschwestern genannt.« Sigrid lachte. »Aber du hattest heute Morgen sicher Besseres zu tun«, sagte sie unvermittelt und zwinkerte Lou zu. »Hedwig hat dich mit Fabio gesehen. Ihr seid in seinem Wagen aus seiner Garage gefahren.« Sie hob die Hände Richtung Decke, als wollte sie sich beim Allmächtigen persönlich bedanken. »Endlich!«

»Es war nicht so, wie du denkst«, zerstörte Lou die Hoffnung ihrer Freundin sofort und erzählte ihr, weshalb sie morgens in Fabios Auto gesessen hatte. Dass sie am Vorabend in das Haus der Koschinskys sozusagen eingebrochen war, verschwieg sie.

Sigrid verzog enttäuscht das Gesicht. »Schad. Obwohl ich natürlich froh bin, dass wir Martas Produkte wieder bedenkenlos verkaufen können. Aber was hast du da gerade von einem Bauvorhaben gefaselt?«

Lou grinste in sich hinein. Offenbar hatte sie Sigrid unterschätzt, und sie hatte ihre Bemerkung doch mitbekommen. Wenigstens am Rande. Sie wiederholte also, was sie gesagt hatte, und erläuterte auch gleich, wie sie darauf kam.

»Das könnte bedeuten, dass Bruno Schiller in der Wachau bleibt«, kombinierte Sigrid unmittelbar. Es war ihr anzusehen, dass ihr die Idee gefiel.

»Denkst du daran, dich von deinem Singledasein zu verabschieden?«, fragte Lou halbernst. »Vorausgesetzt, der attraktive ehemalige Ruderer spielt mit.«

»Ich würde mich nicht dagegen wehren.« Sigrid grinste.

»Und was macht er dann mit seinen Fitnessstudios in der Schweiz?«

Sigrid zuckte mit den Achseln. »Verkaufen? Verpachten? Einen Geschäftsführer einsetzen? Nicht in jedem Geschäft steht die Besitzerin persönlich hinterm Tresen«, spielte sie auf Lou und ihre Köstliche Welt an.

»Na, dann drück ich dir auf jeden Fall die Daumen«, sagte Lou und wechselte das Thema. »Die Polizei hat heute Morgen übrigens Rainer festgenommen.«

»Oh«, entfuhr es Sigrid.

»Letzte Nacht war er noch bei mir. Vermutlich wird er das Veni erzählen, und dass ich nicht Bescheid gegeben hab, wird ihr nicht gefallen.«

Sigrid starrte Lou fassungslos an. »Rainer war bei dir? Drehst du jetzt durch, oder was? Du kannst doch nicht …«

»Lass mich bitte ausreden«, fiel Lou ihr ins Wort und erzählte detailliert, was er ihr gesagt hatte. Währenddessen schaute sie kurz auf ihr Handy. Eine WhatsApp von Fabio war eingegangen. Demnach war Janet kein Dachdeckerauto vor dem Haus der Koschinskys aufgefallen. Wäre auch zu schön gewesen, dachte Lou, derweil sie Sigrid weiter von ihrem Gespräch mit Rainer berichtete.

»Na bumm.« Sigrid hielt sich am Verkaufstresen fest, als befürchtete sie, gleich umzukippen. »Wenn Rainer nicht Andreas' Vater ist, landet er ganz oben auf der Verdächtigenliste, nicht wahr?«

»Dort steht er schon die ganze Zeit. Aber du liegst schon richtig: Dass er jetzt ein noch stärkeres Motiv hat, macht die Sache für ihn nicht besser«, sagte Lou. »Hast du schon das von Ludwig Koschinsky gehört?«

Sigrid nickte. »Maria war heute Morgen da. Auf ihrem Rückweg vom Walken. Schrecklich. Sie meinte, sie war vorher schon bei dir, und du hast gesagt, dass es ein Unfall war.« Sie suchte Lous Blick. »Das war es aber nicht, hab ich recht?«

»Ich glaube nicht an einen Unfall.«

»Denkst du, es war derselbe Täter?«, fragte Sigrid. »Maria ist ja der Meinung, dass ...«

»Ganz ehrlich, Sigi«, erwiderte Lou. »Wenn ich noch ein Wort von einem ortsfremden Serientäter höre, der umgeht und unschuldige Wachauer tötet, dann schrei ich.«

»Es kann sich halt keiner im Ort vorstellen, dass jemand von uns die Marta umgebracht hat.« Sie hielt eine Sekunde lang inne. »Rainer mal ausgenommen, der ausgerastet ist. Aber sonst?« Wieder machte sie eine kurze Pause. »Sagst du Verena Badinger jetzt von dir aus, dass er gestern bei dir war?«

»Wer war bei dir?«, riss sie eine Stimme aus der Unterhaltung.

32

Lou wirbelte herum. Die Ermittlerin stand in Jeans, weißem T-Shirt und einer dünnen blauen Jacke vor ihnen. Schon zum zweiten Mal seit dem Mord an Marta war Verena überraschend im Geschäft aufgetaucht.

»Ähm«, stammelte Lou.

Scheiße, formten Sigrids Lippen tonlos.

Keiner von ihnen beiden hatte die Kriminalbeamtin bemerkt.

»Würdest du bitte mal aufhören, dich wie ein Geist in mein Geschäft zu schleichen?«

»Wer war bei dir?«, wiederholte Verena unbeirrt und musterte Lou mit prüfendem Blick.

»Rainer Brucker«, gestand Lou, weil es nichts bringen würde, sich irgendwie herauszureden. »Gehen wir ins Büro.« Mit einer Kopfbewegung gab sie ihrer ehemaligen Vorgesetzten zu verstehen, ihr zu folgen. Nachdem sie die Glastür aufgezogen hatte, beschnupperte Michelin die Ermittlerin neugierig, entschied, dass sie ungefährlich war, und ließ sich wieder auf seiner Decke nieder.

»Ich hab gehört, ihr habt möglicherweise die Tatwaffe gefunden«, begann Lou und schloss die Tür hinter ihnen.

Verena setzte sich, ohne zu antworten, auf den Stuhl vor dem Schreibtisch.

Lou lehnte sich an die Küchenzeile. »Magst ein Wasser oder Kaffee?«

»Nichts, danke.« Die Polizistin zog Kugelschreiber und Block aus ihrer Jackentasche.

Lou überlegte, sich einen Kaffee zu machen, verwarf die Idee aber. Sie hatte ihren täglichen Bedarf an Koffein bereits gedeckt. Ihr Herz hämmerte schneller als gewöhnlich.

»Rainer Brucker war also bei dir?« Verena sah Lou auffordernd an. »Wann?«

»Gestern Nacht, so um elf. Er stand plötzlich auf meiner Terrasse. Ihr habt ihn heute festgenommen?« Lou versuchte, Verena gar nicht die Möglichkeit zu geben, ihr einen Vorwurf zu machen.

Ihre ehemalige Vorgesetzte reagierte nicht, notierte sich stattdessen etwas. »Was wollte er?«

»Mich von seiner Unschuld überzeugen.«

»Eigenartig.« Die Ermittlerin tippte sich nachdenklich mit dem Stift gegen ihr Kinn. »Dass er ausgerechnet zu dir kommt, um das zu tun, und nicht zur Polizei geht.«

»In euren Augen ist er doch der Hauptverdächtige.«

Verena schnaubte. »Damit hat er nicht ganz unrecht. Immerhin war er frühmorgens in der Nähe des Hofes seiner Ex-Frau, und wir wissen mittlerweile, dass sie ihn gebissen hat. Er hat eine Wunde am Arm, und seine DNA ist wortwörtlich in ihrem gesamten Mund verteilt. Demnach kam es zu einer handgreiflichen Auseinandersetzung.«

»Das hat er mir erzählt«, räumte Lou ein.

»Dann hat er dir sicher auch verraten, warum er seine Frau frühmorgens aufgesucht hat?«

Lou nickte. »Wegen des Vaterschaftstests.«

»Genau«, sagte Verena und machte sich erneut Notizen.

Lou wusste, dass ihre Ex-Chefin bereits ein klares Bild im Kopf hatte. Marta hatte ihren Ex-Mann verspottet oder ausgelacht, weil es ihr gelungen war, ihn über einen so langen Zeitraum hinweg zu täuschen, was Andreas betraf. Ihre Genugtuung für seine jahrelange Untreue. Was ihn in seiner toxischen Männlichkeit gekränkt hatte, woraufhin er ausgerastet war und sie erschlagen hatte.

Lou schürzte die Lippen. »Was, wenn es sich in Wahrheit doch so abgespielt hat, wie Rainer mir gegenüber behauptet hat? Dass er wirklich gegangen ist, nachdem ihn Marta angeschrien und gebissen hat? Martas Freundin Greta hat mir gegenüber gemeint, er sei manipulativ, ein Arschloch und täusche Menschen gern. Aber er war Marta gegenüber nie gewalttätig.«

»Und das spricht ihn jetzt frei von jedem Verdacht, oder was?«, fragte Verena und redete direkt weiter. »Wir wissen beide, dass die Tat augenscheinlich im Affekt passiert ist und der Mörder die Tatwaffe geistesgegenwärtig mitgenommen hat. Herr Brucker hat ein starkes Motiv, und egal, ob er früher seine Frau misshandelt hat oder nicht: Diesmal ist er ausgetickt. Die Aussagen von Personen in seinem Umfeld belegen, dass sich seit dem Rauswurf von seiner Frau vor sechs Monaten Enttäuschung und Wut in ihm aufgestaut hatten. Du kennst das doch noch aus deiner Zeit bei uns von anderen Tätern. Und Rainer Brucker hat sich nicht nur ungerecht behandelt gefühlt, dazu kam noch der Betrug. Siebzehn Jahre lang dachte er, dass Andreas sein leiblicher Sohn sei! Wäre das rausgekommen, hätten ihn seine Freunde und Stammtischbrüder doch als Trottel abgestempelt. Du und ich, wir können uns die bescheuerten Machosprüche, mit denen er überschüttet worden wäre, vorstellen. Natürlich hatte er selbst seine Frau nicht nur ein paarmal betrogen, aber im umgekehrten Fall hätten in seinen Augen andere Regeln gegolten.«

Lou presste die Lippen aufeinander und schwieg. Verenas Auffassung deckte sich mit der von ihr, die sie von Rainer bekommen hatte, als er ihr nach Martas Ermordung die Bestellung gebracht hatte. Aber auf der Terrasse hatte sich ihr ein anderer Rainer offenbart. Andererseits musste sie davon ausgehen, dass er die Kunst der Manipulation aus dem Effeff beherrschte.

Schließlich streckte Verena die Hände aus und drehte die Handflächen nach oben. »Aber gut, nehmen wir mal an, der Mann ist wirklich unschuldig. Dann müsste sich das ja sicher irgendwie beweisen lassen. Wir haben schon gehört, dass in Marienkirchen nicht wenige Leute der Meinung sind, dass nur ein gewaltbereiter Urlauber der Täter sein kann. In der Wachau wimmelt es anscheinend nur so vor Profiermittlern, die klüger sind als die Polizei.« Sie lächelte süffisant. »Eine Frage brennt mir noch unter den Fingernägeln. Warum hast du mich nicht angerufen, als er bei dir war? War dein Handy-Akku leer, oder hat er dich mit einer Schusswaffe bedroht?« Ihr Blick durchbohrte Lou.

»Das waren zwei Fragen, und ja, der Akku war leer.« Sie wussten beide, dass das gelogen war. »Und einen Festnetzanschluss habe ich nicht mehr.«

»Wenn ich nicht so große Stücke auf dich halten würde und wüsste, dass noch genug Polizistin in dir steckt …«

»Ich weiß, du könntest mich wegen Strafvereitelung drankriegen«, unterbrach Lou. »Tut mir leid.«

Verena reagierte nicht, sondern lehnte sich abwartend im Stuhl zurück.

»Ich glaube, dass die Koschinskys etwas zu verbergen haben«, fuhr Lou deshalb fort.

»Aha, interessant. Red weiter!«

»Es hat mit dem Knopf begonnen.« Lou begann zu erzählen und fasste die Ereignisse und das Gespräch mit dem Ehepaar zusammen. »Er ist in meiner Tasche. Wenn du willst, gebe ich ihn dir.«

Einen Moment lang wirkte ihre Ex-Chefin überrascht, nickte dann aber.

Lou kramte den Plastikbeutel aus ihrer Umhängetasche, die noch immer auf dem Tisch lag, und gab ihn ihr.

»Dir ist schon klar, dass das alles im Grunde genommen nichts beweist?«, stellte Verena eine rhetorische Frage und steckte den Beutel ein. »Was hattet ihr, du und Herr Gerber, eigentlich in Marta Bruckers Marillengarten verloren?«

»Wir wollten nach Spuren suchen, die die Obstdiebe möglicherweise hinterlassen hatten. Und was wir gefunden haben, ist dieser Knopf.«

Verena lachte kurz auf. »Tolle Spur. Damit habt ihr die Diebe bestimmt schon entlarvt?«

Lou ließ sich nicht beirren. »Nein, sonst hätte ich dir natürlich längst Bescheid gegeben.« Sie rieb sich übers Kinn. »Davon mal abgesehen glaube ich, dass das Ehepaar Koschinsky einige Marillenbäume von Marta mit Fungiziden besprüht hat.« Sie erzählte von Gregor Polers Stornierung seiner Bestellung und zeigte der Kriminalbeamtin auf ihrem Handy das Foto der Analyse.

»Das ist nicht meine Baustelle, Lou.«

»Die Koschinskys haben mit Sicherheit größere Mengen Pflanzenschutzmittel bestellt«, ignorierte Lou Verenas Einwand. »Schau mal in deren Unterlagen oder im Keller nach.« Sie hoffte, damit Verenas polizeiliche Neugier angestachelt zu haben. Ihren heimlichen Besuch im Haus des Ehepaars konnte sie jetzt unmöglich auch noch zugeben. Nicht in diesem Augenblick, wo sie bei ihr sowieso schon Minuspunkte gesammelt hatte. »Oder habt ihr bei der Durchsuchung von Martas Hof vielleicht irgendwo Pflanzenschutzmittel gesehen? Wenn ja, würde ich meine These, dass die Koschinskys Martas Bäume besprüht haben, noch mal überdenken.«

Verena fixierte Lou. »Die Koschinskys sind – beziehungsweise waren – ein ganz normales Ehepaar und haben ihre Nachbarn nicht tyrannisiert. Jedenfalls ist uns bislang nichts dergleichen zu Ohren gekommen.«

Lou seufzte. Ihr lag die Frage auf der Zunge, mit wem ihre Ex-Chefin über die Winzer gesprochen hatte. Denn laut Greta hatten beide zurückgezogen gelebt, und unmittelbare Nachbarn gab es nicht. Ihr Haus lag einsam am Straßenrand. Vermutlich müsste Lou jetzt doch mit der Wahrheit herausrücken, andernfalls würde Verena das Ehepaar – beziehungsweise nur mehr die Witwe – niemals eingehender unter die Lupe nehmen. Die beiden waren in keinster Weise verdächtig, Marta getötet zu haben. Und auch Wilma Koschinsky kam bisher als Mörderin ihres Mannes nicht infrage. »Schau dir die Rechnungen im Haus an, Veni«, bat sie eindringlich. »Die Koschinskys haben acht Kanister Oladur bestellt. Außerdem liegen zehntausend Euro in einer Schreibtischlade. Woher stammen die? Von ihrem Konto bestimmt nicht.«

Die Ermittlerin starrte sie fassungslos an, während Lou ihre Beichte ablegte und dabei nichts ausließ. »Übrigens haben die beiden auch akribisch darüber Buch geführt, wer vor ihrem Wein- und Martas Marillengarten angehalten hat.« Sie zeigte ihr die entsprechenden Fotos, die sie im Haus gemacht hatte.

»Das ist doch …«, schnaubte die Ermittlerin, während sie die Aufzeichnungen betrachtete.

»Krank?«, sagte Lou in fragendem Tonfall und setzte ein entwaffnendes Lächeln auf.

Michelin spürte die Anspannung im Raum. Er hob den Kopf, sah zu Lou.

»Verflucht noch mal«, brach es endlich wie erwartet aus Verena heraus. »Bist du wahnsinnig? Du steigst einfach so in ein fremdes Haus ein? Hast du sie noch alle?«

»Die Tür war angelehnt«, argumentierte Lou wie schon Fabio gegenüber.

»Ich sollte dich in Handschellen hier rausführen«, wetterte Verena und sprang auf.

Lou sah, dass Sigrid ihnen einen erschrockenen Blick durch die Glastür zuwarf. Offenbar konnte man Verena bis in den Verkaufsraum hören. Lou bedeutete ihr, dass alles in Ordnung sei, dann streichelte sie Michelin, der ein unbestimmtes Grunzen von sich gab, sich erhob und seinen Körper gegen Lous Oberschenkel drückte. »Alles gut, mein Großer.«

Ihre Ex-Chefin tigerte ruhelos im Raum auf und ab, dann setzte sie eine strenge Miene auf, stützte sich mit den Händen auf die Stuhllehne und nagelte Lou mit ihrem Blick fest. »Warum hast du gegenüber Konstantin Öhlgraber behauptet, dass der Tod von Ludwig Koschinsky kein Unfall war?«

»Das heißt, ich hab recht, und er wurde ermordet«, schlussfolgerte Lou augenblicklich.

Verena reagierte nicht. Ihr Blick hätte mittlerweile Untote erschreckt. Sie war stinksauer, und Lou konnte es ihr nicht übel nehmen.

»Das ist mir spontan in den Sinn gekommen. Ich hatte vorher gar nicht darüber nachgedacht«, verteidigte sie sich. »Und weil Janet meinte, der Knopf könnte zu einer Bluse von Wilma Koschinsky gehören, wollte ich einfach Gewissheit haben und bin zum Haus hin.«

»Warum hast du gesagt, dass es kein Unfall war?«, wiederholte die Chefinspektorin ihre Frage.

»Weil Ludwig Koschinsky möglicherweise Marta ermordet hat und ich befürchte, dass jemand ihren Tod gerächt hat«, platzte es schließlich aus Lou heraus.

»Hast du dafür Beweise?«

Lou schüttelte den Kopf.

Ihre Ex-Chefin ließ die Lehne los, setzte sich wieder und

notierte sich etwas. Dann atmete sie tief durch. »Gut. Du hast recht. Ludwig Koschinsky ist nicht ertrunken. Seine Lunge war staubtrocken. Er wurde mit einem etwa faustgroßen Stein erschlagen, das beweisen Spuren an seinen Schläfen und dem Hinterkopf. Es wurde mindestens achtmal auf ihn eingeschlagen. Vermutlich war er gleich nach dem ersten oder zweiten Schlag bewusstlos, was den Täter aber nicht am Weitermachen hinderte. Wir denken, er wollte auf Nummer sicher gehen. Herr Koschinsky ist an einer Hirnblutung gestorben.«

»Das klingt nach großer Wut oder Hass. Wie bei Marta«, schloss Lou.

»Nur dass die Tatwaffe diesmal ein Stein war.«

»Wieder eine Waffe, die spontan in der Situation gewählt wurde. So wie der Spaten bei Marta«, sinnierte Lou. »Habt ihr den Stein gefunden?«

Verena schüttelte den Kopf. »Der Täter hat ihn vermutlich in die Donau geworfen. Es ist nahezu unmöglich, ihn zu finden. Wir haben schon die nähere Umgebung danach abgesucht, aber nichts entdeckt. Denkbar ist auch, dass der Täter ihn eingesteckt und weit vom Tatort entfernt entsorgt hat. Die Spurenlage belegt zudem, dass Herr Koschinsky zwischen den Weinreben ermordet und dann zur Donau geschleift wurde, um sein Ertrinken vorzutäuschen. Außerdem ist bei beiden Morden mit viel Kraft und äußerster Brutalität vorgegangen worden. Hatten Frau Brucker und Herr Koschinsky einen gemeinsamen Feind, Lou?«

»Die Frage kann ich dir leider nicht beantworten. Zudem hatten Marta und ihr Winzernachbar nur oberflächlich Kontakt. Flüchtige Tratschereien vor oder nach getaner Arbeit, du verstehst? Was sagt denn Wilma Koschinsky?«

»Eigentlich das Gleiche wie du. Dass es keine engere Verbindung zwischen ihrem Mann und Marta Brucker gab. Leider war ihre Aussage zum Mord ihres Mannes nicht besonders hilfreich. Als er erschlagen wurde, war sie im Haus, hat absolut nichts mitbekommen.«

Lou verzog zweifelnd das Gesicht.

»Du denkst, sie weiß mehr, als sie zugibt?«

»Genau das tue ich. Auf den ersten Blick wirkt sie wie ein zurückhaltendes zartes Persönchen. Aber ich glaube, das ist nur Fassade«, sagte Lou bestimmt. »Die Frau ist stärker, als wir alle denken beziehungsweise denken sollen.«

Verena zeigte auf Lous Handy. »Schick mir die Bilder aus dem Haus. Klaus Bachl ist mit zwei Kollegen gerade bei der Witwe. Wir werden schauen, ob wir in den Unterlagen oder auf dem PC Hinweise finden, die uns eventuell zu dem Mörder ihres Mannes führen. Oder zumindest ein Motiv liefern. Und ich werde auch gleich noch mal hinfahren und persönlich ein ernstes Wort mit ihr reden. Vor allem interessiert mich das Geld, das du in der Lade entdeckt hast.«

Lou hob neugierig die Augenbrauen.

»Rainer Brucker war wenige Tage vor der Ermordung seiner Ex-Frau auf der Bank«, fuhr Verena fort. »Er hat Geld abgehoben. Und jetzt rate mal, wie viel?« Sie stand auf.

»Zehntausend Euro?«, riet Lou.

»Zehntausend Euro«, wiederholte ihre Ex-Chefin.

»Du denkst, die waren für Ludwig Koschinsky? Aber wofür hätte er ihm so viel Geld geben sollen?«

»Das konnte ich Rainer Brucker bei der ersten Vernehmung noch nicht fragen. Der Kollege, der mit der Auswertung seiner Bankdaten beschäftigt ist, hat mir die Information erst gegeben, als ich schon auf dem Weg zu dir war«, erklärte Verena.

»Könnte es sein, dass Rainer die Koschinskys mit dem Geld bezahlt hat, damit sie das Pestizid in Martas Garten versprühen?«

Dass er ihr gegenüber behauptet hatte, die beiden nicht zu kennen, ließ Lou unerwähnt. Das konnte eine Lüge gewesen sein.

»Die Frage kann ich dir erst beantworten, wenn ich mit unserem Verdächtigen und natürlich auch mit Frau Koschinsky über das Geld gesprochen habe«, antwortete Verena. »Bei dem Spaten, den wir bei der Mauterner Brücke gefunden haben, handelt es sich übrigens aller Voraussicht nach nicht um jenen, mit dem Marta Brucker erschlagen wurde. Es ist ein anderes Modell, ohne T-Griff und blau lackiertes Spatenblatt. Also halt die Augen offen, vielleicht stolperst du ja bei deinen weiteren«, Verena malte Anführungszeichen in die Luft, »Ausflügen darüber.« Sie wusste ganz genau, dass Lou, solange Rainer nicht gestand oder der Fall anderweitig gelöst war, weiterhin Ermittlungen anstellen würde. »Aber versprich mir bitte, nirgends mehr einzusteigen.«

»Die Tür war angelehnt«, erwiderte Lou erneut.

»Wenn du mal bei so einer Aktion erwischt wirst, kann ich dir nicht helfen. Das ist dir hoffentlich klar?« Verena wartete Lous Reaktion nicht ab. »Pfiat di, Lou.«

»Pfiat di, Veni.« Lou sah der Ermittlerin nachdenklich hinterher, als diese schon die Glastür hinter sich geschlossen hatte.

33

Lou lehnte sich im Stuhl zurück, schloss die Augen und versuchte, ihre Gedanken zu sortieren. Die Beweislast gegen Rainer war erdrückend. Falls Wilma Koschinsky bestätigte, dass sie oder ihr Mann die zehntausend Euro von ihm erhalten hatten, würde sich Verena ausschließlich auf ihn als möglichen Täter konzentrieren. Sie überlegte: Sollte sie vielleicht doch abwarten, ob Rainer die Morde an Marta und Ludwig Koschinsky gestand? Verena war Vernehmungsexpertin, sie wusste, wie sie die Wahrheit aus ihm herauskitzeln konnte. Aber was, wenn Rainer ihr, Lou, tatsächlich die Wahrheit gesagt hatte?

»Was war denn los?«

Als sie Sigrids aufgeregte Stimme hörte, öffnete sie die Augen wieder. Ihre Freundin hielt einen Teller mit einem Stück Topfentorte mit Marillenstückchen in der Hand. Lou lächelte. Den Marillen entkam man im Sommer einfach nicht.

Sigrid reichte Lou den Teller. »Die Franzi hat uns zwei Stück vorbeigebracht. Nervennahrung, hat sie gemeint. Ich hab meins schon gegessen.«

Lou nahm den Teller und stellte ihn auf den Tisch. »Lass mich raten: Sie hat gesehen, wie Verena das Geschäft betreten hat, und war neugierig?«

»Natürlich wollte sie wissen, ob es etwas Neues gibt. Wer will das nicht? Dass sie Rainer verhaftet haben, hat sich ja schon rumgesprochen. Alle im Ort sind durch den Wind.« Sigrid nahm eine Kuchengabel aus der Schublade der Küchenzeile und gab sie Lou.

Lou stach ein Stück Torte ab und steckte es sich in den Mund. Wie erwartet schmeckte es sehr gut. »Bin gespannt, wie lange Hedi es aushält, bis sie hereinspaziert und uns Semmeln oder Brot vorbeibringt, nur um zu erfahren, was es Neues gibt«, sagte sie kauend.

Sigrid grinste. »Sie hat mich vorhin schon am Handy angerufen, kurz bevor deine Chefin weg ist.«

Lou nickte. Eh klar, dass ihre Freundin und Angestellte wieder mal Anlaufstation Nummer eins für Informationen in Marienkirchen war. Während sie das Stück Torte aß, setzte Lou sie über die Neuigkeiten ins Bild.

»Uff, da sitzt der Rainer jetzt aber ganz schön in der Klemme.« Sigrid überlegte eine Sekunde. »Angenommen, er hat Marta wirklich umgebracht. Dann könnte Ludwig Koschinsky, der vorher beim Zerstörungsversuch von Martas neuer Existenz sein Handlanger war, eins und eins zusammengezählt haben und Rainer auf die Schliche gekommen sein. Und anschließend ist er auf die glorreiche Idee gekommen, ihn zu erpressen, womit er dann sozusagen sein Todesurteil unterschrieben hat.«

»Hmm«, brummte Lou nachdenklich. »Du meinst also, die zehntausend Euro waren nicht die Bezahlung dafür, dass die Koschinskys Martas Bäume mit Oladur besprühen ...«

»Sondern Schweigegeld«, fiel ihr Sigrid ins Wort. »Und vielleicht hat sich Ludwig Koschinsky gedacht: Wenn die Erpressung einmal funktioniert hat, warum dann beim zweiten Mal nicht mehr verlangen?«

»Klingt einleuchtend«, sagte Lou und schob sich die letzte Gabel mit Marillentorte in den Mund. Kauend rief sie ihre privaten Mails auf dem Computer ab. »Trotzdem ist im Moment alles nur Spekulation. Ich denke, wir sollten abwarten, was Verena bei der weiteren Vernehmung von Rainer und ihrem Besuch bei der Witwe herausfindet.« Sie druckte den Zeitungsartikel mit dem Foto aus, auf dem Bruno Schiller zusammen mit seinen Schweizer Besuchern zu sehen war.

»Was hast du damit vor?«, fragte Sigrid, als Lou den Papierbogen aus dem Drucker nahm und auf den Tisch legte.

»Ich will den Artikel Greta Auer zeigen. Vielleicht kann sie mir sagen, ob das die Personen sind, die sie in der Riede der Koschinskys gesehen hat. Aber vorher ruf ich noch Franz Schiller an.« Sie hatte spontan umdisponiert. Sie wollte ihm jetzt gleich ihre Frage stellen und nicht wie geplant erst später mit Fabio zum Hof von Martas Verpächter fahren. Im elektronischen Telefonbuch suchte sie seine Nummer heraus und tippte sie in ihr Handy. Als sie durch die Glastür sah, dass Kunden das Geschäft betraten, gab sie Sigrid ein Zeichen, zurück in den Verkaufsraum zu gehen. Die Tür schloss sich gerade hinter ihr, als sich eine Männerstimme meldete. »Hallo?«

»Herr Schiller?«, fragte Lou. »Franz Schiller?«

»Nein, hier spricht sein Sohn.«

Lou nannte ihren Namen.

»Oh, Frau Conrad. Haben Sie wieder einen Knopf gefunden, den ich meinen Freunden zeigen soll?« Er lachte über seinen Witz. »Dann müssen Sie aber schnell sein, ihr Flug nach Bern geht heute Nachmittag.«

Auch Lou lachte höflich. »Hab ich schon gehört. Und nein, eigentlich wollte ich Ihren Vater sprechen.«

»Meinen Vater.« Bruno Schiller klang überrascht. »Der ist gerade beschäftigt. Die Physiotherapeutin ist bei ihm. Aber wenn Sie wollen, kann ich ihm gerne etwas ausrichten.«

»Das wäre nett«, erwiderte Lou. »Könnten Sie ihn fragen, ob

das Ehepaar Koschinsky jemals daran interessiert war, den Marillengarten in Dürnstein zu pachten?«

Mehrere Sekunden herrschte Stille in der Leitung. »Also«, sagte Bruno Schiller dann langsam, »erwähnt hat mein Vater das nie. Aber ich frage ihn natürlich, sobald die Therapeutin weg ist. Wenn Sie möchten, ruf ich Sie dann noch mal an.«

»Gern.« Lous Blick fiel auf den Ausdruck des Zeitungsartikels. »Darf ich Ihnen auch eine Frage stellen, wenn ich Sie schon am Apparat habe?«

»Scheint ja zur Gewohnheit zu werden, dass Sie mir, wann immer wir miteinander sprechen, Fragen stellen.« In seiner Stimme lag ein Lächeln. »Aber klar, schießen Sie los.«

Lou erwähnte das Bauprojekt, von dem sie gehört hatte. Dass es ihr Vater und ihr Wahlonkel waren, die eine diesbezügliche Bemerkung von Christa Widmer aufgeschnappt hatten, verschwieg sie. Sie wollte nicht, dass Bruno Schiller glaubte, die beiden hätten seine Gäste belauscht. »Ganz konkret würde ich gern von Ihnen wissen: Haben Ihre Schweizer Freunde vor, in der Wachau zu bauen?«

»Was sollten sie denn hier bauen?« Bruno Schiller wirkte verblüfft.

»Vielleicht ein Hotel mit Gourmetrestaurant, in dem Sie dann ein weiteres Fitnessstudio eröffnen. So wie in Siders.« Sie erzählte, dass sie darüber zwei Zeitungsartikel gelesen hatte.

»Spionieren Sie mir etwa nach?« Bruno Schiller klang belustigt.

»Natürlich nicht. War reiner Zufall, dass ich auf die Berichte der *Walliser Zeitung* gestoßen bin«, antwortete Lou, weil sie keine Lust hatte, ihm die Sache mit Reto und dem Berner-Sennenhundeclub zu erläutern.

»Aber um Ihre Frage zu beantworten«, sagte er schließlich. »Der Weingarten der Koschinskys ist ja nur einen halben Hektar groß, wenn ich mich richtig erinnere. Früher hat er meinen Großeltern mütterlicherseits gehört. Glauben Sie mir, das Grundstück wäre meinen Freunden zu klein, um darauf ein Hotel zu bauen. Außerdem haben sie in der Schweiz genug Arbeit. Aber wie sind Sie auf diese Idee gekommen?«

»Es wurden Leute mit großen Plänen in den Händen auf der Riede gesehen. Vermutlich mit Bauplänen. Und Sie wissen ja, wie das in kleinen Orten so ist. Da kursieren schneller Gerüchte, als man schauen kann. Manche hier denken zum Beispiel, dass Sie wieder in der Wachau sesshaft werden wollen.«

»Ich wusste gar nicht, dass man sich so brennend für mich interessiert.« Er schnaubte amüsiert. »Aber Sie haben recht, in kleinen Orten brauchen die Menschen etwas, worüber sie reden können. Da kommt ein verloren geglaubter Sohn wie ich gerade recht.«

»Zudem sind Sie der einzige bekannte Sportler, den Marienkirchen bis jetzt hervorgebracht hat. Und wir Österreicher hängen ja gerne Schilder an Häuser, in denen Berühmtheiten geboren wurden oder gewohnt haben.«

Jetzt lachte Bruno Schiller lauthals auf. »Gut zu wissen, dass ich derart unter Beobachtung stehe. Ich werde mich von nun an noch besser benehmen, damit ich meinem Vater bloß keine Schande mache. Also dann, Frau Conrad«, leitete er die Verabschiedung ein. »Richten Sie Ihrer Freundin und Kollegin bitte noch schöne Grüße aus. Auf Wiederhören.«

»Das mach ich gern«, versprach Lou. »Wiederhören.«

Sie hatte gerade aufgelegt, als Sigrid ins Büro kam. »Ich soll dir von Bruno Schiller schöne Grüße ausrichten.«

Sigrid grinste bis über beide Ohren.

Lou lächelte bei ihrer Reaktion und nahm ihre Umhängetasche. »Und jetzt fahr ich zu Greta Auer. Bin in einer halben Stunde wieder da. Michelin lass ich hier.«

Als sie ins Freie trat, stand Franziska zwischen den Tischen vor ihrem Café und winkte ihr zu.

»Später!«, rief Lou. »Hab's eilig.«

Obwohl sie Greta den Artikel auch per Mail hätte schicken können, entschied sie sich dagegen. Die Mailadresse ihres Blumenladens hatte Lou online gefunden, aber sie wusste nicht, wie oft die Floristin in ihr elektronisches Postfach schaute. Und da sie sofort eine Antwort wollte, war es sinnvoller, schnell nach Dürnstein zu fahren. Natürlich hätte sie sich auch mit Bruno Schillers Antwort zufriedengeben können, aber eine innere Stimme sagte ihr, dass er diesbezüglich nicht ganz ehrlich zu ihr gewesen war. Weshalb auch? Was gingen sie, Lou, die Pläne seiner Freunde an? Zumal man, wie sie seit dem Telefonat mit dem Amtsleiter wusste, noch keinen Bauantrag beim Gemeindeamt eingereicht hatte und die Pläne somit – noch? – nicht offiziell waren.

Die Bundesstraße war voller Autos, deren Kennzeichen die Fahrer als Urlauber auswiesen. Fast alle kamen aus anderen österreichischen Bundesländern und Deutschland, aber auch einen Schweizer Wagen bemerkte Lou. Die Beliebtheit der Region war ungebrochen. Marias Angst, dass die Gäste wegen des Mordes an Marta ausbleiben würden, war scheinbar unbegründet. Als Lou den Parkplatz vor dem Dürnsteiner Tunnel erreichte, auf dem sie bei ihrem letzten Besuch geparkt hatte, war dieser komplett belegt. Also steuerte sie ihren Jeep die kurze Zufahrtsstraße zurück, überquerte die Bundesstraße und fand schließlich auf dem gegenüberliegenden Parkplatz eine Lücke. Kurz darauf schob sie sich durch Massen von Urlaubern und Einheimischen hindurch, die bereits durch den romantischen Ort strömten. In dem Blumenladen musste sie zehn Minuten warten, bis Greta für sie Zeit fand.

»Ich halte dich nicht lange auf«, beteuerte Lou, nachdem sie die Floristin begrüßt hatte, und zog den ausgedruckten Zeitungsartikel aus der Umhängetasche.

»Weißt du, was seltsam ist?«, sagte Greta. »Marta ist tot, und wir machen einfach weiter, als wäre nichts geschehen. Ich verkaufe Blumen mit einem strahlenden Lächeln im Gesicht, dabei ist meine beste Freundin vergangenen Dienstag brutal ermordet worden. Erst gestern Abend ist mir das so richtig bewusst geworden. Scheint, als hätte ich in den letzten Tagen nur funktioniert.« Sie zeigte auf eine Laterne, die zwischen zwei Bodenvasen mit Sonnenblumen und weißen Lilien stand. »Deshalb hab ich heute Morgen eine Kerze für sie angezündet.«

Lou lächelte und betrachtete einen Moment lang stumm das Trauerlicht. »Eine sehr schöne Geste«, sagte sie dann.

Greta nickte. »Und nach Geschäftsschluss helfe ich ein paar Stunden bei der Ernte. Die Geschwister sind ja noch völlig durch den Wind, die können heute nicht in den Garten und Marillen pflücken. Aber Marta würde nicht wollen, dass das Obst an den Bäumen verdirbt. Kathi meint, die Erntehelfer und ich, wir sollen zuerst die Marillen im rechten Teil vom Garten ernten. Weil die nicht mit Pflanzenschutzmittel besprüht wurden. Möglicherweise vereiteln wir damit auch einen weiteren Diebstahl.«

Lou nickte. »Die Kathi ist eine kluge junge Frau. Was hat sie mit den anderen Marillen vor?«

»Das weiß sie noch nicht. Entweder vermarktet sie sie als konventionelle Ware, was aber gegen Martas Philosophie verstoßen würde. Oder sie macht Schnaps daraus. Man wird sehen.« Greta nestelte an den Blättern einer Grünpflanze herum, die von der Decke herunterbaumelte. »Sie hat mich angerufen und gesagt, dass die Polizei Rainer verhaftet hat«, sagte sie dann unvermittelt, nahm die Hand von der Pflanze und sah Lou direkt in die Augen. »Vielleicht war er es ja doch.« Sie schüttelte sich, als würde ihr ein kalter Schauer über den Rücken laufen. »Warum bist du eigentlich noch mal hergekommen?«

Lou zeigte ihr den Ausdruck, den sie in der Hand hielt. »Ich hab leider nur einen Schwarz-Weiß-Drucker, aber … waren das die Leute, die du in der Riede der Koschinskys gesehen hast?«

Greta sah sich das Foto des Artikels eine Weile an. »Ich weiß es nicht.«

»Die hier«, Lou zeigte auf Christa Widmer, »hat rötliche Haare. Ist sie dir vielleicht aufgefallen?«

Greta wiegte nachdenklich den Kopf. »Tut mir leid«, sagte sie schließlich. »Ich kann dir die Frage nicht beantworten. Im Vorbeifahren hab ich nur die Pläne in ihren Händen gesehen.«

»Einen Versuch war es wert. Danke trotzdem.« Lou steckte den ausgedruckten Artikel in ihre Tasche zurück. »Aber ich hab noch eine Frage: Weißt du zufällig, wer die Dachreparaturen bei den Koschinskys durchgeführt hat?«

Greta blinzelte irritiert. Offenbar verwunderte sie die Frage. »Nein, warum sollte ich?«

Als sich die Ladentür öffnete und eine Frau und ein Mann eintraten, verabschiedete sich Lou von Greta und schlüpfte hinaus. Außer Sichtweite vom Geschäft blieb sie stehen und betrachtete gedankenverloren die Menschen, die an ihr vorbeigingen. Es war heiß. Einige fächelten sich Luft zu, andere trugen Sonnenhüte und Kappen. Zwei Kinder mit riesigen Eistüten trotteten hinter ihren Eltern her.

Lou hatte anscheinend vergeblich gehofft, dass sie mit Gretas Hilfe ein wenig Klarheit in das vermeintliche Bauprojekt bringen würde. Denn nach wie vor war sie davon überzeugt, dass es einer, wenn nicht der entscheidende Schlüssel zur Aufklärung des Mordes an Marta war.

»Nur weil Greta die Personen nicht erkannt und Bruno Schiller so ein Projekt als unvorstellbar abgetan hat, heißt das nicht, dass du auf der falschen Fährte bist«, murmelte sie sich Mut zu, kaufte sich eine Waffel mit einer Kugel Vanilleeis und stapfte Eis essend zurück zum Auto.

34

Bei ihrem Wagen angekommen, wischte sie sich die Hände mit einem Taschentuch sauber. Das Eis hatte sie gebraucht. Einen Augenblick war Lou versucht, gleich noch bei Wilma Koschinsky vorbeizuschauen, um ihr ebenfalls den Zeitungsartikel unter die Nase zu halten. Aber jetzt, wo sie im übertragenen Sinn Verena auf sie gehetzt hatte, hatte diese ihr ja versprochen, nicht nur bei ihr nach Hinweisen auf das Motiv für den Mord an ihrem Mann zu suchen, sondern ihr zudem unangenehme Fragen zu den Oladur-Kanistern und den zehntausend Euro zu stellen. Vermutlich würden die Kriminalbeamten den ganzen Tag im Haus sein. Also schrieb sie stattdessen Fabio eine WhatsApp, dass sich ihre für heute geplanten Besuche bei Greta und Wilma Koschinsky erledigt hatten. Dabei erwähnte sie auch kurz, dass die Polizei das Haus der Witwe nach Hinweisen auf den Mörder beziehungsweise die Mörderin ihres Mannes durchsuchte, aber erwartete keine rasche Reaktion. Fabio hatte jetzt, um Viertel vor zwölf, mit Sicherheit Stress in der Küche. Heute war Freitag, da reisten bereits vormittags einige Wochenendurlauber an und begannen ihren Kurzurlaub mit einem guten Essen.

»Freitag«, wiederholte sie, weil ihr soeben eingefallen war, dass heute die Dachdecker beim Honig-Lorenz mit den Reparaturarbeiten beginnen sollten. Mit etwas Glück waren sie jetzt da. Sie setzte sich hinters Lenkrad und rief Sigrid an, um ihr Bescheid zu geben, dass es mal wieder später werden würde. Ihre Freundin versprach, in der Mittagspause mit Michelin Gassi zu gehen, bevor sie bei Franziska eine Kleinigkeit essen würde. In dem Café wurden täglich zwei Mittagsgerichte angeboten.

»Danke dir. Dann bis später«, verabschiedete sich Lou und fuhr los.

Als sie in die Nebenstraße einbog, in der Lorenz wohnte, erblickte sie zu ihrem Glück den Kastenwagen eines Dachdeckerunternehmens. Er parkte vor dem Gartenzaun. Sie stellte ihren Jeep dahinter ab und stieg aus. Klopfgeräusche verrieten ihr, dass die Reparaturarbeiten in vollem Gang waren. Sie öffnete das Holzgatter und sah eine Leiter am Haus lehnen, die so lang war, dass sie weit über die Regenrinne hinausragte. Drei Männer hantierten auf dem Dach. Lorenz saß wie üblich auf seinem Klappstuhl nahe der Eingangstür. Auf dem Tisch vor ihm stand ein Glas Weißwein. Lou winkte ihm zu, als sie näher kam.

»Was führt dich denn her?«, fragte er, als Lou vor ihm stand.

»Mir ist vorhin eingefallen, dass heute Dachdecker bei dir sind. Ich würde sie gerne etwas fragen.«

»Musst du auch was am Dach machen lassen?«

»Nein. Es geht um das Dach vom Haus der Koschinskys. Du weißt, das Ehepaar, dessen Riede neben Martas Marillengarten liegt.«

»Aha.« Lorenz hakte nicht nach. »Na gut, aber halt sie nicht vom Arbeiten ab, ich will nämlich, dass sie bald fertig werden«, murrte er und zeigte auf sein Weißweinglas. »Magst danach auch ein Glaserl? Ist ein Muskateller Federspiel vom Winzerhof Leonhartsberger. Feiner Tropfen.«

Lou lehnte dankend ab. »Ich bin mit dem Auto unterwegs. Aber ein Wasser nehme ich gerne.«

»Wo ist denn Michelin?« Lorenz sah sich suchend um.

»Im Geschäft bei Sigrid«, sagte Lou. »Ich war grad schon in Dürnstein bei Martas Freundin, der Floristin.«

»Soso.« Der alte Imker erhob sich und ging ins Haus. Der Grund, weshalb Lou bei der Blumenhändlerin gewesen war, schien ihn nicht zu interessieren. Anders als viele in Marienkirchen war Lorenz nicht neugierig.

Lou entfernte sich ein paar Schritte vom Haus, stellte sich mitten auf die Wiese und sah nach oben. »Hallo!«, brüllte sie. Der grauhaarige Handwerker drehte den Kopf und sah zu ihr hinunter. »Ich würde Sie gerne etwas fragen.«

»Ich mach das hier noch fertig, dann komm ich runter«, antwortete er.

Lou gab ihm mit einer Geste zu verstehen, dass das für sie okay war.

Als Lorenz aus dem Haus trat, trug er ein Glas und einen Wasserkrug in den Händen. Unter einen Arm hatte er sich einen Klappstuhl für Lou geklemmt. Er stellte das Wasserglas und den vollen Krug auf den Tisch, klappte den Stuhl auf und bedeutete Lou, sich zu setzen. »Magst nicht etwas essen? Ist ja Mittag. Ich könnt uns ein paar Spiegeleier in die Pfanne hauen oder Brot und Käse holen.« Er goss Wasser in ihr Glas.

»Danke, ich hab wirklich keinen Hunger. Aber wenn du willst, leiste ich dir beim Essen Gesellschaft.«

Lorenz winkte ab und setzte sich. »Wenn ich Gesellschaft will, geh ich ins Wirtshaus. Allein ess ich lieber später, wenn hier wieder Ruhe herrscht.« Er nippte an dem Glas.

Lou hegte den Verdacht, dass die Anwesenheit der Handwerker sein kleines harmonisches Universum nicht unerheblich störte. Doch er ließ sie duldsam gewähren. Dass das Dach nicht repariert wurde, war keine Option. Aber wohl würde er sich erst wieder fühlen, wenn sie ihre Arbeit endgültig beendet hatten. Nur wenige hatten das Privileg eines so vertrauten Verhältnisses zu Lorenz wie Lou. Dabei war er einst Fremdenführer gewesen, ein Beruf, bei dem er ständig mit neuen Menschen zu tun gehabt hatte. Doch jetzt im Alter zog er sich möglicherweise genau aus diesem Grund gerne zurück und widmete sich vorrangig seinen Bienenvölkern.

Lou nahm einen langen Schluck. »Danke, ich war wirklich durstig. Und in der Eile hatte ich vergessen, mir etwas zu trinken einzupacken.«

»Da solltest du immer dran denken, vor allem bei der Hitze.«

Lou nickte. »Ich weiß. Sag mal, Lorenz, kennst du den alten Schiller?«

»Natürlich.«

»Sein Sohn ist gerade da. Er unterstützt seinen kranken Vater, sagt die Franzi. In den 1980ern war er mal Profisportler, Ruderer. Aber das weißt du sicher?« Lou trank ihr Glas leer und schenkte sich Wasser aus dem Krug nach.

»Klar. Die Leute waren damals völlig deppert, als er an der WM teilgenommen hat. Frag mich aber nicht, ob er oder sein Team etwas g'rissen hat.« Er schüttelte verständnislos den Kopf. »Das hat mich damals schon nicht interessiert. Vielmehr wundert es mich, dass er überhaupt zurückgekommen ist. Der hatte es nie leicht mit seinem Vater.«

»Inwiefern?«

»Der Franz war nicht glücklich darüber, dass Bruno seinen eigenen Weg gehen wollte. Dass er Profiruderer und dann Trainer werden wollte, nicht Winzer.«

Lou biss sich auf die Unterlippe. Das Thema kam auch zwischen ihr und ihrem Vater immer wieder hoch. Nur dass sie jetzt wieder in Marienkirchen lebte und keine Sportlerin geworden war, sondern erst Polizistin und dann Delikatessenhändlerin.

»Brunos Mutter hat mir damals mal ihr Leid geklagt«, erzählte Lorenz. »Sie hat gemeint, der Franz hat, nachdem Bruno ihnen offenbart hatte, in die Schweiz gehen zu wollen, kein Wort mehr mit ihm geredet. Und vorher, als der Bub seinen Traum vom Rudertrainer verwirklichen wollte, hat er ihn mit keinem Cent unterstützt.«

»Er hat es auch ohne seinen Vater geschafft. Ihm gehört mittlerweile ein Fitnessstudio«, sagte Lou. »Wobei, eigentlich sind es zwei. In einem Hotel betreibt er eine Art Filiale.«

Lorenz zuckte gleichgültig mit den Achseln. »Kann schon sein.«

»Aber schön, dass sie jetzt wieder zueinandergefunden haben«, merkte Lou an.

Lorenz grinste schief. »Da bin ich mir nicht so sicher. Vielleicht ist der Bruno auch nur zurückgekommen, um sich sein Erbe zu sichern. Der alte Schiller wird der Welt keinen Haxen mehr ausreißen, ist ja immerhin bald neunzig. Aber wie kommst jetzt eigentlich auf ihn?«

Lou erzählte von ihrer Vermutung, dass die Koschinskys ebenfalls von ihm den Marillengarten hatten pachten wollen, aber Marta sie ausgestochen hatte.

»Und warum interessiert dich das, was die wollten?«, hakte Lorenz nach entgegen seiner üblichen Gewohnheit, sich kaum für seine Mitmenschen zu interessieren.

Lou sah zu den Dachdeckern empor, die nach wie vor in ihre Arbeit vertieft waren. Dann blickte sie wieder den Imker an und berichtete von den Ergebnissen ihrer Nachforschungen. Bis hin zu der Theorie, dass das Ehepaar Martas Marillenbäume mit Pflanzenschutzmittel besprüht hatte, um der Bioobstbäuerin nicht nur finanziell zu schaden, sondern auch ihren guten Ruf zu ruinieren. »Vielleicht hofften sie, dass Marta den Pachtvertrag aufkündigt und sie dann zuschlagen können.« Die Überlegung, dass

Rainer das Ehepaar für das Besprühen bezahlt hatte, schob sie vorübergehend beiseite. »Ich will heute noch zum alten Schiller fahren, um mit ihm über die Koschinskys zu reden.«

Lorenz lachte unvermittelt lauthals auf. »Da wünsch ich dir viel Erfolg.«

»Wie meinst du das?«

»Der redet schon lang nicht mehr mit Leuten. Das Alter hat den Grantler noch böser gemacht, als er eh schon immer war.«

»Mit Grantlern komm ich klar.« Lou zwinkerte ihm zu.

Lorenz verstand. »Gegen den Franz Schiller bin ich ein wahrer Menschenfreund. Im Vergleich zu mir hat er eine tiefschwarze Seele. Zudem kann er sich kaum mehr auf den Beinen halten und verblödet langsam, wie ich gehört hab.«

Lou runzelte fragend die Stirn.

»Beginnende Demenz. Aber manchmal geht das Vergessen sehr schnell«, fuhr Lorenz fort. »Das macht einen bestimmt nicht glücklicher oder freundlicher. Ich kenn den Schiller jetzt schon über sechzig Jahre, und ein angenehmer Zeitgenosse war der noch nie. Nicht mal als junger Kerl. Keinem Streit ist er aus dem Weg gegangen. Wenn es hart auf hart ging, hat er schon mal die Fäuste sprechen lassen. Der Bruno hat als Kind einiges abbekommen.«

»Er hat seinen Sohn geschlagen?« Lou war fassungslos. »Hat das denn niemand angezeigt?«

»Wir reden hier von den 1960er- und 1970er-Jahren. Damals war eine g'sunde Watschen noch an der Tagesordnung.« Lorenz schnaubte missbilligend. Er hielt davon eindeutig ebenso wenig wie Lou.

Kinder zu schlagen, war ein Akt brutaler Gewalt, fand sie. Der aufs Härteste bestraft gehörte.

»Das hat sich zum Glück geändert. Obwohl auch im einundzwanzigsten Jahrhundert noch nicht alle begriffen haben, dass

Schläge nie gesund sind«, sagte sie daher verächtlich und wechselte das Thema. »Bruno Schiller hat letztens eine Weinverkostung für Schweizer Freunde auf dem Hof organisiert. Mein Vater und mein Wahlonkel waren für unser Weingut dort. Sie meinten, sie hätten den alten Schiller auch gesehen.«

»Vermutlich wollte er nur die Meute im Auge behalten. Dass der Bruno so ein Halligalli auf dem Hof veranstaltet, hat ihm sicher nicht gepasst.« Lorenz machte eine wegwerfende Geste. »Aber so tatterig, wie er jetzt ist, kann er sich halt nicht mehr dagegen wehren.«

»Hast du Kontakt zu ihm?«

Lorenz schüttelte den Kopf. »Ich bin ihm Anfang Juni zufällig begegnet, als ich in einem Weinberg war, der an sein Grundstück grenzt. Nach dem Unwetter hab ich dort nach meinen Bienenstöcken gesehen. Zum Glück ist ihnen nichts passiert, aber plötzlich stand er da mit seinem Rollator und hat mich angestarrt. Vermutlich, um zu sehen, wer da in der Riede herumstapft, die mal ihm gehört hat. In den letzten Jahren hat er ja fast alles verkauft.«

Lou nickte. »Hab schon gehört. Weißt du, warum er ausgerechnet den Marillengarten in Dürnstein nicht verkauft, sondern nur verpachtet hat?«

Lorenz zuckte mit den Achseln. »Vielleicht hat er es nicht übers Herz gebracht. Ich glaube, es war der Lieblingsgarten seiner Frau. Bis kurz vor ihrem Tod hat sie sich liebevoll um ihn gekümmert.«

»Dann ist der alte Schiller also doch nicht so ein gefühlskaltes Scheusal«, merkte Lou an. »Hast du mit ihm geredet, als ihr euch auf der Riede begegnet seid?«

»Na ja, die Unterhaltung war ziemlich einseitig«, sagte Lorenz. »Ich hab ein paar Worte übers Unwetter fallen lassen, hab ihn gefragt, ob bei ihm alles okay sei. Er hat sich nur umgedreht und ist weggegangen.«

In dem Moment stieg der Dachdecker, mit dem Lou gesprochen hatte, die Leiter herunter. Als er auf Lou und Lorenz zuging, wischte er sich an einem Lappen, den er aus der Arbeitshose zog, die Hände sauber.

»Und wann seid ihr fertig?«, fragte Lorenz.

»Spätestens am Montag ist dein Dach wieder wie neu«, versicherte der Grauhaarige, bevor er sich an Lou wandte. »Sie wollten etwas wissen.«

»Sie arbeiten sicher nicht nur in Marienkirchen«, leitete Lou ihre Frage ein.

Der Mann schüttelte den Kopf. »Natürlich nicht. Wir haben auch schon Häuser in Grein in Oberösterreich gedeckt und in Ybbs, drüben auf der anderen Donauseite.«

»Dürnstein?«

»Auch da.«

»Möglicherweise wissen Sie auch, wo Ihre Konkurrenz arbeitet und wo die Kollegen unterwegs sind, die Wasserschäden an Gebäuden beseitigen?«

»Was wollen Sie von mir?« Der Dachdecker wirkte ungeduldig.

»Es geht um ein bestimmtes Haus in Dürnstein«, beeilte Lou sich, auf den Punkt zu kommen. »In Alleinlage an der B3, die Besitzer heißen Koschinsky. Wissen Sie zufällig, wer dort nach dem Unwetter die Reparaturarbeiten übernommen hat?«

»Die Koschinskys in Dürnstein«, wiederholte er. »Das Dach haben wir neu gedeckt. Ist damit was nicht in Ordnung?«

»Nein, natürlich nicht«, versicherte Lou rasch. Sie konnte ihr Glück kaum fassen. »Mich hätte nur interessiert, wer Sie bezahlt hat. Ich weiß, die Frage ist eigenartig, aber ich wäre dankbar, wenn Sie sie mir trotzdem beantworten würden.« Sie spürte sein Misstrauen, als er zögerte. »Keine Angst, ich bin weder vom Finanzamt noch vom Arbeitsinspektorat«, versicherte sie ihm.

»Vor denen hab ich keine Angst, bei mir geht alles mit rechten Dingen zu«, sagte er nachdrücklich. »Aber ich plaudere nicht gerne Firmeninterna aus.«

Aus seiner Reaktion schloss Lou, dass sie mit dem Firmenchef sprach.

»Kann ich verstehen. Aber es ist wirklich wichtig.« Sie sah ihn bittend an.

»Jetzt zier dich halt nicht so, damit wir hier zu einem Ende kommen«, brummte Lorenz. »Ich möchte endlich in Ruhe meinen Wein trinken, und das Mädel ist in Ordnung. Es wird ja wohl kaum irgendein Schwerverbrecher oder die Mafia die Rechnung bezahlt haben, sodass du um dein Leben fürchten musst, wenn du die Frage beantwortest. Weißt schon. Betonpatscherl, und dann ab in die Donau.« Er lachte kurz lauthals auf.

Der Blick des Mannes blieb ernst und wanderte zwischen Lou und dem Imker hin und her. Dann gab er sich sichtbar einen Ruck. »Na ja, das Ehepaar hatte das Haus nicht optimal versichert«, druckste er herum und sah dann Lou direkt an. »Sie müssen wissen, das Dach war schon vor dem Unwetter schadhaft, es hätte längst saniert werden müssen. Letzten Herbst hab ich den Koschinskys dafür einen Kostenvoranschlag gemacht. Aber die Kosten waren ihnen zu hoch, deshalb haben sie den Auftrag nicht bestätigt. Doch zu warten, ist nie gut. Na ja, egal. Wie ich gehört habe, müssen sich die beiden jetzt mit ihrer Versicherung herumschlagen. Wegen der zuvor schon vorhandenen Mängel will sie die Reparaturkosten nicht übernehmen.«

»Herr Koschinsky ist gestern gestorben«, sagte Lou.

»Oh. Das tut mir leid.« Der Dachdecker fuhr sich unangenehm berührt durch die Haare. »Jedenfalls wurde mir und meines Wissens auch der Firma, die den Wasserschaden behoben hat, das Geld von Franz Schiller überwiesen.«

»Was?«, entfuhr es Lou. »Aber warum? Ich vermute mal, er hat den Koschinskys das Geld nur vorgestreckt?«

»Keine Ahnung. Ist mir auch wurscht, solange meine Rechnung beglichen ist. War's das?«, fragte er.

Lou nickte. »Danke für die Auskunft.«

»Gut, dann mach ich jetzt weiter«, erwiderte er und stieg gleich darauf die Leiter wieder nach oben.

»Offenbar ist der alte Schiller doch ein Menschenfreund«, sagte Lou.

»Sicher nicht«, widersprach Lorenz nachdrücklich. »Der verlangt bestimmt unverschämt hohe Zinsen und Zinseszinsen für sein Entgegenkommen. Großzügigkeit war für den schon in jungen Jahren ein Fremdwort.«

»Das werde ich ihn dann gleich fragen. Auf jeden Fall haben sie offiziell bislang nichts zurückgezahlt.«

Lorenz kniff die Augen zusammen. »Und die Info hast du woher?«

»Glaub mir, das willst du nicht wissen. Danke fürs Wasser.« Lou wandte sich zum Gehen. »Servus, Lorenz.«

»Pfiat di, Lou. Und pass auf, dass dich der alte Halunke nicht den Hang hinunterstößt.«

35

Lou fuhr um ein paar Ecken und blieb dann stehen. Trotz Lorenz' scheinbar humorvoller Warnung spürte sie einen Druck in ihrem Bauch wie eine unangenehme Vorahnung. Auch Sigrid und ihr Vater hatten kein schmeichelhaftes Bild von dem alten Schiller gezeichnet. Sie konnte sich lebhaft vorstellen, dass er nicht gerade freundlich auf ihren Besuch reagieren würde. Sollte sie Fabio anrufen? Sie zückte ihr Handy. Bisher hatte er auf ihre letzte Nachricht nicht geantwortet. Die grauen Häkchen dahinter verrieten, dass er sie nicht einmal gelesen hatte. Vermutlich war er im Restaurant so im Stress, dass er keine Gelegenheit gehabt hatte, auf sein Telefon zu schauen.

Ihre innere Stimme flüsterte ihr zu, dass sie Fabio noch etwas Zeit geben und dann gemeinsam mit ihm zum Schiller-Hof fahren sollte. Doch andererseits – was könnte schon passieren? Franz Schiller war fast neunzig Jahre alt und auf einen Rollator angewiesen, um sich fortzubewegen. Alles, was er ihrer Meinung nach tun konnte, wenn er nicht mit ihr sprechen wollte, war, sie zu ignorieren.

»Mach dich nicht verrückt«, murmelte sie. »Du willst ihm ja nur eine harmlose Frage stellen.« Und wenn sie jetzt schon zum alten Schiller aufbrach, könnte sie in einer halben Stunde wieder zurück sein. Dann müsste Sigrid nicht den ganzen Nachmittag allein im Geschäft stehen. Sie legte den ersten Gang ein und fuhr los.

Die Straße zum ehemaligen Weingut Schiller war typisch für die Wachau. Der schmale asphaltierte Pfad führte in Serpentinen an Weinreben, Trockensteinmauern und vereinzelten Aussichtsbänken vorbei. Je höher Lou kam, umso beeindruckender wurde der Ausblick. Der schlichte Winzerhof lag einsam auf einer Anhöhe. Die gräuliche Fassade war vermutlich irgendwann einmal weiß gewesen, und die Eingangstür aus dunklem Holz hätte längst einen neuen Lackanstrich verdient.

Lou stellte ihren Jeep vor dem zweistöckigen Gebäude ab und stieg aus. Auf den ersten Blick schien es, als wäre niemand zu Hause. Haustür und Fenster waren geschlossen. Nirgendwo war eine Menschenseele oder ein Auto zu sehen. Dennoch trat sie zur Tür. Da es keinen Klingelknopf gab, klopfte sie. Nichts rührte sich. Sie drückte die Klinke hinunter. Die Tür war abgeschlossen. Die Befürchtung, Ähnliches wie auf Martas Hof zu erleben, beschlich sie. Dann fiel ihr ein, dass die Schweizer heute zurückflogen. Mit Sicherheit brachte Bruno Schiller sie gerade zum Flughafen. Und seinen Vater hatte er vermutlich mitgenommen, damit er nicht allein auf dem Hof bleiben musste. Sie wandte sich um, ging zu ihrem Jeep zurück. »Dann komm ich eben um drei wieder«, murmelte sie.

Plötzlich hörte sie einen dumpfen Schlag und fuhr herum. Aber nichts hatte sich verändert. Niemand hatte die Tür geöffnet. Das Haus wirkte immer noch verlassen. Trotzdem drang der undefinierbare Laut wieder an ihre Ohren. Einer inneren Eingebung folgend, umrundete Lou das Haus. Um zur Rückseite zu gelangen, musste sie aufgrund der Hanglage ein paar Stufen hinuntersteigen. Als sie unten ankam, hörte sie erneut das Geräusch, diesmal lauter. Sie sah eine offen stehende Stahltür, die im Luftzug auf- und zuschlug. Es schien, als führte sie in den Keller, der aufgrund des Abhangs hier überirdisch lag. Entschlossen, der Versuchung zu widerstehen, blieb sie vor der Tür stehen. Sie wollte eine Antwort auf eine Frage, der Grund reichte nicht aus, um ein Gebäude unbefugt zu betreten. Doch als sie jetzt zu dem Geräusch der auf- und zuschlagenden Tür auch noch leises Stöhnen vernahm, warf sie ihren guten Vorsatz über Bord und zog die Tür weiter auf. »Hallo? Ist da wer?«

Erneut hörte sie jemanden stöhnen und wimmern. Sie trat ein und stand in einem dunklen Flur. »Hallo? Ist da jemand?«

Sie streckte die Hand aus, tastete nach einem Schalter an der Wand, fand ihn, knipste das Licht an und sog vor Schreck die Luft ein. Am Ende des Gangs lag Franz Schiller bäuchlings auf dem gefliesten Boden, den Kopf zur Seite gedreht, sein Rollator auf ihm. Offensichtlich war er die Treppe heruntergestürzt. Einen Moment lang starrte Lou ihn geschockt an, dann löste sich ihre Starre, und sie war mit fünf Schritten bei ihm. Er blutete aus einer Stirnwunde. Ihr Herz pochte immer schneller.

»Herr Schiller, hören Sie mich?« Sie ließ sich auf die Knie fallen und fühlte seinen Puls. Er war schwach, aber sie spürte ihn. Sie wandte den Kopf und sah die steile Treppe nach oben. Die Tür stand offen. Ein Wunder, dass er noch lebte und sich bei dem Sturz nicht das Genick gebrochen hatte. Mit ihren Händen umschloss sie seine. Sie waren eiskalt. Ihr fiel auf, dass sie keine Hautabschürfungen aufwiesen. Der alte Schiller hatte wie Marta nicht die Arme nach vorne gestreckt, um den Sturz abzufangen. Eigentlich eine instinktive Reaktion, egal, wie alt man war. Beim Fallen hätte er normalerweise unbewusst die Griffe des Rollators loslassen und versuchen müssen, sich irgendwo festzuhalten. Überdies lag der Gehwagen auf Franz Schiller und nicht auf dem Boden vor ihm, wie es bei einem Sturz die Treppe hinunter zu erwarten gewesen wäre. Anhand des Bildes, das sich ihr bot, schlussfolgerte Lou, dass zuerst der alte Winzer und anschließend sein

Rollator die Treppe hinuntergefallen war. »Herr Schiller, was ist passiert?«

Seine Augenlider flatterten. Er atmete flach. Lou war keine Medizinerin, aber ihr war klar, dass sein Zustand kritisch war. Sie musste dringend Hilfe holen. Als sie nach ihrem Handy greifen wollte, realisierte sie, dass es in ihrer Umhängetasche im Auto lag. Sie fluchte leise. »Herr Schiller, ich lass Sie kurz alleine. Ich hole Hilfe. Rühren Sie sich nicht von der Stelle.« Was für eine sinnlose Bemerkung, schalt sie sich in der Sekunde. Wohin sollte denn bitte ein Schwerverletzter gehen? Der Satz war ihr einfach rausgerutscht. »Ich bin gleich wieder da.«

Erneut flatterten seine Lider, und auf einmal öffneten sich seine Lippen, und er murmelte etwas Unverständliches. Lou beugte sich zu ihm hinunter, hielt ihr Ohr an seine Lippen.

»Bruno«, hauchte Franz Schiller.

»Er ist nicht da«, antwortete Lou. »Sicher wird er bald zurückkommen, aber vorher müssen wir Sie ins Krankenhaus schaffen.« Sie stand auf, drehte sich um und rannte zu ihrem Wagen.

Es vergingen fünfzehn endlose Minuten, bevor endlich der Rettungswagen und der Notarzt eintrafen. Für Lou fühlten sie sich an wie eine Ewigkeit. Währenddessen lief sie aufgeregt und mit dem Handy in der Hand zwischen dem Verletzten und der Hofzufahrt hin und her. Erst als die Rettungsmannschaft eintraf, schob sie ihr Smartphone in die Gesäßtasche ihrer Jeans und führte das Team im Laufschritt zu Franz Schiller. Während der Notarzt und die zwei Sanitäter den alten Mann versorgten, stand Lou draußen vor der Tür und blickte auf die Uhr. Es war halb zwei, immer noch zu früh, um Fabio anzurufen und mit ihm in Ruhe zu sprechen. Immerhin hatte er ihre Nachricht inzwischen gelesen und mit einem knappen *»Okay«* geantwortet. Aber Sigrid sollte sie auf alle Fälle darüber informieren, was passiert war. Sie wollte gerade die Kurzwahltaste für deren Nummer drücken, als einer der Sanitäter aus dem Keller kam. »Sind Sie eine Angehörige? Die Tochter, Enkelin?«

Lou verneinte. »Er hat nur einen Sohn, aber der ist gerade unterwegs.«

»Können Sie ihn erreichen?«

»Ich habe keine Telefonnummer von ihm. Aber ich könnte hier warten. Er bringt Freunde nach Wien zum Flughafen, müsste aber bald zurück sein.« Obwohl sie keine Ahnung hatte, ob das der Wahrheit entsprach, versuchte sie, überzeugend zu klingen.

»Gut.« Als der Sanitäter wieder im Inneren des Hauses verschwand, folgte Lou ihm. Franz Schiller lag mittlerweile auf der Trage. Seine Augen waren geschlossen, er hing am Tropf.

»Er ist stabil«, informierte der Notarzt sie. »Wir bringen ihn jetzt ins Klinikum nach Krems.«

»Wird er es schaffen?«, fragte Lou und unterschrieb ein Formular, das man ihr hinhielt, ohne es durchgelesen zu haben. Vermutlich die Bestätigung des Rettungseinsatzes.

»Das kann ich leider nicht sagen«, meinte der Arzt, dann lief er neben den Sanitätern her, die die Krankentrage ins Freie rollten.

Lou überlegte kurz, ihnen hinterherzugehen und in ihrem Auto auf Bruno Schiller zu warten. Aber stattdessen stieg sie die Stufen ins Erdgeschoss hinauf.

36

Lou betrat einen quadratischen Flur nahe dem Eingang, von dem eine Treppe ins Obergeschoss und Türen in andere Zimmer führten. Kein Krimskrams stand oder lag herum, neben einer Schuhablage waren ein paar Haken für Jacken an der Wand befestigt. Der Raum war so lieblos, wie Lorenz ihr Franz Schillers Naturell beschrieben hatte.

Sie öffnete die erste Tür, blieb an der Schwelle stehen und warf einen Blick in den Raum. Offenkundig hatte sich das Wohnzimmer seit den 1970er-Jahren nicht verändert. Beige Tapete mit orangen Rauten. Eine braune Schrankwand dominierte den Raum. Zumindest der Flachbildfernseher erschien Lou modern. Kombiniert mit einem Dreiersofa und einem Fauteuil, bezogen mit grünem Breitcord. Auf dem Couchtisch lagen die Fernbedienung und ein Laptop.

Sie schloss die Wohnzimmertür und öffnete die nächste. Die Küche war ebenfalls im Look der Siebziger gehalten. Orange Küchenschränke und beige-braune Kacheln. Ein Papierbogen lag auf dem Küchentisch, der in der Mitte des Raums stand. Lou trat näher, wollte einen beiläufigen Blick darauf werfen, doch das Papier zog sofort ihre volle Aufmerksamkeit auf sich. Es war ein Kündigungsschreiben. Offenbar hatte Franz Schiller vor, den Pachtvertrag aufzukündigen, den er mit Marta geschlossen hatte und der nach ihrem Tod automatisch auf Katharina übergegangen war.

Mit einer Frist von sechs Monaten. Warum zum Teufel? Ein Kugelschreiber lag auf dem Papier. Eine volle Tasse Tee stand daneben. Anscheinend hatte Franz Schiller hier gesessen, um das Schreiben aufzusetzen, war dann aber aufgestanden, um in den Keller zu gehen. Aus welchem Grund auch immer. Aber warum die Kündigung?

Motorengeräusch unterbrach Lous Gedanken. Da sie vom Küchenfenster aus nicht auf den Hof sehen konnte, sprintete sie ins Wohnzimmer. Durch das Fenster sah sie einen dunklen BMW auf den Hof fahren. Gleich darauf stieg Bruno Schiller aus. Er wechselte die Sonnen- gegen seine Nerdbrille und warf einen Blick auf Lous Jeep, bevor er mit gerunzelter Stirn zum Haus sah.

Lou flitzte aus dem Zimmer und die Kellertreppe nach unten. Eine Minute später bog sie außen um die Hausecke. In dem Moment, als Bruno Schiller seinen Hausschlüssel ins Schloss steckte.

»Herr Schiller!«, rief sie.

Er rückte verdattert seine Brille zurecht. »Wo kommen Sie denn her?«

Lou berichtete von dem Unglück. »Keine Sorge, Ihr Vater lebt. Der Notarzt war in fünfzehn Minuten hier.«

Bruno Schiller fuhr sich mehrmals durch seine fahlblonden Haare. »Und ich hatte ihn noch eindringlich gebeten, nicht mehr in den Keller zu gehen. Die Treppe ist zu steil.« Er schüttelte verzweifelt den Kopf. »Verflucht, ich hätte ihn mit zum Flughafen nehmen sollen. Aber er wollte nicht, der alte Sturkopf.« Er drehte den Schlüssel im Schloss. »Wie sind Sie eigentlich ins Haus gekommen?«

»Die Kellertür in den Garten war zum Glück offen.«

»Aha«, sagte er nur, betrat das Haus, eilte direkt auf die offene Tür zu, die in den Keller führte, und starrte dorthin, wo sein Vater gelegen hatte.

Lou stellte sich neben ihn. Von dem Unglück waren nur mehr ein paar Blutflecken auf den Fliesen und Reste von Verbandsmaterial übrig. Der Rollator stand an der Wand, als wartete er auf seinen Einsatz.

»War er bei Bewusstsein? Hat er etwas gesagt?«, wollte Bruno Schiller wissen.

»Er hat nach Ihnen gefragt.«

Er nickte in Gedanken. »Ich fahr dann gleich ins Krankenhaus«, sagte er. »Aber vorher brauch ich einen Kaffee. Sie auch?«

Lou nickte.

In der Küche nahm Bruno Schiller als Erstes das Kündigungsschreiben vom Tisch und ließ es in einem Schubfach verschwinden. Lou hätte ihn gerne darauf angesprochen, aber dann wüsste er, dass sie sich im Haus umgesehen hatte und nicht nur im Keller gewesen war, um seinem Vater zu helfen. Er schaltete den Wasserkocher ein und nahm eine altmodische Kaffeekanne, einen Filter und eine Filtertüte aus einem Küchenkasten. »Kaffee wie anno dazumal«, sagte er. »Mein Vater lebt noch immer in den 1970ern.«

Lou lächelte. »Warum auch nicht? Wenn er sich dort wohlfühlt.« Sie räusperte sich. »Ich hab erfahren, dass er die Reparaturarbeiten am Haus der Koschinskys nach dem Unwetter bezahlt hat.«

Bruno Schiller hielt in der Bewegung inne. »So, hat er das?«

»Soweit ich weiß, ja. Haben Sie eine Ahnung, warum?«

»Vermutlich, damit das Haus nicht verkommt. Immerhin hat es mal meinen Großeltern gehört«, erläuterte Bruno Schiller. »Und die Koschinskys haben sich meines Wissens schon damals mit dem Hauskauf übernommen. Die Raten an die Bank haben sie nur mit Müh und Not zurückbezahlt. Für die Schäden am Haus war wahrscheinlich kein Geld mehr übrig. Dauert ja oft, bis die Versicherung überweist. Möglicherweise waren sie auch unterversichert.«

»Aber Ihr Vater wird die Rechnung doch nicht einfach so, ohne Gegenleistung, beglichen haben?«

Bruno Schiller zuckte mit den Achseln. »Das müssen Sie ihn fragen. Ich weiß es nicht.«

»Das werde ich, wenn es ihm wieder besser geht«, tat Lou die Sache ab. »Gerade ist die Polizei bei Frau Koschinsky. Es gibt da nämlich ein paar Ungereimtheiten.«

Bruno Schiller sah sie neugierig an. »Ungereimtheiten?«

Lou schüttelte unmerklich den Kopf. »Lange Geschichte. Hat etwas mit dem Marillengarten zu tun, den Ihr Vater Marta verpachtet hat. Aber ich bin mir sicher, die Sache wird sich bald aufklären.«

Bruno Schiller reichte ihr die Filtertüte und die Dose mit dem Kaffeepulver, die er von der Anrichte genommen hatte. »Wären Sie so freundlich? Dann kann ich derweil ein paar Sachen für meinen Vater zusammenpacken.«

Lou nahm ihm beides ab. »Klar, mach ich gerne.«

»Danke«, sagte Bruno Schiller und verließ die Küche.

Lou legte die Filtertüte in den Handfilter aus Plastik, gab Kaffeepulver hinein und goss es mit heißem Wasser auf.

Als genug Wasser durch den Filter gelaufen war, war Bruno Schiller immer noch nicht in der Küche zurück. Lou vermutete, dass er leicht überfordert von der Situation war und jetzt wahllos irgendwelche Dinge in eine Reisetasche packte.

Sie zog drei Schranktüren hintereinander auf und schloss sie wieder. Hinter der vierten fand sie, wonach sie suchte: Kaffeetassen. Sie nahm zwei heraus und schenkte ein. Während sie an dem schwarzen Kaffee nippte, ließ sie ihren Blick durchs Fenster schweifen. Weinreben, so weit das Auge reichte. Viele davon oder auch alle, das wusste sie nicht so genau, hatten früher zu Schillers Anwesen gehört. Ob es ihn schmerzte, dass diese Pracht nun andere Winzer bewirtschafteten und er ihnen dabei nur mehr zusehen konnte? Sie löste sich von dem Anblick, drehte sich um und stellte ihre Tasse ab. Wartete Bruno Schiller vielleicht nur darauf, dass sie ihm Bescheid gab, dass der Kaffee fertig war? Sie trat einen Schritt in den Flur, sah die Treppe hinauf. »Kaffee ist fertig!«, rief sie.

Keine Antwort.

Hatte er sie nicht gehört? Sie stieg die Stufen bis zur Treppenmitte hinauf.

»Kaffee ist fertig!«, rief sie erneut, aber wieder rührte sich nichts.

Sie überlegte kurz, in die Küche zurückzugehen und zu warten. Aber die Stille erschien ihr ungewöhnlich. Weder Schritte noch das Geräusch, dass jemand eine Tasche packte, war zu hören. Ein Hauch von Unbehagen beschlich sie. Behutsam stieg sie weiter bis zum oberen Treppenabsatz.

»Herr Schiller?« Ihre Stimme hallte unbeantwortet durch den Flur im oberen Stockwerk.

Die Tür zum Badezimmer war angelehnt. Sie schob sie auf und spähte hinein. Niemand war zu sehen. Eine Tube Zahnpasta und zwei Zahnbürsten in Gläsern standen an ihrem Platz. Die anderen beiden Türen waren geschlossen. Sie hielt inne und horchte. Es war definitiv viel zu still. Entschlossen griff sie nach der Klinke der ersten Tür im Gang und drückte sie nach unten. Sie sah in ein aufgeräumtes Schlafzimmer. Die hellgraue Bettwäsche auf dem Doppelbett aus dunklem Holz wirkte frisch, der Kleiderschrank war fest verschlossen. Lou betrat den Raum und öffnete den Schrank. In ihm hingen ordentlich wenige Kleidungsstücke – ein paar Pullover, sieben Hemden und drei Hosen, alle eindeutig von einem älteren Herrn. In der Kommode fand sie Herrenunterwäsche und Socken. Alles deutete darauf hin, dass sie im Zimmer von Franz Schiller stand. Aber nichts ließ vermuten, dass Kleidung fehlte. Sie ging in den Flur zurück und betrat den nächsten Raum. Ein zweites Schlafzimmer mit Einzelbett, aber ansonsten eingerichtet wie das erste. Die Kommode und der Kleiderschrank waren leer. Hatte Bruno Schiller ebenfalls vor, heute in die Schweiz zurückzufahren, und schon gepackt? Aber hatte er seinen Vater wirklich jetzt schon wieder alleine auf dem Hof zurücklassen wollen? Franziska gegenüber hatte er doch erwähnt, ihn länger unterstützen zu wollen. Und wo mochte er jetzt bloß sein? Als sie erneut Motorengeräusch aus ihren Überlegungen riss, eilte Lou die Treppe nach unten. Sie lief gerade aus dem Haus, da sah sie Bruno Schillers BMW wegfahren.

37

Was war das denn jetzt?«, murmelte Lou perplex.

Hatte Bruno Schiller vielleicht einen Anruf aus dem Krankenhaus erhalten, der ihn so hastig und ohne eine Verabschiedung davonstürmen ließ? Aber Lou hatte kein Handy läuten gehört. Und wann zum Teufel war er die Treppe hinuntergegangen? Wo war er gewesen, als Lou ihn im Obergeschoss gesucht hatte?

»Sehr seltsam«, brummte sie und wandte sich um.

Ihr Blick blieb an der offenen Eingangstür hängen. Als Bruno Schiller vorhin gekommen war, hatte er den Schlüssel ins Schloss gesteckt und mehrmals umgedreht. Die Haustür war also verschlossen gewesen. Aber warum, wenn sein Vater doch daheim war? Hatte sein Sohn ihn bewusst eingeschlossen? Vielleicht, um zu verhindern, dass der Alte das Haus verließ und orientierungslos herumirrte, wie demenzkranke Menschen es manchmal tun?

Lou versuchte, sich vorzustellen, wie das Unglück passiert war. »Der alte Schiller hat gehört, dass die Kellertür im Luftzug immer wieder auf- und zuschlug. So wie ich. Er wollte sie schließen, also versuchte er, in den Keller zu gelangen.« Aber warum hatte der Rollator dann auf ihm gelegen? »Weil er ohne ihn die Treppe hinuntersteigen wollte. Was ihm schon auf den ersten Stufen missglückt ist, also hat er danach gegriffen und ist dann mitsamt dem Ding hinuntergefallen«, gab Lou sich selbst die Antwort.

Oder jemand hat ihn gestoßen, meldete sich ihre innere

Stimme zu Wort. Sie nickte vor sich hin, als ihr das Kündigungsschreiben wieder in den Sinn kam. War Franz Schiller trotz seiner Krankheit noch so klar im Kopf, dass er verstand, was in dem Schreiben stand, und somit physisch und geistig in der Lage gewesen, es selbst zu unterschreiben? Lou wusste, dass Betroffene zu Beginn der Demenzerkrankung noch voll geschäftsfähig waren. Das änderte sich erst mit fortschreitender Erkrankung, wenn sie ihren Alltag nicht mehr selbst bewältigen konnten. In diesen Fällen wurde von offizieller Seite eine gesetzliche Erwachsenenvertretung bestimmt. Bevorzugt wurden dafür Familienangehörige eingesetzt, im Fall von Franz Schiller würde das sein Sohn sein.

Vielleicht ist der Bruno nur zurückgekommen, um sich sein Erbe zu sichern, erinnerte Lou sich an Lorenz' Worte. Ihr Blick löste sich von der Tür und wanderte erneut zu der Stelle, an der noch vor einer Minute Bruno Schillers BMW gestanden hatte. Sie nahm an, dass er nicht so schnell zurückkehren würde.

»Zeit, sich ein bisschen genauer umzusehen«, brummte sie, wandte sich um und verschwand wieder im Haus.

Ihr fiel auf, dass im Türschloss der Kellertür ein Schlüssel steckte. Weshalb hatte Bruno Schiller nicht auch diese Tür zugesperrt, als er zum Flughafen gefahren war? Hatte er es vergessen? In seiner Reaktion, als sie ihm erzählt hatte, was passiert war, hatte nichts darauf hingedeutet, dass er die Tür normalerweise versperrte.

Lou stieg hinunter und wich im Keller dem blutbeschmierten Verbandszeug aus. Als sie die erste Brandschutztür aufzog, entdeckte sie dahinter einen gut gefüllten Weinkeller. Sie nahm eine Flasche aus dem Holzregal und betrachtete das Etikett. Ein Grüner Veltliner Ried Axpoint Smaragd vom Weingut Lagler. »Gute Wahl«, murmelte sie und legte die Weinflasche zurück.

Vom Raum daneben, einer Waschküche mit Waschmaschine und Trockner, gelangte sie in eine kleine Werkstatt. Sie fand unterschiedliche Hämmer, zwei Bohrmaschinen, zig Schraubenschlüssel und weiteres Werkzeug. Nichts, was ihr Misstrauen erregte.

»Also wieder nach oben«, sagte Lou zu sich selbst.

Sie würde die Gunst der Stunde nutzen, um sich sämtliche Räume genauer anzusehen. Die Speisekammer neben der Küche war wie erwartet voller haltbarer Lebensmittel in Originalverpackung. Nudeln. Reis. Hülsenfrüchte. Speiseöle. Kekse. Aber im Eck fiel ihr ein hüfthoher Safe mit einem Drehschloss auf. Lag darin der Beleg, der bezeugte, dass Franz Schiller die Kosten für die Reparaturen am Haus der Koschinskys übernommen hatte? Mit Sicherheit hatte er das Ehepaar eine Vereinbarung unterzeichnen lassen, die die Höhe der Zinsen und die Art der Rückzahlung regelte.

Lou stutzte. Jetzt fiel ihr auf, dass sie bislang nirgends Aktenordner mit Versicherungsverträgen oder Rechnungen entdeckt hatte. Waren die Ordner auch in diesem Safe? Und hatte sich der alte Mann vielleicht irgendwo die Zahlenkombination für den Fall notiert, dass er sie vergaß? Nacheinander hob sie die Lebensmittelverpackungen in der Hoffnung hoch, dass sie unter einer von ihnen einen Zettel mit der Kombination fand. Aber nichts. Sie zuckte mit den Schultern. Vielleicht würde sie ja irgendwo anders im Haus auf die passende Ziffernfolge stoßen.

Lou widmete sich den restlichen Räumen. Überall strahlten ihr die Farben der 1970er-Jahre entgegen. Orange, Braun und Beige. Dazu Tapeten mit Mustern, von denen sie bei längerer Betrachtung bestimmt Kopfschmerzen bekommen oder glauben würde, irgendein Rauschmittel genommen zu haben. Offenbar hatte Franz Schiller in seinem Zuhause seit Jahrzehnten kaum etwas verändert. Notizen, die ihr die Zahlenkombination des Safes verraten hätten, fand sie nicht, dafür bemerkte sie, dass im Wohnzimmer der Laptop verschwunden war. Bruno Schiller musste ihn mitgenommen haben. Gab es noch einen zweiten Computer im Haus, den sein Vater benutzt hatte? Gesehen hatte sie keinen.

In dem Moment fiel Lou eine größere Papierrolle auf, die ein wenig versteckt im Eck neben der Schrankwand lehnte. Sie griff nach ihr, setzte sich aufs Sofa und rollte das Papier auseinander. Als sie den Schriftzug am oberen Rand des Papiers las, stockte ihr der Atem: Marconel Dürnstein. Das war doch der Name des Hotels in Siders, in dem eins von Bruno Schillers Fitnessstudios war. Vor ihr lag eindeutig ein Bauplan, anscheinend der Grundriss für ein neues Hotel – oder zumindest ein Teil davon. Aufgrund der großzügigen Lobby und den davon abgehenden Fluren mit den Zimmern war das hier deutlich erkennbar das Erdgeschoss. Rund um das geplante Anwesen waren auf der Zeichnung die Donau und Weinberge angedeutet und beschriftet. Sie war sich absolut sicher. Das hier war das Bauprojekt, über das sich die Leute, die Greta im Weingarten der Koschinskys gesehen hatte, unterhalten hatten. Und das hieß, dass Bruno Schiller sie angelogen hatte. Denkbar, dass das Vorhaben erst in den Kinderschuhen steckte. Immerhin war es noch nicht bei der Gemeinde eingereicht worden. Doch die Vorbereitungen liefen bereits, und eine Lüge blieb eine Lüge. Lous Blick schweifte noch einmal in die Ecke, aber es gab keine zweite Rolle. Vermutlich hatte jemand den Aufriss des Erdgeschosses aus Versehen vergessen, denn sie konnte sich nicht vorstellen, dass ein neu zu errichtendes Hotel heutzutage nur ein Stockwerk haben sollte.

»Aber …«, flüsterte sie, »könnte das nicht bedeuten, dass nicht Rainer, sondern Bruno Schiller den Koschinskys die zehntausend Euro gezahlt hat? Dazu würde auch passen, dass die Schillers die Kosten für das neue Dach und die Behebung der Wasserschäden übernommen haben und …« Lous Kopf schnellte zur Wohnzimmertür. »Das Kündigungsschreiben.« Plötzlich war ihr alles klar. Das Hotel sollte nicht auf dem Grundstück von der Riede der Koschinskys entstehen, sondern auf dem von Martas Marillengarten.

Lou zog ihr Handy aus der Gesäßtasche, fotografierte den Plan und sprang vom Sofa auf. Den Aufriss ließ sie auf dem Tisch liegen.

»Das hier wird dich brennend interessieren, Veni«, murmelte sie und wählte die Nummer ihrer Ex-Chefin, als sie durch den Flur ging. Sie landete direkt auf der Mailbox und hinterließ eine Nachricht.

Dann fummelte sie ihren Autoschlüssel aus ihrer Hosentasche, zog die Haustür hinter sich ins Schloss und lief zu ihrem Jeep. Nachdem sie das Handy auf die Umhängetasche auf den Beifahrersitz geworfen hatte, stieg sie ein, steckte mit pochendem Herzen den Schlüssel ins Zündschloss und fuhr los.

Jetzt, auf dem Weg ins Tal, hatte Lou keinen Blick mehr für die Schönheit ihrer geliebten Heimat. Sie musste so schnell wie möglich mit Verena reden. Als sie bemerkte, dass sie auf der schmalen Straße in zu hohem Tempo unterwegs war, trat sie das Bremspedal und erschrak. Es ließ sich bis zum Boden durchdrücken. Schon tauchte wenige Meter vor ihr die erste Kurve auf. Sie nahm den Fuß vom Gas, versuchte, mithilfe der Motorbremse das Tempo zu verringern. Vergeblich. Der Jeep beschleunigte weiterhin bergab. In ihrem Kopf überschlugen sich die Gedanken. Wenn sie jetzt die Handbremse anzog, würde der Wagen vermutlich ins Schlingern geraten und sie Hals über Kopf den Weinhang hinunterstürzen. Panisch trat Lou erneut auf die Bremse, diesmal fester. Aber wieder berührte das Pedal fast die Bodenplatte. Sie schaute auf das Tachometer, siebzig Stundenkilometer, und sie wurde mit jeder Sekunde schneller. Die Kurve kam näher und näher. Sie riss das Lenkrad im selben Moment nach rechts, als der Jeep gegen die Steinmauer krachte.

38

Als Lou erwachte, lag sie in einem Bett in einem ihr unbekannten Raum. Die Zimmerdecke über ihr war kalkweiß, die darin eingelassenen Neonröhren blendeten sie. Aus den Augenwinkeln sah sie den Tropf, an dem sie hing. Sie lag eindeutig in einem Krankenhaus. Verschwommen kam die Erinnerung zurück. Sie hatte einen Unfall gehabt. Sie versuchte, sich aufzusetzen, aber ein jäher Schmerz zwang sie wieder zurück in die Waagerechte.

»Du sollst liegen bleiben.«

Die Stimme gehörte Fabio. Lou wandte das Gesicht nach links, wo er auf einem Stuhl neben dem Bett saß. Ihr Herz schlug augenblicklich schneller.

»Du hast Glück im Unglück gehabt, sagt der Arzt. Zwei angebrochene Rippen, eine leichte Gehirnerschütterung und eine Platzwunde an der Stirn. Du warst bewusstlos, bist aber zu dir gekommen, noch bevor sie dich abtransportiert haben. Jetzt bist du im Klinikum Krems.«

In Lous Kopf tauchten Bilder von zuckendem Blaulicht und Menschen in Rettungsjacken auf. Langsam drehte sie den Kopf in die andere Richtung, zum Fenster. Die Sonne schien. »Wie spät ist es?«

»Halb sechs.«

»Welcher Tag?«

»Freitag. Du hattest heute einen Unfall.«

»Die Mauer, ich kann mich erinnern«, sagte Lou.

»Das war vor drei Stunden«, fuhr Fabio fort. »Die letzte hast du geschlafen, das ist gut. Sie werden dich zur Überwachung ein paar Tage hierbehalten. Das ist die schlechte Nachricht. Die gute ist …« Er erhob sich und nahm eine Warmhaltebox vom Tisch, der gegenüber von Lous Bett stand. »Ich habe dir etwas zu essen mitgebracht.« Er legte die geschlossene Box auf den Beistelltisch mit Rollen und schob ihn zu Lou. Dann hob er den Deckel. »Drei Marillenknödel. Die waren gerade fertig, als Sigrid mich mit der Hiobsbotschaft angerufen hat.«

Lou wollte nicht weinen, aber sie war so gerührt, dass ihr die Tränen in die Augen stiegen und ihre Wangen hinunterkullerten.

Fabio wischte sie mit einer zärtlichen Geste weg. »Nicht doch. Es ist ja alles glimpflich ausgegangen. Dein Jeep ist zwar Schrott, aber du lebst.« Fabio stach mit einer ebenfalls mitgebrachten Gabel ein Stückchen von einem Knödel ab und hielt es Lou hin.

»Das ist lieb von dir, aber ich weiß nicht, ob ich etwas essen kann.«

»Du musst essen«, befahl Fabio.

Artig öffnete Lou den Mund und ließ sich füttern. »Schmeckt fantastisch«, sagte sie, nachdem sie den Bissen hinuntergeschluckt hatte. »Aber ich glaube, du musst nicht für mich kochen. Die geben mir hier bestimmt etwas zu essen.«

Fabio verzog das Gesicht. »Krankenhausfraß.«

Lou schmunzelte. »Ich werd's schon überleben.«

»Die Polizei hat deinen Wagen übrigens nach St. Pölten zur Kriminaltechnik gebracht. Sie wollen ihn untersuchen«, sagte Fabio.

»Die Bremsen haben versagt«, merkte Lou an.

»Und den Grund dafür werden die Techniker bestimmt herausfinden.«

Lou nickte. »Wie lange bist du schon hier?«

»Nach Sigrids Anruf hab ich mich sofort ins Auto gesetzt«, antwortete er. »Das war so gegen halb vier. Alfred hat ihr Bescheid gegeben, er hat dich aus dem Jeep geschnitten. Deine Eltern waren auch schon hier und haben mit dem Arzt geredet. Er hat sie beruhigt, gemeint, die Wunden heilen. Sie sind jetzt zu Hause und warten, dass ich ihnen Bescheid gebe, dass du aufgewacht bist. Sie besuchen dich dann morgen. Ich durfte nur bei dir reinschauen, weil ich schon hier war und man mich mit den frischen Marillenknödeln nicht nach Hause schicken wollte.« Er zwinkerte ihr zu.

Lou war gerührt davon, wie sehr Fabio sich bemühte, sie aufzuheitern. »Und Michelin?«, fragte sie. »Wo ist er?«

»Mach dir keine Sorgen, er ist bei deinen Eltern. Du bekommst ihn vermutlich mit fünf Kilo mehr Lebendgewicht zurück, aber es geht ihm dort gut.«

Lou lachte, was zur Folge hatte, dass sich ihre Rumpfmuskulatur zusammenzog und sie ihre angebrochenen Rippen spürte. »Verdammt, tut das weh«, fluchte sie. »Bring mich bitte nicht mehr zum Lachen. Nicht, bis wieder alles verheilt ist.«

»Abgemacht.« Fabio wurde ernst. »Warum bist du eigentlich ohne mich zum alten Schiller gefahren? Das war anders abgemacht.«

»Ich wollte ihm doch nur eine Frage stellen. Ganz harmlos.«

»Harmlos«, schnaubte Fabio. »Das sieht man.«

Lou erzählte von dem schwer verletzten alten Mann am Fuß der Kellertreppe, von dem Kündigungsschreiben auf dem Küchentisch und von dem Bauplan, den sie entdeckt hatte. »Gibst du Verena Bescheid und sagst ihr, dass ich hier bin?«

»Das weiß sie schon«, sagte Fabio. »Sie und ihr Assistent haben die Rettungskette in Gang gesetzt.«

Lou machte große Augen. »Wirklich?«

»Ich soll dir sagen, dass sie morgen früh hier vorbeikommt.« Fabio hielt ihr erneut eine Gabel mit einem Stück Marillenknödel vor den Mund, und instinktiv schnappte sie zu.

Als eine Krankenschwester das Zimmer betrat und sah, dass Lou wach war, lächelte sie. »Ich geb dann mal dem Arzt Bescheid. Er wird sicher gleich nach Ihnen sehen.« Sie warf Fabio einen freundlichen Blick zu. »Bleiben Sie bitte nicht mehr allzu lange. Die Patientin braucht Ruhe.«

Lou fasste nach seiner Hand. »Du kannst mich gerne alleine lassen. Die brauchen dich im Restaurant, und ich verspreche dir, brav die Marillenknödel aufzuessen.«

Fabio nickte lächelnd. Er erhob sich, aber es war ihm anzusehen, dass es ihn Überwindung kostete.

39

Wie angekündigt, betrat tags darauf um acht Uhr morgens Verena das Krankenzimmer. Lou hatte das Rückenteil ihres Bettes hochgefahren, sodass sie aus dem Fenster in den wolkenlosen Himmel sehen konnte. Ihre Ex-Chefin nahm sich einen Stuhl, zog ihn neben Lou und setzte sich. »Wie geht es dir?«

»Tut noch weh, vor allem, wenn ich lache.« Lou schmunzelte. »Aber ich lebe. Fabio hat mir gesagt, dass du und Klaus Bachl die Ersten am Unfallort wart.« Lou tastete nach Verenas Hand. »Danke.«

»Danke nicht mir, sondern Wilma Koschinsky. Sie hat ein umfassendes Geständnis abgelegt. Hätte sie das nicht getan, wären wir vermutlich nicht zu Franz Schillers Hof gefahren, um mit seinem Sohn zu reden, und hätten dich nicht gefunden.« Sie sah Lou betroffen an. »Ich will mir gar nicht ausmalen, wie lange du dort in deinem geschrotteten Jeep gelegen hättest, bevor dich jemand entdeckt hätte.«

»Heißt das, ich hatte recht, und die Koschinskys sind für das nachgewiesene Pflanzengift in Martas Marillen und die Diebstähle verantwortlich?«

»Ja«, bestätigte Verena. »Allerdings hat nicht Rainer Brucker sie dafür bezahlt, sondern Bruno Schiller, aber das hast du dir bestimmt schon zusammengereimt«, erläuterte Verena. »Die zehntausend Euro, auf die du bei den Koschinskys gestoßen bist, waren sozusagen ihr Lohn für die Sprüherei. Das Ehepaar hatte sie schon im Jänner bekommen. Und die gestohlenen Marillen haben sie direkt an einen tschechischen Händler weiterverkauft, der diese nur wenige Stunden nach der«, Verena malte Anführungszeichen in die Luft, »Ernte bei ihnen abgeholt hat. Den Deal eingefädelt hatte ebenfalls Bruno Schiller.«

Lou ruckelte sich in den Kissen zurecht und verzog sofort schmerzhaft das Gesicht.

»Du hast wirklich Glück gehabt.« Die Ermittlerin drückte Lous Hand.

»Die Bremsen haben versagt.«

»Wissen wir schon. Ich hab den Kollegen von der Kriminaltechnik gestern ordentlich Stress gemacht, damit sie sich deinen Wagen gleich ansehen.« Sie hielt kurz inne. »Die Bremsschläuche waren durchtrennt. Da wollte wohl jemand, dass du dir beim Bergabfahren den Hals brichst.«

»Bruno Schiller«, mutmaßte Lou. »Er war der Einzige, der auf dem Hof die Möglichkeit dazu hatte.«

»Ist uns klar. Wir haben ihn übrigens an der Grenze nach Tschechien geschnappt«, sagte Verena. »Es hat nicht lange gedauert, dann hat er den Mord an Marta gestanden. Leugnen hätte auch nichts gebracht. Wir haben den Spaten in seinem Wagen gefunden, bevor er ihn hinter der Grenze entsorgen konnte.«

»Und warum haben die Koschinskys da mitgemacht?«

»Wegen des Geldes.« Verena zuckte mit den Schultern. »Das Leben ist teuer geworden, ihr Kredit bei der Bank variabel verzinst. Wir wissen beide, in welch schwindelerregende Höhen die Zinsen innerhalb kürzester Zeit gestiegen sind.«

Lou nickte. »Ich hab gestern Vormittag noch erfahren, dass Franz Schiller die Reparaturkosten am Haus der Koschinskys übernommen hat. Nach dem Unwetter.«

Verena schüttelte den Kopf. »Das war auch sein Sohn. Nach außen hin hat er alles so aussehen lassen, indem er die Rechnungsbeträge vom Konto seines Vaters online überwiesen hat. Sein alter Herr wusste nichts davon, hat er uns gesagt.«

»Weshalb?«

»Damit niemand eine direkte Verbindung zwischen ihm und den Koschinskys herstellen konnte. Die Kosten hat er übrigens deshalb übernommen, damit das Ehepaar weiterhin in seiner Schuld stand und die beiden auch künftig in dem Haus wohnen bleiben konnten. Andernfalls hätten sie den gesamten Besitz verkaufen müssen, womit ihm seine Handlanger abhandengekommen wären.«

»Bei allem ging es also tatsächlich nicht um das Grundstück der Koschinskys, sondern um den Marillengarten«, sagte Lou. »Wart ihr schon oben im Schiller-Hof?«

Verena nickte. »Falls deine Frage darauf abzielt, dass du wissen willst, ob wir den Plan auf dem Wohnzimmertisch gesehen haben ... Ja, haben wir, und wir wissen mittlerweile, dass auf dem Grundstück, das Marta Brucker von Franz Schiller gepachtet hat, ein Hotel entstehen sollte. Bruno Schiller wollte die Liegenschaft an die Schweizer Hotelkette Marconel verkaufen. Die hätte dort einen ihrer Fünfsternepaläste hingebaut und Bruno Schiller im fünften Stock sein drittes Fitnessstudio mit Aussicht eröffnet.«

»Wie in Siders«, sagte Lou und erwähnte den Zeitungsbericht, den Reto geschickt hatte.

»Die Planung dafür läuft seit vier Jahren«, fuhr Verena fort. »Bruno Schiller war davon überzeugt, dass sein Vater beim Verkauf des Grundstücks keine Probleme machen würde. Doch der Alte war gegen das Projekt und hat, wie wir jetzt wissen, vor zwei Jahren den Grund an Marta verpachtet, ohne seinem Sohn davon zu erzählen. Sein Vater hatte ihm mit der Verpachtung einen ordentlichen Strich durch die Rechnung gemacht, aber er stand mit dem versprochenen Grundstück bei den Leuten von der Hotelkette immer noch im Wort.« Verena lachte kurz auf. »Du kannst dir vorstellen, wie der Junior reagiert hat, als er davon erfuhr. Er war wütend, wurde ausfallend. Bruno Schiller verlangte, dass sein Vater den Vertrag kündigt, doch der dachte nicht daran.« Verena hob die Augenbrauen. »Also hat Bruno Schiller Ludwig Koschinsky bei Marta mal unauffällig vorfühlen lassen, unter welchen Umständen sie bereit wäre, den Vertrag von sich aus zu kündigen. Direkt wollte er sie nicht fragen, weil er vermeiden wollte, dass sie dem Alten davon erzählt.«

Lou tippte sich an die Stirn. »Jetzt ergibt alles einen Sinn. Katharina hat mir erzählt, dass Ludwig Koschinsky von ihrer Mutter kurz vor Weihnachten wissen wollte, unter welchen Umständen sie den Pachtvertrag auflösen würde. Und sie meinte, dass es für sie nur einen Grund gäbe: Wenn das Geschäft schlecht ginge.«

»Und damit im Sommer die Ernte schlecht läuft, sprich tonnenweise Marillen gestohlen werden und in ihnen Pestizidrückstände nachzuweisen sind, die Martas Ruf zerstören und sie in finanzielle Nöte stürzen, hat Bruno Schiller den Koschinskys zehntausend Euro gegeben, und die haben im Jänner mit dem Besprühen der Bäume begonnen«, erläuterte Verena.

»Und genau zur Erntezeit ist Bruno Schiller aufgetaucht und hat vorgegeben, seinen gebrechlichen Vater zu unterstützen. Doch in Wahrheit hat er nur darauf gewartet, dass Marta nach dem Ärger freiwillig den Pachtvertrag auflöst«, mutmaßte Lou.

Verena nickte. »Genau. Er ging davon aus, dass die Diebstähle und die Pestizide genug Druck aufbauen würden.«

»Aber wenn es nur um das Grundstück ging, warum hat er den Pachtvertrag nicht einfach gekündigt?«, fragte Lou. »Auf dem Hof hab ich ein aufgesetztes Kündigungsschreiben gesehen.«

»Das war nicht möglich, auch wenn er die Unterschrift seines Vaters gefälscht hätte. Denn selbst der Eigentümer braucht akzeptable Argumente, um den Vertrag vorzeitig auflösen zu können«, sagte Verena. »Etwa, dass der Pächter die Pacht nicht mehr zahlen kann.«

»Was möglicherweise aufgrund der Diebstähle und weiterer Stornierungen von Aufträgen passiert wäre.« Lou nickte nachdenklich. »Hat Bruno Schiller Marta am Dienstagmorgen aufgesucht, nachdem Rainer wieder weggefahren war?«, fragte Lou.

»Ja. Er hat uns erzählt, dass er gegen halb acht da war. Sie stand gerade im Hof und sah aus, als wäre ihr etwas über die Leber gelaufen.«

»Das Gespräch mit Rainer«, schlussfolgerte Lou.

»Ja, aber Bruno Schiller hat die Situation falsch gedeutet. Er dachte, ihre schlechte Stimmung stamme daher, dass in der vergangenen Nacht wieder Marillen aus ihrem Garten gestohlen worden waren.« Verena schnaubte verächtlich. »Jedenfalls behauptet er, er wäre deshalb sofort auf den Punkt gekommen und hätte ihr angeboten, den Vertrag vorzeitig aufzulösen. Er hat behauptet, dass in Dürnstein schon das Gerücht umgehe, Marta wäre pleite und …«

»Lass mich raten«, fiel Lou ihr ins Wort. »Sie hat das Angebot abgelehnt.«

»Vehement abgelehnt«, bestätigte Verena. »Angeblich hätte sie ihm nicht mal richtig zugehört. Er hätte ihr Geld angeboten und ihr dann von dem Projekt erzählt. Ihr versprochen, dass die Hotelbetreiber ihre Produkte kaufen würden. Daraufhin hätte sie ihn ausgelacht und gefragt, ob er wirklich glaube, dass sein Vater das Stück Land an eine Hotelkette veräußern würde.«

Die Zimmertür ging auf, und der Kopf einer Krankenschwester erschien. »Machen Sie nicht mehr zu lange. Frau Conrad braucht Ruhe.«

»Mir geht's gut«, versicherte Lou.

Die Schwester lächelte milde, während sie die Tür wieder schloss.

»Erzähl weiter«, forderte Lou ihre ehemalige Vorgesetzte auf.

Verena strich sich mit der Hand über den Arm. »Zum Schluss soll Frau Brucker noch gemeint haben, wenn er so unbedingt etwas bauen wolle, könne er ja den Spaten nehmen und mit dem Fundament für ihr Gewächshaus beginnen. Außerdem würde sie nicht mit ihm, sondern nur mit seinem Vater über den Pachtvertrag sprechen. Dann hätte sie sich umgedreht, ihm die kalte Schulter gezeigt und wäre in den Marillengarten gegangen.« Sie hielt inne, sah Lou an, als würde sie überlegen, ob Marta noch leben würde, wenn sie anders reagiert hätte. »Ihre Reaktion hat ihn furchtbar wütend gemacht. Da hat er den Spaten genommen und ist ihr gefolgt. Kurzum: Er hatte nicht vor, sie zu töten, als er zu ihr gefahren ist. Es war eine Tat im Affekt.«

»Und was ist mit dem Mord an Ludwig Koschinsky?«, hakte Lou nach. »Ist der auch im Affekt passiert?«

»Laut Bruno Schiller, ja. Herr Koschinsky wollte nach Marta Bruckers Ermordung Selbstanzeige gegen sich und seine Frau erstatten und der Polizei alles erzählen.«

»Und das konnte Bruno Schiller nicht zulassen«, mutmaßte Lou.

»Genau. Ludwig Koschinsky ahnte natürlich, dass er hinter Marta Bruckers Tod steckte, und ein Mord war zu viel für ihn. Er wollte nur mehr raus aus der Sache. Seine Frau hätte wohl auch weiterhin den Mund gehalten.«

»Was sie schlussendlich ja auch nach dem Mord an ihrem Mann getan hat«, sagte Lou. »Was ist mit Franz Schiller?«

»Er liegt nur ein paar Flure entfernt von hier auf der Intensivstation«, sagte Verena. »Hat einige Knochenbrüche und eine schwere Gehirnerschütterung, aber er kommt durch, meinen die

Ärzte. Wenn alles den normalen Gang geht, verlegen sie ihn schon in den nächsten Tagen auf die Normalstation.«

»Hat ihn sein Sohn die Treppe runtergestoßen?«, fragte Lou.

»Davon gehen wir aus, auch wenn Bruno Schiller es noch nicht zugegeben hat.« Die Ermittlerin erhob sich, stellte sich vors Bett und stützte sich auf das Gestell. »Ich sag's ja nicht gern, weil ich befürchte, dass es die gleiche Wirkung hat, wie wenn man einen Hund für etwas belohnt, was er eigentlich nicht tun soll. Du weißt schon, man sagt ›Platz‹, der Hund deutet es an, steht aber sofort wieder auf, und trotzdem gibt man ihm ein Leckerli. Obwohl man ihn am Ende fürs Aufstehen belohnt hat.«

Lou betrachtete ihre Ex-Chefin verwirrt. »Sorry, Veni, aber ich verstehe kein Wort. Willst du mir sagen, ich hätte Michelin nicht richtig erzogen?«

»Nein. Was ich damit sagen will, ist …« Sie stöhnte leise, als müsste sie sich überwinden, das auszusprechen, was ihr auf der Zunge lag. »Du weißt schon, dass du dich falsch verhalten hast, als du ins Haus der Koschinskys gegangen bist, oder?«

»Hmm«, brummte Lou undefinierbar, weil sie Verena nicht zustimmen wollte.

»Aber hättest du es nicht getan, hätte ich nicht von den zehntausend Euro erfahren und Wilma Koschinsky damit konfrontieren können. Gut, anfangs dachte ich, sie hätte sie von Rainer Brucker bekommen, was sich ja als falsch herausgestellt hat, aber letztendlich zählt …«

»Ich hab schon verstanden«, unterbrach Lou sie und lächelte. »Du darfst meinen Besuch bei den Koschinskys offiziell zwar nicht gutheißen, bist aber inoffiziell froh, dass ich ihn ihnen abgestattet habe.«

Verena nickte schmunzelnd. »So könnte man das ausdrücken. Aber erwarte dir bloß keine Anerkennung.«

Epilog

Fünf Tage nach dem Unfall wurde Lou aus dem Krankenhaus entlassen, im Gepäck Schmerztabletten und um den Oberkörper einen Rippengurt. Die unzähligen Blumen, die ihre Besucher mitgebracht hatten, hatte sie im Schwesternzimmer abgegeben. Während sie darauf wartete, von Fabio abgeholt zu werden, nahm sie ihr Handy und warf einen letzten langen Blick auf die Fotos der toten Marta, bevor sie sie löschte. Sigrid hatte am zweiten Tag nach Geschäftsschluss bei ihr vorbeigesehen, und Lou hatte mit ihr über ihre Gefühle für Bruno Schiller gesprochen.

»Es tut mir leid für dich, dass es so gekommen ist«, hatte Lou gesagt.

»Ach was. Das muss es nicht. Ich bin einfach nur enttäuscht, wütend und weiß jetzt wieder, warum ich Single bleibe«, knurrte Sigrid.

Dann hatten sie sich umarmt und eine Weile festgehalten. Sigrid würde über die Enttäuschung hinwegkommen. Es würde dauern, aber sie würde es schaffen, da war Lou sich sicher. Ihre Freundin war eine Frohnatur. Es war nicht ihre Art, länger als nötig mit ihrem Schicksal zu hadern.

Fabio hatte versprochen, um eins da zu sein. Es war Mittwoch und somit Ruhetag in seinem Restaurant. Fünf vor eins kam er in ihr Krankenzimmer und brachte ihr eine sandfarbene Palazzohose und ein weißes T-Shirt mit. Sie hatte ihm am Vortag ihren Hausschlüssel in die Hand gedrückt und ihn darum gebeten. »Sonst muss ich noch mit dem Krankenhauskittel nach Hause fahren«, hatte sie gesagt. Die Sachen, die sie während des Unfalls getragen hatte, waren hinüber. Auf ihre Bitte hin hatte man sie gleich im Spital entsorgt.

An Fabios Seite trat Lou in Freie. Die Sonne schien, und die Temperatur hatte die Dreißig-Grad-Marke bereits erreicht. Wettermäßig hatte sich in den letzten Tagen nichts geändert.

Im Auto reichte er ihr die *Krone Niederösterreich*. »Sie schreiben über dich. ›Hinweise von Ex-Polizistin sorgen für Mordaufklärung‹«, zitierte er auch gleich die Schlagzeile.

Lou legte die Zeitung ungelesen auf ihre Knie.

»Schau dir den Artikel irgendwann an. Ich fahr dich jetzt erst mal zu deinen Eltern.«

Fünfzehn Minuten später stoppte Fabio vor dem Weingut Conrad. Erika und Werner erwarteten sie schon auf der Gartenbank vor dem Haus, und Michelin überschlug sich vor Freude, als Lou aus dem Wagen stieg. Sie hatte Mühe, ihn davon abzuhalten, an ihr hochzuspringen. Doch als ihr Vater ihn am Halsband zurückziehen wollte, winkte sie ab. »Lass ihn.« Es war ihr egal, dass ihre angebrochenen Rippen bei der stürmischen Begrüßung durch ihren Riesen wie Feuer brannten. Nachdem sich der Berner Sennenhund beruhigt hatte, nahmen Erika und Werner ihre Tochter vorsichtig in die Arme. Sie waren in den letzten vier Tagen zweimal im Krankenhaus gewesen.

»Ich hab Reisfleisch gekocht«, sagte Erika. »Wenn du willst, können wir gleich essen.«

Lou sah zwischen ihren Eltern und Fabio hin und her. »Warum nur glaubt jeder, dass ich am Verhungern bin?«

»Das glauben wir gar nicht«, sagte Erika. »Aber gemeinsam bei Tisch zu sitzen und etwas Feines zu essen, das ist, als käme man nach einer langen Wanderung nach Hause. Es fühlt sich einfach gut an.«

Beim Essen sahen sich Lous Eltern heimlich an. Ihre Blicke verrieten, worüber sie wortlos spekulierten: Wie nah waren sich Fabio und ihre siebenunddreißigjährige Tochter in der letzten Zeit gekommen, und würde diese endlich ihr Singledasein aufgeben?

Nach dem Mittagessen und einem Espresso ließ Lou sich von Fabio ins Geschäft fahren. Michelin saß mit im Wagen. Ihre Eltern waren zwar der Meinung, dass sie mit ihm noch einige Tage auf dem Weingut verbringen sollte, aber Lou wollte in ihr Winzerhäuschen zurück. »Wenn ich merke, dass es nicht funktioniert, ziehen Michelin und ich vorübergehend bei euch ein«, versprach sie.

Keine fünf Minuten nachdem die drei Lous köstliche Welt betreten und Sigrid begrüßt hatten, standen auch schon Hedwig und Franziska im Geschäft. Sie hatten auf Krankenhausbesuche verzichtet, weil Lou Ruhe gebraucht hatte. Fabio und Sigrid hatten sie auf dem Laufenden gehalten. Abwechselnd berichteten die beiden jetzt, was sich in den letzten Tagen ergeben hatte. Etwa dass Rainer Brucker die zehntausend Euro abgehoben hatte, um für seinen Sohn zum achtzehnten Geburtstag ein Boot zu kaufen.

»Er hat Andreas übrigens die Wahrheit gesagt. Also, dass Oliver sein leiblicher Vater ist … beziehungsweise war«, wusste Hedwig. »Aber auch das wird die beiden sicher nicht auseinanderbringen.«

»Und Katharina hat sich endgültig entschlossen, den Marillenhof und mit ihm den Pachtvertrag von Franz Schiller zu übernehmen. Sie will es ihm gleich sagen, wenn er aus dem Krankenhaus entlassen wird«, meinte Sigrid.

»Ich hab gehört, er wird gar nicht mehr auf den Hof zurückkehren, sondern in ein schönes Altenheim in Krems übersiedeln«, meinte Franziska.

»Was sicher besser für ihn ist, als mit seiner Krankheit völlig allein auf dem einsamen Weingut zu leben«, sagte Hedwig. »Das ginge nur mit einer Vierundzwanzig-Stunden-Pflege oder wenn Bruno bei ihm einziehen würde.«

»Was in den kommenden zwanzig Jahren nicht passieren wird«, merkte Franziska an.

»Dafür kann er das gesamte Erbe verprassen, wenn er aus dem Gefängnis kommt«, giftete Sigrid.

Am späten Nachmittag erkundigte sich Fabio, wie es Lou ging. Und als sie antwortete, dass sie sich wider Erwarten blendend fühlte, wollte er sie und Michelin nicht sofort nach Hause bringen. »Heute ist Ruhetag, das ganze Restaurant gehört nur uns.« Er grinste. »Ich koch uns etwas Feines zum Abendessen, und du setzt dich auf die Terrasse und ruhst dich aus. Was meinst du?«

Lou nickte voller Vorfreude, war aber überrascht, als sie die Panoramaterrasse betrat. Der Tisch war gedeckt, offenbar hatte Fabio das Abendessen schon geplant, bevor er sie vom Krankenhaus abholte.

Schon wieder essen, dachte Lou leise, tat jedoch wie geheißen.

Fabio zeigte auf den Weinkühler. »Ich hab uns Mineralwasser eingekühlt, weil du doch Medikamente nehmen musst. Die vertragen sich nicht gut mit Alkohol.« Er öffnete die Flasche und schenkte Lou ein Glas ein.

»Aber du kannst doch Wein trinken«, merkte Lou an.

Er schüttelte nur den Kopf und verschwand Richtung Küche.

Lou genoss den Ausblick auf das gegenüberliegende Donauufer, kraulte Michelin und trank Wasser, bis Fabio mit zwei Vorspeisentellern aus der Küche zurückkam.

»Als Entrée gibt es hausgemachte Nudeln mit einer Butter-Trüffel-Soße«, erläuterte er und setzte sich.

Lou beugte sich leicht über den Teller und sog den Duft ein.

»*Bon appétit*«, sagte Fabio.

Sie stießen mit Wasser an, tranken einen Schluck und wandten sich dann der Vorspeise zu. Lou wickelte ein paar Nudeln um ihre Gabel, steckte sie sich in den Mund und schloss die Augen. Sofort schmeckte sie das nussig-erdige Aroma des Edelpilzes.

Kurz gab sie sich dem Genuss hin. »Danke für alles«, sagte sie dann, als sie die Augen wieder geöffnet hatte.

»Darf ich mir für heute Abend etwas wünschen?«, fragte Fabio.

»Was denn?«

»Ich würde mit dir gerne über alles Mögliche reden, nur nicht über Mord und Totschlag.«

Lou lachte. »Nur zu. Schlag etwas vor.«

Als er ihr lange in die Augen sah, fragte sie sich, ob das jetzt der Moment war, in dem sie die Grenze überschritten, in dem sie den letzten Schritt wagten. Fabio senkte den Blick auf ihre Lippen, als die Donau und die Weinberge auf der anderen Uferseite in der Dämmerung verschwanden.

Marillenrezepte

Wachauer Marillenknödel – klassisch mit Kartoffelteig

Zutaten für 8 Marillenknödel:

8 Marillen
8 St. Würfelzucker
Etwas Rum
800 g mehlige Kartoffeln
100 g Mehl
80 g Grieß
1 Eidotter (Eigelb)
60 g flüssige Butter
Salz

200 g Semmelbrösel
120 g Butter
Staubzucker (Puderzucker)

Marillen mit dem Stiel eines Holzkochlöffels entkernen, indem man mit dem Stiel jeweils den Kern von unten nach oben aus der Frucht schiebt. Die Zuckerwürfel kurz in Rum tauchen und einen in jede Marille stecken.

Die Kartoffeln in Salzwasser kochen und etwas abkühlen lassen, noch warm schälen und durch eine Kartoffelpresse drücken. Die Kartoffelmasse mit dem Grieß vermengen, Eidotter, flüssige Butter, Mehl und eine Prise Salz hinzufügen und zu einem glatten Teig verarbeiten.

Den Teig zu einer Rolle formen und in acht fingerdicke Stücke schneiden. Mit nassen Händen jeweils ein Teigstück platt drücken und eine mit Würfelzucker gefüllte Marille in die Mitte legen, dann zu einem Knödel formen. In einem Topf Salzwasser zum Kochen bringen und die Knödel darin circa zehn Minuten bei geringer Hitze köcheln lassen, danach abseihen.

Die Butter in einer Pfanne schmelzen und die Semmelbrösel darin goldbraun rösten. Die Marillenknödel in den Butterbröseln wälzen, mit Staubzucker bestreuen und servieren.

Marillen-Semifreddo

Zutaten für 4 Portionen:

750 g Marillen
80 g Joghurt
40 g Staubzucker
1 Zitrone (bio, Schale unbehandelt)
Frische Zitronenmelisse
130 g Mascarpone
100 ml Schlagobers
1 Vanilleschote
2 EL Limettensaft
2 EL Ahornsirup

Eine mittelgroße Kastenform tiefkühlen. 250 g der Marillen in einen Topf geben und mit kochendem Wasser übergießen. Kurz warten, bis die Haut sich von den Früchten löst. Abgießen, die Marillen kalt abschrecken und von der Haut befreien. Die Marillen halbieren und entkernen. 100 g Fruchtfleisch grob würfeln und mit Joghurt und Staubzucker pürieren. Das restliche Fruchtfleisch in kleine Stücke schneiden.

Die Zitrone heiß abspülen, Schale abreiben und 2 EL Saft auspressen. Melissenblätter fein hacken. Mascarpone mit dem Schneebesen cremig rühren. Melisse, Zitronensaft sowie -schale, das Marillenpüree und die Fruchtstückchen unterrühren. Schlagobers steif schlagen und unterheben. Die Kastenform mit Frischhaltefolie auslegen. Nun die Masse einfüllen, glatt streichen und mit Folie abdecken. Mindestens sechs Stunden tiefkühlen.

Die Vanilleschote der Länge nach halbieren und das Mark herauskratzen. Die restlichen 500 g Marillen halbieren, entkernen und in dünne Scheiben schneiden. Mit Limettensaft, Ahornsirup und Vanillemark vermischen und dreißig Minuten ziehen lassen.

Die halb gefrorene Mascarponemasse aus der Tiefkühlung nehmen und circa fünfzehn Minuten im Kühlschrank antauen lassen. Dann die Form in heißes Wasser stellen, bis sich das Semifreddo vom Rand löst. Danach auf eine Servierplatte stürzen und die Folie abziehen.

Zum Servieren das Semifreddo in Scheiben schneiden, mit den marinierten Marillen anrichten und mit den restlichen Melissenblättern garnieren.

Marillen-Tarte-Tatin oder Aprikosen-Tarte-Tatin aus dem Wallis

Zutaten für 4 Portionen:

14 Marillen/Aprikosen
1 Packung Blätterteig
20 g Zucker
Butter zum Einfetten der Tarteförmchen

Den Backofen auf 200 °C vorheizen. Den Blätterteig ausrollen, Kreise in der Größe der Tarteförmchen ausstechen und beiseitelegen.

Die Tarteförmchen nun mit Butter ausstreichen. 2 EL Zucker gleichmäßig in die Förmchen streuen. Dann die Butter-Zucker-Mischung im Backofen circa zehn Minuten karamellisieren lassen. Währenddessen die Aprikosen waschen, halbieren und entkernen. Die Tarteförmchen aus dem Backofen nehmen und die Aprikosen mit der Schnittfläche nach oben hineinlegen. Dann diese wieder für circa fünf Minuten in den Ofen stellen, bis die Obststückchen weich sind.

Die Förmchen aus dem Ofen nehmen und etwas abkühlen lassen. Die Blätterteigkreise locker über die Aprikosen legen und die Ränder etwas andrücken. Den Teig mehrmals mit einer Gabel einstechen.

Nun die Aprikosen-Tarte-Tatin zum Backen wieder in den Backofen geben und bei gleicher Temperatur circa dreißig Minuten goldbraun backen. Die fertigen Tartes aus dem Backofen nehmen, circa fünf Minuten ruhen lassen und vorsichtig auf Dessertteller stürzen.

Marillen-Carpaccio mit Zigerkäse aus dem Wallis

Zutaten für 4 Personen:

12 Marillen
200 g Walliser Zigerkäse
2 EL Olivenöl
Saft einer ausgepressten Zitrone
1 Rosmarinzweig
10 EL weißer Balsamico-Essig
Salz
Pfeffer

Marillen halbieren und entkernen. Halbierte Marillen in dünne Scheiben schneiden und Zigerkäse klein würfeln. Auf einem Teller anrichten und mit Zitronensaft beträufeln.

Den Balsamico-Essig in eine kleine Schüssel geben, mit Salz, Pfeffer und Olivenöl verrühren und über die Marillen und den Zigerkäse träufeln. Rosmarinblättchen vom Zweig zupfen und darüberstreuen.

Donau-Zander mit Marillen-Lauch-Füllung

Zutaten für 4 Personen:

1 Zander (ca. 800 g, küchenfertig)
150 ml Fischfond
6 EL Olivenöl
40 g Butter
2 EL Zitronensaft

Salz
Pfeffer
Muskat
Mehl

200 g grüner Salat
40 g Babyspinat
1 EL weißer Balsamico-Essig
0,5 TL Dijon-Senf
2 EL Olivenöl

Für die Füllung:
150 g Butter-Brioche (Striezel)
250 g Marillen
60 g Lauch
20 g Weizengrieß
1 Ei
Etwas Butter

Für die Füllung Brioche in zwei Zentimeter große Stücke schneiden. Marillen halbieren, entkernen und in Spalten schneiden. Lauch waschen, längs halbieren und quer in Streifen schneiden. Den Lauch in etwas Butter leicht anschwitzen. Briochestücke mit Marillen, Ei und Grieß vermischen. Masse mit Salz, Pfeffer und Muskat würzen und zugedeckt etwa zwanzig Minuten ruhen lassen.

Backofen auf 180 °C vorheizen. Zander mit Salz und Zitronensaft würzen und mit einem scharfen Messer die Haut auf beiden Seiten mit kurzen, nicht zu tiefen Schnitten einschneiden. Das Innere des Fischs mit der Marillen-Lauch-Masse füllen.

Den gefüllten Zander in Mehl wenden und mit etwas Öl beidseitig anbraten. Dann den Fisch in eine Ofenform legen und auf der unteren Schiene dreißig Minuten im vorgeheizten Ofen garen. Den Fisch mit Butterflocken belegen und weitere zehn Minuten backen. Den Zander wenden, auch die andere Seite mit Butterflocken belegen und ebenfalls zehn Minuten braten.

Während der Fisch brät, grünen Salat und Babyspinat waschen und abtropfen lassen. Balsamico mit Senf, Olivenöl, Salz und Pfeffer zu einer Vinaigrette verrühren. Kurz bevor der Zander gar ist, den Salat mit der Vinaigrette vermischen und auf einer flachen Servierform anrichten.

Den Zander aus dem Ofen nehmen und warm stellen. Den Bratrückstand mit Fischfond aufgießen, kurz köcheln lassen und abseihen. Den Zander portionieren und die Fischstücke auf den marinierten Salat legen. Mit dem Fond übergießen und servieren.

Nachwort

Bei Lesungen und Presseterminen werde ich oft gefragt, wie ich auf die Ideen für meine Geschichten komme. Ehrlich gesagt benötigt es nicht viel, um meine Fantasie anzukurbeln. Ein Zeitungsartikel, ein hingeworfener Satz, eine Situation, ein Foto oder, wie im Fall von *Tödliche Marillenzeit*, ein Buch, das ich gelesen habe: *Unser täglich Gift: Pestizide – die unterschätzte Gefahr* von Johann G. Zaller (Deuticke Verlag).

Ich kenne den Autor nicht persönlich, aber sein Buch hat mich einmal mehr daran erinnert, wie sorglos wir mit der Umwelt umgehen und wie wichtig es wäre, die gesamte Landwirtschaft auf Bio umzustellen. Unser aller Gesundheit zuliebe.

In diesem Roman habe ich mir die Freiheit genommen, das Fungizid und Pflanzenschutzmittel Captynanys zu erfinden. All denjenigen, die sich näher mit der Thematik befassen möchten, empfehle ich, das Buch von Johann G. Zaller zu lesen oder die Homepages von Greenpeace und Global 2000 zu besuchen. Dort finden Sie jede Menge Informationen. Glauben Sie mir, nach der Lektüre werden Sie Ihr Einkaufsverhalten ändern. In dem Zusammenhang danke ich den Mitarbeitern der AGES – Agentur für Gesundheit und Ernährungssicherheit – dafür, dass sie alle meine Fragen zu Pestiziden beantwortet haben.

Ebenso erfunden ist der Ort Marienkirchen in der Wachau. Gedanklich habe ich ihn zwischen Dürnstein und Krems angesiedelt. Pate stand mir dafür eine Reihe von Orten in dem romantischen Donautal, in dem ich sehr oft anzutreffen bin. Denn wahr ist, dass die Wachau nicht nur mit einer atemberaubend schönen

Landschaft, sondern auch mit fantastischen Weinen und weiteren kulinarischen Genüssen aufwarten kann.

Nun möchte ich einigen Personen meinen aufrichtigen Dank aussprechen.

An erster Stelle Kerstin Schaub, der stellvertretenden Programmleiterin vom Goldmann Verlag, für ihr Vertrauen und den Glauben an mich, nun schon über so viele Jahre hinweg. Ohne sie gäbe es Lou Conrad nicht. Ich danke dir für unsere oft langen Gespräche.

Meiner fabelhaften Lektorin Susanne Bartel danke ich einmal mehr für ihren messerscharfen Blick auf jedes von mir verfasste Manuskript. Ihre Anmerkungen, Vorschläge, Unterstützung und Geduld sind Gold wert.

Ebenso danke ich den Frauen vom Goldmann Verlag, Manuela Martella (Veranstaltungen), Barbara Henning und Katrin Cinque (Presse), für ihren Einsatz.

Wie immer danke ich auch meinem Agenten Peter Molden für den wertvollen Austausch und seine unermüdliche Hilfe, für meine Manuskripte stets die passende literarische Heimat zu finden.

Ein herzliches Dankeschön gilt auch meinen Schweizer Kollegen Marc Voltenauer und Benjamin Amiguet, die mich auf die Tradition des Aprikosenanbaus im Wallis aufmerksam gemacht haben. Sie ähnelt derjenigen in der Wachau. Nun verstehen Sie, liebe Leserinnen und Leser, auch, warum diese Schweizer Region in diesen Kriminalroman Einzug gehalten hat.

Alfred Kausl vom gleichnamigen Marillenhof in Mühldorf danke ich für das aufschlussreiche Gespräch über Marillen und Marillenbäume und die herrliche Marillenmarmelade mit Mohn.

Meinem Mann Jeff und meinen Kindern Theresa und Raffael danke ich für ihre einmalige Unterstützung, ihre nicht enden wollende Geduld und ihren großartigen Humor.

Zu guter Letzt möchte ich mich bei Ihnen bedanken, liebe Leserinnen und Leser, dass Sie zu diesem Buch gegriffen und es gelesen haben. Ich hoffe, Sie hatten spannende Stunden mit Lou, Fabio und Michelin.

Ihre

Beate Maxian

Autorin

Beate Maxian lebt mit ihrer Familie in der Nähe des Attersees und in Wien und zählt zu den erfolgreichsten Autorinnen Österreichs. Ihre Wien-Krimis um die Journalistin Sarah Pauli stehen dort regelmäßig an der Spitze der Bestsellerliste. Auch *Ein tödlicher Jahrgang* und *Tödliche Marillenzeit,* die ersten beiden Bände ihrer Krimireihe um die Feinkosthändlerin Lou Conrad, wurden auf Anhieb Bestseller.

Weitere Informationen zu Beate Maxian unter: www.maxian.at

Beate Maxian im Goldmann Verlag:

Die Wien-Krimis mit Journalistin Sarah Pauli:
Tödliches Rendezvous • Die Tote vom Naschmarkt • Tod hinter dem Stephansdom • Der Tote vom Zentralfriedhof • Tod in der Hofburg • Mord in Schönbrunn • Die Prater-Morde • Tod in der Kaisergruft • Mord im Hotel Sacher • Der Tote im Fiaker • Die Tote im Kaffeehaus • Ein letzter Walzer • Tod im Belvedere • Tod auf dem Opernball

Die Krimis mit Feinkosthändlerin Lou Conrad:
Ein tödlicher Jahrgang. Kriminalroman
Tödliche Marillenzeit. Kriminalroman

(Alle auch als E-Book erhältlich)